Pier Giorgio Frassati

EFFATA' EDITRICE

PRINT ON DEMAND

Tecnologia di stampa che consente la realizzazione anche di una singola copia, su richiesta del lettore

Via Tre Denti, 1
10060 Cantalupa (Torino)

Tel. 0121.35.34.52 - Fax 0121.35.38.39
E mail: info@effata.it - www.effata.it

ISBN 978-88-7402-871-9

Collana: *Il respiro dell'anima*

Prima edizione: maggio 2005
Nuova edizione: luglio 2013

E-mail dell'autrice: carla.casalegno@gmail.com

Le fotografie, per gentile concessione, sono quasi tutte tratte dai libri di Luciana Frassati *Mio fratello Pier Giorgio. Vita e immagini* e *Il cammino di Pier Giorgio.*

Grafica: Silvia Aimar, Vito Mosca
Printed by CreateSpace, An Amazon.com Company

Al beato Pier Giorgio Frassati
(1901-1925)
nel giorno della sua festa liturgica
4 luglio

UNA BREVISSIMA PREMESSA

L'interesse per la figura di Pier Giorgio Frassati cresce in proporzione contraria rispetto al tempo che, trascorrendo dalla sua nascita – ormai ben più di cento anni –, potrebbe offuscarne la memoria: il suo si rivela invece sempre più un avvincente esempio di santità su scala mondiale.

Proprio per questo, si è voluto rinnovare nella veste editoriale, a partire dalla copertina, la presente biografia, che è stata arricchita anche di un capitolo finale.

L'augurio al lettore, quindi, non può che essere quello di una altrettanto rinnovata buona lettura.

Carla Casalegno

Torino, 4 luglio 2013
Festa liturgica del beato Pier Giorgio

INTRODUZIONE

Chi si accosta alla figura di Pier Giorgio Frassati non può che restarne affascinato e desiderare di approfondirne la conoscenza.

È proprio questo lo spirito che mi indusse a «indagare» e a «scrivere» ancora su di lui, dopo due precedenti monografie sulla sua intensa spiritualità (*Una vita di preghiera*) e sulla sua ardente carità (*Una vita di carità*). Pertanto, dal mio desiderio e, nel contempo, dagli inviti da più parti rivoltimi a comporre una biografia del beato Pier Giorgio, è maturata l'idea di ripercorrerne l'intera vicenda umana.

È nato così questo libro suddiviso in tre parti.

La prima mette a fuoco le esperienze di vita di Pier Giorgio negli anni dell'infanzia, dell'adolescenza e della giovinezza, anni che coincisero con i primi cinque lustri del nostro secolo, testimoni di un complesso periodo della storia italiana.

La seconda illustra aspetti specifici della vita e della personalità dell'«uomo delle otto beatitudini», dall'impegno politico-sociale, alla sua passione per la montagna, al significato che egli seppe attribuire al valore dell'amicizia. Comprende inoltre due capitoli dedicati alla sua spiritualità e carità, nei quali l'adesione di Pier Giorgio a diverse associazioni di carattere spirituale, sociale e assistenziale, è posta in relazione alla storia delle associazioni stesse.

Infine la terza parte, dopo aver preso in esame l'ultimo anno della vicenda terrena del beato torinese, il 1925, caratterizzato da intense sofferenze interiori e da una morte accettata e offerta nella dimensione del sacrificio, delinea i tratti di una santità che, vissuta nella «normalità» dell'esistenza quotidiana, non presenta nulla di eccezionale.

Una giovane vita che nell'arco di appena ventiquattro anni ha saputo raggiungere un così alto grado di maturità spirituale, superando ogni pulsione di egoismo e aprendosi all'autentico amore di Dio e del prossimo, non può che costituire un avvincente esempio di come sia possibile percorrere ogni giorno, nella situazione in cui ci si trova, la via della santità.

Nel riaffidare alle stampe questa biografia del beato Pier Giorgio Frassati, desidero rinnovare il mio grazie alla dottoressa Gabriella Segarelli che mi ha proposto di conferire una rinnovata veste editoriale al libro.

Sempre intenso, inoltre, è in me il sentimento di gratitudine per il vice-postulatore della causa di canonizzazione del beato Pier Giorgio, il compianto fratello delle Scuole Cristiane Gustavo Luigi Furfaro, che, con la generosità che sempre lo contraddistingueva, volle rendersi disponibile per la lettura del lavoro in bozze.

Indimenticabile è poi il ricordo del professor Stefano Jacomuzzi, che con la sua prestigiosa penna firmò la Prefazione alla prima edizione del libro, che, in omaggio alla sua memoria, viene di seguito riproposta.

Carla Casalegno

PREFAZIONE

«Proprio in questa cappella veniva a pregare Pier Giorgio Frassati». È il parroco a comunicarcelo, così di sfuggita, durante un breve rito funebre. Una coincidenza, certo, ma di quelle che fanno pensare. Perché proprio lo stesso giorno ho ricevuto le bozze di una nuova biografia di Pier Giorgio Frassati, con la richiesta di scriverne una breve prefazione.

Sono quarant'anni che giro per le strade di questo quartiere e di questa parrocchia, che furono le stesse percorse da Pier Giorgio, con quei pochi cambiamenti esteriori che il tempo e gli sviluppi della città vi hanno apportato. E in parte è rimasta anche la stessa gente, la borghesia di una Torino «bene», discreta e benpensante nella sua agiatezza, con valori autentici da conservare e molta facciata da preservare, patrimoni da tramandare. Proprio come quella in mezzo alla quale si muoveva questo giovanotto ricco e santo, di grande famiglia, e destinato quindi quasi per inerzia a qualche bella carriera e a un probabile appropriato vantaggioso matrimonio. Ragazzo sensibile, studente non particolarmente brillante (qualche esame a settembre, liceo «D'Azeglio», poi dai gesuiti all'«Istituto Sociale»... come adesso, tutto proprio come adesso...), vita facile, vacanze nel Biellese, gite in montagna, attività di parrocchia, un amore non accolto dai familiari («lei» era soltanto figlia di un generale dell'esercito, e spagnola per di più), il peso di un'insofferenza sempre più acuta tra padre e madre, che porta i genitori sull'orlo della separazione: proprio tutto come da copione. Ma allora come si spiega la santità di questo giovanotto, da dove arriva tutta quella gente che fa ressa al suo funerale (ventiquattro anni!), gente povera e modesta, gente anonima che si avvicina timida alla bara, manda un bacio e un grazie da lontano? Non è morto il figlio del senatore, dell'ambasciatore Frassati?

Io penso molto al padre di Pier Giorgio, quando leggo dei suoi funerali. Cosa sarà passato nella mente di quell'uomo importante, di quell'uomo influente, che non doveva poi avere avuto una grande considerazione per questo figlio così comune, così poco brillante nell'apparenza e nei comportamenti mondani? Chi era tutta quella gente di cui non aveva neppure sospettato l'esistenza? Penso alla luce che deve per forza essersi fatta strada dentro alla sua anima, penso al salutare sconvolgimento, al rovesciamento improvviso di tutte le misure e i giudizi sul mondo e sul destino degli uomini nel mondo.

A me Pier Giorgio è sempre piaciuto, quando neppure l'ombra di santità lo aveva sfiorato, e ne sentivo parlare, io ragazzino, da qualcuno che lo aveva conosciuto, da don Cojazzi probabilmente. Mi era subito piaciuto, forse anche per contrasto con certi modelli un po' troppo esili e macilenti di santi ragazzini, di cui ci si veniva raccontando la storia triste e miserella (con tutto il rispetto, ben inteso). Mi piaceva anche perché faceva un po' da contrappeso, sempre nella ricerca e nell'offerta di modelli, alle immagini lontane e preoccupanti dei grandi santi, martiri, vescovi, confessori, anacoreti, eroi quasi incomprensibili, armati di cilicio, sfiniti dai digiuni. Se proprio bisognava scegliersi un eroe, questo faceva più al caso mio, più praticabili i suoi esempi, più vicine le sue esperienze a quelle che immaginavo mi sarebbe toccato di esperimentare anch'io. Ma alla santità proprio non ci pensavo. Come può essere santo uno che incontri per la strada, fatto proprio come te, studente con i tuoi stessi problemi, persino con quelli del primo contrastato soffio d'amore?

Avevo un'idea sbagliata della santità. O meglio, ne avevo una sola pescata nelle letture e ascoltata nelle prediche. Non pensavo alla Grazia, alla Scelta, che tramuta la risposta positiva in virtù eroica. Il giovane ricco del Vangelo non se l'era sentita di rispondere sì in tutto. Pier Giorgio, con semplicità, probabilmente senza neppure confidarlo apertamente a se stesso, l'ha fatto: e un cumulo di umane praticabili virtù diventarono eroismo.

Nel leggere questa biografia, nel percorrere questo comunissimo paesaggio umano bisogna avere presente quello sfondo ampio e misterioso in cui opera la Grazia e soffia lo Spirito. Altrimenti tutto ci apparirà banale e insieme incomprensibile.

Stefano Jacomuzzi

CRONOLOGIA

6 aprile 1901 – A Torino, in una famiglia dell'alta borghesia di origini biellesi, due anni dopo la morte della primogenita Elda spentasi ad otto mesi, nasce Pier Giorgio Frassati. Il padre, avvocato Alfredo, fondatore nel 1895 del quotidiano «La Stampa» ed esponente della tradizione liberale piemontese, nel 1913 diventerà senatore del Regno nel governo presieduto da Giovanni Giolitti e negli anni 1921-1922 sarà ambasciatore d'Italia a Berlino. La madre, Adelaide Ametis, è un'appassionata pittrice.

18 agosto 1902 – A Pollone, paese di origine della famiglia, nasce la sorella Luciana.

novembre 1907 - luglio 1910 – Ai piccoli Frassati viene impartita in casa l'istruzione elementare.

ottobre 1911 - luglio 1913 – Pier Giorgio frequenta con Luciana la prima e la seconda ginnasio presso il liceo classico «Massimo D'Azeglio» di Torino.

novembre 1913 - luglio 1914 – Bocciato in latino, è iscritto all'«Istituto Sociale» retto dai padri gesuiti, dove frequenta la terza ginnasio. In questo ambiente viene a contatto con diverse associazioni religiose, come l'Apostolato della Preghiera e la Compagnia del SS. Sacramento, alle quali aderisce.

ottobre 1914 - luglio 1917 – Ritorna al «D'Azeglio», dove frequenta la quarta e quinta ginnasio e la prima liceo.

15 luglio 1917 – Consegue il diploma di agraria presso l'«Istituto Bonafous» di Torino.

ottobre 1917 - ottobre 1918 – In seguito ad una seconda bocciatura in latino, frequenta in un unico anno scolastico la seconda e la terza liceo all'«Istituto Sociale», ove si iscrive alla Lega Eucaristica, alla Congregazione Mariana e alla Conferenza di San Vincenzo.

gennaio 1918 – Diventa socio del Club Alpino Italiano (CAI).

novembre 1918 – Dopo una brillante licenza liceale, si iscrive presso il «Regio Politecnico» di Torino alla Facoltà di Ingegneria industriale meccanica, scegliendo la specializzazione mineraria.

novembre 1919 – Aderisce, all'interno della FUCI, al circolo universitario cattolico «Cesare Balbo». Frequenta intanto il circolo operaio cattolico della FIAT «Girolamo Savonarola».

4 dicembre 1920 – Si iscrive al Partito Popolare Italiano, fondato nel 1919 da don Luigi Sturzo.

gennaio 1921 – Frequentando la chiesa di Santa Maria di Piazza di Torino, si iscrive all'associazione dei «Giovani adoratori notturni universitari» e a quella dei «Giovani operai».

gennaio - giugno 1921 – Si trasferisce in Germania, dove il padre è stato nominato ambasciatore d'Italia a Berlino. Qui conosce don Karl Sonnenschein (il «san Francesco di Berlino») e, a Friburgo, vive in casa di Karl Rahner, il futuro teologo.

30 agosto 1921 – Si iscrive a «Pax Romana», un'organizzazione internazionale di studenti universitari cattolici promotori di pace, e partecipa al Congresso tenuto a Ravenna in coincidenza con le celebrazioni per il sesto centenario della morte di Dante Alighieri.

1-8 settembre 1821 – Partecipa a Roma al Congresso della «Gioventù Cattolica» per il cinquantenario della fondazione.

settembre - dicembre 1921 – Ritorna in Germania; viaggia anche in Austria e Cecoslovacchia.

14 maggio 1922 – Partecipa al Congresso Eucaristico di Torino e ottiene l'autorizzazione per fondare presso la sua parrocchia della Crocetta, il circolo di gioventù cattolica «Milites Mariae».

28 maggio 1922 – Diventa terziario domenicano nella chiesa di San Domenico di Torino, con il nome di «*Fra Girolamo*» scelto per imitare, «*nella lotta e nella virtù*», il Savonarola.

ottobre 1922 – Dopo la «marcia su Roma», l'ambasciatore Frassati presenta le dimissioni. Pier Giorgio compie così il suo ultimo viaggio in Germania.

aprile 1923 – Partecipa a Torino al Congresso del Partito Popolare.

29 giugno 1923 – Partecipa alla benedizione della bandiera del circolo cattolico giovanile di Pollone e pronuncia un discorso sul motto dell'Azione Cattolica «Preghiera, azione e sacrificio».

23 agosto 1923 – È vicino allo zio Pietro Frassati morente.

24 agosto 1923 – Presenta le dimissioni dal circolo «Cesare Balbo» per la posizione troppo condiscendente assunta nei confronti del fascismo. Tuttavia, per amor di pace, il 14 novembre dello stesso anno le ritira.

18 maggio 1924 – Nel corso di una gita al Pian della Mussa fonda la singolare «Società dei Tipi Loschi».

22 giugno 1924 – L'abitazione torinese dell'avvocato Frassati viene assalita da un gruppo di «camicie nere»: essendo assente il capofamiglia, Pier Giorgio, prontamente, da solo, mette in fuga gli squadristi fascisti.

24 gennaio 1925 – La sorella Luciana sposa il diplomatico polacco Jean Gawronski e si trasferisce a L'Aja.

7 giugno 1925 – Pier Giorgio compie la sua ultima gita in montagna: alle Lunelle, in Val di Lanzo. Sulla fotografia, che ne ritrae il profilo stagliato sulla roccia, scrive: «*verso l'alto*».

29 giugno - 3 luglio 1925 – A pochi mesi dalla laurea, è colpito da una forma di poliomielite fulminante che stronca la sua giovinezza. In quei medesimi tragici giorni si spegne, dopo lunga malattia, la nonna Linda Ametis.

4 luglio 1925 – Alle 19 muore a Torino, nella casa di corso Galileo Ferraris n. 70.

6 luglio 1925 – Dopo il commovente funerale presso la parrocchia della Crocetta, la salma viene tumulata a Pollone.

4 luglio 1926 – Nel primo anniversario della morte, nella chiesa della Crocetta viene inaugurata una lapide con medaglione in argento, che ricorda la quotidiana partecipazione di Pier Giorgio all'Eucaristia.

4 luglio 1927 – Nel secondo anniversario, per volere del padre, si inaugura nella Piccola Casa della Divina Provvidenza di Torino (il «Cottolengo») un padiglione che porta il suo nome.

2 luglio 1932 – L'arcivescovo di Torino, cardinal Maurilio Fossati, dà inizio al Processo Informativo Ordinario sulla fama di santità e sulle virtù eroiche di Pier Giorgio, che si chiude il 23 ottobre 1935.

1949 – Si spegne la mamma Adelaide Ametis Frassati.

21 maggio 1961 – A Torino muore il senatore Alfredo Frassati.

12 giugno 1978 – Paolo VI decreta l'Introduzione della causa di canonizzazione e ordina che si istruisca il Processo Apostolico.

16 giugno 1980 – Alla presenza del cardinal Anastasio Ballestrero inizia a Torino il Processo Apostolico sulla vita e virtù del Servo di Dio Pier Giorgio Frassati, che si chiude il 29 luglio 1981.

31 marzo 1981 – Il Tribunale Diocesano per le Cause dei Santi procede, a Pollone, alle operazioni di ricognizione della salma, che viene ritrovata in ottimo stato di conservazione.

23 ottobre 1987 – Giovanni Paolo II promulga il *Decreto* sulle virtù eroiche di Pier Giorgio Frassati, al quale viene conferito il titolo di «venerabile».

16 luglio 1989 – Lo stesso pontefice ne visita la tomba nel cimitero di Pollone per «rendere omaggio ad un giovane che ha saputo testimoniare Cristo con singolare efficacia in questo nostro secolo».

21 dicembre 1989 – Papa Wojtyła promulga il *Decreto* relativo ad «un miracolo attribuito al venerabile Servo di Dio»: Domenico Sellan di San Quirino di Pordenone, affetto da morbo di Pott, dopo aver invocato Pier Giorgio Frassati, ottenne il 28 dicembre 1933, una «guarigione rapida, completa e con ripresa funzionale».

20 maggio 1990 – Pier Giorgio Frassati viene proclamato «beato» da Giovanni Paolo II a Roma in piazza San Pietro.

16 settembre 1990 – Le sue spoglie, che dal 1925 riposavano nel cimitero di Pollone, vengono solennemente trasferite nel Duomo di Torino, ove sono collocate in una cappella laterale di sinistra, a pochi passi da dove è conservata la Sindone.

1990 – Il registra Leandro Castellani, ispirandosi alla sua vita, realizza il film dal titolo *Se non avessi l'amore.*

5 aprile 2001 – Messaggio per la XVI Giornata mondiale della gioventù. Rivolgendosi alle migliaia di giovani che nelle loro diocesi celebrano la Gmg, il Papa, proponendo loro come modello il beato Pier Giorgio, così li esorta: «Cercate di conoscerlo!...A lui affido il vostro impegno missionario!». Già nelle precedenti Giornate mondiali dei giovani, da Roma a Toronto, Giovanni Paolo II aveva ripetutamente parlato di lui, additandolo ad esempio.

6 aprile 2001 – Nel corso delle numerose celebrazioni, in Italia e all'estero, per il Centenario della nascita, al Politecnico di Torino viene conferita al beato Pier Giorgio Frassati la laurea *post mortem* in Ingegneria mineraria. Ne ritira il diploma il nipote Jas Gawronski, figlio della sorella Luciana.

2006 – In occasione dei XX Giochi olimpici invernali, svoltisi a Torino e in altre otto località del Piemonte dal 10 al 26 febbraio, Pier Giorgio Frassati è stato inserito tra i «Santi Patroni» dell'evento. Il suo nome, legato all'amore per la montagna, è inoltre comparso nelle guide turistiche relative alle valli piemontesi ospiti dei Giochi.

7 ottobre 2007 – All'età di 105 anni si spegne a Pollone la sorella Luciana.

giugno - luglio 2008 – Le spoglie di Pier Giorgio vengono trasferite dal Duomo di Torino alla cattedrale di St. Mary a Sydney per essere lì venerate nel corso delle Giornate Mondiali della Gioventù (15-20 luglio).

18 agosto 2012 – Con l'inaugurazione del «sentiero Frassati» in Alto Adige giunge a compimento il progetto del CAI, iniziato nel 1996 in Campania, che prevedeva la realizzazione in ogni regione d'Italia di un sentiero dedicato al beato Pier Giorgio Frassati.

DOCUMENTAZIONE FOTOGRAFICA

Adelaide Ametis e Alfredo Frassati.
Le loro nozze furono celebrate a Pollone il 5 settembre 1898.

La famiglia Frassati al completo.

19 giugno 1911: Pier Giorgio a dieci anni, nel giorno della sua Prima Comunione.

Anno scolastico 1913-1914: Pier Giorgio in terza ginnasio all'«Istituto Sociale» di Torino, retto dai padri gesuiti.

Durante le vacanze estive nel giardino di villa Frassati a Pollone.

Pier Giorgio studente al Politecnico di Torino presso la Facoltà di Ingegneria industriale meccanica con indirizzo minerario.

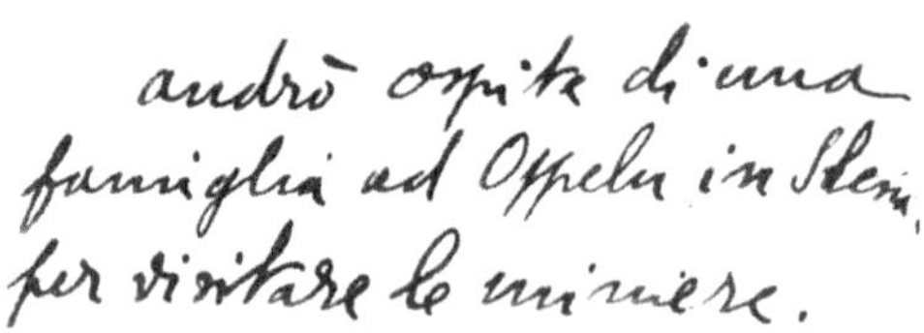

andrò ospite di una famiglia ad Oppeln in Slesia, per visitare le miniere.

«*andrò ospite...*»: Pier Giorgio, fin dai primi anni dei suoi studi universitari, visitò diverse miniere, soprattutto in Germania, come rivela l'intenzione qui espressa.

Pier Giorgio in prima fila, al centro, in una riunione di «fucini».

L'ultima gita in montagna alle Lunelle in Val di Lanzo il 7 giugno 1925, un mese prima della morte. Le parole che Pier Giorgio stesso scrisse sulla fotografia hanno un sapore quasi profetico.

Montagne montagne montagne vi amo

Pier Giorgio con la corda a tracolla in montagna tra un gruppo di amici.

Questo «astuccio» con l'immagine della «Madonna della Seggiola» di Raffaello fu posto, venerdì 3 luglio 1925, sulla mensa eucaristica allestita nella camera di Pier Giorgio per la sua ultima Comunione.

«*Ecco le iniezioni di Converso la polizza è di Sappa*
Lo (sic) *dimenticata*
rinnovala a mio conto»:
anche sul letto di morte le sue preoccupazioni furono per i tanti bisognosi che assisteva.

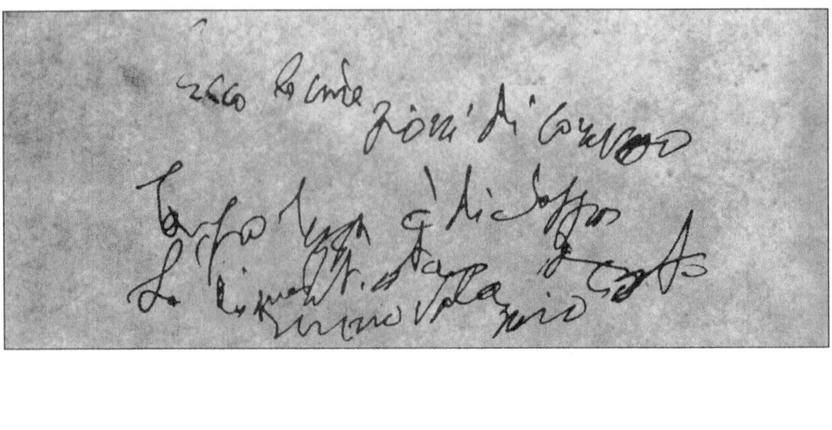

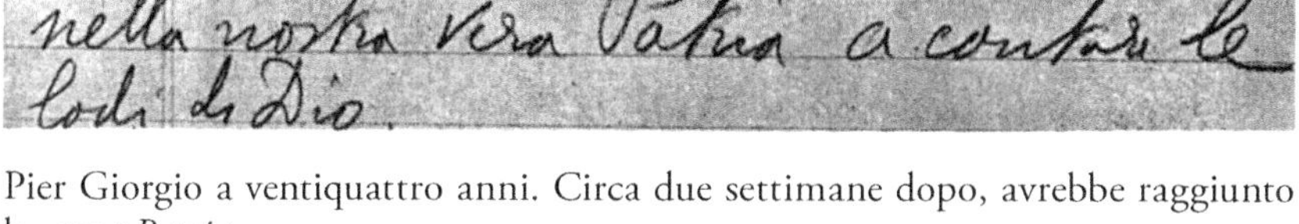

Pier Giorgio a ventiquattro anni. Circa due settimane dopo, avrebbe raggiunto la «*vera Patria*».

Roma, 20 maggio 1990. Pier Giorgio Frassati viene proclamato «beato» da Giovanni Paolo II in piazza San Pietro, alla presenza di oltre cinquantamila persone.

16 luglio 1989: il Papa è raccolto in silenziosa preghiera dinanzi alla tomba di Pier Giorgio Frassati nel piccolo cimitero di Pollone, non lontano dal santuario di Oropa. Nella foto a fianco: Duomo di Torino. Dal 16 settembre 1990 le spoglie del beato Pier Giorgio riposano in questa cappella della navata di sinistra, a pochi passi dal luogo ove è conservata la Sindone.

PARTE PRIMA

1

L'INFANZIA

I genitori

Tra le colline piemontesi che circondano la città di Biella, non lontano dall'antico santuario di Oropa, in un paese, Pollone, il cui nome richiama l'idea della vita che germoglia a primavera, il 5 settembre 1898 venivano celebrate le nozze di Alfredo Frassati e Adelaide Ametis.

Lo sposo, che di lì a pochi giorni avrebbe compiuto trent'anni, era figlio di un medico, Pietro Frassati, nativo di quelle terre, e della signora Giuseppina Coda Canati, anch'ella biellese; era venuto al mondo dopo il fratello Pietro e la sorella Emma, che sarebbe morta tragicamente ad appena diciannove anni.

La giovane sposa, poco più che ventenne, era invece figlia di un farmacista, Francesco Ametis, che, dopo aver combattuto come volontario nella guerra di Crimea, aveva raggiunto l'America in cerca di fortuna, trovandola in Perù. Al suo ritorno in Italia aveva sposato una giovane di origini genovesi, Linda Copello, che, oltre ad Adelaide, gli diede altre due figlie: Elena ed Emilia; quest'ultima scomparve prematuramente, colpita da un infarto, a soli ventiquattro anni.

Alfredo ed Adelaide erano cugini e avevano un carattere per certi aspetti forse troppo simile, tanto che fin dal tempo del fidanzamento era stato per loro difficile evitare piccoli malintesi e incomprensioni che con il passare degli anni sarebbero aumentati. Alfredo – scriverà di lui la figlia Luciana – era un uomo «semplice, tenace, dittatore come molti dei cosiddetti liberali piemontesi; debole in alcune circostanze, deciso in altre, sebbene di fondo romantico, considerava la vita come un problema da risolvere, anche economicamente, con energia duttile e insieme durissima. Era insomma un uomo quadrato, capace di assumere grandi responsabilità e di portare a termine i propri impegni»[1]. Egli avrebbe forse avuto bisogno, come due anni prima del matrimonio aveva confidato in una lettera alla fidanzata, «di un'amica buona, che sapesse perdonare ai momenti di malumore, a una parola dura», una compagna capace cioè di ristabilire la pace e l'armonia. Adelaide era invece, sì generosa e comprensiva, ma anche volitiva e spesso aspra nelle sue reazioni improvvise, quindi, anche lei, come il marito, bisognosa «di un amico dolce che sapesse subito perdonare»[2].

Nonostante ciò, le nozze furono felicemente celebrate e, tre giorni dopo, Alfredo fece ingresso con la sposa nella villa Ametis a Pollone, fatta costruire dal suocero nel 1875 al suo ritorno dall'America del Sud: a ricordo di quel viaggio oltre oceano, l'intraprendente farmacista aveva voluto piantare nel vasto giardino che cingeva la bella costruzione alcuni alberi esotici, tra cui una stupenda sequoia che non smentì la fama della sua longevità neppure nel nuovo ambiente in cui si trovò a vivere.

Da quel maggio 1898 la villa Ametis divenne un luogo di soggiorno estivo molto caro alla famiglia Frassati, che amava trascorrervi anche altri brevi periodi dell'anno liberi da impegni.

Il giornalista Alfredo Frassati

Fin dagli anni degli studi universitari compiuti in ambito giuridico presso le Università di Torino, Heidelberg e Berlino, Alfredo Frassati aveva rivelato un grande interesse per il giornalismo. Era appena ventenne quando comparvero i suoi primi articoli su giornali subalpini di un certo interesse e prestigio, quali la «Gazzetta Piemontese», la «Gazzetta Letteraria», «L'Eco dell'Industria».

Il suo impegno e la sua intraprendenza lo indussero a fondare anche un nuovo giornale bisettimanale, «La Tribuna Biellese», che nel primo numero programmatico conteneva esposto a chiare lettere il pensiero illuminato e liberale del fondatore, orientato verso forme di autentico progresso sociale: «Nel campo politico noi seguiremo un indirizzo sinceramente e schiettamente progressista. La società progredisce, e noi dobbiamo affrettare, non impedire il suo ciclo glorioso... Il problema sociale sarà oggetto dei nostri studi, l'affrettare la sua soluzione uno dei più alti ideali della nostra mente, il compito più santo e doveroso della nostra opera di pubblicista. Noi pensiamo e crediamo che si deve portare un sollievo alla miseria, un aiuto alle famiglie oneste, ai buoni contadini, agli operai laboriosi. Il benessere dei nostri operai è legato alla prosperità dell'industria e noi propugneremo tutti quei mezzi che crederemo capaci di richiamare all'antica prosperità gli opifici del nostro biellese»[3].

Conseguita la laurea in Giurisprudenza nel 1890, Alfredo Frassati iniziò a scrivere saggi di argomento giuridico (in tutto venticinque), frutto di accurate e approfondite ricerche, che permisero al giovane e vivace pubblicista di ottenere nel 1897 la libera docenza in diritto penale e di vincere il concorso per insegnare questa materia all'Università di Sassari. Nonostante i brillanti esordi, Alfredo preferì però abbandonare questa carriera per dedicarsi totalmente al giornalismo.

Fu così che fin dal 1895, grazie anche alla generosità del padre che mise a sua disposizione il patrimonio della famiglia, divenne comproprietario con l'avvocato Luigi Roux della «Gazzetta Piemontese», che proprio il 1° gennaio di quell'anno uscì con la nuova testata «La Stampa» (l'espressione «Gazzetta Piemontese» comparve solo più come sottotitolo). Nel 1900 Alfredo divenne anche il direttore del nuovo giornale e nel 1902 ne acquistò dal Roux l'intera proprietà.

«La Stampa» fu via via arricchita di numerosi supplementi, quali «La Stampa Sportiva» (1902), prima rivista italiana di sport, «La Donna» (1904), quindicinale dedicato ai problemi femminili, «La Stampa agricola» (1912), che aveva lo scopo di suscitare l'interesse dei contadini. Gli articoli vennero inoltre firmati da penne sempre più prestigiose, come quelle di Francesco Saverio Nitti, Luigi Einaudi, Antonio Borgese, Ettore Thovez, Adriano Tilgher, Guido Gozzano che, in particolare, nel 1914 vi pubblicò, sotto il titolo *Lettere dall'India*, le prose successivamente raccolte nel volume postumo *Verso la cuna del mondo*, in cui descrisse le impressioni del suo viaggio in Estremo Oriente, compiuto due anni prima anche al fine di ritemprare in climi più miti la debole salute minata dalla tisi.

Il giornale si trasformò così rapidamente in un moderno organo di opinione a carattere nazionale che rifletteva quelle caratteristiche di serietà, onestà e rigore etico del suo fondatore, tanto che tra i collaboratori circolava una formula che, per quanto paradossale, coglieva nel segno: «"La Stampa" è Frassati», un uomo che sognava appunto, come un giorno confidò ad un amico, «un giornalismo moderno, indipendente da tutti, onestissimo nel più rigido e nel più assoluto senso della parola»[4].

Gli anni che videro l'affermarsi del quotidiano torinese, che dalla fine del secolo al 1915 passò da una tiratura di 50.000 copie giornaliere ad una di 300.000, coincisero con l'ascesa politica di Giovanni Giolitti, il quale per circa un decennio, precisamente dal 1903 al 1914, legò il suo nome alla storia italiana e trovò proprio ne «La Stampa» di Alfredo Frassati un prestigioso strumento di sostegno del suo programma.

I positivi rapporti intercorsi tra il giornalista di Pollone e lo statista di Mondovì, «l'uomo più saldo e più moderno tra i nostri parlamentari, degno continuatore della scuola politica piemontese, che non ha mai posto né un fine né un confine al programma sempre evolventesi del partito liberale», come di lui fu scritto sulle stesse colonne de «La Stampa»[5], favorirono nel 1913 la nomina di Alfredo Frassati a senatore del Regno d'Italia: il primo giornalista giunto per meriti professionali a Palazzo Madama e il più giovane per età tra gli eletti.

Nel concludere queste note relative all'impegno giornalistico di Alfredo Frassati, è importante ricordare che la sua vasta e indefessa attività è stata ampiamente illustrata dalla figlia Luciana in una complessa opera, articolata in sei volumi, dal significativo titolo *Un uomo, un giornale.*

La nascita di Pier Giorgio

«L'altra notte svegliandomi ho pensato tanto a lei; ma quando mi sento proprio disperata pare che il piccino dentro lo sappia e muove e s'agita finché mi sforzo a pensare anche a lui. Spero che le rassomiglierà. Io ho sempre avuto nella mente e nel cuore gli occhi, il nasetto, la boccuccia, le manine, i piedini, così belli della piccinetta nostra, e spero che qualcosa di lei rivivrà in questa creatura che sarà la sua stessa sostanza, il suo stesso sangue».

La «lei», a cui si riferisce Adelaide Frassati in questa lettera scritta al marito all'inizio dell'aprile 1901[6], era una bimbetta nata due anni prima e morta ad appena otto mesi, il suo nome era Elda; ancora di lei la mamma, con accorato rimpianto, nella medesima lettera scriveva: «Come sarebbe stata bella per noi la vita se non l'avessimo persa!».

Il «lui» che stava per nascere, ed era dunque il secondogenito, aprì gli occhi alla vita nel centro di Torino, in una casa di via Legnano 33 (che fu poi distrutta durante la seconda guerra mondiale), la sera del 6 aprile 1901, un Sabato santo, e ricevette il nome di Pier Giorgio Michelangelo.

Poiché al momento della nascita il bimbo aveva presentato evidenti segni di asfissia, il giorno dopo, domenica di Pasqua, gli fu somministrato il Battesimo in casa e, con il sacramento, gli venne imposto un nome che era il frutto di un «compromesso» tra i genitori. La mamma aveva accettato che il neonato si chiamasse Pietro, come voleva il papà in ricordo del suo amato genitore, a patto però che questo nome venisse affiancato da un altro estraneo alla famiglia, Giorgio appunto. Occorre qui precisare che il certificato di Battesimo di Pier Giorgio porta però la data del 5 settembre 1901. Fu quello il giorno in cui, ricorrendo il terzo anniversario di matrimonio dei genitori, questi vollero celebrare, nella chiesa parrocchiale di Pollone dedicata a sant'Eusebio, la funzione battesimale del figlio, alla presenza della madrina e del padrino: i nonni Giuseppina Frassati e Francesco Ametis.

Gli anni dell'infanzia

Il piccolo Dodo, così egli si era autonominato, cominciò a crescere vivace e attento alla realtà che lo circondava. Ben presto la sua vita fu arricchita anche dalla nascita di una sorellina, Luciana, venuta al mondo a Pollone il 18 agosto 1902. Di fronte alla nuova arrivata, la prima reazione di Pier Giorgio fu però negativa; mosso da un temperamento impulsivo, ancora orientato all'egocentrismo, alla mamma che felice gli mostrava la neonata, non esitò infatti a dire indicando drasticamente l'uscio: *«Portala ja!»*.

Dunque, quel processo di dilatazione dell'io che lo avrebbe indotto a fare della carità e dell'attenzione agli altri l'atteggiamento di fondo della sua esistenza, non era affatto qualcosa di innato, ma al contrario fu una lenta e costante conquista di ogni giorno, che tuttavia cominciò a maturare molto presto nel piccolo Dodo. Con una notevole forza di volontà e di carattere, egli si impegnò a superare qualsiasi istinto e pulsione negativa e a correggere così la sua personalità che, come è naturale nei bambini, lo induceva ad affermare se stesso. Pertanto i capricci e i litigi con Luciana divennero meno frequenti o comunque ad essi cominciò a seguire il fermo proposito di migliorarsi e di *«divenire buono»*.

Testimoniano questo atteggiamento le prime letterine che egli scrisse ai genitori. Pier Giorgio non aveva che sei anni quando inviava al papà e alla mamma questi semplici, ma sinceri messaggi: *«Caro papalino bello, ti voglio tanto bene, perché tu sia contento non batterò più Luciana». «Carissima mamma, ti voglio molto bene, sarò buono con Luciana. Ti mandiamo due bacetti»*[7].

I due bimbi crebbero insieme, inseparabili compagni di giochi e di studi. Ricevettero un'educazione familiare molto rigorosa, basata su pochi, saldi e inderogabili princìpi, quali il senso del dovere e dell'onore, l'onestà, la dirittura morale. Vennero inoltre abituati spartanamente ad una disciplina fatta di rigidi divieti, all'obbedienza sempre e ovunque, a superare ostacoli e a sopportare dolori e fatiche senza lamentarsi.

In questa prospettiva vanno considerate anche le prime esperienze alpinistiche di Pier Giorgio, che egli cominciò a compiere a partire dai sei-sette anni, senza mai protestare per la sete, la fame e la stanchezza. La signora Frassati, che era un'appassionata pittrice, portava sovente con sé il suo Dodo nelle escursioni che compiva in montagna alla ricerca di paesaggi da ritrarre nei suoi quadri. Erano, quelle, stupende occasioni in cui Pier Giorgio, oltre ad irrobustire il fisico, imparava a contemplare da vicino le meraviglie del creato.

Si può ricordare, ad esempio, che ad appena otto anni, dopo più di dieci ore di marcia, raggiunse in cordata con la mamma il colle di San Teodulo, alto 3324 metri, e lo Schwarzsee sopra Zermatt. Adelaide Frassati lasciò di quella gita i seguenti appunti: «Salivamo verso le Cime Bianche quando incominciò il primo lume dell'alba. Tutto era, come quasi sempre in quell'ora, antelucano, fisso e fermo, senz'ombre, senza rilievo. In un chiuso, a destra di una valletta, scorgemmo delle pecore immobili, dormienti, accucciate come i cani col muso nascosto sotto le gambe, una vicina all'altra per ripararsi dal freddo della notte... La traversata del Teodulo con Pier Giorgio in cordata vicino a me fu quanto mai tranquilla... Ci fermammo per due giorni allo Schwarzsee. A tavola tutti si interessavano del piccolo bellissimo alpinista»[8].

Negli anni dell'infanzia, Pier Giorgio fece, sempre con la mamma, altre impegnative scalate, come la traversata della Bettaforca, del Fürgen e l'ascensione del Castore nel complesso del Monte Rosa.

L'innata gentilezza e delicatezza del suo animo facevano sì che, durante quegli itinerari alpini, egli ammirasse affascinato la natura in tutti i suoi aspetti, dai fiori alla cui bellezza fu sempre particolarmente sensibile, alle nuvole che eccitavano la sua fantasia, agli animali che sapeva trattare con rispetto e delicatezza. Egli amava poi veder ritratti questi stupendi soggetti nei quadri materni. Entusiasta non solo della montagna, ma anche del mare, quando in estate vi soggiornava, soprattutto ad Alassio, desiderava intensamente che la mamma ne riproducesse sulle tele le affascinanti «*onde bianche*».

È qui importante sottolineare come Adelaide Frassati, che fin dalla giovinezza aveva rivelato un vivace temperamento di artista, si dedicò per tutta la vita alla pittura, ottenendo anche brillanti successi. Nel 1912 le sue opere furono esposte alla Biennale di Venezia e un suo quadro venne acquistato da Vittorio Emanuele III!

I primi studi

A partire dai cinque anni (quattro per Luciana), i piccoli Frassati ricevettero insieme l'istruzione elementare, non in una scuola pubblica, ma privatamente in casa, nell'abitazione di corso Siccardi 55, dove la famiglia si era trasferita; in quei primi anni di studio, compiuti sotto la guida dell'insegnante Rosina Busatto, essi iniziarono ad imparare anche la lingua tedesca.

Pier Giorgio si rivelò un bimbo vivace, intelligente e desideroso di apprendere, ma incontrò presto alcune difficoltà nell'esprimersi con la penna; nacque così per lui «l'incubo di tutta la vita: l'obbligo di fissar su carta ciò che non sentiva». «Nonostante i suoi tenaci "titanici" sforzi – ricorda Luciana – il "tu non sai scrivere" divenne il consueto, sferzante ritornello e naturalmente anche la fonte per lui di continue umiliazioni»[9].

Sebbene i due scolari si fossero impegnati nello studio, tuttavia quelle lezioni private si conclusero nel 1909 con una drastica bocciatura agli esami nella scuola statale. Testimonia questo incidente di percorso una lettera che Alfredo Frassati, preoccupato, nel luglio di quell'anno scrisse alla moglie che, insieme alla zia Elena, si era recata con i bimbi ad Alassio: «Carissime, solo oggi a mezzogiorno ho avuto notizia della completa bocciatura e me ne rincresce moltissimo. Col tempo bisognerà provvedere assolutamente, perché se si abituano così da bambini, non so cosa potremo aspettare da grandi. Luciana, pazienza, che è una donna e che non sarà costretta a guadagnarsi la vita, ma Dodo! Me ne rincresce proprio moltissimo. Mandatemi vostre notizie e di Dodo e Luciana. Fate loro intendere che papà ritarda di venire ad Alassio perché è addolorato della bocciatura»[10].

L'amarezza del babbo, soprattutto nei confronti dell'insuccesso di Pier Giorgio, dimostra chiaramente come egli fin da allora proiettasse le sue ambizioni professionali sul figlio e non ammettesse che queste potessero venir deluse. Con il passare degli anni, egli dovette però accorgersi che più vicina alla sua personalità e alle sue aspirazioni era invece Luciana, la quale rivelava anche una maggiore adesione al «cliché» familiare. Pertanto proprio Luciana, nonostante il diverso ruolo che avrebbe dovuto svolgere, cominciò a godere in casa di una migliore considerazione, mentre di Pier Giorgio in più occasioni non si esitò a dire che era un «buono a nulla» o comunque «l'ultima ruota della famiglia». Nonostante queste «preferenze», i due ragazzi rimasero sempre molto solidali tra loro, pronti ad aiutarsi reciprocamente in qualsiasi situazione.

Dopo questa parentesi negativa, il loro curriculum scolastico segnò un momento positivo nel luglio dell'anno successivo quando superarono felicemente l'esame di ammissione alla prima classe ginnasiale. Furono così iscritti al «Regio ginnasio-liceo Massimo D'Azeglio» di Torino, ove si trovarono finalmente inseriti in una classe di coetanei.

Sorto fin dal 1831 con il nome di «Collegio di Porta Nuova», che venne ad aggiungersi ai due precedenti – il «Collegio Maggiore del Carmine», futuro liceo «Cavour», e il «Collegio di san Francesco da Paola», poi liceo «Gioberti» –, il «D'Azeglio» ricevette questo titolo nel 1882 e divenne ben presto uno dei licei più prestigiosi della città. Quando i piccoli Frassati lo frequentarono, in esso si erano già formate parecchie generazioni di studenti; tra gli allievi più famosi del

1800 si era distinto lo scrittore Vittorio Bersezio, che nel 1867 aveva fondato insieme all'editore Casimiro Favale la «Gazzetta Piemontese», in seguito acquistata dal Roux. Il liceo avrebbe poi raggiunto una particolare fama negli anni Venti-Trenta del Novecento, quando a tenervi le loro lezioni furono professori come Umberto Cosmo, Arturo Segre e Augusto Monti, che, a loro volta, ebbero tra gli allievi uomini come Leone Ginzburg, Cesare Pavese, Massimo Mila, Giulio Einaudi, Giancarlo Pajetta, Norberto Bobbio, Emanuele Artom, Valdo Fusi.

Sebbene nei primi mesi di scuola, precisamente il 20 dicembre 1910, Pier Giorgio inviasse alla mamma questa sincera letterina: «*Carissima mammina, ti scrivo per augurarti una buona festa e ti dico che abbiamo fatto una bella poesia in tedesco che ti farà piacere. Con questa lettera ti offro un bel mazzo di fiori. Io cercherò di fare tutto il possibile per essere promosso all'esame per farti piacere. Poi ti prometto di essere buono*»[11], tuttavia, prima della fine dell'anno scolastico, la signora Frassati ritirò i figli dalla scuola a causa delle difficoltà che avevano incontrato soprattutto in latino, e pensò di rivolgersi ad un insegnante privato che impartisse loro ripetizioni in questa materia.

Lo trovò nella persona di un salesiano, don Antonio Cojazzi, conosciuto nell'estate precedente ad Alassio; così, per circa due anni, questo sacerdote aiutò Pier Giorgio e Luciana nello studio delle materie letterarie. Il suo nome rimase inoltre legato alla prima biografia di Pier Giorgio. Subito dopo la sua morte, egli cominciò infatti a raccogliere testimonianze, a partire da quelle della mamma, e nel 1928 pubblicò un libro dal titolo *Pier Giorgio Frassati* che raggiunse un'elevata tiratura di copie, ebbe numerose ristampe e, nonostante alcuni limiti, contribuì notevolmente a far conoscere a più generazioni di giovani la luminosa figura del protagonista.

Come era normale nelle famiglie dell'alta borghesia piemontese del tempo, le scelte scolastiche dei piccoli Frassati furono determinate dai genitori, con i quali, del resto, essi non ebbero mai un rapporto di autentica confidenza. Gravava infatti sull'ambiente familiare una freddezza affettiva che nasceva indubbiamente dall'incomprensione reciproca di Adelaide e Alfredo. Ecco come Luciana ricorda quegli anni di infanzia: «A me quei giorni lontani appaiono dolorosi come altrettante occasioni perdute dell'amore materno. Ripenso a essi con angoscia, sia che trascorressero a Pollone, sia nella casa di Torino, dove i nostri inverni si consumavano nell'impossibilità di evadere dai soliti volti, dallo stretto giro delle stanze e dalle monotone strade. Non ci era concesso di passeggiare in città, sostare davanti a edicole e vetrine, cedere alle piccole curiosità. Dovevamo camminare in fretta, senza voltarci, il che ci conferiva un'alacre speditezza. Alacrità, speditezza: sistema duramente imposto... Non si badava a riempire il vuoto creato da quel mare di proibizioni che ci costringeva a vivere soli, senza nemmeno la compagnia delle cose. Perciò fu tanto importante a ognuno di noi, fin da piccoli, la presenza dell'altro»[12].

Anche il babbo, che pure quando era libero dai pressanti impegni di lavoro, amava partecipare ai giochi dei suoi figli, non ebbe tuttavia mai un autentico dialogo con loro e, sottolinea Luciana, rimase «pur sempre estraneo alla nostra intima essenza», un'essenza, in particolare quella di Pier Giorgio, che iniziava ad esprimersi in atti di altruismo sempre più generosi.

La carità di Pier Giorgio fanciullo

Molto è stato detto e scritto sulla carità di Pier Giorgio che cominciò a manifestarsi fin dai primi anni d'infanzia. Fra i numerosi episodi che rivelano la sua delicata sensibilità di bimbo attento ai bisogni degli altri, eccone alcuni particolarmente significativi.

Un giorno, alla porta di casa Frassati a Torino bussò per chiedere l'elemosina una povera donna dall'aspetto gracile e triste, con un bambino piccolo in braccio a piedi nudi. Mamma Adelaide non era in casa, così alla porta si precipitò Dodo che aveva allora quattro anni; nel vedere quei piedini scalzi, non esitò neppure un attimo a togliersi le scarpe e le calze e a donarle con grande slancio a quel bimbo meno fortunato di lui.

Quando, in un giorno d'estate, frequentava l'asilo di Pollone, Pier Giorgio compì un altro delicato atto di solidarietà, quanto mai sorprendente in un fanciullo. Notò che un compagno, affetto da una malattia che gli aveva ricoperto il viso di pustoline, consumava malinconicamente il suo pasto lontano dagli altri; eluse allora la sorveglianza di una suora e andò a sedersi accanto a lui, cominciò poi a farlo divertire mangiando insieme nella stessa scodella e con il medesimo cucchiaio; così sul volto del piccolo amico ritornò presto il sorriso.

La mamma, anche se non fu testimone di questi fatti che sono stati raccontati da Luciana in tanti preziosi libri in cui ha ritratto la splendida figura del fratello, tuttavia in quegli anni così si esprimeva nelle sue lettere, parlando del figlio: «Dodo è buono e docile». «Dodo con la febbre è buono come un angelo, mi bacia la mano e mi dice di andare pure a mangiare». «Dodo è stato l'ammirazione dello zio Enrico per come si è comportato a tavola»[13].

Pier Giorgio iniziò dunque molto presto a vincere ogni forma di esclusivismo e di egoismo e ad affinare la sua sensibilità nei confronti degli altri, tanto che a dieci anni «la sua mente era già assillata da pensieri sulla miseria» e, come ricorda una governante, «quando per strada incontrava un povero o un infelice, ne rimaneva talmente colpito da mostrare sul suo giovane volto i segni della sofferenza e della preoccupazione. E poi non si limitava a dare la sua elemosina, ma, rivolgendosi a me e alla sorella, ci spiegava la tremenda condizione di quella gente, come se avesse avuto già l'esperienza di un adulto»[14].

In questa prospettiva si spiega lo slancio che lo spingeva ad accorrere alla porta di casa ogniqualvolta un povero vi bussava, per soccorrerlo con tutto quanto il suo spirito infantile gli suggeriva. Allo stesso modo, la forza che più volte lo indusse, pur consapevole di contravvenire a precisi ordini dei genitori, ad avvicinare un barbone che si fermava sovente su una panchina di fronte a casa, per invitarlo a parlare con «il suo papà che gli avrebbe trovato un lavoro», dimostra che il suo cuore si dilatava sempre di più nella dimensione della carità.

Così pure il fatto che le piccole strenne ricevute dai familiari non durassero a lungo nel suo salvadanaio, ma finissero sovente tra le mani della balia perché «l'aveva sentita parlare di numerosi figli e delle conseguenti privazioni», rivela che il suo animo diventava ogni giorno più sensibile alle necessità altrui.

A questo proposito si possono ancora ricordare i seguenti episodi. Pier Giorgio aveva appena sette anni quando un giorno contestò il padre perché questi non aveva dato ascolto alla richiesta di un povero ubriaco che si era presentato alla porta per chiedere un pezzo di pane e un lavoro. «*È passato Gesù e papà l'ha mandato via!*» furono le poche, ma sconsolate parole che Dodo pronunciò tra le lacrime in quell'occasione. Un po' più grandicello poi, a undici anni, «quando un giorno la mamma gli propose una stoffa da comperare per un vestito, avendone saputo il prezzo, reagì decidendo di acquistarne una meno bella e meno costosa per poter dare la differenza ai poveri»[15].

Si può quindi affermare che la capacità di Pier Giorgio di vedere i bisogni, la prontezza con cui reagiva nel venire in aiuto, l'inquietudine che non gli dava pace fino alla realizzazione del soccorso, e ancora i criteri con cui cominciava a coordinare le sue scelte e a prefiggersi determinati scopi, erano chiari segni rivelatori di uno spirito di carità che, con la forza di un'autentica passione, avrebbe consumato tutta la sua vita, fin sul letto di morte, quando, come vedremo, le sue ultime preoccupazioni furono ancora e sempre per il prossimo.

La spiritualità di Pier Giorgio fanciullo

Ci si può chiedere a questo punto quali modelli di fede e di spiritualità abbiano potuto influire sulle generose scelte di Pier Giorgio. Non è davvero facile trovare una risposta a questo interrogativo, se per di più si analizzano le numerosissime testimonianze su di lui, riunite in appositi «dossiers» conservati nell'archivio di casa Frassati e integralmente inseriti negli atti del Processo Apostolico di canonizzazione iniziato a Torino il 16 giugno 1980 e concluso il 29 luglio 1981. Questo ricchissimo materiale raccolto nel corso degli anni sulla figura e sull'attività di Pier Giorgio ha costituito inoltre la base su cui il Postulatore della causa, il padre gesuita Paolo Molinari, ha redatto la *Positio super virtutibus*, un ampio documento sulla vita e sulla eroicità delle virtù del Servo di Dio, che nel 1987 venne presentata a Roma alla Congregazione per le cause dei santi.

Nei suddetti «dossiers», a proposito delle «origini» della fede di Pier Giorgio si legge: «La sua fede tutta speciale mi faceva domandare: "da chi l'ha presa?"». «Il vero, grande miracolo di Pier Giorgio Frassati fu di essere nato, cresciuto ed uscito da una famiglia così diversa da lui e dalle sue aspirazioni»[16].

Come si è detto, fin da piccolo Pier Giorgio si impegnò a percorrere *«la via tracciata a noi dagli insegnamenti di N.S. Gesù Cristo»*, per esprimersi con una sua frase scritta in una lettera ad un amico un anno prima della morte[17]. Questa non fu però per lui un'impresa facile o comunque favorita dalle scelte e dall'esempio dei familiari che, seguendo gli orientamenti legati alle tradizioni e ai privilegi della grande borghesia liberale piemontese, erano intenti a percorrere altri binari.

Il padre non era praticante, anche se non fu mai udito pronunciare una «parola contraria alla Chiesa»; con il suo agnosticismo non contribuì però certo alla formazione religiosa dei figli, alla quale solo superficialmente contribuì la mamma, la cui religiosità era orientata ad una rigorosa, ma del tutto fredda e formale osservanza dei precetti festivi, nel complesso priva di una profonda adesione alle verità di fede. Anche le lezioni di catechismo, impartite in casa ai piccoli Frassati da «una signorina», si erano ridotte ad incontri astratti e formali ai quali erano mancati autentici agganci con la vita concreta e che non avevano lasciato spazio a un dialogo capace di verificare e approfondire gli insegnamenti ricevuti. Ricorda ancora Luciana:

«Ci sentivamo costretti a un'osservanza pedissequa e astratta di certe regole: star fermi in chiesa, seguire con "devozione" le funzioni, non mancarvi nelle feste comandate. Religione composta di frasi fatte, ripetute tutta la vita, che se non si fosse scontrata con caratteri particolari, ci avrebbe certo resi ipocriti o superficiali»[18].

Quella di Pier Giorgio fu pertanto una faticosa scoperta delle verità di fede, maturata nella solitudine, nel silenzio, spesso anche nell'incomprensione, fonte, per il suo animo sensibilissimo, di profonde sofferenze. Ciò nonostante, fin dalla tenera infanzia, egli, con precoci intuizioni, cominciò ad amare con ardore e tenerezza il Signore e a rivolgersi a Lui con totale fiducia, certo di essere ascoltato in ogni situazione. Così, a otto anni, in una letterina, non priva di errori ortografici*, indirizzata alla mamma temporaneamente «*ammalata*», scriveva: «*Il mio cuore nel vederti così ammalata è molto addolorato. Guarisci Mamma cara e buona. Domani è la tua festa, la tua festa non sarà allegra come quella dell'anno scorso perché soffri nel letto. Il mio cuore quando sarai guarita sarà contento ma finora è addolorato. Mammina ti aughero* (sic) *una pronta guarigione. Io pregherò Iddio perché ti faccia guarire e Iddio ascolterà le mie preghiere*»[19].

* Le molte lettere scritte da Pier Giorgio ai familiari e agli amici, sempre così vere ed autentiche nel contenuto, rivelano tuttavia la sua poca simpatia per l'ortografia, la grammatica e la punteggiatura. Illuminante è il giudizio che su di esse ha espresso don Primo Soldi: «Le lettere sono la via più semplice per scoprire la storia e la personalità di Pier Giorgio. Vi è da pensare che le scrivesse non solo per la famiglia e per gli amici, ma soprattutto per sé. Nascevano dal bisogno di puntualizzare i fatti quotidiani della sua esistenza, quasi una "regola di vita", un programma, un diario delle sue giornate, narrate e giudicate di fronte alle persone che conosceva e di cui non voleva perdere i contatti. Lui, l'illetterato, che saltava la punteggiatura e scriveva in maiuscolo tutte le parole "importanti"...» (P. Soldi, *Verso l'assoluto – Pier Giorgio Frassati*, presentazione di Giovanni Testori, Gribaudi, Torino 1982, 2ª edizione 1988, p. 23, nota n. 4). In particolare, circa lo stile di Pier Giorgio, il padre gesuita Ugo Rocco, in nota ad un saggio, ha scritto: «La grafia di Pier Giorgio, soprattutto con la iniziale maiuscola delle parole per lui più importanti, e la forma letteraria non sempre accurata, han fatto dire che egli scriveva col cuore» (U. Rocco S.J., *Pier Giorgio Frassati nella calda luce della sua preghiera*, in «Palestra del Clero», anno LXV, nn. 13-14, 1-15 luglio 1986, p. 896, nota n. 4).

Animato da sentimenti di intensa commozione e profonda gratitudine per l'immensa bontà di quel Gesù a cui con tanto trasporto si rivolgeva nella preghiera, Pier Giorgio ascoltava attentamente la narrazione dei fatti evangelici che gli venivano illustrati, sia a Torino sia a Pollone, da persone semplici al servizio della famiglia e in seguito anche da don Cojazzi; manifestava poi questo suo trasporto per il «*Dio fatto uomo*» in generosi atti di altruismo.

I suoi sentimenti religiosi si possono cogliere ancora una volta nei tanti episodi narrati nei libri scritti dalla sorella, episodi che nella loro semplicità rivelano l'autenticità e la profondità dello slancio con cui Pier Giorgio camminava verso il Signore. Eccone alcuni.

Una sera prima di addormentarsi il pensiero di Dodo era rivolto a Gesù Bambino e la sua delicata fantasia molto probabilmente rincorreva l'idea che quel Bimbo nella mangiatoia di Betlemme fosse troppo solo e privo di un'adeguata protezione materna. Preso da questi pensieri, che suscitavano in lui un senso di compassione e sofferenza, trasgredì il severo ordine di non alzarsi mai di notte, corse nel salotto dove i genitori erano riuniti con degli ospiti e, tra lo stupore dei presenti, fece questa strana domanda: «*Era orfano Gesù?*». Solo la rassicurante risposta della mamma, tesa a dimostrare che Gesù non era affatto orfano, ma aveva ben due padri, uno in cielo e uno in terra, illuminò di gioia il volto del piccolo Dodo che tornò così tranquillo nel suo letto.

Nel riferire questo fatto, Luciana ricorda anche un'altra singolare domanda che una sera Pier Giorgio fece alla mamma, suggerita anch'essa da una fantasia infantile particolarmente sensibile a qualsiasi situazione di disagio del prossimo e nello stesso tempo attenta al destino ultimo dell'uomo. Eccone anche il contesto che la determinò: «L'unica persona religiosa, sia pure a modo suo, era la nonna Linda Ametis. Non appena le stelle invadevano il cielo, si dedicava a pregare per i morti, elencandoli tutti come in un'antica favola che, se non accresceva in noi il senso di sicurezza, per lo meno conferiva al regno eterno un aspetto amichevole. Per i morti trepidavamo e ci addoloravamo. Una volta Pier Giorgio, svegliato di notte da un temporale, chiese alla mamma: "*Piove sui morti in cimitero?*". Egli – commenta ancora la sorella – conservò poi sempre vivissimo il culto dei defunti, degli esseri che vivono al di là del silenzio»[20].

In un'altra occasione Dodo, a soli tre anni, manifestò così il suo amore per il Signore: avendo incontrato in giardino, a Pollone, una suora che raccoglieva fiori per portarli in cappella, le corse incontro tutto festante con una stupenda rosa rossa in mano e le rivolse queste parole: «*Questa rosa la porti a Gesù per me!*».

L'episodio di cui fu protagonista pochi giorni prima di ricevere la Comunione testimonia invece quale grande senso della divinità e della regalità di Cristo avesse già sviluppato in quei primi anni di vita: all'invito di una suora ad inginocchiarsi davanti al passaggio del Viatico per rendere omaggio ad un Re, Pier Giorgio con estrema prontezza aggiunse: «*E Lui è il Re dei re!*»[21]. A questo «*Re*» egli dedicava in chiesa, fin da quando aveva sei anni, tutta la sua attenzione: davvero ammirevoli dovevano essere in un bimbo di quell'età il silenzio ed il raccoglimento interiore – attestati da più persone – con i quali seguiva le funzioni religiose e leggeva il suo libricino di preghiere.

Al Dio invisibile, ma Signore dell'universo, Pier Giorgio desiderava vivamente che anche la sorellina rivolgesse il pensiero; per questo, non solo le raccontava spesso le vicende della vita terrena di Gesù, ma anche le parlava della sua natura divina e, volendo illustrare il concetto di Dio come «purissimo spirito», lo definiva *«puro spittiro»*. Le spiegava inoltre che questo «*spittiro*» era immensamente buono, in perfetta antitesi con l'idea del male che, nella sua mentalità infantile, egli poneva in relazione ad una concreta dimensione infernale, di cui, ai suoi occhi i marciapiedi sui quali camminava per le vie di Torino apparivano come i «*tetti della casa del diavolo*»[22].

Nel contesto della spiritualità dell'infanzia, degna di essere messa in luce è anche l'affettuosa devozione per la Madonna che Pier Giorgio maturò appunto fin da piccolo. Ecco in merito due singolari ricordi della cugina Rina Maria Pierazzi che nel libro *Così ho visto Pier Giorgio* racconta: «Dodo aveva sì e no quattro anni. Un giorno venne a casa nostra per assistere dal balcone alla processione della Madonna d'Oropa. Ricordo che tenevo i due piccini uno per braccio e mentre Luciana mi assediava con i suoi: "Che cos'è questo? Che cos'è quello?... Chi sono quegli 'omi'?", sentivo la manina di Pier Giorgio che frugava la mia cintura da cui pendevano, secondo la moda del tempo, molti gingilli fra cui un piccolo lapis d'oro. Non ci badavo pensando che si baloccasse con quello, ma un energico: "*Teh*" mi scosse: non feci in tempo ad impedire il guaio. Siccome non c'erano fiori da gettare alla Madonna, aveva pensato bene di staccarmi dal gancio il lapis d'oro e di scaraventarlo trionfalmente sulla testa di coloro che passavano». E ancora: «Un giorno, recandomi da mia cugina, questa mi invitò ad ammirare un quadro della Vergine che aveva collocato a capo del letto; Adelaide reggeva tra le braccia Pier Giorgio di appena due anni; mentre guardavo il quadro, mi accorsi che anche lui fissava i suoi occhioni lucenti sulla tela; Ade gli disse: "Vedi Dodo, quella è la Madonnina dei bambini buoni". Di colpo egli protese le piccole braccia verso l'immagine santa con slancio, più forte di quello che hanno i bambini per ghermire un oggetto che piace a loro; era un desiderio ancora inespresso, era una tenerezza spontanea che non ho mai potuto dimenticare»[23].

Per completare questo quadro sulla spiritualità di Pier Giorgio fanciullo, occorre ancora sottolineare che egli ebbe vivissimo fin dai primi anni di vita il senso di una profonda sincerità verso tutti, chiara espressione di un autentico amore per la Verità. Come si può desumere da più testimonianze di persone che lo conobbero da vicino, fu sempre nemico di ogni sotterfugio: sincero e leale, e quindi profondamente sereno, non sapeva mancare alla fiducia che gli veniva accreditata, né venir meno alla parola data. Per questo, «caso più unico che raro», non disse mai bugie e, sebbene non fosse privo di quel tratto comune a quasi tutti i bambini che è la golosità, mai si permise di trasgredire un divieto della mamma su dolci o caramelle.

Ciò che nell'infanzia è quasi «un peccato naturale», il dire bugie, da Pier Giorgio, con sorprendente forza di carattere, fu subito vinto perché la sua coscienza di fanciullo aveva compreso che il concetto di Dio è assolutamente inconciliabile con quello della menzogna. Egli conservò questa profonda sincerità e schiettezza per tutta la vita: la sua parola autentica non conosceva secondi fini ed era l'espressione della trasparenza dell'animo.

In ogni momento della sua esistenza perciò avrebbe potuto fare proprie le parole di Girolamo Savonarola, suo futuro grande modello di fede, che, divenuto oggetto di odî e contraddizioni proprio per amore della Verità, nel *Dialogo della verità profetica* così scrisse: «Anzi, se proprio devo dire tutto, confesserò che fin da bambino cominciai a esercitarmi nel culto della Verità, sicché crescendo negli anni, crebbe in me l'ardore altresì e l'interesse per questo bene supremo della Verità»[24].

Fin da piccolo Pier Giorgio avvertì dunque intensamente lo stretto legame che intercorre tra la comunione con Dio e la comunione con la Verità, che è appunto Dio stesso. Perciò quando, a dieci anni, precisamente il 19 giugno 1911, insieme a Luciana, ricevette la Prima Comunione nella cappella delle suore Ausiliatrici delle anime del Purgatorio a Torino, il suo animo così sensibile vibrò senza dubbio intensamente nell'accostarsi per la prima volta a quel Signore, Via, Verità e Vita, al quale il suo pensiero era così frequentemente rivolto. Egli non lasciò però trapelare all'esterno alcun segno di quell'intima commozione, o comunque, se qualche segno si manifestò, nessuno dei familiari fu in grado di coglierlo.

I genitori infatti, preoccupati, anche se modestamente, soprattutto dell'apparato esteriore, si premurarono affinché i figli per quel giorno, o meglio per quella cerimonia, potessero gustare una buona tazza di cioccolata e ricevessero alcuni regali: da don Cojazzi, ad esempio, ebbero in dono il romanzo *Fabiola* e la biografia di *Cristoforo Colombo.* In particolare, nella memoria di Luciana, il ricordo della sua Prima Comunione rimase legato al soddisfatto commento espresso dalla mamma sui suoi bambini: «Sembravano due sposini!».

Gli anni della sua vita: 1901-1925

La breve vita di Pier Giorgio Frassati si svolse nei primi cinque lustri del nostro secolo, in un periodo della storia italiana quanto mai articolato e complesso, caratterizzato da un susseguirsi di avvenimenti strettamente interconnessi.

Tra la fine dell'Ottocento e primi anni Venti del Novecento, l'Italia entrò in una particolare fase storica i cui tratti salienti sono costituiti dall'avvio del processo di industrializzazione, dallo sviluppo del movimento operaio e socialista, dalla crescente presenza dei cattolici nella vita politica, dal sistema liberal-riformista attuato da Giovanni Giolitti, da un conflitto militare, politico e ideologico di vaste proporzioni quale fu la prima guerra mondiale, dalla conseguente crisi post-bellica e dall'avvento del fascismo.

La ricostruzione di tale contesto storico-sociale può essere suddivisa in tre momenti che corrispondono anche a tre diverse fasi dell'impegno cristiano di Pier Giorgio.

Gli anni dall'inizio del secolo al 1914, che coincisero con l'età giolittiana, sono quelli in cui Pier Giorgio nell'infanzia e nella prima adolescenza, affinando sempre più la sua sensibilità nei confronti degli altri, cominciò a prendere coscienza dei drammi di povertà che si consumavano intorno a lui.

Nei difficili e tragici anni della prima guerra mondiale, ragazzo di quindici-diciassette anni, egli cercò vie e modi in cui concretamente e sistematicamente esprimere la sua fede e la sua carità.

Il periodo post-bellico compreso tra il 1919 e il 1925, carico di gravi tensioni economiche, politiche e sociali, è infine quello in cui Pier Giorgio visse, nella giovinezza, la fase più intensa e matura della sua spiritualità e del suo impegno di servizio al prossimo.

Il contesto storico: Torino nell'età giolittiana

Giovanni Giolitti, che fu alla guida del governo italiano dal 1903 al 1914, trovò, come si è detto, proprio a Torino ne «La Stampa» di

Alfredo Frassati un importante strumento di sostegno della sua politica. Questa, con l'appoggio delle correnti più democratiche del liberalismo, perseguì l'intento di trasformare lo Stato da difensore degli interessi padronali a danno delle rivendicazioni economiche degli operai e dei contadini, in conciliatore e tutore dell'ordine sociale.

Il processo di industrializzazione del Paese che, a partire dall'ultimo decennio dell'Ottocento, andava assumendo ritmi sempre più sostenuti, aveva infatti accentuato i contrasti tra le classi lavoratrici e quelle imprenditoriali. Di fronte a questa situazione conflittuale avevano già preso una chiara posizione non solo il movimento operaio organizzatosi nel 1892 a Genova nel Partito Socialista Italiano, ma anche la Chiesa cattolica. L'enciclica *Rerum novarum* di Leone XIII del 1891, sulla cui scia nascerà il movimento della democrazia cristiana e successivamente, nel 1919, il Partito Popolare Italiano guidato da don Luigi Sturzo, rappresentò un preciso atto di accusa contro il padronato esoso e le esasperazioni del capitalismo.

Fin dall'inizio del suo governo, Giolitti si impegnò a risolvere con un denso programma di riforme la profonda crisi economico-sociale che aveva travagliato l'Italia negli ultimi anni del XIX secolo e che aveva raggiunto momenti di massima tensione nel maggio 1898 a Milano e il 29 luglio 1900 a Monza. L'assassinio di Umberto I era infatti stato il tragico epilogo dei drammatici fatti di Milano: con il suo gesto, l'anarchico Gaetano Bresci aveva voluto vendicare gli 80 morti e i 450 feriti causati dall'intervento del regio esercito che, per ordine del generale Bava Beccaris, aveva sparato su una folla di dimostranti esasperati dal rincaro del prezzo del grano.

Abbandonando la politica autoritaria e repressiva dei precedenti governi di destra, Giolitti intese regolare il rapporto tra lo Stato e le masse lavoratrici con una serie di provvedimenti emanati a difesa del lavoro. Vennero così tutelati l'impiego di donne e fanciulli, il riposo festivo, gli infortuni sul lavoro, l'invalidità e la vecchiaia; si costituì inoltre un Commissariato per l'emigrazione, fenomeno che raggiungeva livelli sempre più alti e preoccupanti, e un Consiglio superiore del lavoro con funzione di organo consultivo nei conflitti tra imprenditori ed operai. Nonostante queste iniziative, non si riuscì tuttavia a sanare situazioni di povertà e di emarginazione assai diffuse nelle campagne e nei centri industriali.

Sul piano economico, la politica giolittiana mirò a salvaguardare il bilancio dello Stato e a stimolare lo sviluppo dell'industria. Lo statista piemontese intrecciò infatti con la borghesia imprenditoriale un rapporto di collaborazione volto all'espansione economica che determinò una vera e propria «rivoluzione industriale», all'interno della quale il settore automobilistico della FIAT rivestì un ruolo di primo piano. A questo proposito, non si era sicuramente sbagliato Giovanni Agnelli quando, nel 1898, alla vigilia della fondazione della prestigiosa azienda, aveva affermato: «Siamo appena all'alba di un grandioso movimento di capitali, di masse, di lavoro. Mi sbaglierò, ma l'automobile segnerà l'inizio di un rinnovamento sociale dalle fondamenta»[25].

Torino si inserì subito nel rapido processo produttivo, costituendo, insieme a Milano e Genova, il triangolo industriale del Nord.

«Il momento è propizio – scriveva "La Stampa" nel 1906 –; mai forse la città nostra ebbe un'ora più felice per lo sviluppo della pubblica economia, per il mirabile moto degli affari, per lo stupendo lavoro creativo della sua industria. Oggi molto si lavora a Torino, molto si produce, molto si guadagna. È assolutamente necessario che il Comune sia capace di favorire un tal movimento ascensionale. Il lavoro ha bisogno di sempre migliorate condizioni materiali e morali. Ci sono questioni sul tappeto che reclamano urgentemente la loro soluzione: la luce, le scuole, l'esercizio delle ferrovie»[26].

Proprio su questa linea, l'amministrazione comunale, che in seguito alle elezioni di quell'anno aveva subìto un ricambio di «elementi nuovi e giovani energie», elaborò vari progetti finalizzati a favorire ancor più lo sviluppo dell'industria.

Per meglio soddisfare le richieste di specializzazione del mercato del lavoro, si crearono nuove scuole tecniche per operai e si revisionarono i programmi degli istituti professionali. Allo scopo di intensificare gli scambi commerciali, si potenziò lo sviluppo delle comunicazioni estendendo la viabilità stradale e aumentando i raccordi ferroviari con l'interno della penisola e le linee dell'Europa centrale; in particolare, furono allestiti i due nuovi scali merci del Lingotto e di Vanchiglia; infine, come chiedeva «La Stampa», si potenziò l'erogazione di energia elettrica.

Rimaneva però da risolvere uno dei problemi più gravi ed assillanti posti dall'«esplosione» industriale: quello dell'edilizia popolare.

Il centro storico della città si dimostrava sempre più insufficiente ad accogliere nuovi nuclei di popolazione che nel 1911, l'anno dell'Esposizione Internazionale per il cinquantennio dell'Unità (vero trionfo della nuova tecnica meccanica), avrebbe raggiunto il numero di 415.000 abitanti. Anche la periferia, che aveva visto sorgere numerosi i capannoni delle fabbriche, non era in grado di soddisfare le più elementari esigenze di vita degli operai raggruppati in oscuri e squallidi caseggiati. La situazione era ulteriormente aggravata dalle condizioni di sovraffollamento degli alloggi disponibili, dalla piaga delle speculazioni e dal rincaro degli affitti.

Di fronte a tali urgenti necessità, l'amministrazione civica si era trovata impreparata ed incontrava difficoltà nell'elaborare un organico piano per la costruzione di case operaie. Al riguardo, sempre nel 1906, in seguito ad «un'inchiesta sulle abitazioni popolari a Torino», il gruppo giolittiano de «La Stampa» concludeva: «Al Comune spetta ora l'obbligo preciso di provvedere a che la popolazione industriale, che è tanta parte della fortuna e del progresso di una città, possegga abitazioni sane, sufficienti e a buon mercato»[27].

Nel dicembre 1907 sorse finalmente, con l'aiuto di due banche, – la Cassa di Risparmio e il San Paolo – l'Istituto Case Popolari di Torino che avrebbe dovuto attuare il piano progettato dall'amministrazione comunale: la iniziale costruzione di 9000 camere nell'arco di tre anni. In realtà, alla fine del 1911, l'Istituto aveva realizzato solo otto gruppi di fabbricati disposti ad anello intorno alla città per un totale di 2429 piccoli alloggi, molti dei quali rimasero sfitti a causa del canone troppo alto rispetto alle possibilità e ai bilanci della maggioranza delle famiglie operaie.

Dunque, al tempo in cui l'Italia giolittiana cercava la gloria coloniale con l'impresa di Libia, favorendo tra l'altro le ambizioni espansive di importanti gruppi finanziari, gran parte della sua popolazione operaia era ancora ammassata negli «oscuri alveari umani delle soffitte, schiacciata sotto i tetti, agglomerata in vaste cascine periferiche», come aveva denunciato «La Stampa» fin dal 1902.

Era stata proprio questa povera gente a cambiare il volto sociale di Torino, una città che alla fine dell'Ottocento era ancora abitata da nobili, alti finanzieri, professionisti, piccoli esercenti ed artigiani, e che nei primi anni del Novecento aveva visto affluire, in cerca di lavoro, schiere di figli di montanari e contadini poveri, di manovali, fabbri e filandieri. Si calcola che tra il 1907 e il 1909 fossero giunte nel capoluogo piemontese 50.000 persone, di cui circa 10.000 avevano trovato lavoro come muratori ed operai industriali. Intorno al centro storico e residenziale si era quindi allargata un'imponente cintura di fabbriche e ciminiere.

Al di là dei dati forniti dalle cifre, non bisogna dimenticare i complessi problemi materiali e psicologici che gli immigrati dovettero affrontare: sradicati dalle terre di origine, lontani dalle loro tradizioni, essi si trovarono a contatto con un ambiente urbano, in cui l'inserimento e l'adattamento erano spesso estremamente difficili e faticosi.

Nell'esaminare questa realtà, lo storico Valerio Castronovo ha scritto: «Segregazione di classe, promiscuità e scadimento delle condizioni igieniche più elementari, abbassamento degli indici di nuzialità, fermentazioni di collera e di violenza individuale costituirono altrettanti prezzi di un processo d'insediamento urbano impetuoso e ancora incontrollato... Soltanto quel minimo di assistenza, che l'amministrazione comunale e le società filantropiche private erano in grado di garantire, impediva a molte famiglie di ex-contadini di recente inurbatisi di rimpiangere le condizioni dei loro paesi d'origine, dove all'indigenza di ogni giorno pur si accompagnavano la frequenza di epidemie e l'analfabetismo senza molte possibilità di venirne a capo. Ma la casa almeno, per quanto spartita sovente con le mercanzie e il bestiame, era un bene sicuro... In queste miserevoli condizioni di urbanesimo e di marginalità, di difficile ricostituzione di una vita collettiva, la falange dei campagnoli che dal 1904 in numero di 5-6000 ogni anno aveva cominciato a scendere in città, fece il suo duro noviziato nell'industria e pagò il costo sociale più alto dello sviluppo economico torinese»[28].

Per rendere più completo il quadro di questa drammatica situazione, occorre ricordare che gli aumenti salariali gradatamente concessi in seguito alle dure lotte operaie – verificatesi in un primo tempo nel 1904, con un grande sciopero nazionale, successivamente nei bienni 1906-7 e 1912-13 e infine nella «settimana rossa» del giugno 1914 – erano stati rapidamente assorbiti dal rincaro dei prezzi dei generi di prima necessità e degli affitti.

L'accentramento di masse popolari in vecchie e fatiscenti abitazioni, reso più esasperato da retribuzioni inadeguate a sostenere i ritmi del costo della vita, fu dunque, a Torino, uno degli aspetti più appariscenti dei mutamenti sociali determinati dall'impetuoso sviluppo industriale del primo Novecento. Il fenomeno non sfuggì certo a Pier Giorgio ancora fanciullo che, sebbene vivesse in un ambiente socialmente molto «alto», captò, con la sua particolare attenzione e sensibilità, i drammi di tanti poveri ed immigrati e cominciò ad andare loro incontro con tutta la generosità del suo animo.

Fin dall'infanzia, oltre a compiere gli slanci di carità di cui si è parlato nelle pagine precedenti, iniziò a pensare curiosi ed ingegnosi sistemi con cui sopperire alle necessità dei tanti bisognosi che vedeva per le strade della città. Un giorno, racconta Luciana, «espose un brillante progetto che gli era venuto in mente: "*Bisogna coltivare fiori ad Alassio per venderli poi a Torino a beneficio dei poveri*". E quando l'amico Franco Volante, sostenuto dallo sguardo del babbo, che un attimo prima aveva disapprovato mio fratello, obiettò che il viaggio costava troppo, Pier Giorgio senza scomporsi, dopo aver riflettuto un poco, propose: "*Ma possiamo trasportarli in bicicletta!*"»[29]. Questa affermazione rivela chiaramente una carità già radicale fin dalle sue prime manifestazioni, che non ammetteva limiti di sorta al conseguimento dei suoi fini.

In un'altra occasione ancora, replicò accorato ad una compagna che additando la casa di una povera donna diceva: «Se io fossi la padrona, quella catapecchia la butterei giù!». *«Oh, Paola, se sapessi quante anime buone ci sono in quelle case che tu chiami catapecchie!».* Per quelle *«anime buone»* era pronto a lasciare «ogni altro richiamo allettante, fosse pur l'invito a salire di carnevale sopra un carosello, non esitando a spiegare che aveva impegni con i poveri»[30].

Nell'impossibilità di soddisfare tutti i bisogni di cui si vedeva circondato, Pier Giorgio cominciò, fin da quegli anni, a riempire i suoi taccuini di nomi ed indirizzi che si premurava poi di segnalare al babbo affinché li consegnasse alla redazione de *La carità del sabato*, la rubrica de «La Stampa» (destinata a trasformarsi in *Offerte a Specchio dei tempi*) che allora raccoglieva per i poveri le «oblazioni pervenute nella settimana».

Dai fatti fin qui riferiti, appare evidente che Pier Giorgio, nel farsi carico fin dall'infanzia delle necessità e delle preoccupazioni di tanti emarginati, inseriva sempre più la sua giovane vita nel contesto sociale del suo tempo, aprendosi, nella dimensione della fede e della carità, a qualsiasi tipo di solidarietà e di servizio.

Note

[1] LUCIANA FRASSATI, *Pier Giorgio Frassati. I giorni della sua vita*, introduzione di Karl Rahner, Edizioni Studium, Roma 1975, 3ª ristampa 1990, pp. 15-16.

[2] Cfr. *Congregatio pro Causis Sanctorum. Canonizationis Servi Dei Petri Georgii Frassati. Positio super virtutibus*, Tipografia Guerra s.r.l., Roma 1987, vol. I, p. 45 (lettera di Alfredo Frassati ad Adelaide Ametis del 23 aprile 1896).

[3] In «La Tribuna Biellese», 5 luglio 1891. Cfr. LUCIANA FRASSATI, *Un uomo, un giornale*, Edizioni di Storia e Letteratura, Roma 1978, vol. I, parte I[a], p. 8.

[4] Cfr. L. FRASSATI, *Un uomo, un giornale*, cit., vol. I, parte 1[a], p. 149 (lettera di Alfredo Frassati ad Alberto Bergamini del 23 settembre 1903).

[5] *Il discorso del nostro direttore* in «La Stampa», anno XLVIII, 11 gennaio 1914.

[6] Cfr. *Positio super virtutibus*, cit., vol. I, pp. 46-47.

[7] PIER GIORGIO FRASSATI, *Lettere*, a cura di Luciana Frassati, prefazione di Luigi Sturzo, 2[a] edizione, Queriniana, Brescia 1976, p. 3 (letterine ai genitori del... 1906 e del... luglio 1907).

[8] Cfr. L. FRASSATI, *Pier Giorgio Frassati. I giorni della sua vita*, cit., pp. 29-30.

[9] *Ibid.*, pp. 25, 26.

[10] *Ibid.*, p. 26.

[11] P. G. FRASSATI, *Lettere*, cit., p. 7 (lettera alla mamma del 20 dicembre 1910).

[12] L. FRASSATI, *Pier Giorgio Frassati. I giorni della sua vita*, cit., pp. 18-19, 22.

[13] LUCIANA FRASSATI, *Calendario di una vita: 1901-1925. Pier Giorgio Frassati*, Istituto La Salle, Torino 1981, lettere di Adelaide Frassati: «Pollone, 3 agosto 1903»; «Torino, 15 febbraio 1905»; «Torino, 27 maggio 1905».

[14] L. FRASSATI, *Pier Giorgio Frassati. I giorni della sua vita*, cit., p. 38; LUCIANA FRASSATI, *Mio fratello Pier Giorgio. La carità*, prefazione di Luigi Gedda, SEI, Torino 1957, p. 64.

[15] Per gli episodi riferiti, cfr. L. FRASSATI, *Pier Giorgio Frassati. I giorni della sua vita*, cit., pp. 39-40; L. FRASSATI, *Calendario di una vita: 1901-1925*, cit., «Torino 1908»; L. FRASSATI, *Mio fratello Pier Giorgio. La carità*, cit., p. 10.

[16] «*Dossier: Religione in famiglia*».

[17] P. G. FRASSATI, *Lettere*, cit., p. 158 (lettera ad Antonio Villani del 21 giugno 1924).

[18] L. FRASSATI, *Pier Giorgio Frassati. I giorni della sua vita*, cit., p. 23.

[19] P. G. FRASSATI, *Lettere*, cit., p. 6 (lettera alla mamma del 19 dicembre 1909).

[20] L. FRASSATI, *Pier Giorgio Frassati. I giorni della sua vita*, cit., pp. 23-24.

[21] Per i due episodi riferiti, cfr. *ibid.*, pp. 21, 35.

[22] Cfr. LUCIANA FRASSATI, *Il cammino di Pier Giorgio*, Rizzoli, Milano 1990, p. 31.

[23] Cfr. *ibid.*, p. 24.

[24] *Edizione Nazionale delle Opere di Savonarola*, Belardetti, Roma 1955-1979, p. 292.

[25] Cfr. VALERIO CASTRONOVO, *Il Piemonte (Storia delle Regioni italiane dall'Unità ad oggi)*, Einaudi, Torino 1977, p. 192.

[26] «La Stampa», anno XL, 27 gennaio 1906; cfr. V. CASTRONOVO, *Il Piemonte*, cit., pp. 164-165.

[27] *Un'inchiesta sulle abitazioni popolari a Torino*, in «La Stampa», anno XL, 16 febbraio e 15 ottobre 1906; cfr. V. CASTRONOVO, *Il Piemonte*, cit., p. 174.

[28] V. CASTRONOVO, *Il Piemonte*, cit., pp. 249-250.

[29] L. FRASSATI, *Pier Giorgio Frassati. I giorni della sua vita*, cit., pp. 48-49.

[30] *Ibid.*, p. 49.

2
L'ADOLESCENZA

Un adolescente in crescita

Negli anni dell'adolescenza Pier Giorgio crebbe forte, robusto, allegro; «serio, giusto, di una bellezza rara, – scrive Luciana – proveniva certo da una razza forte»[1]. Ricco di doni fisici e spirituali, imparò a vivere nel modo migliore le esperienze che la vita gli riservava.

Fin dai dodici-tredici anni ebbe inoltre la chiara consapevolezza dell'importanza del tempo, di cui cominciò a comprendere presto tutta la preziosità. Pertanto mai si permise di dissipare nell'inattività le ore delle sue giornate, ma sia nello studio, che considerò sempre il primo dovere del suo stato, sia nello svago, nel divertimento, nella preghiera, nella dedizione al prossimo, si impegnò a vivere in pienezza, consapevole che il tempo a nostra disposizione è un meraviglioso dono di Dio che ci apre a prospettive eterne.

Gli anni dell'adolescenza trascorsero per lui, come per molti studenti, in un normale alternarsi di mesi impegnati nello studio e di periodi di vacanza passati in genere a Pollone, al mare o nel compiere viaggi in cui allo svago si intrecciava l'interesse culturale per visite a musei e monumenti. Occorre però anche ricordare che l'adolescenza di Pier Giorgio coincise con anni difficili, contrassegnati dai drammatici eventi della prima guerra mondiale, che ferirono profondamente la sua delicata sensibilità, ma nello stesso tempo acuirono la sua capacità di amare e pregare.

Gli anni del ginnasio

Dopo l'incontro con don Cojazzi, che impartì loro soprattutto lezioni di latino, Pier Giorgio e Luciana nell'ottobre 1911 furono nuovamente iscritti al liceo «Massimo D'Azeglio» affinché frequentassero «seriamente» il primo anno ginnasiale.

Luciana portò a termine gli studi classici in questa prestigiosa scuola, mentre Pier Giorgio, a causa di una bocciatura in latino in seconda ginnasio, fu trasferito per volontà dei genitori all'«Istituto Sociale» retto dai padri gesuiti, dove nell'anno 1913-14 frequentò la terza ginnasiale.

Il passaggio da una scuola all'altra avvenne non senza sofferenza per il giovane studente e «dispiacere» del suo professore che così scrisse al padre: «Creda che anche a me rimane fitto nell'animo il dispiacere che il bravo figliolo non sia tra i miei allievi di terza»[2]. In quella dolorosa circostanza, anche Pier Giorgio si rivolse al padre in una lettera dal solito stile scarno ed essenziale, ma che, come sempre, lasciava trasparire sentimenti autentici: *«Caro papà, sono confuso ed addolorato e non so nemmeno come scriverti; ho visto il dolore di Mamma e ho pensato al tuo, tanto che non so in qual modo chiederti una parola di perdono. Mi rincresce anche perché resto indietro e ho vergogna verso i miei compagni e mia sorella che mi sono passati avanti. Spero che crederai ancora alla sincerità del mio proponimento di studiare quest'anno e di cercare di rimediare in tutto quello che è possibile... Vedrai che cercherò coi fatti di dimostrare il mio affetto per te. Un bacio dal tuo Pier Giorgio»*[3].

La buona volontà e il costante e serio impegno gli permisero di mantenere fede ai propositi fatti e di concludere felicemente l'anno scolastico, tanto che in famiglia si decise che egli riprendesse gli studi al «D'Azeglio» accanto alla sorella, dove tornò a frequentare la quarta e la quinta ginnasio e la prima liceo.

Negli anni degli studi ginnasiali, Pier Giorgio si distinse per la sua vivacità e per la disponibilità verso i compagni che ben presto mutarono il suo cognome in quello per loro assai più significativo di «Fracassati». Ecco in merito due tra le numerose testimonianze di coloro che gli furono vicini sui banchi di scuola in quegli anni: «Fra tutti i compagni Pier Giorgio spiccava per la sua semplicità e la sua bontà sfrondata di appariscenza e di teatralità». «Quel caro "Fracassati" mi è rimasto nella memoria come un ragazzo che cercava sempre di aiutare dove poteva e che, purissimo, cercava di evitare i discorsi della nostra compagnia un po' discola»[4].

Si può ancora ricordare come, sempre al «D'Azeglio», il professore Giovanni Masera un giorno, a causa dell'esuberanza del suo giovane allievo, non esitò a chiamarlo con un'espressione che divenne proverbiale nella classe: «Giano Bifronte». Pier Giorgio, attento alle lezioni, ma spesso anche voltato indietro verso i compagni, poteva infatti a buon diritto, da un insegnante di lettere, essere paragonato al dio latino custode delle porte e per questo rappresentato con due facce contrapposte.

Le vacanze estive

Questa vivacità, del tutto comprensibile in un ragazzo simpatico e dal carattere allegro, trovava, dopo i mesi trascorsi a Torino, un suo naturale sfogo a Pollone, dove, a contatto con la natura, Pier Giorgio viveva giornate serene e ricche di iniziative.

Qui, fin dal 1911, la cura del giardino della villa Frassati era stata affidata ad un nuovo giardiniere, Giuseppe Gola, che divenne subito un personaggio importante per Pier Giorgio, il quale strinse con lui e con i suoi bambini un rapporto di schietta amicizia. Il «figlio del senatore», come per la prestigiosa carica politica del padre veniva ormai chiamato dai compagni di scuola, non esitava d'estate ad aiutare il «*gnere*» nei faticosi lavori di campagna: piantava fiori ed ortaggi, trasportava vasi, ceste di frutta, carichi di legna e, specialmente verso sera, riempiva gli annaffiatoi per irrigare il vasto giardino.

Al termine di giornate trascorse in queste occupazioni, in sfrenate corse in bicicletta e in divertenti giochi con i piccoli Gola, di fronte al perentorio ordine della mamma che ingiungeva ai suoi ragazzi di andare a letto, Pier Giorgio consolava i compagni di gioco dicendo loro con ferma convinzione: *«Domani continueremo!»*. E davvero il giorno dopo era un ricominciare tutto da capo con nuovo entusiasmo.

In quei mesi estivi, frequenti erano anche le escursioni in montagna che diventavano di anno in anno più impegnative e che Pier Giorgio, sull'esempio della mamma, amava immortalare in belle fotografie. «L'amore per la montagna – sottolinea Luciana – era anche un esercizio di volontà: volontà di ascesa spirituale, di dominio su se stesso; perciò, bando ad ogni lamento! Si intuiva in lui un piccolo alpinista che aveva imparato la lezione materna di imporsi di fronte a tutto ciò che poteva sembrare debolezza o resa»[5].

Sempre infaticabile, non erano neppure rare le volte in cui egli metteva a dura prova la sua robusta fibra di *«montanaro»*, come amava definirsi, percorrendo in bicicletta gli ottanta chilometri da Pollone a Torino e viceversa. Un giorno, dopo che ebbe fatto una simile «pedalata», la sorella e la mamma lo raggiunsero in città in automobile: non poca fu la loro sorpresa nel trovarlo in casa intento a passeggiare per le camere recitando passi della *Divina Commedia*!

Queste «imprese» non vennero meno neppure dopo una caduta in bicicletta avvenuta nel febbraio 1914, in seguito alla quale l'intrepido ciclista battè il capo contro una pietra; l'incidente destò nei familiari una forte apprensione per il timore di un'eventuale commozione cerebrale, ma in realtà non ci fu nulla di grave e tutto si risolse con la semplice applicazione di una borsa di ghiaccio sulla testa. Sebbene Pier Giorgio fosse uscito sempre «incolume da ogni pericolo», tuttavia anche in un'altra occasione «rischiò» non poco. Mentre un giorno pattinava su un'ampia distesa gelata a Venaria Reale, vide che una ragazzina era venuta a trovarsi improvvisamente di fronte ad una rottura della lastra di ghiaccio; con prontezza di spirito le porse la mano affinché, facendo un salto, potesse mettersi al sicuro; a questo punto però fu lui a trovarsi immerso nell'acqua gelida e a rischiare così una micidiale polmonite, ma anche questa volta per «il giovane eroe» tutto si risolse per il meglio.

Tornando alle vacanze estive, bisogna dire che Pier Giorgio adolescente trascorse anche molte ore felici al mare, in particolare ad Alassio e a Forte dei Marmi dove le agiate condizioni economiche della famiglia gli permettevano di recarsi. Qui, durante il giorno era un continuo susseguirsi di tuffi, nuotate, prove di resistenza sott'acqua, gite in barca. Soprattutto queste ultime «erano per lui una grande attrazione, che lo induceva a sfidare in tutti i modi il mare. Scriveva, infatti, da Alassio alla zia: *"Mi rincresce tanto che non ci sei anche tu con noi a fare il bagno. Oggi, 3 agosto 1914, c'è un vento da barca a vela. Io forse andrò a fare una gita in barca a vela sino all'isola Gallinara"*»[6].

Quando poi giungeva il tramonto, dopo ore intense a contatto con un mare che suscitava il senso dell'infinito e della grandezza del Creatore, Pier Giorgio, ormai quindicenne, avvertiva la necessità di trovare spazi di preghiera per adorare e ringraziare quel Dio che sentiva di amare ogni giorno di più. Così, sovente alla sera, ad Alassio, si recava nella chiesa dei cappuccini per ricevere la benedizione eucaristica, oppure al mattino presto partecipava alla messa, suscitando un senso di preoccupazione nella mamma che non apprezzava queste sue «manie» e temeva che in lui maturasse una vocazione religiosa. Egli cominciava in tal modo ad essere vittima di quella progressiva incomprensione da parte dei familiari che «avrebbe dovuto subire sino alla morte» e che si espresse sovente in considerazioni sprezzanti e frasi umilianti.

Le prime esperienze di viaggio

Negli anni dell'adolescenza, il tempo libero da impegni di studio divenne a volte anche occasione per viaggi di carattere culturale.

Così nell'autunno del 1915 Pier Giorgio visitò per la prima volta Roma che, in una lettera al padre, descrisse in questi termini: «*Ieri mattina abbiamo visitato il Foro Romano e quei ruderi mi hanno suscitato un'enorme impressione. Dopo siamo andati a vedere il Colosseo, che mi è piaciuto molto. Dopo con una carrozza siamo andati a pranzo al castello di Costantino, dal quale si gode una stupenda vista. Nel dopopranzo abbiamo visitato le stupende terme di Caracalla e sono stato colpito dai pavimenti di mosaico, dalle colonne e dai bagni e specialmente dalle fornaci che con due condotti di terra comunicavano l'aria calda in una stanza, dove i Romani facevano i cosiddetti bagni turchi. Vi si vedono ancora piccoli pezzi di marmo di varie qualità com'erano una volta rivestite le pareti. Oggi siamo andati ai musei Vaticani di scultura e di pittura. Abbiamo visto fra altre una vasca rotonda fatta di porfido, trasportata dalle terme di Caracalla. Altre cose notevoli abbiamo visto che io non sto qui a nominare. Siamo stati nei musei Vaticani dalle 10 alle 13.30. Usciti dal Vaticano siamo andati a mangiare da Scarpone fuori porta San Pancrazio vicino al Vascello e a Villa Glori. Dopo mangiato siamo andati a visitare S. Paolo fuori le mura*»[7]. Di fronte all'entusiasmo del figlio per i monumenti della Roma cristiana, la mamma, con felice intuito, non esitò a commentare sinteticamente: «Pier Giorgio ha un ardore per le catacombe, Luciana per il Quirinale, la Regina, il Re!»[8].

Al di là di questa netta diversità di gusti e di interessi, molto forte era il senso di solidarietà che legava i due adolescenti di fronte al mondo degli adulti. «Il senso di protezione nei suoi riguardi – confessa Luciana – mi accompagnò per tutta la vita: avvertivo la sua superiorità fisica nelle gite in montagna, tra le onde del mare, nelle salite in bicicletta fatte da lui cantando mentre il mio cuore sembrava spaccarsi, ma nell'inconscia difesa della sua superiorità morale rispetto all'incomprensione altrui, tentavo di porre a suo servizio la mia vivace presenza di spirito, per coprire ai giudizi dei mediocri il suo eterno vagare in altre sfere»[9].

Quelle in cui Pier Giorgio vagava non erano però sfere astratte, al contrario erano dimensioni molto concrete che la sua capacità di attenzione agli altri e la sua carità – fondamento di una fede che si faceva ogni giorno più matura – gli permettevano di individuare con grande chiarezza. Egli infatti con la fantasia vagava «in altre sfere» per uno scopo ben preciso: escogitare modi e sistemi con cui lottare contro la sofferenza e la miseria altrui. Così, ad esempio, si ingegnava nel raccogliere carte argentate, biglietti del tram e francobolli per i missionari; si trattava di attività semplici, che erano però già la chiara espressione di un cuore generosamente solidale con gli «ultimi». Inoltre quando insisteva presso la nonna Giuseppina affinché gli desse «*dieci lire... venti lire*», aveva già chiaro nella mente come e a chi distribuire quei pochi denari che mai teneva per sé.

Proprio questo spirito di generoso e santo altruismo lo indusse, un giorno, a reagire con questa stupefacente frase di fronte al furto della sua bicicletta: «*Forse* (il ladro) *era uno che ne aveva più bisogno di me!*»[10].

Pier Giorgio studente al liceo classico presso i padri gesuiti

Un'esperienza fondamentale nello sviluppo della straordinaria sensibilità e spiritualità di Pier Giorgio fu indubbiamente costituita, nel tempo della sua adolescenza, dall'iscrizione all'«Istituto Sociale», dove nel 1913-14 frequentò la terza ginnasio e, dopo gli anni trascorsi al «D'Azeglio», ritornò nel 1917-18 quando, a causa di una seconda bocciatura in latino (materia che a differenza di altre, quali la matematica, la storia, la geografia, gli era poco congeniale), seguì contemporaneamente i corsi della seconda e terza liceo, ricuperando così anche quella lontana prima ginnasiale interrotta dalla madre.

Retta fin dal 1881 dai padri gesuiti, questa scuola sorgeva nel cuore di Torino nell'edificio posto all'angolo tra via Arcivescovado e via Arsenale che per più di un secolo e mezzo era stato sede di un convento di suore della Visitazione, fondato nel 1638 da santa Giovanna di Chantal.

I padri della Compagnia di Gesù da parecchio tempo erano attivi a Torino nel campo dell'educazione scolastica superiore: fin dal 1567 il duca Emanuele Filiberto aveva promosso l'apertura di un collegio di gesuiti presso la chiesa dei Santi Martiri, nel quale venne impartito l'insegnamento secondario e universitario fino al 1729, anno in cui Vittorio Amedeo II emanò nuove leggi sul riordinamento degli studi. Soppressa nel 1773, la Compagnia di Gesù fu ristabilita nel 1814 dal papa Pio VII e nella prima metà dell'Ottocento riprese in Torino la sua attività grazie soprattutto alla protezione dei sovrani Vittorio Emanuele I e Carlo Felice. Nuovamente allontanati dal Regno di Piemonte e Sardegna nel 1848 per ordine di Carlo Alberto, i gesuiti ritornarono nel capoluogo piemontese nel 1881 riprendendo subito il loro impegno in ambito scolastico: in quel medesimo anno avevano appunto rilevato l'«Istituto Sociale» da una precedente scuola privata fondata da un gruppo di professori i quali, essendo soci della proprietà, l'avevano chiamata «Sociale», denominazione che rimase e rimane tuttora propria dell'Istituto.

Qui Pier Giorgio poté venire a contatto con nuove realtà religiose ed arricchire notevolmente la sua fede; in particolare proprio qui cominciò a configurarsi in lui quella caratteristica che lo avrebbe contraddistinto negli anni della giovinezza: una sincera e convinta adesione alle diverse forme di vita cristiana proprie del suo tempo, soprattutto associazioni e circoli di preghiera e carità.

Gli effetti della Comunione quotidiana

Fin dal novembre 1913, Pier Giorgio conobbe padre Pietro Lombardi al quale era stata affidata la formazione spirituale degli alunni. Questo sacerdote, con zelo instancabile, incentrava tutta la sua predicazione sull'Eucaristia invitando i giovani alla Comunione frequente. Di lui al momento della morte, avvenuta nel 1955, si scrisse: «Amò di passione profonda Gesù Eucaristico... La sua direzione spirituale solida, sostanziale, con una spiccatissima nota eucaristica fu di orientamento sicuro e indelebile per tanta gioventù»[11].

In questo clima di fervore eucaristico, Pier Giorgio nel febbraio 1914 si iscrisse all'Apostolato della preghiera, unione di fedeli che ebbe la sua origine in Francia in un collegio di gesuiti nell'anno 1844 per opera del padre Francesco Saverio Gautrelet e dell'infaticabile divulgatore ed organizzatore padre Enrico Ramiére, e i cui nuovi statuti, redatti secondo la dottrina e lo spirito del Concilio Vaticano II, sono stati encomiati ed approvati nel 1968 da Paolo VI.

Pier Giorgio dimostrò subito di capire a fondo ed assimilare la spiritualità di questa associazione i cui fedeli, ponendo a fondamento e centro della loro vita Cristo e il mistero dell'Eucaristia, mossi dall'amore di Dio e del prossimo, si prodigano, con un'intensa attività di apostolato e con la preghiera incessante, a diffondere il Regno di Cristo rinnovando così, in un clima di azione caritativa e sociale, la mentalità e i costumi del mondo.

Comprendendo dunque che aspetti essenziali di questo programma spirituale-apostolico sono il sacrificio eucaristico, nel quale si attua continuamente l'opera della redenzione, e l'unione vitale con il Signore, Pier Giorgio esultò profondamente di gioia quando poté comunicare a padre Lombardi di aver ottenuto dalla mamma, dopo quattro giorni di insistenza, il permesso di accostarsi quotidianamente alla Comunione, permesso che la signora Frassati era stata restia a concedere perché temeva che dietro la richiesta del figlio si celasse una forma di bigottismo. Felice del risultato raggiunto, padre Lombardi scrisse in seguito di Pier Giorgio: «Non dimenticherò più la gioia del suo volto in quel giorno. Era luminoso per la sua stessa sincerità, per quella stupenda sincerità che gli permetteva di gustare appieno i godimenti spirituali. E infatti parlava di nostro Signore e dell'Eucaristia con entusiasmo indescrivibile, vivo e schietto come tutta la sua persona»[12].

Un altro gesuita, padre Leandro Ballario, che quando conobbe Pier Giorgio era anch'egli studente all'«Istituto Sociale» e vedeva quindi il compagno accostarsi quotidianamente alla Comunione, più tardi attestò: «Ho sempre pensato che si sia messo da allora alla pratica della Comunione quotidiana; pratica che, credo, non lasciò più fino alla morte. E fu sotto l'azione potente dell'Eucaristia, per quanto ne posso giudicare io, che cominciò a formare il suo carattere di cristiano pio, convinto e veramente forte, che riuscì di tanto splendido esempio a tutti»[13].

Non bisogna dimenticare che in quegli anni ricevere la Comunione ogni mattina significava rinunciare a qualsiasi cibo dopo la mezzanotte: Pier Giorgio fin dai tredici anni si impegnò a rispettare rigorosamente questa norma, a volte con vero sacrificio.

Nel 1914 si iscrisse anche a quella particolare sezione dell'Apostolato della preghiera che era la «Crociata eucaristica dei fanciulli», movimento eucaristico infantile i cui precedenti storici risalgono alla metà del XIX secolo, quando il padre gesuita Leonardo Cross, con lo scopo di orientare i bambini verso l'Eucaristia, istituì tra i convittori di un collegio di Bordeaux la «Milizia del Papa» che più tardi prese il nome di «Armata degli Angeli» e nel 1910, per iniziativa del gesuita francese padre Bessières, si trasformò appunto in «Crociata eucaristica dei fanciulli». Ai bimbi aderenti a questa associazione, nel luglio 1916, in pieno conflitto mondiale, il papa Benedetto XV si rivolse con un accorato appello in San Pietro affinché con fervorose preghiere a Dio impetrassero la fine della guerra. Obiettivi dell'associazione erano quelli di suscitare nei ragazzi lo spirito di preghiera, di sacrificio, di apostolato e il senso di una continua unione con Cristo da raggiungersi attraverso la Comunione frequente, l'adorazione, atti di carità e altre pratiche proprie della pietà religiosa del tempo, come fioretti al Sacro Cuore di Gesù, giaculatorie, atti di mortificazione e obbedienza.

Pier Giorgio aderì con fervore ed entusiasmo a questa forma di «ginnastica spirituale», come ben testimoniano alcune pagelline verdi conservate tra le sue carte, controfirmate da padre Lombardi, che recano all'interno numerose crocette indicanti la sua giornaliera partecipazione alla mensa eucaristica.

Poiché l'Eucaristia cominciava a rappresentare per lui un costante punto di riferimento, di lì a poco si iscrisse, sempre all'interno dell'«Istituto Sociale», a due altre associazioni finalizzate a promuovere l'adorazione: la Lega eucaristica e la Compagnia del SS. Sacramento.

La ricerca di una fede profonda e autentica era indubbiamente il frutto di quei doni che lo Spirito Santo gli aveva elargito nel giorno della Cresima ricevuta il 10 giugno 1915 nella sua parrocchia: la chiesa della Crocetta, dedicata alla Beata Vergine delle Grazie. In quell'occasione gli fu regalato dal padrino, il conte Enrico Luigi Balbo di Vinadio, un bel libro dal titolo *La messe dans l'histoire et dans l'art, dans l'âme des saints et dans notre vie* con la seguente dedica: «Le offro come modesto ricordo della Santa Cresima quest'opera tanto apprezzata dall'amatissimo defunto genitore, che del Santo Sacrificio della Messa fu cultore studioso e apostolo zelante: fortunatissimo se dalla lettura di queste pagine si sentirà accrescere la sua devozione verso il sacrificio dell'Altare e si ricorderà di una preghiera del suo sempre affezionatissimo padrino»[14].

Proprio l'amore per l'Eucaristica rese un giorno Pier Giorgio protagonista di un episodio bello e delicato. Una mattina, mentre prima dell'inizio delle lezioni, con i suoi compagni, varcava tra il chiasso e l'allegria la porta dell'Istituto, notò, solo tra tutti, che il volto del bidello, Ernesto Fassone, era molto triste. Subito gli si avvicinò e con dolcezza gli chiese: *«Che succede, signor Fassone?»*. Di fronte alla risposta sconsolata di quell'uomo a cui in quei giorni era morto l'unico figlio di quattordici anni, Pier Giorgio chinò il capo e cercò parole vere di fede e di conforto per lenirne il lacerante dolore. La sua sensibilità lo spinse poi l'anno seguente a fermarsi nuovamente, nello stesso giorno, vicino al bidello a cui sottovoce disse: *«Oggi è l'anniversario della morte di suo figlio: lo ricorderò nella Comunione»*[15]. Queste semplici parole, se da una parte commossero profondamente quel povero padre che piangeva ogni volta che raccontava l'episodio, dall'altra rivelano tutta l'attenzione di Pier Giorgio al dolore altrui, l'autenticità della sua fede e l'intensità della sua preghiera.

In quegli anni il desiderio di essere utile agli altri, sia a livello spirituale sia con l'azione concreta, lo induceva anche, ad esempio, a recarsi sovente nel garage di casa per aiutare il giovane operaio Luigi Pittaluga, «piccolo e asmatico», a gonfiare le gomme delle biciclette e dell'automobile, quell'automobile che nel contesto sociale del tempo costituiva indubbiamente un elemento di grande prestigio e che, oltre soltanto a quella dei Rossi di Montelera, «compariva a volte dinanzi al "D'Azeglio", ma grazie a Pier Giorgio, serviva a molti»[16]. In garage egli aiutava il povero Luigi, commenta Luciana, non certo «per passatempo da ragazzo capriccioso, ma perché la carità lo spingeva a risparmiare a quei poveri polmoni un'eccessiva fatica»[17].

Allo stesso modo, per meglio rendersi utile nei duri anni della prima guerra mondiale, nel 1917 frequentò il Corso Volontari Studenti Agricoltori presso l'«Istituto Bonafous» di Torino, ove nel luglio di quell'anno conseguì il diploma di agraria superando un esame che consisteva nel tagliare il grano, nell'affastellarlo e riporlo nel fienile. Il ricordo di questa positiva esperienza emerge in particolare in una lettera, inviata circa un mese dopo all'amico Carlo Bellingeri, in cui si legge: *«Rimpiango ancora le belle ore trascorse al Bonafous con te»*. Seguiva quindi il simpatico resoconto di «un'esercitazione»: *«Ho già levato le patate; ne ho raccolte molte e abbastanza grosse, ma alcune sono rosicchiate dal grillo-talpa...»*.

Dotato di precise conoscenze e abilità relative allo svolgimento dei lavori di campagna, d'ora in poi Pier Giorgio avrebbe potuto aiutare più proficuamente la moglie del giardiniere di Pollone, rimasta sola a svolgere le incombenze del marito, in quanto questi era stato richiamato alle armi. Si può notare come in questo gesto così generoso, compiuto a sedici anni, sia anche già presente una precisa volontà che assumerà contorni sempre più netti nel corso dei futuri studi universitari: volendo aiutare gli altri in modo veramente valido e costruttivo, Pier Giorgio si preoccupava di conseguire prima quella competenza e professionalità indispensabili per un simile contributo. In altre parole, egli aveva compreso fin da ragazzo che in un laico la qualifica di cristiano non può mai supplire eventuali incompetenze tecnico-culturali.

È qui ancora importante ricordare che, quando sempre in quel 1917 egli fece l'esperienza di una breve malattia, seppe vivere anche le ore della sofferenza fisica nella dimensione del sacrificio e della carità. Poco tempo dopo che la sua famiglia si era trasferita nella bella palazzina di corso Galileo Ferraris 70 nel cuore del quartiere più signorile della città, la Crocetta, si ammalò improvvisamente di varicella. «Non era un infermo difficile, – così la sorella ricorda quei giorni – era anzi la pazienza e la bontà personificate, pronto a continui sacrifici per non disturbare. Sopportò per tutta una notte la sete e perciò l'insonnia, giustificandosi poi semplicemente: *"Te dormivi, mamma e non volevo svegliarti"*: carità estrema cui rimase fedele sino all'ultimo»[18].

Questa molteplice azione di carità non era che il riflesso di uno spirito di preghiera che in Pier Giorgio adolescente diventava sempre più intenso. «Aveva sedici anni: si addormentava pregando e si alzava presto per poter pregare». Naturalmente questa realtà non era né compresa né tollerata dai genitori che più volte lo sorpresero, tra smarriti e rattristati, inginocchiato ai piedi del letto con la corona del rosario tra le mani. «Aveva diciassette anni – continua Luciana – e tutti in casa avrebbero voluto che fosse diverso, che amasse quel minimo di vita pubblica che cominciava a "spettargli". Lui no, era tutto preso dalla crescita dello spirito»[19].

La mamma, che per il figlio sognava un avvenire prestigioso a «La Stampa» o comunque nel mondo, sovente di fronte ai suoi ritardi a pranzo, amaramente commentava: «È sempre lui... la testa in aria, si ricorda delle messe e non di venire a tavola»[20]. Spaventata dall'idea di una sua vocazione al sacerdozio, un giorno, ad una suora che le prospettava tale eventualità, non esitò addirittura a replicare con parole terribili, dettate forse anche da una sensibilità esasperata dalla crescente incomprensione con il marito. Il pensiero di avere un figlio prete, che per lei equivaleva all'idea di vederlo morto, la indusse, inconsapevole certo della futura tragica realtà delle sue parole, ad esclamare inorridita: «Meglio che prenda la laurea e poi muoia!»[21].

Anche il padre, che, «pur bollandolo di dabbenaggine», tuttavia provava per lui un senso di particolare rispetto tanto che un giorno si era confidato con il suo redattore Giuseppe Cassone, dicendogli «Pier Giorgio mi dà soggezione, come se fossi davanti a uno più anziano di me. Non so cosa sia, ma, ripeto, m'incute a volte soggezione»[22], così, in una lettera, si rivolse al figlio studente: «Bisogna che ti persuada, caro Giorgio, che la vita bisogna prenderla sul serio, e che così come tu fai, non va né per te né per i tuoi, i quali ti vogliono bene e sono molto amareggiati per tutte queste cose che succedono troppo spesso e si ripetono sempre monotone e dolorose. Ho poca speranza che tu cambi, eppure sarebbe strettamente necessario cambiare subito: prendere le cose con metodo, pensare sempre con serietà a quello che devi fare, avere un po' di perseveranza. Non vivere alla giornata, senza pensiero come uno scervellato qualunque. Se vuoi un po' di bene ai tuoi devi mutare. Io sono molto, ma molto di cattivo umore»[23].

Di fronte a questa totale incomprensione da parte dei genitori, che a causa della mancanza di dialogo andò aumentando con il passare degli anni, Pier Giorgio reagì con il silenzio dettato dalla carità. «Il tacere era la sola difesa di una così triste condanna, l'abito con il quale si presentava ogni giorno alla mensa di famiglia»[24], una mensa triste, alla quale tutti erano estranei. In quel clima di freddezza, che egli tuttavia cercava di smorzare, capì che il giustificare le sue azioni e le sue scelte o il cercare di farle comprendere avrebbe significato acuire maggiormente la tensione. Rimase quindi in silenzio e si aggrappò ancora di più alla fede, facendo spesso del rosario «la propria consolazione e la propria arma».

La devozione alla Madonna

Devotissimo fin dall'infanzia della Madonna e consapevole del fatto che nella tradizione della Chiesa cattolica sempre profondo è stato il legame tra il culto dell'Eucaristia e la devozione alla Vergine, Pier Giorgio nel maggio 1918 si iscrisse alla Congregazione mariana dell'«Istituto Sociale».

Le origini di questa associazione risalgono all'epoca stessa di sant'Ignazio, precisamente agli anni 1550-60, quando a Messina e quasi contemporaneamente a Roma un gruppo di persone pie e alcuni studenti, destinati presto a crescere di numero, si riunirono intorno a pochi padri gesuiti per sviluppare una speciale devozione a Maria ed attuare opere di carità. La prima regola redatta nel 1564 poneva infatti in evidenza come la Congregazione fosse finalizzata a far nascere nei suoi membri un'ardente devozione alla Madre di Dio e ad indirizzarli, sotto la sua protezione e con il suo aiuto, sulle vie della propria e altrui santificazione. Rapido ed incessante fu negli anni e nei secoli successivi lo sviluppo delle Congregazioni mariane nei collegi italiani ed europei retti dai gesuiti ed altrettanto rapida la formazione di parallele congregazioni in diversi ceti sociali (notabili, commercianti, artigiani, contadini, militari ecc.). Le regole di tali formazioni religiose rimasero invariate fino al 1910 quando, nella festa dell'Immacolata Concezione, vennero promulgate nuove «regole comuni» che meglio si confacevano alle mutate condizioni dei tempi.

Negli anni in cui Pier Giorgio fu iscritto, l'adesione alla Congregazione mariana dell'«Istituto Sociale» implicava, oltre ad un'intensa preghiera giornaliera e alla pratica degli esercizi spirituali di sant'Ignazio, la partecipazione a riunioni settimanali nel corso delle quali, dopo l'invocazione dello Spirito Santo con l'inno *Veni Creator*, si leggevano pagine di libri di contenuto spirituale, si recitavano e cantavano preghiere dell'Ufficio della Madonna e infine si rendeva a Maria la lode delle litanie; inoltre fondamentale era la pratica di opere di carità, come la visita agli ammalati, ai carcerati, l'aiuto ai poveri.

La Congregazione era insomma «un po' l'anima del collegio», ha scritto Silvio Golzio in una monografia pubblicata nel 1951 per ricordare i settant'anni dell'Istituto: «Scuole e studio invero vi ripetono in gran parte criteri ed aspetti di qualunque istituto di istruzione, ma la Congregazione è l'affermazione di un'alta vita spirituale e lo strumento insieme per praticarla: essa è il punto di incontro delle aspirazioni delle volontà migliori e il più efficace mezzo di formazione spirituale nell'Istituto»[25].

Affinché gli iscritti potessero meglio svolgere e coordinare le loro molteplici attività, la Congregazione mariana era divisa in diverse sezioni, ognuna con una particolare organizzazione ed era retta da un gruppetto scelto di congregati suddivisi in «Ufficiali maggiori» e «Ufficiali minori». Pier Giorgio, attento a far sì che la sua preghiera, secondo l'insegnamento stesso del Signore che invita a «pregare sempre, senza stancarsi»[26], fosse il più possibile continua e si trasformasse in testimonianza di impegno e di carità, non volle mai, per timore di disperdere il suo tempo, entrare nel Consiglio direttivo della Congregazione, nonostante le insistenti e iterate richieste degli altri associati. È evidente in questa scelta anche un grande senso di umiltà.

Il desiderio di accrescere in maniera autentica la propria fede lo indusse a recitare quotidianamente il rosario, soprattutto la sera. Questa sua pratica non deve essere confusa con una forma di superficiale sentimentalismo verso la Madonna, ma va interpretata alla luce della ferma consapevolezza che Maria, per usare una moderna espressione conciliare, «avanzò nella peregrinazione della fede e serbò fedelmente la sua unione con il Figlio fino alla Croce»[27], diventando così un esempio luminoso di fede, speranza, carità a cui riferirsi in ogni situazione della vita.

Incantato dall'«obbedienza della fede»[28] di Maria e mosso dalla volontà di imitarne la dedizione alla persona e all'opera redentrice di

Cristo, Pier Giorgio faceva dunque del rosario una preghiera essenzialmente evangelica e cristologica.

Il desiderio di lodare la Madonna e di meditare, attraverso i misteri gaudiosi, dolorosi e gloriosi, i principali episodi della vita di Gesù, lo induceva a recitare il rosario nelle più diverse situazioni. Dalle numerose testimonianze raccolte, emerge come, negli anni della sua adolescenza, i grani della corona scorressero tra le sue dita non soltanto in chiesa e durante le processioni mariane, ma soprattutto sui sentieri di montagna e sulle vette che, appena conquistate, diventavano lo spazio ideale per inginocchiarsi e pregare. Anche sul tram, quando raramente se ne serviva (preferiva infatti spostarsi a piedi o in bicicletta poiché era sempre attento a «risparmiare» per i suoi poveri), o in treno o ancora mentre percorreva le vie cittadine, Pier Giorgio trovava sempre il modo di continuare la preghiera alla Madonna.

Questi superiori sentimenti di fede lo spinsero un giorno a rispondere con estrema sicurezza e franchezza alla domanda di un amico che, sorpreso per averlo incontrato per strada con il rosario fra le mani, gli aveva chiesto se era diventato bigotto. *«No, sono rimasto cristiano»* furono le sue pronte e serene parole.

Assai delicato ed originale era poi il modo con cui cercava di convincere gli amici ad indirizzare il pensiero alla Madonna: regalava loro simpatiche corone del rosario formate da bacche grigie dette «lacrime di Giobbe» che con estrema cura ed attenzione coltivava egli stesso nel giardino della villa di Pollone e affidava in seguito alle delicate mani di alcune suore affinché le trasformassero in quei doni. Affiora qui anche la sua particolare sensibilità poetica che gli faceva preferire la semplicità di una bacca alla fredda eleganza della madreperla.

Alla Madonna Pier Giorgio non mancava inoltre di tributare l'omaggio dei fiori, soprattutto rose o rododendri, che si premurava di collocare davanti alle sue immagini nella cappella del «Sociale» e nelle chiese che più spesso frequentava. «I fiori – sottolinea a questo proposito Luciana – non cesseranno di essere una costante sua espressione di affetto e di gentilezza»[29].

Una venerazione davvero profonda nutriva in particolare per la Madonna Nera del santuario della *«bella Oropa, così amata da ogni biellese e specialmente da ogni cattolico»* come scrisse in una lettera alla mamma[30]. Nella chiesa che sorge al centro di un imponente complesso di scaloni ed edifici con magnifiche prospettive di portici progettati agli inizi del secolo XVIII dal grande architetto del Barocco italiano Filippo Juvarra, si venera la statua della Vergine che, secondo la tradizione, fu scolpita nel legno dall'evangelista san Luca e portata nel IV secolo da Gerusalemme sulle prealpi piemontesi da sant'Eusebio, vescovo di Vercelli, per preservarla da forme di profanazione e per diffonderne la devozione in zone che erano ancora sede di culti pagani.

Pier Giorgio, spinto da un sincero amore per la Madre di Dio, si recava sovente, specialmente quando d'estate si trovava a Pollone, al bellissimo santuario incastonato tra le montagne. Per non venire però meno al suo dovere – lo studio anche durante le vacanze – incaricava il giardiniere di svegliarlo all'alba e a tal fine, per non disturbare i familiari, aveva escogitato un ingegnoso sistema: la «sveglia» era costituita da una fune calata in giardino dalla finestra della sua camera e legata con l'altra estremità al suo polso. Con l'esuberante energia di una sana giovinezza saliva poi al santuario distante da Pollone circa otto chilometri e, dopo aver reso omaggio alla Madonna e partecipato alla messa, ritornava puntualmente a casa per le otto; inutile aggiungere che questi pellegrinaggi, scambiati dai familiari per salutari camminate mattutine, erano accompagnati dalla recita del rosario.

In seguito, come si vedrà, Pier Giorgio accrebbe ancora la sua devozione a Maria: dapprima si iscrisse alla Confraternita del santo rosario sorta a Pollone nel settembre 1918, quindi fondò con altri giovani della sua parrocchia il circolo di azione cattolica «Milites Mariae» (proprio pochi anni dopo che san Massimiliano Kolbe aveva istituito a Roma nel 1917 la «Milizia dell'Immacolata») e infine, quando divenne terziario domenicano, assunse l'impegno di recitare quotidianamente l'Ufficio della Madonna.

La Conferenza di San Vincenzo dell'«Istituto Sociale» e le prime visite ai poveri

L'«Istituto Sociale» non fu solo il luogo in cui Pier Giorgio affinò l'innato spirito di preghiera, indirizzandolo verso due punti fermi nella sua vita, la Comunione quotidiana e la recita altrettanto quotidiana del rosario, ma fu anche l'ambiente che per primo gli permise di esercitare in modo organico e sistematico la sua ardente carità. Per essa, grazie ad un'illimitata capacità di attenzione alle necessità del prossimo, egli donò agli altri il proprio tempo, le proprie energie, la stessa vita.

A partire dal 29 novembre 1918 il nome di Frassati comparve tra quelli degli aderenti alla Conferenza di San Vincenzo dell'«Istituto Sociale» che svolgeva la sua opera nella parrocchia di Nostra Signora del Carmine; ad essa Pier Giorgio rimase iscritto fino al 1922, nell'anno successivo decise di inserirsi nella Conferenza vincenziana del circolo universitario cattolico «Cesare Balbo», attiva presso la chiesa della Madonna della Pace.

La Conferenza di San Vincenzo dei padri gesuiti venne fondata nell'«Istituto Sociale» nel 1905; prima tra le Conferenze di Torino a sorgere all'interno di un organismo scolastico, fu subito posta sotto il patrocinio del grande santo torinese della carità: il Cottolengo. I suoi fini, in un'epoca in cui molto forti erano ancora le differenze tra i ceti sociali e profondi i disagi dei meno abbienti, erano quelli di far comprendere ai giovani studenti, attraverso le visite ai poveri, la triste e spesso cruda realtà della vita, ben diversa da quella della loro privilegiata condizione, di colmare con un'attività concreta la distanza tra lo studio e l'azione al servizio dell'ideale cristiano e di suscitare il senso di una carità generosa da realizzarsi in nome e per amore di Dio.

Pier Giorgio, come sempre assai ricettivo verso tutto ciò che era buono, colse a fondo tali obiettivi e li realizzò pienamente fin da quando, sul finire del 1918, iniziò ad assistere alcune famiglie della parrocchia del Carmine che soccorse infaticabilmente con ogni mezzo. Non solo portava loro i buoni settimanali per l'acquisto del pane e pacchi di biancheria, abiti, coperte, medicine o la legna ed il carbone con cui potessero attenuare i rigori del freddo inverno torinese, ma, spinto da un innato e profondo senso di giustizia, si prodigava nel ricercare e procurare lavoro ai disoccupati, servendosi spesso di annunci o richieste di soccorso che chiedeva al padre di pubblicare su «La Stampa».

Significative testimonianze della carità di Pier Giorgio studente dell'«Istituto Sociale» sono quelle del Presidente stesso della Conferenza di San Vincenzo e di un professore. Il primo, l'avvocato Francesco Bertagna che per trentasette anni fu a capo dell'attività caritativa del «Sociale», così ha scritto: «Grazie alla bontà ed alla schiettezza di Pier Giorgio, il già anziano Presidente della Conferenza ed il giovanissimo confratello si trovarono subito pienamente affiancati e come amici da molto tempo. Ma il Presidente anziano in quelle visite poté constatare la grande cristiana pazienza, la serietà, la cortesia, in una parola la carità con la quale Pier Giorgio trattava coi poveri, rimanendone profondamente edificato. Cordialmente ed efficacemente Pier Giorgio si interessava alle famiglie assistite dalla Conferenza e per portare aiuti; molte volte, mercé l'interessamento suo, alle famiglie più povere od in casi specialmente difficili od urgenti giunsero, ottenuti dal buon confratello, provvidenziali aiuti da *La carità del sabato* del giornale "La Stampa" o di altri benefattori»[31]. Il secondo, il professor Agostino Marchisio, ha asserito: «Ero professore di Pier Giorgio al "Sociale" e per due anni mi trovai a far visita ai poveri con lui. Per tutto un insieme imponderabile che era fatto di semplicità, di umiltà e di franchezza, ebbi l'impressione di trovarmi a fianco di un innamorato della carità, di un santo. Andava alla caccia di indumenti, di vestiario, portava pacchi e involti, faceva traslochi ed aiutava sempre e ovunque. La sua carità si esprimeva più che in parole in atti da cui traspariva un calore umano sorprendente. Egli era l'amico dei poveri! Dove andava non faceva certo pesare né le sue doti fisiche, né quelle morali, né, quelle del censo»[32].

Non solo era amico dei poveri, ma povero egli stesso, si può aggiungere, se si considera la frase con cui un giorno rispose ad un amico che lo aveva definito «un signore»: *«No, io sono povero come tutti i poveri e voglio lavorare per loro»*[33]. Senza dubbio questa sarebbe stata una risposta meravigliosa in bocca al giovane ricco del Vangelo che, a differenza di Pier Giorgio, si allontanò «triste» dal Signore perché non seppe rinunciare ai suoi privilegi. Il giovane Frassati invece, erede di una famiglia benestante e prestigiosa, potendo godere di una vita agiata in tutti i sensi, rispose in modo concreto e disinteressato al «Vieni e seguimi» di Cristo e scelse un'altra strada: quella degli umili, dei poveri, dei diseredati. Nel suo programma di vita volle assimilarsi a loro non desiderando mai nulla per sé e, donandosi senza misura, seppe comprendere a fondo, facendole proprie, le loro sofferenze.

Gli interessi culturali

Animato dallo spirito di rinuncia e di sacrificio e arricchito delle tre virtù teologali della fede, della speranza e della carità, Pier Giorgio, a diciassette anni, si accingeva a lasciare l'«Istituto Sociale». Grazie ad una notevole tenacia e a un profondo senso del dovere verso se stesso e i genitori, nel 1918 conseguì infatti la maturità classica, distinguendosi per il modo mirabile in cui seppe commentare le cantiche della *Divina Commedia.*

Gli studi liceali gli permisero di arricchire e approfondire, anche nei successivi anni universitari, i suoi interessi culturali che furono vasti ed eterogenei. Egli ammirava la poesia di Virgilio e le opere dei tragediografi greci, leggeva con passione pagine di Ariosto, Manzoni, Foscolo, D'Annunzio, Papini; apprezzava il teatro di Shakespeare e sapeva leggere in tedesco gli scritti di Heine, di Schiller e di Goethe. Amava inoltre la musica classica ed operistica, in particolare quella di Verdi e di Wagner, frequentava gli studi dei pittori conosciuti dalla madre ed era un appassionato di arte. La sua mente e il suo cuore erano però soprattutto attirati dalla *«bella, armoniosa musicale poesia»* (come la definì in una lettera al pittore Alberto Falchetti[34]) del *«poeta cristiano»* Dante, che studiò con passione e acuto spirito di comprensione, lasciando appunto sorpreso il professore che lo esaminò all'esame di maturità.

Inoltre, poiché per lui l'esperienza culturale, come del resto ogni altra della sua vita, era pur sempre riconducibile ad un'esperienza di fede, non erano rare le volte in cui finiva per trasformare in preghiera i passi del poema dantesco o di altri testi che amava esporre ad alta voce. Non erano pertanto pochi coloro che a Pollone lo sentivano recitare nell'ampio giardino della villa Frassati canti del *Paradiso* o *Salmi* di Davide. Ecco in merito le parole di un vicino di casa: «Pier Giorgio ricomincia la predica, chissà quando finirà? Stamattina era sul cupolino della villa seduto sulla finestra, aveva un librone in mano, non so se imparasse forte la lezione. Si sentiva soltanto: *"Dio, stelle, Dante"*»[35].

Assai eloquente nella sua semplicità è anche la testimonianza di una sua coetanea, a quei tempi giovane operaia di Pollone, che così lo ricorda: «Dal 1915 al 1918 la cantoria femminile della parrocchia di Pollone ebbe un maestro eccezionale e quasi tutte le domeniche dopo i vespri c'erano le prove. Pier Giorgio, sebbene fosse sovente in casa parrocchiale, non assisteva mai alle prove, tuttavia imparava il motivo perché tornando a casa sua lo ripeteva in gola... La sua voce si distingueva sempre, una bella vociona notissima specialmente ai vicini di casa, al mattino, verso le cinque e trenta quando saliva sul pino del suo giardino a declamare la *Divina Commedia*. Io lo udii una volta verso le sei del mattino in occasione di una festa. Dovevamo trovarci alle sette in chiesa per cantare ed eravamo andate, mia sorella Ortensia ed io, ad aiutare mia cugina a sparpagliare il fieno. Avevamo quasi finito il lavoro quando sentimmo Pier Giorgio declamare l'*Inno al Creatore*, quello che noi avevamo imparato in quella settimana su musica di Mendelssohn. Il prato di mia cugina è poco distante da casa Frassati e di là si vedeva benissimo lui sul pino. Non aveva libri in mano, ma col suo più fervido slancio e la sua potente voce declamava: *"Tu che gli astri intorno muovi per le azzurre vie del cielo, Tu che guidi e che rinnovi l'onda al mare ed al ruscel..."* e fin qui la poesia era come la cantavamo noi, ma il seguito lo cambiava in preghiera per se stesso perché Iddio lo rendesse buono, umile, semplice come i fiori dei campi e gli uccelli dell'aria»[36].

Allo stesso modo, animato da profonda fede, recitava sovente come preghiera la bellissima supplica alla Madonna *«Vergine madre, figlia del tuo figlio/ umile e alta più che creatura/ termine fisso d'eterno consiglio»*, che Dante nel XXXIII canto del *Paradiso* pone sulle labbra di san Bernardo. Non contento di rivolgersi a Maria con le stupende parole del «sommo poeta», si era trascritto le terzine di questo passo su un foglio che teneva appeso su una parete o sulla porta della camera per averlo sempre sotto gli occhi.

Come già in san Francesco d'Assisi, in lui il senso della poesia era unito a quello della preghiera: in una dimensione sostanzialmente mistica, egli viveva l'amicizia con Dio trasformando in preghiera di lode tutto ciò che la poesia suggeriva al suo cuore. Per questo i suoi autori preferiti erano santi, di cui amava molto leggere le biografie, e poeti. In particolare ammirava san Paolo, del quale scrisse *«io nutro una speciale predilezione per l'Apostolo della Carità»*[37]; di lui sapeva citare a memoria le *Lettere* e specialmente il magnifico inno alla carità della *Prima lettera ai Corinzi*, che, come già la preghiera alla Vergine, aveva trascritto su un foglio appuntato sulla scrivania per meglio averlo presente. Era poi entusiasta di sant'Agostino, del quale lesse e meditò a fondo le *Confessioni* che definì *«pure gioie»* per lo spirito, e anche di santa Caterina da Siena, di cui conosceva bene la vita e che «invidiava» per le mistiche visioni.

Arricchito da queste letture spirituali, Pier Giorgio, negli anni del liceo, progredì sulla via della saggezza e della perfezione spirituale, una perfezione che al termine dell'adolescenza egli possedeva già in alto grado e che nei soli sei anni di vita che gli sarebbero rimasti avrebbe ulteriormente accresciuto, impegnando tutto se stesso in un autentico amore per Dio e per il prossimo.

Il contesto storico: gli anni della «grande guerra»

Le premesse che portarono l'Italia all'intervento nella prima guerra mondiale vanno ricercate nel movimento del nazionalismo, che, affacciatosi sulla scena politica italiana con la guerra di Libia, voluta e preparata dallo stesso Giolitti, dopo il 1911 si rafforzò sempre più.

Polarizzando intorno a sé simpatie e consensi di vari gruppi della destra antigiolittiana che miravano ad un maggior conservatorismo e autoritarismo all'interno e a una politica estera più decisa nei rapporti internazionali, esso determinò anche la crisi del sistema politico instaurato da Giolitti. Questi, sebbene nelle elezioni del 1913, le prime a suffragio universale maschile, avesse raggiunto la maggioranza in Parlamento grazie ai voti dei cattolici ottenuti con il Patto Gentiloni, era però pressato, oltre che a destra, anche a sinistra dai socialisti che si dimostravano meno aperti a combinazioni di tipo riformista.

Nonostante il successo elettorale, che segnò anche il definitivo ritorno dei cattolici alla vita politica dopo la posizione di isolamento assunta in seguito alla «presa di Roma» del 1870, il clima che aveva caratterizzato l'Italia giolittiana stava cambiando.

Ad accelerare questo mutamento intervenne l'attentato di Sarajevo del 28 giugno 1914 che fece velocemente precipitare la situazione internazionale, determinando, nel giro di un mese, l'insorgere del primo conflitto mondiale.

L'ultimatum lanciato dall'Austria il 23 luglio alla Serbia e la successiva dichiarazione di guerra del 28 luglio – che vide schierarsi da una parte gli Imperi Centrali (Germania, Austria e Ungheria) e dall'altra i Paesi dell'Intesa (Francia, Inghilterra e Russia) – lasciarono l'opinione pubblica sorpresa e sbigottita.

La notizia dello scoppio del conflitto si abbatté sull'Italia quasi come un fulmine a ciel sereno, mentre le famiglie della media ed alta borghesia, per ricordare una famosa espressione di Benedetto Croce, «pensavano agli esami dei loro figlioli e si affrettavano o già muovevano spensieratamente per le villeggiature estive».

Increduli di fronte agli eventi, furono molti in quei giorni di agosto a ritenere che tutto si sarebbe risolto in breve tempo e senza gravi danni. In realtà, «l'Europa, che non conosceva più guerre dal Congresso di Berlino (1878), venne trascinata in un immane conflitto, che cambiò la carta geografica del continente, sconvolse i rapporti fra le grandi potenze, mutò la mentalità dei popoli, creò una profonda spaccatura fra i sistemi politico-economici occidentali e il primo sistema politico-economico statale di tipo socialista (URSS), fece perdere definitivamente all'Europa l'egemonia degli affari mondiali, sacrificò milioni di vite umane e distrusse un inestimabile patrimonio di ricchezze»[38].

Questa guerra inoltre presentò subito caratteri del tutto diversi da quelli dei precedenti conflitti: la novità più rilevante fu costituita dalla «mobilitazione generale»: «non si trattò solo di raccogliere, riunire, organizzare, addestrare una massa enorme di uomini, borghesi, proletari, contadini, ma tutta la struttura economica, amministrativa e politica degli Stati fu trasformata in militare o paramilitare: dalle fabbriche, che producevano strumenti bellici più potenti e perfetti di quelli fino ad allora conosciuti, ai servizi pubblici, all'apparato statale. In una parola, tutta la vita delle nazioni belligeranti fu condizionata dalla guerra. Nacquero e si svilupparono nuove mentalità e nuove esigenze, influenzate dalla propaganda militarista, i cui toni divennero sempre più accesi»[39].

Di fronte a questa sconvolgente situazione, l'Italia per un anno rimase a guardare, mentre al suo interno iniziava a risentire gli effetti del generale turbamento economico e vedeva schierarsi su posizioni sempre più chiare e decise i neutralisti – giolittiani, socialisti e cattolici – e gli interventisti – nazionalisti (dannunziani, futuristi), liberali conservatori, socialisti riformisti, sindacalisti rivoluzionari –, ai quali presto si aggiunse Benito Mussolini, fondatore del quotidiano «Il Popolo d'Italia», uno dei più accesi giornali interventisti.

Torino, fin dall'agosto 1914, fu violentemente investita dal terribile «rivolgimento economico». La FIAT e la Lancia ridussero l'orario di lavoro giornaliero a cinque ore, mentre la Michelin, grossa filiale della fabbrica francese produttrice di pneumatici, chiuse i battenti: gli operai licenziati furono centinaia. «Il 17 agosto – scrive lo storico Paolo Spriano – la Camera del Lavoro comunica che nel settore automobilistico gli operai sospesi sono 3892 e quelli a orario limitato 2173. Lo stesso fenomeno si dispiega nelle carrozzerie, tra i tipografi, nel settore chimico e in quello tessile. Solo agli arsenali militari si lavora con squadre doppie ventiquattro ore su ventiquattro»[40].

Furono proprio le ordinazioni degli stati belligeranti che, interessando diversi settori, da quello più specifico delle armi a quello automobilistico e tessile, consentirono il superamento della catastrofica crisi e permisero a molti lavoratori di essere riassunti e ad altri, in precedenza disoccupati, di venire assorbiti nella produzione.

Mentre sempre più frequenti e drammatiche giungevano le notizie degli scontri che insanguinavano i diversi fronti di guerra, la città visse nei primi mesi del 1915 altri momenti particolarmente difficili.

Riferisce ancora Paolo Spriano: «Dal febbraio al marzo del 1915 si verifica un generale aumento dei prezzi nei generi di prima necessità. Il pane, tenendo come base il 1911, è aumentato da 40 a 50 centesimi al chilogrammo, la farina di frumento da 44 a 60, il latte da 30 a 35 al litro, il carbone da 54 a 69 al miriagrammo, le carni bovine da 3 lire e 25 centesimi a 4 lire al chilo. La Camera del Lavoro pubblica in questi mesi una serie di dati da cui si ricava questo quadro complessivo: il costo della vita è aumentato del 20 per cento in tre anni, e i salari solo del 10 per cento. Gli affitti delle case, in particolare, per l'afflusso di nuove famiglie di lavoratori dall'estero e dalla campagna, sono saliti notevolmente e il fenomeno si aggraverà dopo lo scoppio della guerra»[41].

In questo clima si acuì anche l'opposizione tra i neutralisti sostenuti da «La Stampa» e gli interventisti a cui dava invece il suo appoggio la «Gazzetta del Popolo», tanto che spesso le strade si trasformavano in luoghi di scontri tra i due gruppi.

Pier Giorgio, quattordicenne, già fiero nemico di ogni forma di violenza e di sopruso, non poteva certo applaudire ad una guerra che ogni giorno causava decine e decine di morti e feriti. Nettamente contrario all'intervento, più di una volta, al «D'Azeglio», sostenne con fermezza e coraggio l'accusa rivoltagli dai compagni di scuola interventisti di essere «un traditore» come suo padre e «un soldino», cioè venduto per un soldo agli Imperi Centrali.

Si può quindi immaginare con quanta trepidazione e angoscia nel presagire gli inevitabili nuovi eccidi sui fronti, il 24 maggio 1915, in seguito alla vittoria degli interventisti, accolse la notizia della dichiarazione di guerra dell'Italia all'Austria.

Durante i tre lunghi anni del primo conflitto mondiale, sebbene non sempre lo desse a vedere, nell'intimo del suo animo sensibilissimo, egli soffrì molto. «Mentre per noi la guerra – afferma Luciana – non fu che una stagione strana fatta di molte vacanze e di qualche privazione, per lui rappresentò l'incubo di tutti i giorni, di tutte le ore»[42]. Attento a ogni situazione di disagio, quando, ad esempio, seppe che alcuni bambini orfani, profughi dal Veneto, erano stati provvisoriamente alloggiati nella palestra del suo liceo, subito, distinguendosi dai compagni per lo più soltanto incuriositi da tali presenze, iniziò a confortarli moralmente prima dell'inizio delle lezioni e, commosso e turbato dalla tragedia che vivevano, si impegnò a distribuire loro i soldi che riusciva a racimolare.

Il dramma dei soldati che, tra rischi e pericoli, si logoravano in una vita di stenti nelle umide e malsane trincee lo turbava poi profondamente. Il suo spirito di solidarietà e di carità lo induceva ad inviare loro il poco denaro che riceveva dai familiari e a pregare intensamente perché l'«inutile strage», come Benedetto XV definì quella guerra, avesse presto termine.

Sia pure su un piano laico, anche il senatore Alfredo Frassati continuava a denunciare con fermezza dalle colonne de «La Stampa» gli errori e le incongruenze che si compivano sulle spalle dei soldati e della nazione. «Gli articoli del giornale – si legge in un paragrafo della *Positio* – uscivano profondamente mutilati, talvolta incomprensibili a causa della censura. "La Stampa" ne era colpita in maniera particolare per il suo precedente anti-interventismo e per la sua costante preoccupazione di indicare gli errori e l'inefficienza dei piani militari, la malafede di un giornalismo facinoroso, l'irresponsabilità di "uomini fatui, privi di qualsiasi ingegno, deficienti di qualunque coscienza", l'assurda e colpevole testardaggine che voleva perseguire la guerra "fino in fondo"»[43].

In quei drammatici frangenti, Pier Giorgio, condividendo sempre più le idee del padre, si sentiva anche particolarmente vicino ai feriti e ai caduti. Partecipava quindi con slancio alle iniziative coordinate dal professor Augusto Monti per rallegrare le dolorose e tristi giornate dei feriti dell'Ospedale Militare e, come scrive nelle lettere, si recava sovente a portare fiori sulle tombe dei combattenti.

«Una volta – racconta ancora Luciana – erano morti duemila alpini tagliati fuori dalle nostre posizioni e inchiodati in pochi metri quadrati di terreno senza che nessuno potesse recar loro soccorso. Fu una strage paurosa della quale non si ebbe mai eco sui giornali. Pier Giorgio, che ne aveva udito parlare da nostro padre, corse subito in cucina dalla sua grande amica Carolina Masoero, la cuoca, a riversare la terribile impressione. E come Carolina commentò con le lagrime agli occhi: "Ah, se avessi la potenza e la sapienza di scrivere qualche libro, di gridargliela a tutto il mondo la crudeltà e l'infamia della guerra! Se potessi far capire che la guerra è il più spaventoso errore del mondo!", egli restò a guardarla sconvolto, la gola chiusa da un nodo di pianto. Non riuscì a dire che *"Ha ragione, ma non servirebbe a niente!"*. E se ne andò con la sua amarezza!»[44].

Profondamente scosso da simili eventi e non soddisfatto dei suoi gesti di solidarietà che evidentemente gli apparivano troppo miseri in confronto alle sofferenze dei soldati e allo strazio dei familiari delle vittime, maturò l'eroica decisione di offrire a Dio la sua vita in cambio della fine di un conflitto dalle conseguenze così terribili. A una cameriera di casa, che già aveva perso un fratello al fronte, un giorno chiese: «*Natalina, non darebbe lei la vita per far cessare la guerra?*». Alla risposta negativa della giovane donna, con forza replicò: «*Io sì che la darei, anche oggi stesso*»[45].

Per meglio comprendere questo ardente spirito di carità che si espresse, oltre che nel sacrificio di sé, in aiuti in denaro e nel dono sempre generoso di tempo, forze ed energie per provvedere alle necessità delle persone più duramente colpite dai disagi della guerra, è ancora importante esaminare la situazione storico-sociale di Torino nei tragici anni del conflitto, con particolare attenzione alle condizioni delle classi popolari, verso cui soprattutto si orientò la solidarietà di Pier Giorgio.

Tra il 1916 e il 1918 l'industria torinese, per soddisfare le pressanti richieste belliche, sottopose i lavoratori a duri ed ingenti sforzi. Molte furono le difficoltà che essi dovettero affrontare, sebbene le loro fila fossero state ingrossate sia da una folta manodopera femminile assorbita dall'industria meccanica sia da salariati giunti dalle campagne, dove, in seguito al blocco delle esportazioni dei prodotti non di guerra imposto fin dai primi mesi del 1915, erano state chiuse parecchie manifatture rurali.

Gli orari di lavoro, sempre più lunghi ed estenuanti, raggiungevano spesso le quattordici-sedici ore giornaliere, i turni di riposo non venivano più rispettati per poter usufruire con continuazione di tutta la forza motrice disponibile; i regolamenti di fabbrica erano applicati con estremo rigore: spesso i sorveglianti militari comminavano pesanti multe per ogni minimo difetto di lavorazione. A questo proposito non bisogna dimenticare che per molti contadini, braccianti, massaie e casalinghe, era stato estremamente difficile trasformarsi in operai e che, in assenza di precise conoscenze tecniche, gli errori erano a volte inevitabili.

«Entrando alla FIAT – scriveva l'"Avanti" del 22 marzo 1916 – gli operai devono dimenticare nel modo più assoluto di essere uomini per rassegnarsi ad essere considerati come degli utensili».

Anche nelle industrie minori e in officine improvvisate in cui spesso mancavano i macchinari e le attrezzature adatte, la fatica fisica e psicologica degli operai, cadenzata da ritmi di produzione febbrile, era terribilmente aggravata.

A tali motivi di esasperazione bisogna aggiungere da una parte l'aumento del costo della vita che tra il 1917 e il 1918 toccò punte vertiginose e dall'altra la costante diminuzione subìta, in linea complessiva, dal salario reale dei lavoratori: a consumi immutati, il costo della vita per le classi popolari urbane divenne oltre due volte e mezzo maggiore.

Il rapido movimento ascensionale dei prezzi, in una città che occupava uno dei primi posti nella corsa al rincaro dei generi di consumo popolare, interessava, oltre alle derrate di prima necessità, anche gli affitti, il vestiario, la luce e il gas. Nella difficile situazione generale, persino quel minimo di aiuti previsti dai comitati di assistenza civile per le famiglie più bisognose non venne più elargito.

Tutti questi fattori sollevarono inquietudini e malcontenti che, inasprendo un clima già teso, esplosero nella sommossa popolare del 1917, l'anno che vide lo scoppio della «Rivoluzione d'ottobre» in Russia e, in Italia, la disastrosa ritirata di Caporetto.

La scintilla che scatenò il moto insurrezionale a Torino fu provocata dall'insufficiente approvvigionamento di scorte di farina e dal conseguente ulteriore rincaro del pane. L'agitazione, «espressione di dissenso spontaneo delle grandi masse popolari, più che risultato di un moto organizzato con precisi fini politici o con risvolti rivoluzionari»[46], si allargò, dal 22 al 25 agosto, a diversi quartieri della città, con assalti e saccheggi ai negozi di generi alimentari, mentre gli operai entravano in sciopero. Momenti di grande tensione si ebbero nelle giornate del 23 e 24, quando nelle zone del centro – via

Garibaldi, piazza Statuto, e nei quartieri di corso Vercelli e corso Regina Margherita – si verificarono sanguinosi scontri a fuoco con la polizia.

Dopo quattro giorni di lotta sulle barricate, la sommossa si concluse con più di cinquanta morti e centinaia di feriti. Fu «la più dura e violenta manifestazione nazionale contro la guerra: il primo sintomo impressionante e significativo dello stato di logoramento e di stanchezza che avrebbe fatto del 1917 "l'anno più lungo", più tormentato e cruciale dell'intero conflitto»[47].

Pier Giorgio, per condizioni sociali così lontano dai problemi che agitavano le classi popolari, cominciò tuttavia proprio di fronte a simili eventi a maturare una chiara coscienza democratica e una concezione della vita e della politica che, come si vedrà, nel corso del biennio 1919-20 lo avrebbe indotto a schierarsi dalla parte del popolo, incurante degli interessi e dei privilegi che gli derivavano dalla nascita.

In merito, Carlo Trabucco e la sorella hanno scritto: «Nessuno si è mai accorto della sua "borghesia"; egli stimolava tutti a essere vicini ai poveri. E quando la questione sociale si fece calda, divenne "operaista" a spada tratta». «Per Pier Giorgio il popolo era una figurazione umana ben precisa, della quale egli stesso si sentiva parte integrante e non atomo distaccato». «Per lui democrazia, questa parola tanto usata ed abusata, non voleva dire che amore del popolo, amore dei derelitti»[48].

Proprio per servire con cristiano e fraterno spirito di carità questi «derelitti», Pier Giorgio, nell'ultimo anno di guerra, quando la città fu duramente provata da una micidiale epidemia di influenza «spagnola» che provocò migliaia di vittime, si prodigò, senza alcun timore di contrarre il contagio, nel visitare i malati poveri nelle loro squallide dimore, nel provvedere per i casi più gravi al ricovero negli ospedali, nel procurare medicine e sollievi di qualsiasi genere a persone divorate dalla febbre e consumate dalla sofferenza; per loro non esitava a compiere anche i servizi più umili.

Finalmente, dopo questa ennesima tragedia, giunse per l'Italia l'appuntamento con la pace.

La poderosa offensiva di Vittorio Veneto che si concluse con la disfatta austriaca, la conquista di Trento e Trieste, la firma dell'armistizio il 3 novembre a Villa Giusti e, il giorno successivo, l'annuncio della vittoria, scatenarono negli animi di tutti un'immensa gioia. In quei giorni Torino vide grandi manifestazioni di piazza, in cui, tra lo sventolio delle bandiere, il grido di «Viva l'Italia!» si mescolava a quello di «Viva la Pace!».

Pier Giorgio, che il 4 novembre si trovava a Pollone, manifestò la sua esultanza salendo di corsa in cima ai campanili per suonare a distesa e, con una sorprendente associazione di idee, inviò al caro amico Carlo Bellingeri il seguente messaggio: *«Pollone, 4 novembre 1918. Felice che il tuo giorno onomastico coincida con il più bel giorno della Patria, ti saluta caramente Pier Giorgio»*[49].

Dopo aver seminato tanto dolore, la grande guerra era dunque terminata: per l'intera Europa si aprivano ora nuovi e gravi problemi di carattere sociale, economico e politico, il primo dei quali era costituito dal conseguimento di una «pace giusta».

Nel corso delle trattative apertesi a Parigi il 19 gennaio 1919, il Presidente degli Stati Uniti Thomas Wilson venne a Torino dove fu accolto con manifestazioni di simpatia e di entusiasmo; ad esse partecipò anche Pier Giorgio che, ottenuta la licenza liceale, si era ormai iscritto all'università.

Ecco come Luciana rievoca quell'evento: «Era il gennaio 1919, e Wilson appariva agli occhi di tutti l'araldo della pace, colui che, dopo aver aiutato le democrazie europee a conquistarla sulla Germania baldanzosa, tentava di conservarla duratura. Naturalmente Pier Giorgio, amico della pace, non mancò tra coloro che si recarono ad acclamare il Presidente. Uscì quel giorno la mattina presto, con il suo berretto goliardico in testa e la sua voce sonora come una cannonata. Pioveva e tornò soltanto un attimo a mezzogiorno, zuppo, inzaccherato. Il tempo di cambiarsi, di mangiare un boccone, e poi via di nuovo per la strada a gridare: *"Viva Wilson"* fino alla sera, quando rincasò senza un filo di voce»[50].

All'insegna della pace e trascinato da grande entusiasmo per nobili ideali di fratellanza e carità, Pier Giorgio, nell'immediato dopoguerra, iniziava così «senza un filo di voce», incapace cioè di risparmiarsi, il suo più maturo impegno di fede e di servizio e amore al prossimo.

Note

[1] L. Frassati, *Pier Giorgio Frassati. I giorni della sua vita*, cit., p. 27.

[2] Cfr. L. Frassati, *Calendario di una vita: 1901-1925*, cit., «Torino, ottobre 1913».

[3] P. G. Frassati, *Lettere*, cit., pp. 11-12 (lettera al padre del... 1913).

[4] *«Dossier: M. D'Azeglio»*; cfr. L. Frassati, *Calendario di una vita: 1901-1925*, cit., «Torino, ginnasio M. D'Azeglio, ottobre 1914».

[5] L. Frassati, *Il cammino di Pier Giorgio*, cit., p. 68.

[6] Cfr. *ibid.*, p. 66.

[7] P. G. Frassati, *Lettere*, cit., p. 14 (lettera al padre del 10 ottobre 1915).

[8] Cfr. L. Frassati, *Calendario di una vita: 1901-1925*, cit., «Roma, 10 ottobre 1915».

[9] L. Frassati, *Pier Giorgio Frassati. I giorni della sua vita*, cit., p. 36.

[10] *Ibid.*, p. 56.

[11] Cfr. Necrologio di padre Pietro Lombardi S.J. (1875-1955) in *Tra noi del Sociale*, maggio 1955, p. 2.

[12] Luciana Frassati, *Mio fratello Pier Giorgio. La fede*, prefazione del cardinal Giacomo Lercaro, Edizioni Paoline, Roma 1954, p. 51; nuova edizione Milano 2004.

[13] *Ibid.*, p. 53.

[14] Cfr. L. Frassati, *Calendario di una vita: 1901-1925*, cit., «Torino, 10 giugno 1915».

[15] L. Frassati, *Pier Giorgio Frassati. I giorni della sua vita*, cit., p. 66.

[16] L. Frassati, *Calendario di una vita: 1901-1925*, cit., «Torino, 1916-1917».

[17] L. Frassati, *Pier Giorgio Frassati. I giorni della sua vita*, cit., p. 42.

[18] *Ibid.*, p. 58.

[19] *Ibid.*, pp. 59 e 65-66.

[20] *Ibid.*, p. 65.

[21] *Ibid.*, p. 64.

[22] *Ibid.*, p. 85.

[23] Cfr. *ibid.*, p. 86.

[24] *Ibid.*, p. 54.

[25] Silvio Golzio, *La nostra Congregazione mariana*, in *L'«Istituto Sociale» nel suo settantennio,* Torino 1951, p. 172.

[26] *Vangelo secondo san Luca* 18, 1.

[27] Cfr. Giovanni Paolo II, *Lettera enciclica sulla Beata Vergine Maria nella vita della Chiesa in cammino «Redemptoris Mater»*, 25 marzo 1987, 17; cfr. anche Concilio Ecumenico Vaticano II, *Costituzione dogmatica sulla Chiesa «Lumen Gentium»*, 58.

[28] *Ibid.*, 13; cfr. anche Concilio Ecumenico Vaticano II, *Costituzione dogmatica sulla Divina Rivelazione «Dei Verbum»*, 5.

[29] L. Frassati, *Calendario di una vita: 1901-1925*, cit., «Torino, 16 marzo 1914».

[30] P. G. Frassati, *Lettere*, cit., p. 37 (lettera alla mamma del 20 ottobre 1921).

[31] L. Frassati, *Mio fratello Pier Giorgio. La carità*, cit., p. 208.

[32] *Ibid.*, p. 212.

[33] L. Frassati, *Mio fratello Pier Giorgio. La fede*, cit., p. 74.

[34] P. G. Frassati, *Lettere*, cit., p. 109 (lettera ad Alberto Falchetti del 14 ottobre 1922).

[35] Cfr. L. Frassati, *Pier Giorgio Frassati. I giorni della sua vita*, cit., pp. 61-62.

[36] L. Frassati, *Mio fratello Pier Giorgio. La fede*, cit., pp. 162-163.

[37] P. G. Frassati, *Lettere*, cit., p. 256 (lettera a Marco Beltramo del 30 marzo 1925).

[38] Gabriele De Rosa, *Storia contemporanea,* Minerva Italica, Milano 1984, p. 283.

[39] *Ibid.*, pp. 283-284.

[40] Paolo Spriano, *Torino operaia nella grande guerra (1914-1918)*, Einaudi, Torino 1960, p. 76.

[41] *Ibid.*, pp. 98-99.

[42] Luciana Frassati, *L'impegno sociale e politico di Pier Giorgio*, prefazione di Giorgio La Pira, presentazione di Carlo Trabucco, Editrice AVE, Roma 1978, p. 40.

[43] *Positio super virtutibus*, cit., vol. I, p. 57.

[44] L. Frassati, *L'impegno sociale e politico di Pier Giorgio*, cit., p. 40.

[45] L. Frassati, *Pier Giorgio Frassati. I giorni della sua vita*, cit., p. 57.

[46] V. Castronovo, *Il Piemonte*, cit., p. 297.

[47] *Ibid.*, p. 297.

[48] L. Frassati, *L'impegno sociale e politico di Pier Giorgio*, cit., pp. 11, 78, 48.

[49] P. G. Frassati, *Lettere*, cit., p. 101 (lettera a Carlo Bellingeri del 4 novembre 1918).

[50] L. Frassati, *L'impegno sociale e politico di Pier Giorgio*, cit., p. 41.

3
LA GIOVINEZZA

La scelta della professione

Terminati gli studi liceali, Pier Giorgio con maggior consapevolezza prese coscienza della strada che avrebbe dovuto percorrere nella sua vita. Se durante gli anni dell'adolescenza aveva forse avvertito in sé il desiderio di diventare sacerdote, con il passare del tempo comprese invece sempre meglio che stava maturando in lui una chiara vocazione laica.

A differenza della sorella, che già pensava di seguire le orme del padre iscrivendosi alla Facoltà di Giurisprudenza, egli scelse di svolgere un tipo di professione che avesse potuto permettergli di realizzare il più possibile le sue profonde aspirazioni orientate all'altruismo e alla carità in una dimensione di generoso servizio ai più poveri, nel dono di tutto se stesso.

Decise quindi di iscriversi al Politecnico e precisamente al corso di Ingegneria industriale meccanica con specializzazione mineraria.

Con una scelta ragionata, finalizzata alla realizzazione di ideali seri e generosi, Pier Giorgio voleva cioè poter «lavorare» tra i minatori che in quei tempi svolgevano una tra le mansioni più dure e faticose ed erano davvero i più umili e meno qualificati tra gli operai, *«i paria della classe operaia»*, come egli stesso li definì. Animato dal desiderio di cercare «innanzi tutto il Regno di Dio e la sua giustizia»[1], nella scelta della professione, una delle più importanti per ogni uomo, egli espresse in modo concreto la volontà di servire Dio nell'uomo.

Esistono in merito due sue precise affermazioni: «*Io voglio in ogni maniera poter aiutare la mia gente e questo lo posso far meglio da laico che da prete, perché da noi i sacerdoti non sono così a contatto con il popolo, come in Germania. Come ingegnere minerario posso, dando il buon esempio, agire in maniera molto più efficace*»[2]. Queste frasi dal tono fermo e deciso furono da lui pronunciate nel 1921 a Friburgo dove, in seguito alla nomina del padre ad ambasciatore d'Italia a Berlino, visse per più di un mese ospite della famiglia Rahner, al fine di approfondire la conoscenza della lingua e del popolo tedesco. Questa testimonianza è stata riferita proprio dalla signora Louise Rahner, madre del futuro illustre teologo Karl, scomparso nel 1984, il quale, sebbene più giovane del suo ospite, ebbe tuttavia modo in quell'occasione di conoscerlo da vicino e di apprezzarne le virtù. Di lui poi, tra l'altro, scrisse: «Frassati rappresentava il giovane cristiano puro, lieto, dedito alla preghiera, aperto a tutto ciò che è libero e bello, attento ai problemi sociali, che recava nel cuore la Chiesa e le sue sorti, e di una spontaneità serena e virile»[3].

Sempre negli anni della giovinezza, Pier Giorgio, in un'altra circostanza, così si confidò con un sacerdote: «*Io sarò ingegnere minerario per poter ancora di più dedicarmi a Cristo tra i minatori. Come prete non lo potrei fare, ma come laico esemplare e veramente cattolico sì*»[4]. Lo stesso sacerdote, don Emil Eiffler, in una lettera scritta nel 1952, afferma che un giorno, notando l'entusiasmo con cui Pier Giorgio parlava dell'impegno degli studenti tedeschi per l'avvento del Regno di Cristo in terra, gli chiese se aveva intenzione di abbracciare la vita religiosa: ne ottenne una chiara risposta negativa. «Mi spiegò allora – continua don Emil nel suo scritto – che era deciso a non farsi prete perché era persuaso che come laico avrebbe potuto agire con più successo. E aggiungeva che la forza di persuasione di un vero cattolico laico poteva agire più profondamente in mezzo a operai di quella di un sacerdote»[5].

Come si sottolinea nel *Decreto sulle virtù eroiche del Servo di Dio*, promulgato a Roma da Giovanni Paolo II il 23 ottobre 1987, Pier

Giorgio appena diciottenne aveva dunque già «chiaramente capito che Dio lo voleva vicino a quella parte di umanità debole, spesso dimenticata ed oppressa, affinché ne condividesse le angosce e le inquietudini, e ne rendesse migliori le condizioni di vita. La sua scelta assai precisa si orientò consapevolmente verso la vita laicale per poter operare secondo lo spirito di Cristo»[6]. «In tal senso – si legge ancora nella *Positio* – l'intuizione di Pier Giorgio si accostò e precorse la concezione della responsabilità e dell'impegno laicale nella Chiesa e nel mondo, concezione la cui diffusione fu proprio aiutata dagli esempi di personalità quali il Frassati»[7].

Iscrivendosi al Politecnico mosso da questi precisi ideali, Pier Giorgio, pur vivendo in un ambiente sociale in cui il lavoro, spesso espressione di prestigio, veniva quasi mitizzato ed assolutizzato, dimostrava di vedere in esso non uno strumento per affermare se stesso o una fonte di lauti guadagni, ma il luogo privilegiato dell'incontro con il prossimo e del servizio vissuto nell'amore. Del resto, per chi aveva ormai scelto di vivere interamente alla sequela di Cristo, il lavoro, di conseguenza, non poteva che essere la sintesi di impegno professionale, aiuto ai deboli e testimonianza di fede.

Per questo, consapevole che solo un'adeguata competenza gli avrebbe permesso di inserirsi con cognizione di causa nel mondo industriale e di agire al suo interno per instaurare rapporti umani più giusti e fraterni, Pier Giorgio negli anni universitari si impegnò con grande fatica e senso di responsabilità nello studio, che considerava lo strumento indispensabile per il compimento di un dovere più alto: l'amore al prossimo. Pertanto, quando la morte lo colse appena ventiquattrenne, ormai laureando ingegnere, gli mancavano soltanto due esami per raggiungere il desiderato traguardo!

Studente al Politecnico

Con il numero di matricola 509, Pier Giorgio nel novembre 1918 fece il suo primo ingresso al «Regio Politecnico» di Torino.

Questa struttura universitaria era nata nel 1906 dalla fusione di due Istituti precedenti: la «Regia Scuola di Applicazione per gli Ingegneri» e il «Regio Museo Industriale Italiano». La prima, modellata sulla famosa «Scuola di Ponti e Strade» di Parigi, era stata istituita nel novembre 1860 ed aveva sede nel secentesco Castello del Valentino, fatto costruire dalla seconda Madama Reale (Maria Giovanna Battista Savoia-Nemours, seconda moglie di Carlo Emanuele II). Fin dalla sua fondazione, era stata preposta alla formazione di diverse categorie di ingegneri, da quelli civili a quelli per le industrie meccaniche, chimiche, metallurgiche, e degli architetti. Il «Regio Museo Industriale», ufficialmente costituito con un decreto del novembre 1862, era invece sorto, sul modello del «Conservatorio d'Arti e Mestieri» di Parigi e del «Museo South Kensington» di Londra, in seguito alla partecipazione dell'Italia all'Esposizione di Londra di quel medesimo 1862. Situato nella via detta dell'Ospedale, successivamente intitolata a Giovanni Giolitti, fu concepito «sia come Esposizione permanente ed operante di ogni mezzo di sviluppo e progresso offerto dall'industria, sia come mezzo per diffondere ciò che si potrebbe definire col nome di "coscienza tecnica"»[8]. Pertanto, accanto all'Esposizione, sorsero ben presto corsi di insegnamento che arricchirono e completarono quelli della «Scuola di Applicazione».

Al fine di rendere più valida e intensa la cooperazione tra i due Istituti, fin dal 1903 l'onorevole Paolo Boselli, Presidente della Giunta direttiva del «Regio Museo Industriale», si fece portavoce della necessità della loro fusione. Così il 1° luglio 1906 venne approvata dalla Camera dei Deputati la fondazione del «Regio Politecnico» di Torino, un Istituto universitario finalizzato, come indica etimologicamente il nome, all'insegnamento di «molte arti (tecniche)». In particolare i suoi scopi consistevano «sia nella formazione degli architetti e degli ingegneri, sia nel promuovere gli studi atti a favorire in generale il progresso industriale e commerciale della nazione»[9].

Il 3 novembre di quel 1906 fu solennemente inaugurato il primo anno scolastico, mentre con un successivo decreto del 1908 si deliberò che divenissero proprietà del Politecnico gli stabili già appartenuti alla «Scuola di Applicazione» e al «Museo Industriale», cioè il Castello del Valentino e il palazzo di via dell'Ospedale: il primo fu soprattutto adibito ad accogliere le ricche collezioni del «Museo», mentre il secondo venne utilizzato come sede didattica.

Convinto della sua scelta e armato di quella calma e sicurezza che gli derivavano dall'intima unione con il Signore, Pier Giorgio, nel frequentare i suoi primi corsi universitari, si inserì subito bene nel nuovo ambiente e si fece notare dai compagni e dai professori per la grande bontà, uno dei tratti distintivi della sua personalità.

Nel non facile contesto universitario dei primi anni Venti, egli si impegnò a fondo nel condurre a termine con serietà gli studi svolgendo nel modo migliore il suo specifico dovere, e nello stesso tempo si prodigò con generosità nel donare la sua amicizia serena e incoraggiante specialmente ai compagni che vedeva più smarriti e disorientati.

Dopo un periodo di fioritura legato ai positivi riflessi dell'Esposizione Internazionale del 1911, al cui brillante successo aveva contribuito ricevendone anche notevoli vantaggi, il Politecnico aveva attraversato, nel periodo del conflitto mondiale, una grave crisi di carattere amministrativo, tecnico e didattico, i cui effetti perdurarono negli anni immediatamente successivi. Nel triennio 1920-1923 assai elevato era il numero di studenti fuori corso che vivevano anche difficili problemi di reinserimento nella vita civile dopo la deludente e spesso drammatica esperienza militare. Inoltre gli eterogenei e complessi orientamenti politici del Paese trovavano nell'ambiente universitario ampie risonanze che lasciavano spesso confusi ed incerti non pochi studenti, stretti tra estremismi di destra e di sinistra; in particolare proprio dal Politecnico di Torino, nel 1919-1921, era partita l'agitazione studentesca relativa alle rivendicazioni degli ex-combattenti e alle richieste di rappresentanze presso i Consigli di facoltà e gli organismi di gestione.

In questo clima poco accogliente, spesso teso ed inquieto, Pier Giorgio svolse un'azione caratterizzata da una continua attenzione alle necessità del prossimo e da una sensibilità ed apertura davvero ammirevoli. Con generosità si prodigò nell'aiutare i compagni in tutti i modi possibili. Spesso regalava i libri che gli venivano chiesti in prestito, accompagnando l'offerta con una frase semplice, ma, come di consueto, espressione di sincero altruismo: *«Tanto in casa l'ho doppio!»*: non importava se poi a sua volta doveva faticare per procurarseli di nuovo. Era sempre pronto a dare chiarimenti ai compagni più giovani circa le materie studiate, mentre agli studenti in difficoltà economiche non esitava a garantire il proprio appoggio per il pagamento delle tasse universitarie o degli affitti delle camere. Ma ecco alcune tra le numerose testimonianze in merito: «Fui compagno di Pier Giorgio al Politecnico e di lui sapevo alcune cose, forse poche, ma certe: come difendesse le sue idee, come fosse affabile con tutti e come, nonostante fosse palese che di soldi non ne avanzava, fosse disposto ad aiutare i compagni, pagando una camera, comperando libri». «La sua generosità verso i compagni era proverbiale: erano trecento gli iscritti al Politecnico, ma tutti sapevano a chi ricorrere se avevano bisogno di qualcosa e tra noi si diceva comunemente: "Vai da Pier Giorgio che ti aiuta"». «Vera e propria sentinella delle nuove reclute, ricordo che aveva organizzato una specie di servizio d'ordine perché i giovani iscritti non festeggiassero l'entrata all'università con le solite poco edificanti glorie studentesche». «E a volte – scrive Luciana in margine a queste parole per sottolineare come la sua dirittura morale, da tutti ammirata, non ammettesse espressioni ambigue – quando gli sboccati discorsi puntavano su esse, giungeva l'ordine di tacere perché, si diceva, "arriva il senatore"!»[10].

Ecco infine ancora una testimonianza che assume indubbiamente una ricchezza di significato ed un valore di grande rilievo: «Al Politecnico la sua carità era nota a tutti, come i suoi sentimenti altruistici, tanto che a noi avversari non era possibile far altro che ammirarlo»[11].

Accanto ai ricordi dei compagni se ne possono affiancare altri di insegnanti e bidelli. Ad esempio, l'assistente di un docente di mineralogia, così disse di lui: «Non era il tipo dello studente comune, si distingueva per la sua beltà e per il contegno calmo, per l'innata e spontanea gentilezza, che caratterizzava ogni suo rapporto con i colleghi, e i maestri»[12]. Un bidello, che per più di quarant'anni svolse la sua attività al Politecnico, notandolo tra le migliaia di studenti che ebbe modo di avvicinare, ha affermato: «Frequentava le lezioni con molta puntualità e non ricordo altro giovane che parlasse con tanta bontà»[13].

Numerose altre simili testimonianze si trovano nei «dossiers» dell'archivio di casa Frassati; esse, come si sottolinea nella *Positio*, rivelano in particolare «la fermezza con cui Pier Giorgio difendeva i suoi ideali, la semplicità che annullava le differenze sociali, la disponibilità ad andare incontro ad ogni tipo di problema altrui (problemi concreti o bisogni morali, di comprensione), unite ad un temperamento allegro ed espansivo, sempre di buon umore. Destavano inoltre stupore e rispetto il suo modesto tenore di vita, la sua affabilità e la sua purezza, specie se paragonate alle sue reali possibilità e alla posizione sociale»[14].

Meritano ancora di essere qui riferite le semplici parole di un bidello che, colpito dalla singolare personalità di Pier Giorgio, ha testimoniato: «A me meravigliava la serenità e la pacatezza di questo ragazzo. Mai una volta, quando usciva dagli esami, che dicesse una parola contro i professori come fanno tutti, ma piuttosto riconosceva che il dovere era di studiare e non prendere in giro i professori»[15]. Davvero Pier Giorgio mai si presentò poco preparato a sostenere gli impegnativi esami necessari per impadronirsi di quell'*«arida scienza»*, l'ingegneria appunto, come un giorno, estenuato dall'asperità dello studio, la definì, ma, al contrario, con volontà tenace si impegnò a fondo per superare qualsiasi tipo di difficoltà e momentanei scoraggiamenti.

Così un suo compagno ha parlato di quegli studi: «Ogni materia era una fatica immane, cui il travaglio dell'esame era posto come una difficile soglia da varcare. Particolarmente duro poi dovette essere per Pier Giorgio, alieno per temperamento e per coscienza da ogni mezzo che potesse risolvere più facilmente i problemi della vita... Insomma non era tipo da potersela cavare senza sapere, anzi senza sapere più di quanto mostrasse, a differenza di noi, abituati alla piccola menzogna, e non alieni certo dalla piccola truffetta scolastica»[16].

I corsi erano molto seri e impegnativi, le materie ampie e difficili da preparare e i professori spesso severi ed esigenti. Fin dal giugno 1919 Pier Giorgio sostenne comunque i primi esami in discipline, per le quali in verità non aveva una particolare inclinazione: disegno a mano libera e disegno geometrico. Le sue – ricorda Luciana – erano «mani belle, ma pesanti e la sua allergia al tratto leggero indusse l'ingegnere Aldo Bressi ad asserire: "Nell'aula di disegno Pier Giorgio faticava dietro le mie spalle. Mi pareva non avesse molta familiarità con il disegno geometrico che acquarellava sempre a forti tinte come il suo carattere"»[17]. Circa un mese dopo superò l'esame di geometria analitica, mentre negli ultimi mesi dello stesso anno sostenne con punteggi brillanti l'esame di analisi matematica e quello di mineralogia.

Per i minerali, egli aveva mostrato fin da ragazzo uno speciale interesse, attratto forse dalla loro antichissima origine che si perde nel mistero stesso dell'universo. Attento a raccogliere qualsiasi tipo di «pietre», nel corso dei suoi studi universitari realizzò una ricca collezione di minerali accuratamente classificati con il nome latino, che dopo la sua morte venne donata dai familiari all'Università di Torino, ma di cui purtroppo oggi non esiste più alcuna traccia.

L'interesse per gli studi intrapresi andava in Pier Giorgio gradatamente aumentando, insieme alla chiara consapevolezza degli scopi umanitari ad essi connessi. Per questo, sovente, al termine delle lezioni appariva particolarmente allegro e felice. «Quando usciva dal Politecnico – ha testimoniato un suo compagno di corso – cantava sempre, lo vedo ancora sano, bello e robusto, il contrario del tipo bigotto, battermi una mano sulla spalla e parlare dei suoi minatori, la classe operaia che secondo lui faceva la vita più sacrificata, la classe cui egli sempre pensava per un miglioramento, per un aiuto»[18].

Proprio per meglio comprendere la reale situazione dei minatori, egli cominciò presto a visitare cave e miniere, dapprima nel biellese, poi nelle valli bergamasche, nell'Appennino emiliano e in seguito in Germania, dove nel 1921 e 1922 visse per parecchi mesi. A questo proposito particolare rilievo merita il fatto che, mentre a volte i suoi compagni cambiavano indirizzo di studio proprio dopo la visita alle miniere, – visita che rivelava loro tutte le difficoltà, le fatiche e i pericoli legati ad un'attività da svolgersi nelle viscere della terra – Pier Giorgio, sempre più convinto della sua vocazione, si appassionava maggiormente ai suoi studi e si impegnava con grande scrupolo ad acquisire le competenze necessarie sul piano tecnico ed umano per essere proficuamente vicino ai minatori.

Inoltre, per approfondire la conoscenza dei problemi del mondo sociale, economico, politico, maturò anche l'idea di frequentare, dopo il conseguimento della laurea in Ingegneria, il «moderno» corso universitario di Scienze politiche, da poco istituito accanto alla Facoltà di Giurisprudenza.

L'impegno nello studio dunque non lo spaventava davvero in nessun modo. Esistono in merito precise testimonianze di amici. «Pier Giorgio ebbe modo di dar prova della sua fortezza nello studio soprattutto durante i sei anni della sua vita universitaria. Più volte so di notti passate sui disegni e sui libri resistendo al sonno». «Ricordo personalmente di averlo visto studiare per ore, passeggiando avanti e indietro e ripetendo forte la materia per aiutarsi a tenersi efficiente nello sforzo. Di qualche contrarietà incontrata negli studi, seppe non scoraggiarsi, ma servirsene come mezzo per fortificare i suoi propositi». «So che lo studio gli costava particolare fatica, specialmente lo studio dell'ingegneria, ma egli si dedicava con impegno a quello che riteneva il suo dovere di stato»[19].

Così, anno dopo anno, sul suo libretto universitario vennero via via registrati trentun esami, di cui il primo porta la data del 17 giugno 1919 e l'ultimo quella del 30 giugno 1925.

Per meglio comprendere questo faticoso impegno e lo stato d'animo che spesso accompagnava la preparazione degli esami, si possono leggere i seguenti passi di sue lettere indirizzate ai familiari e agli amici: *«Ora lascio stare le lezioni di tedesco perché in questi ultimi giorni mi devo concentrare nella Meccanica razionale e poi incomincerò la pesante Scienza delle costruzioni». «Finalmente quel benedetto esame di Meccanica è dato, sono proprio contento d'essermi levato un così grande peso, ora incomincio il lavoro per gli esami di quest'estate. Sono due dure materie, ma con un po' di buona volontà e un po' di sforzo ci si riesce a darle».*

«Quest'anno sono proprio sfiduciato sul conto mio, perché fin ora non ho dato che Principii di elettronica, poi ho tentato Costruzioni di macchine, che però mi è andato male ed ora sono dietro a studiare Termotecnica, ma il caldo mi ammazza; si sta parecchie ore a tavolino senza concludere nulla; non so se lo potrò dare. Ad ogni modo quest'estate studierò intensamente per rimediare al male fatto, perché altrimenti questa laurea sospirata non verrà mai più».

«Ora vedrò se potrò dare verso marzo sotto forma di colloquio gli esami di Macchine Termiche e Geometria Pratica e così avrò esaurito il quarto anno, poi a maggio colloquio di Elettrotecnica, poi a giugno Metallurgia, Misure Elettriche, Ingegneria Sanitaria e ad ottobre gli esami del gruppo Minerario; questo sarebbe il mio piano che vorrei condurre a termine perché, credi, incomincio ad essere stufo di dare esami»[20].

L'ansia e il senso di scoraggiamento che talora emergono da questi scritti non devono però indurre a pensare che Pier Giorgio cedesse al pessimismo. Proprio perché autenticamente cristiano, non poteva che essere fiducioso nella Provvidenza di Dio; per questo, dopo aver impegnato al massimo le sue capacità, chiedeva al Signore la forza e l'aiuto necessari per portare a termine i suoi studi e pregava gli amici di fare altrettanto per lui. Ecco alcune altre sue significative affermazioni: *«Studierò dalla mattina fino alla sera. So che abbisogna una grande energia, ma confido nella Provvidenza di Dio e perciò nelle preghiere degli amici». «Vado a Torino con fermi propositi di non vedere più alcuno e studiare intensamente in questi ultimi giorni affinché possa arrivare a sostenere l'esame. Ho paura solo di non saper mantenere simili cose e perciò ti prego di pregare un po' per me affinché Iddio mi dia una volontà ferrea, che non si pieghi e non venga meno ai suoi progetti*»[21].

Da queste parole si deduce chiaramente, come del resto è stato ampiamente testimoniato nel Processo di canonizzazione, che «la fiducia completa e l'abbandono totale in Dio erano per lui l'unico sostegno nelle difficoltà»[22].

Negli anni universitari, Pier Giorgio trascorse le sue giornate, oltre che impegnandosi nello studio, anche partecipando attivamente a numerose associazioni e circoli cattolici di animazione spirituale, politica e sociale.

Prima di analizzare nei particolari la varietà di queste adesioni all'interno dei prossimi capitoli, può essere utile ripercorrere cronologicamente le tappe del cammino di un giovane che, come è stato sottolineato nella commemorazione del sessantesimo anniversario della sua morte da un docente universitario di filosofia, don Giovanni Ferretti, «difficilmente avrebbe sopportato di essere solo e tutto in un unico gruppo, tanto era ecclesialmente aperto il suo cuore alla molteplicità e varietà di tutto il mondo cattolico»[23].

Nel novembre 1919 Pier Giorgio aderì, nell'ambito della FUCI (Federazione Universitari Cattolici Italiani) al circolo «Cesare Balbo» e cominciò a frequentare il circolo operaio cattolico della FIAT «Girolamo Savonarola».

Il 4 dicembre 1920 si iscrisse al Partito Popolare Italiano fondato nel 1919 da don Luigi Sturzo.

Nel gennaio 1921 divenne membro dell'associazione «Giovani adoratori notturni universitari» e di quella dei «Giovani operai adoratori» presso la chiesa di Santa Maria di Piazza a Torino.

Dall'agosto 1921 fu socio di «Pax Romana», una federazione internazionale di studenti universitari cattolici promotori di pace.

Nel maggio 1922 fondò, insieme ad altri giovani della sua parrocchia, il circolo di azione cattolica «Milites Mariae».

Il 28 dello stesso mese divenne terziario domenicano nella chiesa di San Domenico di Torino, assumendo, in omaggio al Savonarola, il nome di *«fra Girolamo»*.

Il 19 gennaio 1923 il suo nome comparve per la prima volta nei verbali della Conferenza di San Vincenzo del «Cesare Balbo».

Circa dieci giorni dopo, il 28 gennaio, si iscrisse al gruppo torinese «Amici del Pensiero Popolare», che sosteneva l'omonimo giornale del Partito Popolare Italiano, facendo proprio il motto «Per l'avvento di Cristo e del popolo».

Il 7 maggio 1923 fu tra i primi ad appartenere all'associazione «Amici dell'Università Cattolica del Sacro Cuore».

Il 29 giugno del medesimo anno partecipò alla cerimonia di inaugurazione della bandiera del circolo cattolico «Giovane Pollone», ove pronunciò un caloroso discorso sul motto dell'Azione Cattolica Italiana «Preghiera, azione, sacrificio».

Già membro fin dal 1918, quando era ancora studente liceale, del Club Alpino Italiano (CAI), successivamente divenne anche socio della «Giovane Montagna», entrando a far parte, nel 1923, della Commissione gite.

È infine significativo ricordare che l'ultima associazione di cui Pier Giorgio fece parte la fondò egli stesso; un anno prima della morte, precisamente il 18 maggio 1924, nel corso di una gita al Pian della Mussa, diede infatti vita con gli amici più cari ad una singolare «compagnia» che con tono burlesco fu soprannominata «Società dei Tipi Loschi»: il suo scopo era quello di unire tutti i suoi membri nell'allegria, ma anche e soprattutto nella preghiera.

Esperienze di vita di Pier Giorgio dal 1919 al 1924

Prima di esaminare l'impegno politico-sociale di Pier Giorgio e altri due tratti che ne contraddistinsero la personalità negli anni della giovinezza, cioè la spiritualità e la carità, è ancora importante ricordare alcuni fatti e avvenimenti che egli visse dal 1919 al 1924; al 1925, ultimo anno della sua vita, sarà dedicato un capitolo a parte.

I viaggi

Si può cominciare dal settembre 1919 quando, dopo aver trascorso un periodo di vacanza in Abruzzo, fece un breve viaggio in Umbria e nelle Marche, visitando Foligno e Loreto; si fermò poi alcuni giorni ad Assisi da dove scrisse al padre queste sintetiche, ma eloquenti parole: «*Carissimo papà, sono qui da due giorni: è una vera meraviglia, peccato bisogna già partire. Domani andremo a Perugia. Saluti e baci*»[24].

Pier Giorgio intensificò i suoi viaggi nel 1921 quando il senatore Frassati fu nominato ambasciatore d'Italia a Berlino. Senza trascurare i suoi doveri di studente universitario e i molti impegni in ambito politico-sociale, religioso e caritativo, visitò alcuni paesi dell'Europa centro-orientale, lasciando qualche impressione di quei viaggi nelle sue lettere.

A Friburgo ammirò «*un Duomo mezzo gotico e mezzo rinascente, meraviglioso, e la piazza tutta attorniata da casette antiche*»[25]. Quando lasciò la «*bella*» città, illustrò alla madre il suo programma di viaggio: «*Mercoledì visiterò Mannheim, Heildelberg ed Oppau. Forse dormirò in Heildelberg, ma se avrò tempo a tutto vedere passerò la notte già in Mainz; giovedì lo dedicherò a visitare Mainz e Frankfurt am Main. Il tratto Bingen Köln lo percorrerò con un battello. Da Köln devo andare a Münchengladbach al confine olandese, perché sono stato gentilmente invitato dai genitori di una signorina tedesca conosciuta a Roma*»[26].

Da Bonn, dove incontrò personalmente questa studentessa socia della federazione universitaria internazionale «Pax Romana», scrisse ancora alla madre: «*Sono arrivato in questa bella cittadina giovedì sera: qui non sono mai stato solo, perché ho rivisto di nuovo la sign.na Schwan, conosciuta a Roma, la quale molto gentile ha perso molto del suo prezioso tempo per farmi vedere le cose principali di Bonn. Questa mattina ho visitato il bellissimo istituto fisico, dove essa studia e si pre-*

para per prendere in giugno la laurea. Dopo pranzo sono stato a Köln, dove ho visitato il museo d'arte e poi il magnifico Duomo. Domani mattina con la sig.na Schwan visiterò ancora un po' Köln, poi io parto per Düsseldorf dove devo visitare una Verein di studenti cattolici»[27].

Nel percorrere la Germania, Pier Giorgio attraversò la foresta nera, che, in altre lettere, così descrisse: «*È un complesso di colline e di piccole montagne tutte coperte di abeti, faggi, betulle, pini ed altri alberi, ma certo che in inverno, quando solo gli abeti sono verdi, mentre tutto è morto, quella nota scura sul bianco della neve deve far venire una grande tristezza. Ma ora è molto bella perché vi si alternano i colori*». «*Nella foresta nera ora v'è una diversità di colore tra il verde dei prati, il verde dei pini, il rosso dei peri, il giallo delle acacie ed il rosso viola dei faggi, che merita di essere vista*»[28].

Da Praga, il 17 novembre inviò questa lettera alla sorella: «*Praha mi è piaciuta molto, tanto più che i miei amici sono stati molto gentili con me. Questa mattina ho visitato col presidente generale degli studenti cattolici della Cecoslovacchia tutte le principali chiese di Praga e tutto il resto... Domani lascio Praha e alle ore 15 sarò a Vienna*»[29].

Ammirato dalla vivacità della capitale austriaca, scrisse ancora a Luciana: «*Ogni giorno che passa, più sono entusiasta di Vienna. Oggi ho visitato la galleria d'arte moderna; v'era poco d'interessante tranne un bel Segantini, un Böcklin ed un Monet. Domani dalla signorina Fischer sono invitato ad una festa delle studentesse cattoliche. Ieri sera sono stato all'opera, che mi è piaciuta molto: ho sentito il Don Giovanni; credevo di trovare un teatro molto elegante; invece non si vedeva che qualche signore in giacchetta nera ed uno o due in smoking, altrimenti tutti in abito di lavoro anche nei palchi di primo e secondo ordine*»[30].

Rientrato in Italia, ebbe parole di vivo entusiasmo anche per Venezia, «*la regina del mare*»: «*Che meraviglia! io ho visto tanti bei monumenti, tante belle piazze, tante belle chiese, ma una piazza come S. Marco non se ne trova credo in nessuna parte del mondo*». «*Stamane ho visitato il palazzo Ducale, gli Scalzi, i Frari, l'Accademia di belle arti e poi la Salute. Domani visiterò il bel S. Marco, poi altre chiese, il Lido e S. Giorgio*»[31].

Appassionato, come la mamma, di pittura e desideroso di conoscere e ammirare opere d'arte, durante i suoi viaggi Pier Giorgio visitava spesso gallerie e musei. Questi alcuni suoi ricordi: «*Ieri siamo stati nella vecchia pinacoteca* (di Monaco) *dove vi sono dei magnifici quadri, tre sale di Rubens, parecchi quadri di Rembrandt ed altri. Abbiamo poi visitato la casa di Franz Stuck, però il maestro non era in casa. Stamattina abbiamo visitato la casa di Lembach e poi la galleria moderna dove vi si trova tra i bei quadri "L'aratura in alta Engadina"*». «*Stamane ho pensato molto a te, cara mamma, mentre ammiravo un'esposizione di quadri di Hans Thoma*». «*Questa mattina ho visitato la bellissima pinacoteca di Kassel e sono stato molto contento di averla vista, perché fra l'altro v'è un'intera sala di Rembrandt*»[32]. Sinceramente ammirato da quei capolavori, egli acquistava sovente cartoline e fotografie che li raffiguravano e le disponeva poi ordinatamente nei suoi album.

All'inizio del 1922, precisamente il 22 gennaio, Pier Giorgio visse con sofferenza la notizia della morte improvvisa del papa Benedetto XV, che stimava in modo particolare per la chiara posizione assunta contro la guerra del 1915-18. Alcuni giorni dopo accolse nella gioia l'elezione al soglio pontificio dell'arcivescovo di Milano, il cardinale Achille Ratti, che assunse il nome di Pio XI: anche lui, fin da quand'era giovane prete, ebbe, come Pier Giorgio, una grande passione per la montagna.

In seguito trascorse quel 1922 in parte a Torino e in parte ancora in Germania, dove, per completare i suoi studi ed acquisire una concreta competenza professionale, visitò parecchie miniere. Ricco di interessi e di esperienze, scriveva agli amici: «*Questa sera sono stato all'Associazione degli Ingegneri a vedere un interessante film sugli altiforni di una fabbrica tedesca. Fra una settimana partirò per Herzgebirge a visitare le miniere di salgemma e poi forse andrò in Slesia e farò forse una scappata in Polonia fino al confine russo*». «*Quando i miei genitori partiranno, io rimarrò ancora alcune settimane in Germania, perché voglio visitare le miniere dell'Alta Slesia*».

«Dovevo andare a Danzica e poi in Polonia, ma purtroppo ci devo rinunziare. Appena guarito (da una leggera influenza) *partirò per Katowitz in Alta Slesia, dove visiterò una miniera di carbone, e dopo aver salutato tutti gli amici, sparsi nelle varie città tedesche, ritornerò a Torino». «Oggi ho visitato la miniera di Ferdinando, ma non ho visto che le installazioni superiori e purtroppo non posso fermarmi più a lungo per visitare anche quelle inferiori»*[33].

Ventun anni!

Il 1922 fu anche l'anno in cui Pier Giorgio divenne maggiorenne. Il ricordo di quel giorno, che trascorse nella semplicità come tanti altri, rimase vivo in una lettera scritta alla mamma dalla zia Elena, presso cui egli viveva, essendo i suoi familiari a Berlino: «È la festa di Pier Giorgio. Poveretto, ha avuto una ben magra festa. Ieri sono uscita a comperargli dei fiori, un po' di anemoni, della bella fresia e dei fondants e canditi, tanto per fargli un po' di festa, – mi faceva pena compisse i suoi ventun anni solo con questo straccio di zia – poi alla sera ha avuto un amico e sono stati fra i minerali fino alle undici e mezza. Stamane alle otto dormiva come un bambino e l'ho svegliato con il bacio d'augurio per tutti voi. Oggi non l'ho quasi visto, – scuola – poi fuori da Farina a disegnare, – poi riunione, – lezione col professore che l'aiuta – arriverà alla santa ora con *"Scusa, zia, se sono in ritardo"*... Avrà molto da studiare e ha bisogno di essere in forze, io cerco di tenerlo meglio che posso; è sempre contento di tutto»[34].

La gioia e l'allegrezza, di cui le ultime parole della zia sono un'eloquente testimonianza, nascevano in Pier Giorgio dalla sua fede che egli alimentava quotidianamente con la preghiera. Proprio per meglio pregare, nel maggio di quel 1922, nella chiesa di San Domenico a Torino, divenne, come verrà illustrato più ampiamente nel capitolo dedicato alla sua spiritualità, terziario domenicano con il nome di *«fra Girolamo»*, e, animato da un vivo spirito di apostolato, fondò nella sua parrocchia della Crocetta il circolo di gioventù cattolica «Milites Mariae».

Sempre nel 1922, in ottobre, partecipò con entusiasmo al XVII Congresso regionale della Gioventù Cattolica Piemontese, organizzato a Novara, al termine del quale sfilò per le vie della città nella processione eucaristica; nello stesso mese visse però anche con trepidante preoccupazione la notizia della «marcia su Roma».

La laurea di Luciana

Il 1923 fu un anno segnato, nella vita di Pier Giorgio, da avvenimenti lieti, ma anche luttuosi: se infatti il 15 luglio la sorella conseguiva la laurea in Giurisprudenza, il 23 agosto moriva il carissimo zio Pietro, fratello del babbo. Ecco come egli visse quegli eventi.

All'amico Antonio Villani così comunicava la bella notizia relativa a Luciana: «*Lunedì mia sorella ha dato la laurea di legge, sulla legislazione dell'acque pubbliche ed ha avuto i pieni voti assoluti più la lode*»[35]. Il lieto evento fu celebrato dai familiari «con un gelato» nel prestigioso Caffè Baratti, mentre Pier Giorgio, animato ormai da più di un anno da forti sentimenti di spiritualità domenicana, regalò a Luciana la biografia di santa Caterina da Siena scritta da Giovanni Joergensen, con questa dedica: «*Alla mia buona e cara sorella nel giorno della laurea questo libro perché le sia di guida sulla via dell'ascesa verso la perfezione spirituale*»[36].

In quei medesimi giorni la sua gioia fu però funestata dalla dolorosa morte di un giovane giornalista che conosceva e stimava. Questo lutto lo indusse a meditare profondamente sul mistero del destino ultimo dell'uomo; sempre all'amico Villani in quell'occasione scrisse: «*Oggi* (19 luglio 1923) *sono stato alla sepoltura di un laureato di lettere amico di Bertini e corrispondente della "Nazione" di Torino. È morto di etisia all'ospedale S. Luigi e oggi l'ho visto prima che lo mettessero nella cassa. Era in uno stato compassionevole; non ho potuto fermarmi che due minuti dentro la camera, perché egli era già quasi decomposto e quindi non conveniva stare di più. Però questa vista è stata per me salutare. Ho riflettuto e ho pensato che anch'io fra qualche anno sarò in quello stato; desterò anch'io il senso di compassione misto a quello di ribrezzo e pure delle volte sono stato ambizioso. A che pro: tanto la morte, questo grande mistero, unico giusto, perché non guarda in faccia nessuno, dissolverà il mio corpo ed in poco tempo lo renderà in polvere. Ma oltre il corpo materiale v'è l'anima a cui bisogna che dedichiamo tutte le nostre forze, perché possa presentarmi al Sommo Tribunale senza colpa o almeno con piccole colpe, in modo che dopo aver scontato qualche anno di purgatorio possa salire alla pace Eterna. Ma come prepararsi al grande Trapasso e quando? Siccome uno non sa quando la Morte verrà a prenderlo, è grande prudenza ogni giorno prepararsi per morire lo stesso giorno; quindi d'ora in poi cercherò di far tutti i giorni un piccolo preparamento per la morte, per non dovere trovarmi impreparato in punto di morte e dovere rimpiangere gli anni belli della gioventù, sprecati dal lato spirituale»*[37].

La morte dello zio Pietro

L'ora del dolore si fece particolarmente acuta per Pier Giorgio il 23 agosto 1923 quando a Cossila, nel Biellese, morì lo zio Pietro, un «uomo giusto che per sé non volle mai nulla», come lo definì Luciana e che era stato dapprima funzionario ingegnere presso le ferrovie del Napoletano e poi amministratore de «La Stampa» accanto al fratello.

Una luce di fede e di grazia illuminò tuttavia quel momento di intensa sofferenza: lo zio, che nella sua indifferenza religiosa si era sempre rifiutato di seguire le pratiche cattoliche, pochi giorni prima di morire si lasciò convincere dall'amato nipote a confessarsi e a ricevere la Comunione e l'Estrema Unzione. Così il 20 agosto Pier Giorgio si confidava con l'amico Antonio Severi: *«Oggi mentre ti scrivo sono talmente triste ed ho bisogno di scrivere a te, che, come me, confidi nella grande Bontà del Signore non per sollevare l'animo mio, il quale, benché straziato, si rassegna solo in virtù di quella Fede, che ho appreso da bambino e che ho fortificato nel contatto di tutti gli amici del circolo. Lo zio, che mi vuole tanto bene, si è talmente commosso al vedermi, che oggi non mi reco più al suo letto per paura di emozionarlo troppo, ma ormai il mio compito è stato compiuto. Benché indegno sono stato uno strumento insieme alla mia buona mamma e alla suora, che amorosa-*

mente lo curava, della Divina Provvidenza, perché ho potuto fargli fare tutte le pratiche religiose. Credi che quando egli riceveva l'Ostia Santa le lacrime della gioia miste a quelle del dolore solcavano il mio viso. Appena ricevuto l'Ostia, Iddio misericordioso gli ha dato una calma al suo dolore e lo zio dopo ha fatto chiamare il parroco del paese per dimostrargli la soddisfazione di aver ricevuti i SS. Sacramenti.

Iddio, certo nella Sua Infinita Misericordia, non ha badato ai miei innumerevoli peccati, ma ha esaudito le mie preghiere e quelle dei miei, ed ha fatto allo zio la grande grazia di fargli ricevere in piena coscienza gli estremi Sacramenti. Credi che la vita dev'essere una preparazione continua per l'altra, perché non si sa mai il giorno e l'ora del nostro trapasso»[38].

Rispondendo poi alle condoglianze inviategli dagli amici del circolo «Cesare Balbo», dieci giorni dopo scrisse ad uno di essi: *«Non puoi credere come mi sia di conforto in quest'ora il sapere te e gli amici del circolo uniti a me col vincolo della preghiera, poiché unico conforto è quello della Fede, che ci dà la forza per rassegnarsi alla Volontà del Signore»*[39].

Laura

Pier Giorgio ricercò profondamente il conforto della fede anche in relazione ad un intimo dramma sentimentale che cominciò a vivere proprio a partire dal 1923 quando in montagna al Piccolo San Bernardo, durante le vacanze di carnevale, conobbe una ragazza, Laura Hidalgo, per la quale nutrì ben presto un particolare sentimento di affetto.

Laura, figlia di un ufficiale spagnolo che, divenuto cittadino italiano, aveva raggiunto il grado di generale, era rimasta orfana di entrambi i genitori. Affrontando la vita con coraggio, aveva tuttavia terminato gli studi classici al liceo «Massimo D'Azeglio» dove frequentava una classe «superiore» a quella di Pier Giorgio e Luciana, in quanto, essendo nata nel 1898, era più avanti di loro di tre anni; si era poi iscritta alla Facoltà di matematica. Studentessa universitaria, entrò a far parte del circolo della FUCI «Gaetana Agnesi», corrispondente femminile del «Cesare Balbo». Era anche lei, come Pier

Giorgio, sensibile alle sofferenze degli altri, soprattutto dei più poveri ed emarginati, esercitava inoltre una grande opera di carità in casa in quanto con sacrificio e senso di responsabilità accudiva e manteneva agli studi un fratello più giovane.

Pier Giorgio si sentì attratto da lei, ne ammirò il coraggio e la coerenza morale e pensò di farne la compagna della sua vita, pur consapevole del fatto che i suoi genitori avrebbero voluto per «l'erede dei Frassati» un ben altro tipo di matrimonio. Senza dichiarare a Laura il suo sentimento per non turbarla, al ritorno a Torino, pensò tuttavia di organizzare con la sorella un invito a casa per una tazza di the da offrire appunto a Laura e ad «un'altra signorina» conosciuta all'Ospizio del Piccolo San Bernardo. Luciana, a cui peraltro per un senso di pudore Pier Giorgio non aveva rivelato il vero significato di quell'invito, lo accontentò, ne parlò con la mamma e così la visita delle due amiche ebbe luogo in un pomeriggio di primavera di quel 1923.

Nell'offrire loro il the, ricorda Luciana, né a lei né alla mamma «passò per la testa di considerare Laura l'eletta del cuore di Pier Giorgio». «La giovane, agli antipodi della nostra mentalità, – continua il ricordo della sorella – si sentì sottoposta a quella che definì una "cross-examination" da parte della mamma, mentre ella era, e sempre fu, ben lontana dall'accostare suo figlio a una qualsiasi signorina di quelle che con spirito caustico, definiva "di Azione Cattolica". Non ci accorgemmo perciò che Pier Giorgio spiava le sue reazioni con l'animo sospeso di chi attende grazia o condanna e toccò proprio a me, più di un anno dopo, a infliggergli il verdetto negativo»[40]. Pier Giorgio aveva comunque già capito che Laura non sarebbe stata «gradita» alla mamma, la cui sensibilità proprio in quegli anni era sempre più tesa a causa dei difficili rapporti con il marito. Decise dunque di tenere per sé i suoi sentimenti senza nemmeno parlarne con Luciana.

Nel 1924 la sua pena d'amore si acuì ancora di più, come chiaramente dimostrano queste testimonianze sue e della sorella. Nel luglio 1924 scriveva infatti all'amico Gian Maria Bertini: «*Ho bisogno di preghiere perché sto passando un periodo critico della mia vita; tu mi capisci sono alla vigilia di abbandonare la vita di studente, bella perché senza fastidii, per intraprendere l'ardua ascesa della vita, via ahimè assai dura specialmente dacché in me si è cambiato qualcosa, qualcosa che preannuncia un temporale molto brusco.*

L'ultima gita alla Ciamarella ha lasciato in me un buon e triste ricordo che si alternano indefinitamente in me. Credo purtroppo sarà l'ultima gita che farò colla compagnia e questo provoca in me un piccolo dolore perché mi ero molto affiatato e poi per ragioni che tu ben conosci. Ma se devo venire a questo estremo passo lo farò non senza rincrescimento da parte mia, unica cosa che desidererei è che essa migliori presto la sua condizione e viva felice per sempre. Il mio album di fotografie sarà per me un ricordo triste della mia vita. Ad ogni modo affronterò le asperità spero preparandomi nella preghiera e nella speranza di un giorno o l'altro passare a miglior vita.

La mia malattia è tale per cui nessun intervento umano può farla cessare. L'intervento umano potrà darmi dei rimedi che possono attutire la crisi ma non estirpare la causa del male; solo la Fede può essere la mia speranza ed il mio conforto nella vita futura, perciò ti prego di pregare molto per me affinché ogni giorno rinsaldi la Fede e così possa aver la forza di sopportare le difficoltà che in questi ultimi anni della mia gioventù si pongono dinanzi per impedirmi il cammino. Ti parrà strana questa lettera ma tu certo scuserai il mio stato d'animo che sto attraversando»[41].

Il 31 agosto da Forte dei Marmi scriveva ancora ad un altro amico, Antonio Severi: «*Sabato ho fatto una scappata a Marina di Pisa, ma siccome da Pisa a Quercianella Sonnino non c'è che un'ora di treno, ho voluto fare prima una scappata a trovare la signorina Hidalgo... Naturalmente i miei per ora non sanno nulla di questa variante semiaccademica, quando troverò il momento opportuno per parlare con mia sorella dirò anche i particolari di questa visita, ma per ora la diplomazia e lo stato di salute di mia madre non troppo buono mi esortano alla prudenza*». Continuando la sua lettera, confidava all'amico anche il modo in cui cercava di lenire la sofferenza che gli derivava da quell'amore «impossibile»: *«Lo studio per suo conto procede abbastanza bene benché devo fare uno sforzo enorme per potermi concentrare in quelle ore assegnate allo studio: però ringrazio Dio che io abbia da studiare altrimenti la mia mente divagherebbe in cose allegre e tristi nello stesso tempo e non saprei dove andrei a finire»*[42].

Finalmente nel dicembre 1924 Pier Giorgio decise di confidarsi con la sorella che proprio in quell'anno si era fidanzata con il diplomatico polacco Jean Gawronski; in una lettera a lui inviata, Luciana così si esprimeva: «Ieri sera Pier Giorgio venne da me con i suoi occhioni neri e mi disse che era innamorato di una signorina che io conosco... Si capisce che non ho detto nulla a mamma perché sarebbe il colpo finale. Povero figliolo, era commovente sentirlo parlare con quella sua linea di condotta che non si discute. Gli ho detto che cercasse di non vederla: assicurò che l'aveva già fatto, allora soggiunse: *"Se domenica vado in montagna e c'è anche lei, come faccio a non andare? Devo telefonarle? Scriverle?"*. Povero figliolo! L'ho guardato con gli occhi sbarrati e mi son detta che ci vuole tutta la sua bontà, tutta la sua dirittura per agire in quel modo; e dico la verità, mi sono sentita molto, molto più in giù di lui. Poi un complesso di ragionamenti sulla sua carriera, sui suoi ideali da sentirsi straziare, perché ad ogni cosa che diceva, soggiungeva: *"Ma non posso, perché non voglio lasciare la mamma"*. Bisogna non dimenticare questo e trattarlo con molta bontà e dolcezza come se dicesse: "Luciana, sono ammalato". Giorgio mi disse pure che non solo non le aveva ancora detto una parola, ma nemmeno fatto un'allusione»[43].

Il dramma sentimentale di Pier Giorgio appare ancora in tutta la sua essenza in una lettera che egli scrisse, sempre nel dicembre 1924, a Isidoro Bonini: *«Sto leggendo il romanzo di Italo Mario Angeloni "Ho amato così" dove egli descrive nella prima parte il suo amore per un'andalusa e credi provo dell'emozioni perché sembra la storia del mio amore. Anch'io ho amato così, solo che nel romanzo il sacrificio lo fa l'andalusa, mentre nel mio sarò io il sacrificato, però se Iddio vuole così sia fatta la Sua Santa Volontà.*

Oggi vado a Sauze d'Oulx a provare la pista delle corse della Giovane Montagna, domani la compagnia parte per il S. Bernardo ed il mio spirito è là con essi per una duplice ragione: perché il S. Bernardo fu culla del mio sogno ahimè! spezzato e poi perché là è colei ch'io ho amato di puro Amore ed oggi rinunziando la desidero felice. Ti esorto a pregare affinché Iddio dia a me la forza cristiana di sopportare serenamente ed a Lei ogni felicità terrena e la forza di giungere al Fine per cui siamo stati creati.

Nel giorno della tua laurea ho provato come sono vere le parole di S. Agostino che dice: "Signore, il nostro cuore non ha pace finché non riposa in te"; infatti stolto è colui che va dietro alle gioie del mondo perché queste sono sempre passeggere e arrecano dolori, mentre l'unica vera gioia è quella che ci dà la Fede, ed i compagni amati specialmente attraverso questo potente vincolo resteranno sempre uniti anche se le contingenze della vita ci sbalestreranno lontano lontano. Così essa sarà sempre per me una buona amica, che conosciuta negli anni pericolosi della vita mi avrà servito a proseguire nella via diritta verso la Meta. Scrivimi qualche cosa e prega tanto per me»[44].

Così dunque, nel silenzio, nel sacrificio e nella preghiera Pier Giorgio sublimava il suo amore per non ferire la sensibilità dei genitori. Egli sapeva che la sua decisione, presa accanto a quella della sorella che aveva fissato il giorno delle nozze il 24 gennaio 1925, avrebbe acuito e comunque fatto precipitare il dramma che tacitamente già si viveva in casa: se anche lui, «rompendo» con i genitori, se ne fosse andato, questi si sarebbero definitivamente separati.

Motivò quindi la sua dolorosa rinuncia con questa frase che, nella sua sinteticità, esprime perfettamente la situazione che egli si trovò a vivere: «*Perché creare una famiglia per distruggerne un'altra?*»[45].

È qui importante sottolineare che, operando una simile scelta, Pier Giorgio non agì per debolezza nei confronti della volontà dei familiari, ma, al contrario, proprio lui che un giorno aveva commentato con queste chiare e ferme parole «*È un bello stupido allora!*»

un'affermazione del padre circa il rispetto filiale di un suo compagno «È così bravo che sposerebbe chi vuole suo padre»[46], ora si impegnava con il volontario sacrificio di sé a non sposare la ragazza che amava, rinunciando anche a formarsi una famiglia, proprio per tenere unita un'altra famiglia profondamente in crisi.

Il quinto anno di università

Il 1924, oltre che in questa lacerante pena d'amore, trascorse per Pier Giorgio soprattutto nello studio, in alcune gite in montagna con gli amici, nella preghiera e nell'esercizio della carità.

Iscrittosi al quinto anno di corso del Politecnico, così, in una lettera del 15 maggio ad Antonio Villani, programmava il suo piano di studi: *«Ora ho solo più nove esami che vorrei dare entro ottobre come programma massimo sperando di potermi laureare a marzo dell'Anno Santo»*[47].

Circa un mese dopo era ancora una volta alle prese con miniere e pozzi di petrolio. Alla mamma e alla sorella, rispettivamente il 9 e il 15 giugno, scriveva: *«Abbiamo visitato quest'oggi la miniera di Oneta, molto simpatico il direttore ci ha invitato a casa sua; ho raccolto molti minerali; questa sera ho fatto una corsa in Bergamo alta. Magnifica è la piazza Garibaldi e non seconda a quella è pure la piazza del Duomo». «Sono tornato venerdì sera da Piacenza dove sono stato sull'Appennino piacentino per vedere i pozzi di petrolio. È stato molto interessante veder venire fuori il petrolio dalla terra, purtroppo ce n'è poco, ma speriamo che facendo altri pozzi trovino zone più ricche»*[48].

Anche ad agosto, a Forte dei Marmi, in quello che avrebbe dovuto essere un periodo di vacanza, Pier Giorgio continuò a studiare: *«Ora ho ripreso gli studi, però ho mutato orario perché alla sera è impossibile studiare con la musica da ballo sotto le finestre e quindi dormo e la mattina quando non albeggia ancora mi lego alla sedia dinanzi ai libri»*[49].

Ad ottobre, sempre assillato dall'idea della laurea, con Marco Beltramo così si confidava: *«Ho fatto il calcolo che se voglio laurearmi a marzo, dovrei studiare intensamente mattino e sera, comprese tutte le feste e se voglio prendere la laurea a luglio bisogna pure che vada via solo una o due domeniche. Eppure bisogna che mi affretti perché gli anni passano celerissimamente e io ho ancora da servire la Patria*»[50]. Di fronte a questi calcoli, l'amico gli rispondeva: «Per ciò che mi dici sui tuoi studi non condivido le tue idee. Mi pare esagerazione voler conquistare la laurea a marzo sobbarcandosi a cinque mesi di lavoro indefesso e sfibrante. Se tu avessi "necessità" di prendere questa laurea, ogni "sproposito" sarebbe per lo meno scusabile. Tu però non sei in quelle condizioni. Tu, né per condizioni finanziarie né per questioni di età, servizio militare, ecc. hai necessità di prendere la tua laurea a marzo. Quello che invece "devi" prendere tanto per marzo, come per aprile, come per dicembre è una buona salute. Tu ora sei già un po' stanco. Hai una fibra fortissima, ma un po' di stanchezza ti si nota nel viso e nell'occhio»[51].

I «Tipi Loschi»

Nonostante questa stanchezza fisica e psicologica, Pier Giorgio cercava di nascondere agli altri le sue pene e le sue preoccupazioni e si sforzava di essere «*sempre allegro*» al di là delle difficili circostanze che viveva. Proprio per meglio superare i momenti di sofferenza, nel maggio di quel 1924 nel corso di una gita al Pian della Mussa, fondò con gli amici più cari una singolare «compagnia» che con tono burlesco venne soprannominata del «Terrore», o meglio dei «Tipi Loschi» («Società dal capitale interamente versato – tanto che non c'è più –»). In realtà, oltre la facciata dall'aspetto scherzoso e spensierato, essa nascondeva uno scopo ben preciso: quello di costituire un aiuto vicendevole nella preghiera.

I singoli «cittadini» e «cittadine», «lestofanti» e «lestofantesche» che formavano l'associazione avevano dei curiosi soprannomi: Pier Giorgio era «*Robespierre*» con chiaro riferimento alla fermezza e all'«incorruttibilità» del famoso personaggio storico; Marco Beltramo «Perrault» per la rassomiglianza con il protagonista del dramma *Il conte di Bréchard* che gli era particolarmente piaciuto; vi erano poi «Petronio», «La Gaffe», il «commendator Regina Coeli», «Cadorna», «Danton», «Figaro qua, Figaro là».

Nella Società occupava un posto particolare anche la «lestofantesca» Laura, che era la segretaria dell'associazione stessa. È qui bello ricordare un delicato pensiero che un giorno Pier Giorgio, pur nella sofferenza che gli derivava dal suo amore «segreto», ebbe per lei. Da Cogne, dopo aver conquistato la vetta della Grivola, il 13 settembre 1924 le inviò una genzianella accompagnata da queste parole: *«Alla gentile segretaria dei Tipi Loschi nonché cuoca, un colpo di bombarda grivolino!... Le mando una genziana raccolta vicino al rifugio Vittorio Sella come omaggio di un Tipo Losco alla sua segretaria e del portatore alla cuoca ed anche perché l'abate Henry dice che "le signorine sono dei fiori" e quindi penso che ogni simile ama se stesso»*[52].

Al di là dei «proclami» e delle battute scherzose con cui i soci si informavano a vicenda delle proprie imprese, si può scorgere, leggendo le lettere di Pier Giorgio, il vero legame che teneva cementata la compagnia: quello della fede. Così infatti *«Robespierre»*, in un altro scritto a Laura, illustrava l'autentico significato dell'allegra società: *«Quando poi penso alla nostra Società destinata a spezzarsi miseramente come tutte le cose di questa terra, m'assale un senso di rincrescimento, addio belle gite in montagna, senza Perôl che farà Robespierre? Rimane però un legame che speriamo con la Grazia di Dio leghi su questa terra e sull'altra tutti i Tipi Loschi: questo sacro vincolo è la Fede, unico potente vincolo, unica base sicura, senza di essa nulla si può intraprendere. E questa Fede che abbiamo ricevuto nel S. Battesimo e che ci ha fatto compagni di belle gite alpine speriamo ci accompagnerà fino all'ultimo giorno del nostro viaggio terreno e serva come legame per mezzo della preghiera a cementare spiritualmente tutti i Tipi Loschi sparsi per l'orbe terreno»*[53].

Per questi motivi, accanto al motto «ufficiale» dei «terroristi»: *«Pochi, ma buoni come i maccheroni»*, ve n'era un altro assai ricco e profondo: *«Percussus elevor, contusus gaudeo»* che rivela come quell'amicizia, che trovava specialmente nelle gite alpine momenti di stupenda realizzazione, voleva essere soprattutto l'occasione per eliminare *«scrupoli e malinconia»* e temprare l'animo ad una spiritualità cristiana che, fiduciosa nell'aiuto della preghiera, *«sa elevarsi se percossa e gioire nella sofferenza»*.

Sempre in quel maggio 1924, animato da spirito di fede e da vivo entusiasmo, insieme ad altri cari amici «fucini», Pier Giorgio, con in testa il suo bel cappello universitario, scortò per le vie di Torino monsignor Giuseppe Gamba, già vescovo di Novara, che, succedendo al cardinal Agostino Richelmy, il 4 maggio faceva il suo solenne ingresso nella cattedrale torinese. Del nuovo vescovo, già conosciuto appunto a Novara, Pier Giorgio, in una lettera al viceparroco di Pollone aveva scritto: *«L'altro giorno sono stato a Novara ad inaugurare il Segretariato Femminile Universitario Cattolico; abbiamo, dopo la SS. Messa celebrata da Mons. Gamba, fatto colazione insieme al Vescovo e parlato a lungo insieme. A parlargli insieme sembra molto simpatico e sembra abbia una predilezione speciale per i "Giovani Cattolici". Speriamo che possa fare un lavoro molto proficuo qui a Torino e possa aggiustare le varie questioni ancora pendenti»*[54].

Le speranze di Pier Giorgio non andarono deluse. Monsignor Gamba infatti, a differenza del suo predecessore, vide nei cattolici impegnati, e in particolare nel Partito Popolare, uno strumento capace di operare una restaurazione cristiana della società. Inoltre conobbe ben presto, restandone ammirato, la tempra morale di Pier Giorgio. La sua venuta a Torino «cementò» quindi – si legge nella *Positio* – «un rapporto tra i due che, sebbene non potesse fondarsi su contatti frequenti, era basato sulla consonanza di due spiritualità profonde e autentiche»[55].

Mille lire di carità

Nel concludere questo *excursus* sui principali avvenimenti della vita di Pier Giorgio negli anni della giovinezza, è ancora importante riferire un episodio relativo alla sua intensa carità, alla quale peraltro sarà riservato interamente un prossimo capitolo.

Sul finire di quel 1924, il suo altruismo sempre così disinteressato lo indusse a destinare in parte ai poveri da lui assistiti e in parte alle necessità del circolo «Cesare Balbo» la prima considerevole somma di denaro di cui poté disporre personalmente nella sua vita: le mille lire che Luciana gli aveva regalato, avendone ella ricevute tremila dalla nonna Frassati in occasione del suo imminente matrimonio. Più precisamente, metà di quella cifra servì, all'interno della Conferenza di San Vincenzo, per l'acquisto di un carretto-gelateria da destinare ad un povero padre di famiglia sofferente di crisi cardiache, affinché potesse provvedere a sfamare i suoi figli senza doversi impegnare in un lavoro troppo faticoso.

Questo, in merito, il ricordo di Luciana: «Prima di partire per la mia nuova casa di sposa all'Aja avevo dato un oggetto a tutti i miei cari come ricordo. Pensai che il più grande piacere che si potesse fare a Pier Giorgio era dargli del denaro. Gli regalai perciò mille lire (le prime mille lire che possedette e aveva ventiquattro anni), che subito divise tra il Circolo e la Conferenza di San Vincenzo, ma il curioso avvenne quando, dopo parecchi giorni, lessi in una sua lettera: *"Riceverai poi i ringraziamenti della Conferenza e del circolo Cesare Balbo"*. Lui che era così umile e che faceva passare inosservate le migliaia e migliaia di opere di carità che compiva, volle che questa volta si conoscesse la mia presenza dietro quel denaro, trasformando il mio regalino a lui in offerta mia»[56].

Al di là del delicato gesto nei confronti della sorella, colpisce in tale decisione un tratto particolarmente avvincente della sua personalità: il totale distacco dal denaro o da tutto ciò che egli non riteneva indispensabile. La ricchezza infatti non fu mai per Pier Giorgio una forma di privilegio, né un fine da raggiungere, ma solo un mezzo da mettere a completa disposizione del prossimo e poter così amare più generosamente il Signore.

Il contesto storico: il tormentato primo dopoguerra

Gli anni della giovinezza di Pier Giorgio furono quelli dell'immediato dopoguerra e dei primi anni Venti, anni ricchi di fermenti e sollecitazioni sul piano ideologico, politico e sociale.

Conclusasi la convulsa fase di emergenza, la prima guerra mondiale lasciò ovunque ferite aperte e pesanti eredità che determinarono l'insorgere di nuovi inquietudini individuali e collettive.

All'interno del complesso sconvolgimento sociale che venne a crearsi, particolarmente grave apparve la situazione delle classi popolari che, dopo tanti sacrifici e contributi di energie e di vite umane, vedevano ora deluse molte delle loro attese. Ad esempio, i reduci, che avevano combattuto valorosamente sopportando le sofferenze più inaudite, non solo non venivano ricompensati con le promesse fatte loro negli anni di guerra, ma anzi incontravano gravi difficoltà sia di carattere pratico che psicologico nel reinserirsi nel tessuto sociale e produttivo del Paese.

Anche in ambito economico i meccanismi del mercato risultavano profondamente turbati da diversi fattori, quali la diminuzione della domanda dei beni, la contrazione dei redditi dei ceti medi e del proletariato, la disoccupazione, l'inflazione, le difficoltà della riconversione dell'apparato industriale dalle produzioni di guerra a quelle di pace.

L'Italia entrò pertanto in una crisi profonda che, passando attraverso il tramonto dello stato liberale (già indebolito sul finire dell'età giolittiana) e un urto frontale tra la grande borghesia, la classe operaia e i ceti contadini, sfociò nell'instaurazione della dittatura fascista.

In questo clima, Torino, che in seguito allo sviluppo industriale determinato dalla guerra, andava sempre più assumendo gli aspetti tipici di una società urbana in espansione, si trovò ad affrontare parecchi problemi. Il dissesto economico causò nei primi anni del dopoguerra, oltre ad un rincaro indiscriminato dei prezzi che in pratica assorbì l'aumento dei salari, anche una notevole crescita della disoccupazione: già nell'agosto 1919 più di 13.000 erano gli operai senza lavoro.

Questa drammatica situazione era ben conosciuta da Pier Giorgio che ad un'amica tedesca scriveva: «*Il signor Domanig mi ha scritto una lettera chiedendomi un favore: dovrei fare una colletta per le povere ragazze abbandonate di Vienna. Sarebbe per me una grande gioia il poter fare qualcosa per l'Austria, ma temo di non ottenere molto poiché anche qui in Italia passiamo un periodo difficile e anche qui ci sono tanti poveri disoccupati e anche qui la gente affonda moralmente sempre più*». In margine a tali affermazioni, la sorella annota: «In questo doloroso rifiuto di aiutare le ragazze di Vienna è contenuta una grave denunzia dello stato morale e materiale di quegli anni. Al di fuori di ogni retorica, Pier Giorgio aveva modo di rendersi conto quotidianamente delle vere condizioni del popolo, e se si decise a rispondere negativamente alla richiesta del Domanig, fu proprio perché non c'era altra possibilità di scelta. Le offerte si facevano sempre più scarse e i poveri aumentavano insieme alla miseria morale. Ciò nonostante la rinuncia non fu definitiva» (successivamente Pier Giorgio le inviò infatti novantamila corone da utilizzare «*secondo il suo desiderio*»)[57].

Anche i ceti medi, nel capoluogo piemontese, furono duramente investiti dai turbamenti economici: il loro potere d'acquisto si affievolì, mentre la pressione tributaria continuava ad aumentare; basti ricordare che solo per i tributi di competenza del Comune l'aliquota per abitante salì, fra il 1915 e il 1920, da 47,5 a 68 lire.

La piccola borghesia urbana – afferma Valerio Castronovo – «dopo anni di stenti e di rinunce si sentiva defraudata per i sacrifici sopportati durante la guerra e disorientata per il declino di valori che aveva considerato in passato degni di rispetto e di considerazione; ma, soprattutto, si mostrava spaventata dalla prospettiva di un accorciamento delle distanze con i ceti operai, che già s'intravvedeva in molti aspetti della vita quotidiana». In tali circostanze, «non era mancata talora, come nel luglio 1919, anche la partecipazione di elementi più minuti della piccola borghesia a manifestazioni di massa contro il caroviveri o ad assalti in periferia a fornai e spacci di generi alimentari»[58].

Il malcontento e le frustrazioni di questa classe sociale erano inaspriti anche dalla disoccupazione intellettuale. Durante la guerra si era verificata una relativa facilità di accesso all'università; in particolare agli studenti sotto le armi erano state concesse l'esenzione dalle tasse e licenze di studio; ai corsi universitari si erano inoltre iscritti molti giovani che avevano conseguito la maturità liceale o tecnica parecchi anni prima.

Come osserva ancora Castronovo, «quanto l'inflazione, i rapporti di forza sindacali sfavorevoli e i gravami fiscali negavano o sottraevano ai ceti piccolo-borghesi, pareva a portata di mano su un altro versante grazie al più largo accesso ai gradi superiori dell'istruzione, agevolato da vari provvedimenti e assecondato da inequivocabili misure di sostegno e incoraggiamento in favore degli elementi provenienti dagli strati medio-inferiori»[59].

Tutto ciò ebbe come effetto un notevole incremento delle lauree che, rispetto all'anteguerra, nei primi anni Venti risultarono raddoppiate. Tale sviluppo d'istruzione non trovò però un'adeguata corrispondenza di impiego nel mondo del lavoro: le domande di assunzione erano di gran lunga superiori alle reali possibilità di collocamento. Così la laurea, lungi dall'aprire tutte le porte, lasciava insoluti i problemi di parecchi giovani.

Con una sorprendente capacità di comprendere a fondo e sintetizzare con estrema precisione la situazione sociale del suo tempo, Pier Giorgio, in quegli anni, ad un'altra studentessa tedesca scriveva: *«La vita, Dio sia ringraziato, è certamente migliore qui che in Germania, ma pure sufficientemente cattiva, perché anche qui ci sono una quantità di disoccupati, specie fra gli scienziati che hanno studiato molto dopo la guerra e che ora non trovano lavoro»*[60].

Di conseguenza, la sua carità lo spinse ad aiutare non solo i poveri più diseredati, ma anche persone disoccupate sul piano intellettuale, come dimostra il seguente accorato appello rivolto all'amico Antonio Villani: *«Il prof. Marchisio della nostra Conferenza di San Vincenzo mi ha raccontato l'altro ieri un altro caso pietoso. Si tratta di una povera signorina laureata in belle lettere, la quale avrebbe bisogno di trovare un impiego per poter vivere. Io non so proprio a chi rivolgermi; ho pensato a te, che hai sempre delle buone idee ed hai già un'esperienza maggiore della vita di me. Si tratterebbe di trovarle un posto presso una famiglia come istitutrice oppure un impiego che rendesse molto danaro»*. Commenta, al riguardo, Luciana: «Pier Giorgio non puntava mai al minimo, ma al massimo. Ce ne dà una conferma questa lettera, dove a prima vista può sembrare una prova d'ingenuità, anche se di meravigliosa ed entusiasta ingenuità, il suo domandare un posto che renda *molto danaro*»[61].

Oltre che dai problemi di queste classi sociali, Torino nell'immediato dopoguerra fu gravata da una serie di difficoltà dovute ad un rapido incremento demografico causato dall'esodo dalle campagne di una popolazione che, legata ad un'economia agricola ai limiti della sussistenza, era spinta dalla «mancanza di lavoro» e dalla «miseria» a cercare con l'emigrazione nuove forme di sopravvivenza. La popolazione torinese, cresciuta in meno di un decennio di oltre il 16,5 per cento, superò nel 1920 i 525.000 abitanti.

Molti immigrati trovarono precarie sistemazioni intorno ai due nuovi insediamenti industriali che si stavano sviluppando alle porte della città: quello del Lingotto e quello dell'oltre Stura, lungo la strada per Milano.

Poiché Pier Giorgio trovò modo di esercitare la sua carità anche in queste due zone della città, da una parte nei confronti degli operai della FIAT, dall'altra verso i poveri della parrocchia della Madonna della Pace assistiti dalla Conferenza di San Vincenzo che frequentò, può essere utile riferire ancora alcune notizie circa questi agglomerati di periferia.

A proposito del Lingotto, così si legge nel volume *Il Piemonte* di Valerio Castronovo: «Antica borgata, luogo di transito per i mercati agricoli e di bestiame di Moncalieri, il Lingotto aveva cominciato a perdere molti dei suoi caratteri originari, da quando erano iniziati nel 1916 i lavori di costruzione del grande stabilimento della FIAT su una superficie di quasi 280.000 metri quadrati occupati in passato da casupole, orti, estesi spazi verdi. Ancor prima che vi sorgessero fabbricati, uffici, rimesse per le automobili, magazzini, scali ferroviari, una vera e propria colonia di immigrati, veneti soprattutto, reduci e profughi della guerra, aveva trovato alloggio nei cascinali, nelle poche stanze d'affitto e in ricoveri di fortuna per attendere alla costruzione dello stabilimento, ai cantieri, alle segherie, ai trasporti. Dai comuni vicini erano poi affluiti contadini e terraioli, trasformatisi in operai al pari di molti abitanti del quartiere che avevano abbandonato esercizi e botteghe artigiane per entrare in fabbrica. Una fabbrica dalle "proporzioni immense, illuminata giorno e notte" scriveva "La Stampa", che già nel 1924 aveva fatto crescere la popolazione del Lingotto a 22.000 persone tirandosi dietro una fungaia di attività collaterali, di piccoli laboratori di radiatori, di trasformatori elettrici, di macchine utensili, di compressori ad aria, di apparecchi di precisione»[62].

Un fenomeno identico, anche se un po' ridotto nelle proporzioni, si verificò nell'altra estremità di Torino, oltre la Stura, dove intorno alla Snia Viscosa – società commerciale fondata nel 1917 per il trasporto di combustibile dall'America e trasformata successivamente in un'impresa per la produzione di filati chimici – era venuto polarizzandosi un crescente numero di contadini e manovali che dopo il 1925 avrebbero trovato ospitalità in un grande villaggio operaio di «case rurali urbanizzate».

In un prossimo capitolo che mette a fuoco l'azione di Pier Giorgio all'interno delle strutture delle Conferenze di San Vincenzo, verrà preso in esame il suo capillare impegno svolto proprio tra queste squallide abitazioni di periferia.

Nella situazione di crisi in cui si trovava la città, le ansie e le inquietudini dei lavoratori e dei molti immigrati di fronte alla sempre maggiore sproporzione tra salari e costi della vita sfociarono nel biennio 1919-20 in scioperi ed agitazioni che culminarono nel settembre 1920 con l'occupazione delle fabbriche, movimento di carattere nazionale di notevole rilievo nell'evoluzione della situazione interna italiana. A Torino, una delle città in cui il fenomeno emerse con maggior forza, vi furono coinvolti più di 100.000 operai.

In quei drammatici giorni, Pier Giorgio non fu uno spettatore passivo. Le eloquenti testimonianze di due operai, con cui ebbe frequenti contatti, rivelano come la sua partecipazione agli avvenimenti politici e il suo spiccato senso di solidarietà lo inducessero ad intervenire ovunque la necessità lo richiedesse, incurante di giudizi e pregiudizi. «Frequentava la sede dell'Unione del Lavoro quando vi erano delle agitazioni per conoscere la vera natura del movimento dei lavoratori». «L'ingiustizia faceva fremere Pier Giorgio e chi ha vissuto il periodo del nostro movimento operaio sa che non vi era conferenza o convegno indetti per l'affermazione e la difesa dei diritti degli operai, nei quali la parola fraterna ed amorevole di Pier Giorgio non si facesse sentire con passione di apostolo»[63].

«Egli sentiva l'urgenza di andare verso le masse deluse – scrive Luciana – non solo per battersi contro gli avversari politici, ma per tentare di sanare la situazione. Per il popolo che andava agitando la bandiera rossa, pensava si dovessero attuare le riforme sociali necessarie affinché la miseria scomparisse e il livello di vita ritornasse normale»[64].

Circa gli avvenimenti di quel settembre 1920, si può riassumere brevemente il nocciolo della questione nei seguenti termini: di fronte alle richieste operaie di aumento della retribuzione, gli imprenditori opponevano ragioni dettate sia dalle difficoltà che attraversava l'industria nel processo di riconversione del sistema produttivo, sia dai gravami fiscali e dalle ristrettezze del credito.

A sciogliere questo drammatico conflitto intervenne Giolitti, che, tornato al potere nel 1920, «agli occhi delle masse popolari si presentava come l'uomo che aveva diagnosticato per tempo i rischi e i mali a cui sarebbe andato incontro il Paese con la guerra. Aveva l'autorità ed il prestigio dello statista che aveva assicurato per un decennio lo sviluppo e la gestione della recente struttura economica capitalistica italiana, nell'alleanza tra la borghesia democratico-liberale e il proletariato riformistico»[65].

Rifiutando un intervento con mezzi repressivi, lo statista piemontese, quando già le divisioni interne al partito socialista, le divergenze tra partito e sindacati e l'impossibilità di gestire alla lunga le fabbriche avevano indebolito il movimento operaio, riuscì ad accordare sindacati ed industriali e promise ai lavoratori una legge che avrebbe consentito loro di controllare la gestione amministrativa delle fabbriche.

Tale progetto tuttavia venne travolto dall'affermarsi di una situazione insorta proprio nel biennio 1919-20, che, sul piano politico, aveva visto delinearsi un netto contrasto. Di fronte alle rivendicazioni operaie, si assistette infatti alla formazione progressiva di un blocco reazionario costituito da forze eterogenee, soprattutto associazioni ex-interventistiche e combattentistiche saldatesi ben presto con la destra conservatrice: cominciava così l'avanzata del fascismo.

A Torino le prime violenze degli squadristi si verificarono fin dal 1920 con attacchi nei quartieri del centro ad operai ed attivisti socialisti. Dopo la «marcia su Roma», diversi organismi che nella città erano nati e cresciuti nel corso dell'età giolittiana furono assaliti e spesso smantellati da squadre di camicie nere: fu questa la sorte riservata alle sedi dei partiti, delle camere di lavoro, dei giornali. La violenza fascista, sempre più agguerrita, non risparmiò anche esponenti politici, membri di associazioni antifasciste e altre persone di rilievo nella vita socio-culturale della città, come lo stesso senatore Alfredo Frassati, la cui abitazione fu assalita nel giugno 1924.

La progressiva ascesa della dittatura procurò a Pier Giorgio momenti di acuta sofferenza sia nel vedere calpestati diritti fondamentali, sia per le violenze patite in prima persona e da amici carissimi, sia ancora per i cedimenti che constatò tra molti cattolici. Di fronte ad ogni forma di sopraffazione fascista egli reagì, con la parola e con l'azione, animato da estrema fermezza e indomito coraggio. Molte sue lettere, che mostrano l'intransigenza con cui si oppose ad *«un partito senza idee e senza ideali»*, svelano chiaramente il nesso profondo tra il suo impegno di carità e il senso della giustizia sociale e politica.

La Torino dei primi anni Venti non era però solo la città in cui agivano i fascisti stretti intorno al loro organo di stampa «Il Maglio», ma rappresentava anche un fondamentale punto di riferimento per l'antifascismo.

A Torino infatti il Partito Socialista, nonostante i violenti e ripetuti attacchi degli squadristi, continuava ad avere un'ampia base di consensi nel mondo operaio.

Contraria al fascismo era anche la maggior parte del laicato cattolico che, proprio a partire dal 1919-20, aveva rafforzato quella poliedricità di interessi sorta alla fine del XIX secolo con la fondazione di alcuni circoli giovanili, come quello del «Cesare Balbo» (1894), di «San Giovanni Battista de La Salle» (1899), di «San Filippo» (1901), destinati a crescere e a realizzare il programma della Gioventù Cattolica Italiana, che aveva trovato la sua sintesi nel motto «Preghiera, azione e sacrificio». A Torino, il Partito Popolare che, finalizzato a tradurre in pratica le istanze di rinnovamento sociale contenute nell'enciclica *Rerum Novarum* di Leone XIII e a impegnare i cattolici nella difesa dei valori umani e religiosi, si era affermato nelle elezioni politiche del 1919 ottenendo in Parlamento la rappresentanza di ben cento deputati, anche se costituiva una forza politica minoritaria rispetto a quella socialista e liberale, era sostenuto da un ricco retroterra cattolico antifascista ramificato in organizzazioni parrocchiali e associazioni giovanili.

Torino era anche la città dove si pubblicava la «Rivoluzione liberale» di Piero Gobetti che, proponendo un liberalismo più sensibile e aperto ai valori della democrazia e più disponibile al riformismo sul piano sociale, auspicava una sorta di alleanza con il socialismo democratico. A Torino usciva poi l'«Ordine nuovo» di Antonio Gramsci, giornale intorno a cui si riunivano uomini come Togliatti, Bordiga e Terracini, che nel 1921 fondarono a Livorno il Partito Comunista Italiano.

Sia Gramsci che Gobetti furono duramente perseguitati dal regime fascista: Gramsci con il carcere da cui uscì dopo più di dieci anni nel 1937 solo per morire, Gobetti con l'esilio a Parigi dove si spense nel 1926 appena venticinquenne, in seguito ai postumi di un'aggressione squadrista. Entrambi apprezzarono l'opera di Luigi Sturzo, anch'egli dal 1924 esule in Francia, Inghilterra e Stati Uniti per la sua intransigente opposizione al fascismo e considerarono positivamente l'antifascismo cattolico, tra le cui file di sinistra militò lo stesso Pier Giorgio. Non esistono documenti e testimonianze che mettano in luce rapporti personali tra il giovane Frassati, Gramsci e Gobetti; è comunque certo che Pier Giorgio ne condivise la radicale avversione al fascismo.

Nel concludere l'analisi di questo contesto storico, si può affermare che, negli anni della giovinezza, Pier Giorgio si impegnò a fondo nel ricercare precise e concrete soluzioni ai complessi problemi della realtà del suo tempo.

Una viva coscienza, nata in lui molto presto, dei bisogni sociali e, in particolare, delle necessità e dei diritti dei diseredati, unita ad un'appassionata meditazione sui problemi della società del primo Novecento, lo indusse, come si vedrà ancor meglio nei prossimi capitoli, a sostenere con fervore la causa dei poveri e degli oppressi e ad impegnarsi nella costruzione di un mondo evangelicamente rinnovato nelle strutture.

Note

[1] *Vangelo secondo san Matteo* 6, 33.

[2] L. Frassati, *Calendario di una vita: 1901-1925*, cit., «Freiburg im Breisgau, 6 ottobre 1921».

[3] Karl Rahner, introduzione a L. Frassati, *Pier Giorgio Frassati. I giorni della sua vita*, cit., p. 8.

[4] *«Dossier: Vocazione»*.

[5] Cfr. *Positio super virtutibus*, cit., vol. I, pp. 233-234.

[6] *Congregatio pro Causis Sanctorum. Decretum Canonizationis Servi Dei Petri Georgii Frassati*, Tipografia Guerra s.r.l., Roma, 23 ottobre 1987, p. 5.

[7] *Positio super virtutibus*, cit., vol. I, pp. 67-68.

[8] Giuseppe Maria Pugno, *Storia del Politecnico di Torino*, Stamperia artistica nazionale, Torino 1959, p. 37.

[9] *Ibid.*, p. 108.

[10] L. Frassati, *Mio fratello Pier Giorgio. La carità*, cit., pp. 101, 86; L. Frassati, *Calendario di una vita: 1901-1925*, cit., «Politecnico, 5 novembre 1923».

[11] L. Frassati, *Mio fratello Pier Giorgio. La carità*, cit., p. 56.

[12] Cfr. L. Frassati, *Calendario di una vita: 1901-1925*, cit., «Politecnico, l° dicembre 1919».

[13] Cfr. *ibid.*, «Politecnico, 10 luglio 1920».

[14] *Positio super virtutibus*, cit., vol. I. p. 71.

[15] Cfr. L. Frassati, *Calendario di una vita: 1901-1925*, cit., «Politecnico, 28 ottobre 1920».

[16] Cfr. *ibid.*, «Politecnico, 25 aprile 1924».

[17] *Ibid.*, «Politecnico, 17 giugno 1919».

[18] Cfr. *ibid.*, «Torino, 13 dicembre 1921».

[19] Cfr. *Positio super virtutibus*, cit., vol. I, pp. 344, 345, 355.

[20] P. G. Frassati, *Lettere*, cit., p. 65 (lettera alla famiglia del 3 marzo 1922), p. 66 (lettera alla famiglia del 25 marzo 1922), p. 148 (lettera ad Antonio Villani del 19 luglio 1923), p. 153 (lettera ad Antonio Villani del 12 febbraio 1924).

[21] *Ibid.*, p. 201 (lettera ad Isidoro Bonini del 15 aprile 1925), p. 189 (lettera ad Antonio Severi del 13 aprile 1925).

[22] Cfr. *Positio super virtutibus*, cit., vol. I, p. 252.

[23] Giovanni Ferretti, *La figura spirituale di Pier Giorgio Frassati*, in «Rivista diocesana torinese» anno LXII, n. 7-8 (luglio-agosto 1985), p. 627.

[24] P. G. Frassati, *Lettere*, cit., p. 15 (lettera al padre del 4 settembre 1919).

[25] *Ibid.*, p. 23 (lettera alla madre del 10 ottobre 1921).

[26] *Ibid.*, pp. 40-41 (lettera alla madre del 22 ottobre 1921).

[27] *Ibid.*, pp. 44-45 (lettera alla madre del 29 ottobre 1921).

[28] *Ibid.*, p. 34 (lettera alla madre del 12 ottobre 1921), p. 33 (lettera alla madre del 10 ottobre 1921).

[29] *Ibid.*, p. 48 (lettera alla sorella del 17 novembre 1921).

[30] *Ibid.*, p. 49 (lettera alla sorella del 19 novembre 1921).

[31] *Ibid.*, p. 51 (lettera alla madre del 24 novembre 1921), p. 52 (lettera alla zia e alla sorella del 25 novembre 1921).

[32] *Ibid.*, p. 108 (lettera ad Alberto Falchetti del 5 giugno 1921), p. 26 (lettera alla madre del 24 settembre 1921), p. 45 (lettera alla madre del 31 ottobre 1921).

[33] *Ibid.*, pp. 134-135 (lettera ad Antonio Villani del 16 novembre 1922), p. 326 (lettera a Maria Fischer del 20 novembre 1922), p. 105 (lettera a Carlo Bellingeri del 14 dicembre 1922), p. 327 (lettera a Maria Fischer del 28 dicembre 1922).

[34] Cfr. L. Frassati, *Pier Giorgio Frassati. I giorni della sua vita*, cit., p. 112.

[35] P. G. Frassati, *Lettere*, cit., p. 146 (lettera ad Antonio Villani del 19 luglio 1923).

[36] L. Frassati, *Calendario di una vita: 1901-1925*, cit., «Torino, 15 luglio 1923».

[37] P. G. Frassati, *Lettere*, cit., pp. 146-147 (lettera ad Antonio Villani del 19 luglio 1923).

[38] *Ibid.*, p. 178 (lettera ad Antonio Severi del 20 agosto 1923).
[39] *Ibid.*, p. 268 (lettera a Guardia Riva del 30 agosto 1923).
[40] L. Frassati, *Pier Giorgio Frassati. I giorni della sua vita*, cit., p. 137.
[41] P. G. Frassati, *Lettere*, cit., pp. 120-121 (lettera a Gian Maria Bertini del 29 luglio 1924).
[42] *Ibid.*, pp. 181-182 (lettera ad Antonio Severi del 13 agosto 1924).
[43] Cfr. L. Frassati, *Pier Giorgio Frassati. I giorni della sua vita*, cit., pp. 137-138.
[44] P. G. Frassati, *Lettere*, cit., pp. 190-191 (lettera a Isidoro Bonini del 28 dicembre 1924).
[45] L. Frassati, *Pier Giorgio Frassati. I giorni della sua vita*, cit., p. 181.
[46] *Ibid.*, p. 87.
[47] P. G. Frassati, *Lettere*, cit., p. 156 (lettera ad Antonio Villani del 15 maggio 1924).
[48] *Ibid.*, p. 80 (lettera alla madre del 9 giugno 1924), p. 81 (lettera alla sorella del 15 giugno 1924).
[49] *Ibid.*, pp. 286-287 (lettera a Laura Hidalgo dell'11 agosto 1924).
[50] *Ibid.*, p. 234 (lettera a Marco Beltramo del 23 ottobre 1924).
[51] Cfr. L. Frassati, *Calendario di una vita: 1901-1925*, cit., «Torino, 23 ottobre 1924».
[52] P. G. Frassati, *Lettere*, cit., p. 289 (lettera a Laura Hidalgo del 13 settembre 1924).
[53] *Ibid.*, pp. 287-288 (lettera a Laura Hidalgo dell'11 agosto 1924)
[54] *Ibid.*, p. 274 (lettera a don Mario Frassati del 7 dicembre 1924).
[55] *Positio super virtutibus*, cit., vol., p. 115.
[56] L. Frassati, *Mio fratello Pier Giorgio. La carità*, cit., pp. 222-223.
[57] P. G. Frassati, *Lettere*, cit., p. 329 (lettera a Maria Fischer del 23 gennaio 1923).
[58] V. Castronovo, *Il Piemonte*, cit., pp. 316-318.
[59] *Ibid.*, p. 319.
[60] P. G. Frassati, *Lettere*, cit., p. 334 (lettera a Nisse Leitgebel del 17 aprile 1924).
[61] *Ibid.*, p. 129 (lettera ad Antonio Villani del 18 luglio 1922).
[62] V. Castronovo, *Il Piemonte*, cit., p. 384.
[63] Cfr. L. Frassati, *L'impegno sociale e politico di Pier Giorgio*, cit., p. 13.
[64] L. Frassati, *Pier Giorgio Frassati. I giorni della sua vita*, cit., p. 70.
[65] G. De Rosa, *Storia contemporanea*, cit., p. 311.

PARTE SECONDA

4
L'IMPEGNO POLITICO E SOCIALE

Una breve premessa...

Molto è già stato scritto e detto sull'impegno politico e sociale di Pier Giorgio. In particolare la sua ricca esperienza in questo ambito è stata illustrata dalla sorella in un volume dal titolo appunto *L'impegno sociale e politico di Pier Giorgio*, in cui la presentazione e la prefazione sono firmate da due penne prestigiose: quelle di Carlo Trabucco e Giorgio La Pira.

Cogliendo pienamente nel segno, Luciana Frassati nel suo libro ha scritto: «La sua fede politica fu espressione della sua fede religiosa, e possiamo aggiungere che i suoi elementi costitutivi furono la carità, la lotta contro l'ipocrisia ed il sentimento della giustizia sociale»[1].

In effetti l'impegno politico e sociale di Pier Giorgio fu caratterizzato da scelte autenticamente cristiane, nemiche di qualsiasi compromesso, lontane da qualunque forma di fariseismo e orientate a difendere ovunque con coraggio la verità.

Nonostante le origini liberali-borghesi, fin da ragazzo egli mostrò una spiccata mentalità democratica che, nello spirito della condivisione e del dono dei propri beni, lo indusse a schierarsi «a sinistra» all'interno del mondo politico cattolico.

Sintomatica di questo radicale impegno sul duplice terreno della giustizia e della carità è la frase con cui salutò il padre domenicano Filippo Robotti, con il quale fin dal 1919 strinse un rapporto di salda amicizia, allorché questi nel gennaio 1924 fu costretto ad emigrare in America in seguito alla sua intrepida difesa, contro le posizioni di liberali e marxisti, di un ordine sociale cristiano basato sulla giustizia. All'amico sacerdote che partiva Pier Giorgio disse: *«Solo la morte potrà farmi cessare di lavorare per una causa che ormai si è immedesimata con il mio spirito»*[2].

Questa causa era la stessa per la quale si era battuto Giuseppe Toniolo, uno dei più grandi maestri del pensiero sociale cattolico e dei principali organizzatori della Democrazia Cristiana in Italia, morto in fama di santità nell'ottobre 1918 a Pisa, presso la cui Università fin dal 1883 era stato docente ordinario di economia politica. Pier Giorgio aveva fatto proprio l'insegnamento del Toniolo propagandandone con entusiasmo il pensiero: egli era convinto che nel programma di ristrutturazione della società fosse indispensabile impegnarsi in un'azione tesa al progresso morale, politico ed economico dei lavoratori.

Per illustrare gli aspetti più salienti di questo impegno, ne verranno ora ripercorse le tappe principali.

Il circolo universitario cattolico «Cesare Balbo»

Fin dal primo anno in cui iniziò a frequentare il Politecnico, nel novembre 1919, Pier Giorgio divenne membro, all'interno della FUCI, del circolo universitario «Cesare Balbo» che, come scrisse in una lettera alla sorella, «prediligeva» in modo particolare.

Poiché a quell'epoca egli era ancora minorenne, la sua iscrizione al circolo era condizionata dal consenso della famiglia. Non avendo ottenuto il permesso del padre, che naturalmente non intendeva neppure prendere in considerazione «la gente dell'Azione Cattolica», Pier Giorgio si rivolse alla mamma. La signora Frassati, di fronte all'insistenza del figlio, dopo essersi consigliata con don Cojazzi, si decise, seppure molto a malincuore, a firmargli il certificato di adesione al «Cesare Balbo».

Questa associazione era nata a Torino nel 1894 all'insegna del nome dello storico e politico risorgimentale torinese di orientamento liberale-cattolico che aveva creduto nell'identificazione della grandezza d'Italia con la potenza pontificia e aveva auspicato la realizzazione di una nazione libera dalla dominazione austriaca per opera dei Savoia, retta da un regime costituzionale.

Subito postosi all'avanguardia tra le organizzazioni giovanili cattoliche, nel 1895 il «Cesare Balbo», nel corso del XIII Congresso Cattolico Italiano tenuto a Torino, aveva avanzato la proposta, immediatamente accolta, di creare una federazione di circoli universitari. Nacque così, nel 1896, la FUCI, alla quale, nel giro di pochi anni, aderirono parecchi circoli sorti in diverse città italiane. Nel 1914 l'associazione che, accanto alla formazione religiosa dei suoi iscritti (grande importanza rivestivano ad esempio i corsi di esercizi spirituali che ogni anno in occasione della Pasqua si tenevano nella Villa Santa Croce a San Mauro Torinese), si era sempre occupata di questioni di carattere sociale, fondò una Conferenza di San Vincenzo che organizzava visite di carità soprattutto nella parrocchia della Madonna della Pace e al Cottolengo.

Pier Giorgio frequentò con fervore le riunioni del circolo che si tenevano dapprima in via Po 4 e successivamente, a partire dal 1923, in via Principe Amedeo 26: senza voler mai primeggiare, né ricoprire cariche appariscenti, egli, proprio all'interno del «Cesare Balbo», strinse profondi legami di amicizia e dimostrò di saper difendere la sua fede in ogni occasione con coerenza e franchezza.

Sulla base delle testimonianze di numerosi compagni, nella *Positio* si afferma: «Era difficile che Frassati mancasse alle iniziative del circolo: alle messe settimanali e domenicali, alle celebrazioni e ai momenti che sottolineavano le solennità religiose, alle assemblee dei soci che si riunivano generalmente ogni quaranta giorni, agli incontri amichevoli con monsignor Pini, alle gite che si svolgevano, a lotterie o concerti organizzati per rimpinguare le sempre disperate finanze del circolo... Colpiva ed attraeva per la sua semplicità e serenità, per lo spirito fraterno e l'espansività che aveva verso chiunque, per l'impetuosità e, nello stesso tempo, l'umiltà, per la franchezza e la generosità di attività, di attenzione, di denaro. Era colui che trascinava con entusiasmo ragionato e fattivo e la cui presenza, senza titubanze nel vivere la fede, si imponeva»[3].

Il circolo degli operai cattolici «Girolamo Savonarola» e la solidarietà di Pier Giorgio con i lavoratori

Per realizzare le sue aspirazioni tese ad eliminare il più possibile le differenze sociali, Pier Giorgio si prodigò anche nel sostenere la necessità di una fusione tra universitari ed operai; riteneva infatti che il presupposto indispensabile per qualunque vittoria sociale e politica delle schiere cattoliche dovesse essere ricercato nella fusione tra intellettuali e masse lavoratrici.

Convinto della validità della sua mozione, ostacolata però dalle posizioni più rigide degli altri «fucini», fin da quel novembre 1919 cominciò anche a frequentare il circolo operaio cattolico «Girolamo Savonarola», che era sorto nel 1914 nella zona del Lingotto presso la parrocchia del Patrocinio di San Giuseppe, per iniziativa del padre domenicano Filippo Robotti e del professore Serafino Dezani, studioso del Savonarola e docente di farmacologia all'Università di Torino. Il circolo, che aveva subito ricevuto l'approvazione dell'arcivescovo cardinal Agostino Richelmy, era frequentato da operai cattolici contrari sia al social-comunismo rivoluzionario sia alla reazione nazionalista che di lì a poco sarebbe sfociata nel fascismo. Essi intendevano invece seguire la linea del Savonarola, l'ardente predicatore ferrarese che, mosso dal desiderio di veder realizzata una società imperniata sul Vangelo con a capo Cristo Re, aveva retto la Repubblica di Firenze alla fine del XV secolo prima di essere ingiustamente condannato a morte per i suoi infuocati discorsi contro la corruzione morale.

Frequentando questo circolo, Pier Giorgio si infiammò di vivo entusiasmo per padre Robotti che, dopo aver svolto il suo ministero sacerdotale come cappellano militare durante la guerra, era stato eletto priore del convento di San Domenico a Torino e si prodigava ora nel radunare intorno a sé centinaia di reduci e nell'organizzare gruppi cristiani sindacali di Azione Cattolica.

Spinto come lui dalla volontà di lottare per la realizzazione della giustizia e l'instaurazione di un ordine cristiano nella società, Pier Giorgio lo accompagnava sovente nelle sue azioni apostoliche e sociali a favore dei lavoratori. Lo stesso padre Robotti così scrisse di lui: «Fra i giovani si distingueva per la sua spiccata personalità fisica e morale lo studente Pier Giorgio Frassati, la cui profonda concezione cristiana lo portava nonostante la sua origine borghese ad avere mentalità democraticissima, e quindi ad interessarsi specialmente degli umili; ciò che egli fece assiduamente sul duplice terreno della giustizia e della carità»[4].

Frequentando in periferia i circoli degli operai, a differenza dei compagni «fucini» chiusi nelle loro associazioni studentesche, egli dimostrava di voler conoscere a fondo un preciso aspetto della realtà del suo tempo. La sua conoscenza dei problemi e delle aspirazioni dei lavoratori si trasformava poi in azione. Era, per riprendere alcune espressioni di Giorgio La Pira, una conoscenza «di tipo samaritano», «in vista cioè di un intervento organico, deciso... per l'edificazione di una società che esprima ordinatamente nelle sue strutture economiche, sociali e politiche l'essenziale precetto cristiano dell'amor fraterno»[5]. «Il mondo operaio era in cima ai suoi pensieri; – ha scritto ancora Carlo Trabucco – la difesa di quel mondo (lo proverà frequentando in via santa Chiara 17 l'Unione del Lavoro contraltare dei "bianchi" alla "rossa" Camera del Lavoro) lo interessava perché egli vedeva nella difesa dei diritti dei lavoratori la realizzazione su scala nazionale dei princìpi cristiani a cui ispirava la vita»[6].

Al «Savonarola» Pier Giorgio teneva spesso conferenze con la sua parola semplice e sincera, capace di trascinare e comunicare il senso di una calorosa amicizia. Alcuni di quegli operai così hanno ricordato la sua presenza tra di loro: «Conobbi Pier Giorgio Frassati al circolo "Savonarola"... quando veniva per partecipare a conferenze, fare discorsi, ma soprattutto a discutere con noi di vari problemi della vita cattolica del tempo... Nel corso di queste discussioni ci sembrava sempre di vedere in lui più che un amico, un fratello al quale potevamo dire tutto, senza il minimo senso di soggezione»[7]. «Noi operai gli volevamo bene perché sentivamo che aveva addosso qualcosa di diverso». «Per noi operai era come un fratello»[8].

In particolare, un dipendente de «La Stampa» ha affermato: «Ricordo Pier Giorgio assiduo alle riunioni dell'Unione del Lavoro, in via Santa Chiara. Rivedo l'erede di una grande sostanza, il figlio di un senatore, di un ambasciatore, di un giornalista illustre e potente, sempre in mezzo ai giovani operai. Non soltanto tra gli studenti del "Cesare Balbo", ma tra i più modesti operai era ricercato per la sua cordialità serena, per la dolcezza dei modi, per la parola schietta e sincera. Quel mondo lo affascinava ed è per questo che si mise a frequentare anche i lavoratori del circolo "Savonarola"»[9].

Eloquente espressione della cordiale amicizia e della profonda stima che quei lavoratori nutrivano nei suoi confronti, nonché della serena fiducia che riponevano in lui, è una precisa testimonianza, finora inedita, rilasciatami dalla signora Angiola Vaudano Trossi, viceispettrice del Corpo Infermiere Volontarie della Croce Rossa di Torino. Nel 1919 ella abitava in corso Dante al primo piano di un palazzo situato di fronte al primo stabilimento FIAT sorto in Torino. Nell'autunno di quell'anno, quando molto accese erano le rivendicazioni sindacali che vedevano schierati su due fronti opposti gli industriali, fermi nella decisione di non accogliere le richieste operaie di aumento salariale, e i lavoratori decisi nell'occupare le fabbriche, si verificò proprio sotto i suoi occhi il seguente fatto, di cui trascrivo il nitido e commosso ricordo: «Erano circa le quattordici, la sirena della fabbrica suonava con insistenza per segnalare l'inizio del turno di lavoro pomeridiano; gli operai, fermi ai cancelli, si erano dichiarati in sciopero e formavano un coro brulicante nel mezzo del corso. Incuriosita da quel vociferare che si faceva più intenso, scesi in strada; mentre, inquieta, osservavo la scena, vidi sopraggiungere un ragazzo alto e bruno con un rosario in mano: era Pier Giorgio Frassati. Con passo sicuro egli si avvicinò agli operai che subito gli fecero largo. Poi con una calma e una sicurezza davvero ammirevoli si inginocchiò in corso Dante e, con gli occhi rivolti al cielo, incominciò a pregare facendo scorrere i grani della corona. Di colpo la scena cambiò: gli scioperanti ammutolirono e, molti, allargando il cerchio intorno a lui, risposero al rosario che egli recitava. Nel giro di poco tempo tutto si normalizzò». Dunque, una situazione che rischiava di sfociare nella violenza, con l'intervento suadente e trascinante di Pier Giorgio si trasformò in un momento di preghiera e di conciliazione.

Gli operai del «Savonarola» lo stimavano davvero molto e lo consideravano uno dei loro; per questo, al termine delle riunioni, lo accompagnavano spesso fino a casa affinché non subisse aggressioni, anche se lui protestava energicamente dicendo: *«Ma io non ho paura! Con l'aiuto della Provvidenza non c'è da temere nulla!».*

In realtà quelli erano tempi veramente oscuri e difficili. In un clima particolarmente acceso, in quel novembre 1919 si erano svolte le prime elezioni politiche dopo la guerra, con le quali gli Italiani avevano mandato alla camera 100 deputati del neofondato Partito Popolare e 156 socialisti. Poco dopo a Torino, il 4 dicembre 1919, davanti all'istituto Sommeiller venne barbaramente assassinato dai «rossi» lo studente cattolico Pierino Delpiano, anch'egli membro del circolo «Cesare Balbo», perché si era rifiutato di gridare «Abbasso l'Italia!».

Tuttavia proprio in quei momenti «di gravi tensioni sociali e politiche – ha scritto il Postulatore della causa di canonizzazione padre Paolo Molinari – Pier Giorgio si presentò come campione di carità umile e coraggiosa, di giustizia chiaroveggente e lungimirante, intrepida ed operosa, limpida e vera»[10].

Attento alla complessa realtà del suo tempo, nell'immediato dopoguerra, egli, come si legge nella *Positio*, «si interessò anche dei militari, in particolare di quelli che facevano più fatica a reinserirsi nella vita civile. Partecipava talvolta agli incontri del circolo "Bianchetta", formato appunto dai reduci per la maggior parte scontenti del trattamento ricevuto dopo la guerra, ed era entusiasta di questa nuova iniziativa»[11]. A tal proposito si può qui ricordare che pensando al suo futuro servizio militare, più di una volta espresse la chiara volontà di servire la Patria come semplice «soldato», cioè militare privo di qualsiasi grado, al fine di meglio condividere con altri giovani i disagi e le fatiche della vita di caserma. Pertanto a chi gli augurava di diventare un bell'ufficiale, era solito rispondere: *«Ma nemmeno per sogno! Neanche caporale; voglio essere soldato semplice con i miei alpini»*[12].

«Il desiderio di una legislazione sociale improntata allo spirito del cristianesimo – si afferma ancora nella *Positio* – lo portò anche a frequentare l'Unione del Lavoro e ad interessarsi attivamente agli studi sociali, partecipando a riunioni e dibattiti sul tema. Proprio presso la sede dell'Unione del Lavoro in via santa Chiara si radunarono per iniziativa di Pier Giorgio operai e studenti del "Cesare Balbo" per porre le basi di un'azione comune»[13]. In questo modo l'idea che egli sosteneva cercava ancora una possibilità di attuazione dopo che la via istituzionale le era stata preclusa.

L'iscrizione al Partito Popolare Italiano

Esattamente un anno dopo il tragico assassinio di Pierino Delpiano, il 4 dicembre 1920 Pier Giorgio si iscrisse al Partito Popolare Italiano che voleva essere l'espressione di una forza cattolica distinta dalla gerarchia ecclesiastica e aveva scelto la denominazione «popolare» per rivendicare la cattolicità della cultura delle masse italiane che si opponevano a socialisti e comunisti.

La sua coscienza di cattolico convinto e già impegnato su diversi fronti lo aveva indotto ad abbandonare le posizioni liberali della famiglia per schierarsi dalla parte delle forze democratiche. A firmare la sua accettazione nel partito, all'interno del quale egli scelse subito di militare nella corrente di sinistra, di cui condivideva le idee progressiste, fu lo stesso Alcide De Gasperi.

Ben presto Pier Giorgio si distinse per la sua instancabile attività. «Era uno dei più attivi partecipanti alla cosiddetta "colonna volante" che attaccava i manifesti di notte», ricorda un suo compagno, mentre un altro ha affermato: «Tutti si resero conto che Pier Giorgio era sempre là dove occorreva essere, o dove occorreva lavorare più duramente, senza riguardi né alla propria posizione né alla propria sicurezza personale»[14].

Egli, con semplicità e chiarezza, così giustificava il suo impegno: *«Dio ci ha dato la maggioranza e quella maggioranza la dobbiamo tenere non per scopi di lucro o per onori, ma per giungere ad una buona amministrazione»*[15]. Dimostrava in tal modo di condividere la concezione politica di san Tommaso d'Aquino – il grande teologo domenicano del XII secolo che ammirava in modo particolare e di cui si era proposto di leggere la *Summa Theologica* – secondo la quale la politica non è lotta per il potere e neppure tensione tra le forze sociali, ma esercizio delle virtù morali nell'ambito della convivenza civile.

Pier Giorgio non solo era impegnato ad attaccare manifesti, ma anche partecipava attivamente ai comizi ed era un convinto propagandista del giornale cattolico «Il Momento» che, fondato fin dal 1903 per volontà dell'arcivescovo di Torino Agostino Richelmy, dopo il 1919 era diventato l'organo del Partito Popolare.

Nel clima sociale di quegli anni era davvero sorprendente constatare che il figlio del proprietario de «La Stampa», uno tra i più ferventi liberali del tempo e i più prestigiosi sostenitori della politica giolittiana, lavorava e faceva propaganda per un giornale di orientamento ben diverso. Questo fatto suscitava naturalmente lo sdegno del padre che un giorno a pranzo seccamente gli disse: «Bravo Pier Giorgio! Ho saputo che fai il propagandista de "Il Momento". Vuol dire che quando avrai fame andrai a mangiare a "Il Momento"!»[16].

Circa tale contrasto è interessante riferire ciò che ha affermato lo storico Paolo Soldati: «Quanto al "conflitto" in sé, occorre osservare che in realtà fu meno e più di un conflitto; fu meno di un conflitto perché non alterò minimamente l'amore paterno e filiale, né intaccò la severa norma di rispetto al padre che era parte integrante della personalità umana e della coscienza cristiana di Pier Giorgio; ma fu più di un conflitto nel senso che trascese il rapporto familiare, le persone del figlio e del padre e tutto ciò che apparteneva loro, e fu invece l'espressione di quanto era più alto, inviolabile, incrollabile in Pier Giorgio: la sua coscienza religiosa, il senso del dovere verso ogni aspetto della sua fede, non esclusa la scelta del giornale a cui dare appoggio, fra due, dei quali uno era laico e l'altro cattolico»[17].

A questo proposito è ancora importante rilevare, come ha fatto lo scrittore Italo Alighiero Chiusano, che «ai tempi di Pier Giorgio il Partito Popolare era una forza di minoranza, anche se in rapida ascesa: mal vista sia dai liberal-borghesi, che fin dal Risorgimento avevano in mano le redini politiche d'Italia, sia dai socialisti (dopo il 1921, anche dai comunisti) che lottavano per conquistarne l'eredità, sia dai fascisti che quell'eredità raccolsero realmente nel 1922 e che perseguitarono e poi soppressero il Partito Popolare... Pier Giorgio, insomma – conclude Chiusano – non stava col potere, ma con l'antipotere, con la contestazione, tra la massa degli emarginati e dei deboli. Lo fece, come in ogni altra cosa, da santo: ossia senza mai odiare o calunniare le persone, senza dar la caccia a privilegi e a sensazioni, senza mai usare la violenza o l'intimidazione. Ma non fu nemmeno timido, vile, rinunciatario. Anzi, manifestava, si metteva in mostra, denunciava, fronteggiava a viso aperto»[18].

La coraggiosa testimonianza cristiana di Pier Giorgio

Le ferme convinzioni politiche di Pier Giorgio non vennero meno neppure in momenti particolarmente difficili, come ad esempio durante le manifestazioni del Primo Maggio del 1920-21. In quelle occasioni, anzi, egli camminava fiero per le strade di Torino ostentando il distintivo dello scudo crociato, e a chi per prudenza lo invitava a toglierselo, non esitava a rispondere: *«Se tutti lo togliessimo, come testimonieremmo la nostra fede?»*.

Quando, sempre nel 1920, visitò insieme ad alcuni altri studenti del Politecnico le Ferriere Piemontesi le cui maestranze erano tra le più agitate, la sua tranquillità e la sua totale mancanza di qualsiasi preoccupazione per eventuali incidenti trasmisero un senso di sicurezza anche ai compagni, che tuttavia gli consigliarono di togliersi il distintivo; ma anche in questa circostanza egli lo tenne ben in vista all'occhiello, dicendo a chi gli era vicino: *«Vedrai che non mi dirà niente nessuno»*. «Ed infatti – conclude la sorella nel riferire l'episodio – girò attraverso i reparti almeno tre ore parlando con una ventina di operai che, tutti, gli risposero con correttezza, tanto da stupire gli ingegneri abituati ad espressioni ostili, specie verso gli estranei»[19].

Si può forse comprendere ancor meglio l'autenticità della fede e lo spirito di coraggiosa testimonianza cristiana di Pier Giorgio se si considera che nel tormentato primo dopoguerra egli partecipava regolarmente alle processioni in onore della Madonna o del SS. Sacramento: erano quelle, tra l'altro, le uniche occasioni in cui di propria volontà si vestiva elegantemente per rendere così il suo sincero omaggio al Signore. Occorre sottolineare come in quegli anni svolgere il servizio d'ordine durante una funzione religiosa o reggere il baldacchino del Santissimo, come Pier Giorgio sovente faceva, era un vero e proprio atto di coraggio in quanto significava ricevere insulti e minacce: le manifestazioni religiose erano infatti osteggiate sia dalle formazioni sovversive del nascente fascismo sia dagli schieramenti social-comunisti.

Ciò nonostante, animato da grande entusiasmo, egli continuò imperterrito, pregando e cantando inni con la sua voce possente, (anche se non troppo intonata) a sfilare nelle processioni, sempre pronto a garantirne il regolare svolgimento. A coloro anzi che osavano disturbare il corteo, incurante di ogni pericolo, con sicurezza rispondeva: *«Cristo è con noi!»*.

«Le controversie non intimidivano certo Pier Giorgio, pronto alla risposta ed alla replica, sobrio, preciso, sempre efficace – scrive Luciana, che in merito riferisce anche il seguente episodio –. Una volta che uno dei dirigenti della Camera del Lavoro, prendendo in giro la sua fede, riuscì a dargli un pugno, egli non oppose forza a forza, violenza a violenza, ma pronunciò con chiarezza: *"La vostra violenza non può superare la forza della nostra fede, perché Cristo non muore"*»[20].

Con fermezza e coraggio, partecipò poi anche a numerosi «contradditori», cioè dibattiti in cui si confrontavano esponenti di diverse opinioni o partiti; «erano generalmente incontri accesi, in cui passioni e odî politici avevano modo di sfogarsi e sovente terminavano in forma non pacifica»[21]. Anche in quelle situazioni però, Pier Giorgio non cedette mai a reazioni incontrollate.

Altre circostanze in cui ancora emerse tutta la forza del suo carattere si verificarono all'università, dove egli aveva ottenuto l'autorizzazione per installare una bacheca su cui affiggere avvisi dei circoli della FUCI e comunicazioni relative ad attività assistenziali, ricreative, religiose. Tali fogli venivano però regolarmente strappati dagli avversari, anche se tra gli studenti cattolici si erano stabiliti dei turni di guardia per difendere la bacheca. In merito un testimone ha affermato: «Di fatto, nei momenti più infuocati il gruppo vigilante era ridotto a uno o due, ma Pier Giorgio c'era sempre»[22].

Durante il carnevale del 1922, con il coraggio di un autentico testimone della fede, egli aveva appeso in bacheca il foglio di invito ad una adorazione eucaristica che, come è comprensibile, contrastava in modo assai stridente con ben altri avvisi carnevaleschi. Il fatto, considerato una provocazione dagli studenti non cattolici, suscitò subito forti proteste; ne seguì un vivace scontro tra le opposte posizioni che si concluse con l'assalto e la distruzione della stessa bacheca. Questa l'eloquente testimonianza di un «avversario»: «Devo dire, oggi con rammarico, che fui io l'antagonista più spietato di Pier Giorgio. Lo vedo ancora oggi con le spalle appoggiate a quella che egli considerava quasi una bandiera, deciso a difenderla fino all'ultimo piazzandosi davanti con un "*Non la toccate*!". Ma noi studenti esaltati pensavamo che si trattasse di "noi o loro" e non stemmo a sentire i suoi argomenti evangelici di libertà, di amore e di pace, ma l'assaltammo e, data la maggioranza, non ci fu difficile bruciare tutti gli avvisi e spaccare la bacheca. Quanti sacrifici di soste a tutte le ore vicino alla colonna gli era costata quella bacheca che noi distruggemmo con tanta leggerezza!»[23].

Sebbene sopraffatto, Pier Giorgio non desistette. Circa un mese dopo, in occasione della Pasqua, appese nuovamente, nella bacheca ripristinata, un identico avviso sacro che, ancora una volta, fu regolarmente strappato via. Coloro che compirono l'azione ebbero però il giorno dopo la spiacevole sorpresa di vederselo ripubblicato per più di sessanta volte consecutive, naturalmente scritto a mano, in un'epoca in cui la tecnica della fotocopia era ancora sconosciuta.

Questi incidenti ferivano profondamente la delicata sensibilità di Pier Giorgio; egli tuttavia, reagendo con fermezza ed energia, mai si arrese, come ben testimonia questo suo scritto ad un amico: «*Qui a Torino nel nostro Politecnico dobbiamo energicamente lottare contro gli elementi anticlericali, che, abbandonandosi ad atti vandalici, quali quelli di distruggere per due volte la bacheca del nostro Circolo, ci costringono a doverci isolare per non venire meno alla nostra dignità. D'altra parte dobbiamo far energica pressione sul nostro direttore, perché è una persona debole; a noi dà ragione e così anche ai nostri avversari*»[24].

È qui importante ribadire che Pier Giorgio, al di là delle sue ferme prese di posizione, non nutrì mai sentimenti di odio nei confronti dei suoi antagonisti politici; anche nei momenti di maggior tensione seppe controllare quelle che potevano essere reazioni impulsive. Un giorno, ad esempio, al termine di una conferenza promossa dal «Cesare Balbo», un professore, non invitato, esordì a sproposito con un suo discorso politico; «Pier Giorgio – ricorda un compagno –, come quasi tutti gli altri, non sa reprimere un moto di sdegno e l'assemblea tumultua. Le cose stavano per svolgersi male e tutto lasciava prevedere una certa violenza verso l'oratore. Come tutti, rosso in viso, gli occhi accesi, fremeva. Ad un certo momento impallidisce e per un istante si concentra su se stesso (forse pregava), poi, trasformato, si dà a placare, lui, il più ardente, gli animi e gli elementi più eccitati: in breve la sala è calma»[25].

In altre occasioni invece, egli sapeva trasferire su un piano ironico ciò che avrebbe potuto tradursi in espressioni negative. Così una volta, alludendo ad un parlamentare di tendenze conservatrici, con tono scherzoso disse: «*A quello mandiamo la naftalina, così si conserva meglio!*»[26].

Animato dalla virtù della carità, Pier Giorgio non solo non malediceva i suoi «nemici», ma, al contrario, sapeva anche pregare per loro, e in più occasioni lo fece pubblicamente insieme ai compagni che condividevano i suoi ideali. Quando infatti, in quei primi anni Venti, subì momentanei arresti partecipando alle manifestazioni organizzate dalla Gioventù Cattolica, che quasi inevitabilmente si concludevano in colluttazioni con la polizia, egli prendeva sovente l'iniziativa di inginocchiarsi nelle camere di sicurezza in cui veniva a trovarsi con i compagni e di intonare ad alta voce la preghiera del rosario. Particolarmente significativo a questo proposito è il racconto dell'episodio verificatosi a Roma la domenica 4 settembre 1921.

Quel giorno, all'interno del Congresso della Gioventù Cattolica Italiana organizzato dal 3 all'8 settembre per ricordare il cinquantesimo anno di fondazione, Pier Giorgio, per la seconda volta nella capitale, partecipò con altri cinquantamila giovani dapprima ad una messa celebrata in piazza San Pietro e poi al grande corteo che, partendo dal Vaticano, avrebbe dovuto snodarsi fino alla tomba del Milite Ignoto. Un gruppo di provocatori assalì però i manifestanti convenuti da tutt'Italia con le bandiere delle loro associazioni, ingenerando una confusione generale e suscitando così l'intervento delle guardie regie che, per rendere esecutivo l'ordine ricevuto, quello di «sequestrare le bandiere», non esitarono a percuotere i «fucini» con i calci dei loro moschetti. Ne nacque un vero e proprio scontro tra le forze dell'ordine, che strappavano i vessilli, e poche centinaia di giovani decisi a difendersi con tutte le loro forze. Anche la bandiera del «Cesare Balbo» venne violentemente sottratta al suo alfiere che rimase soltanto con l'asta in mano; Pier Giorgio allora afferrò prontamente il drappo calpestato mentre la carica della polizia stava per trascinarlo via.

Al termine degli scontri, stringendo sempre tra le mani il glorioso trofeo, si ritrovò arrestato con parecchi compagni nel cortile di palazzo Altieri. Qui con la sua voce tranquilla e suadente cominciò a incoraggiare coloro che erano più agitati e smarriti. Quando poi vide che un giovane sardo, il quale non voleva cedere la bandiera, veniva minacciato da una guardia con la baionetta, si rivolse con fierezza al tenente che permetteva un simile oltraggio «urlandogli sul volto – scrive Luciana nel riferire il fatto – il nome di nostro padre». «Come per incanto, l'ufficiale mutò atteggiamento, richiamò severamente il milite che aveva minacciato il giovane sardo e con modo cortese propose a Pier Giorgio di andarsene, ma egli rifiutò netto di lasciare da solo il cortile e preferì la sua bandiera a quella libertà concessagli perché figlio di un ambasciatore... o meglio del potente proprietario de "La Stampa"»[27]. Dopo questo rapido scambio di battute, continuando a consolare i compagni, Pier Giorgio si inginocchiò in mezzo al cortile e, tenendo alto il rosario, invitò tutti a pregare *«per noi e per coloro che ci hanno percosso»*, mentre nell'altra mano stringeva ancora la bandiera del «Cesare Balbo».

L'episodio ebbe subito una vasta eco, anche in seguito alle dichiarazioni rilasciate a «Il Momento» dell'11 settembre da Renato Vuillermin, responsabile piemontese della Gioventù Cattolica Italiana, che – detto per inciso – partecipò in seguito alla Resistenza durante la seconda guerra mondiale e morì gridando: «Viva l'Italia libera!» mentre cadeva sotto i colpi delle S.S. che lo fucilarono nel forte di Sant'Angelo a Savona il 27 dicembre 1943.

Tornando al Congresso romano della Gioventù Cattolica, occorre ancora ricordare che il giorno successivo a quei tafferugli, il lunedì 5 settembre, il Papa celebrò in San Pietro una solenne messa, alla presenza di migliaia di giovani giunti dall'intera penisola.

Quella mattina Pier Giorgio si recò in Vaticano con la bandiera che coraggiosamente aveva difeso; sull'asta fu affisso un cartello con la scritta: «Tricolore sfregiato per ordine del Governo». Egli comunque non pronunciò nessuna invettiva contro le forze dell'ordine in quanto esse avevano semplicemente eseguito «ordini venuti da molto in alto». Il suo spirito di perdono e di preghiera lo indusse anzi a rivolgersi a Dio affinché illuminasse i cuori e le menti di quei «lontani».

Pier Giorgio rinnovò queste suppliche circa un anno dopo anche in un'altra occasione. Quando infatti durante il XVII Congresso regionale della Gioventù Cattolica Piemontese, a cui partecipò con vivo entusiasmo nell'ottobre 1922 a Novara, notò che alcune giovani fasciste guardavano con sospetto i cattolici sfilare per le vie della città durante la processione eucaristica, mosso da compassione per il loro atteggiamento, scrisse in una lettera all'amico Antonio Severi: *«speriamo che la Provvidenza arrivi ai loro cuori, affinché riporti queste pecorelle smarrite all'ovile»*[28].

Sempre in quella circostanza, si distinse per un generoso atto di altruismo e per la sua ferma testimonianza cristiana. Ecco in proposito il racconto della sorella: «Il treno speciale per il Congresso di Novara della Gioventù Cattolica Italiana, guidato da ferrovieri cattolici prestanti la loro opera in una giornata di riposo, fu occasione per lo slancio di Pier Giorgio di passare di vagone in vagone a raccogliere denaro da offrire in segno di gratitudine ai ferrovieri stessi. "La sera – testimonia padre Giovanni Gaudissard della Consolata – verso il tramonto stavamo per giungere a Santhià, quando Pier Giorgio ripassò nella mia vettura, rosario alla mano, spigliato, allegro, senza millanteria, invitandoci alla recita. L'effetto del suo invito fu prodigioso. In breve da tutte le vetture si sentivano i giovani recitare la preghiera a voce alta. Sembrava l'animatore di una crociata contro il rispetto umano. E sul vociare dei fascisti che ci attendevano a Santhià, si levò la sua voce potente: – *Per i ferrovieri cattolici, evviva, evviva!* –"»[29].

La gioia di Pier Giorgio per le diverse fasi in cui si articolò quel Congresso traspare, oltre che da questa testimonianza, anche da quanto egli pochi giorni dopo scrisse all'amico Carlo Bellingeri: *«Domenica è stata una manifestazione che ricorderò sempre: più di ventimila giovani entusiasti hanno sfilato per le vie di Novara precedendo il SS. Sacramento. La popolazione, credo, prima di domenica non aveva mai visto un così meraviglioso esercito, preceduto dai bei reparti di avanguardia, militarmente inquadrati e disciplinati; appunto per questo ha tenuto un contegno rispettoso e dignitoso, ma non si è appassionata molto; è restata tutta meravigliata, quasi non credeva che al giorno d'oggi ventimila giovani avrebbero risposto all'appello ed accorso dietro ad una innumerevole quantità di bandiere»*[30].

Così dunque Pier Giorgio, sempre più convinto della validità del suo impegno politico-religioso, con crescente entusiasmo si muoveva su quella *«strada degli ideali cattolici»*, a cui accennava in una sua lettera del 16 dicembre 1924.

L'adesione a «Pax Romana»

Strenuo difensore della pace ad ogni livello, quella pace che, riferendo le parole del papa Pio XI, riteneva *«più frutto di cristiano amore del prossimo che di giustizia»*, Pier Giorgio nell'agosto 1921 si iscrisse ad una federazione internazionale di studenti universitari cattolici nata nel luglio di quell'anno in seguito ad un Congresso tenutosi a Friburgo in Svizzera.

Questa organizzazione, che al momento della sua fondazione aveva visto riuniti i delegati dei circoli universitari cattolici di molti Paesi d'Europa (Svizzera, Germania, Francia, Austria, Ungheria, Belgio, Olanda, Cecoslovacchia, Gran Bretagna e Italia), era finalizzata a promuovere un coordinamento reciproco e ad affermare i princìpi di una pacifica convivenza tra le nazioni uscite sconvolte dal primo conflitto mondiale. Le era stato posto il nome di «Pax Romana» nella fiducia che soltanto nella Chiesa di Roma il mondo avrebbe potuto trovare la tranquillità dell'ordine, cioè appunto la pace. Tale consapevolezza doveva essere molto viva in Pier Giorgio che in un suo scritto così si esprimeva: *«Oggi dopo una guerra terribile che ha dilagato su tutto il mondo portando la rovina materiale e morale, noi abbiamo uno stretto dovere di cooperare grandemente alla rigenerazione morale della società mondiale affinché possa spuntare un'alba radiosa in cui tutte le nazioni riconosceranno non solo nelle parole ma in tutta la vita dei loro popoli per Re Gesù Cristo come lo fece già nel Medioevo la repubblica Fiorentina. Ma per portare a compimento questo grandioso problema, questo bellissimo piano bisogna lavorare grandemente»*[31].

All'interno di «Pax Romana» egli fece da «trait-d'union» soprattutto tra gli studenti cattolici italiani e quelli tedeschi; in particolare invitò questi ultimi ai congressi della FUCI e della Gioventù Cattolica che si tenevano in Italia ed organizzò viaggi scambievoli.

Profondamente convinto dell'importanza dell'unione dei cattolici di tutte le nazioni, sempre nell'agosto di quel 1921, partecipò con entusiasmo al X Congresso nazionale della FUCI, indetto in occasione del venticinquesimo anniversario della fondazione, che si svolse a Ravenna all'interno delle manifestazioni per il sesto centenario della morte di Dante Alighieri. Il convegno vide riuniti ottocento studenti, di cui circa cinquanta erano delegati esteri, membri di «Pax Romana».

Tra di essi vi era una studentessa viennese, Maria Fischer, che ha lasciato la seguente testimonianza: «Quando, negli ultimi giorni dell'agosto 1921, noi arrivammo a Ravenna, Pier Giorgio Frassati fu uno di quelli che ci fece le più cordiali accoglienze. Noi non capivamo molto la lingua italiana, mentre lui parlava discretamente il tedesco. Così fummo spesso insieme ed egli diventò la nostra inseparabile guida: era gentilissimo, sempre pronto a sacrificarsi e molto avveduto nel prevenire i nostri desideri. Con allegre conversazioni ci accompagnò per Ravenna, ci parlò della FUCI e della vita studentesca italiana e ci chiese con grande interesse notizie della nostra vita»[32]. A questa giovane studentessa, Pier Giorgio offrì in seguito una corona del rosario preparata con i «suoi grani» e una copia dei *Promessi Sposi* con la seguente dedica: *«In ricordo dei giorni pieni di fede e di entusiasmo vissuti assieme in Italia, alla gentile signorina Maria Fischer, offre questo libro Pier Giorgio Frassati»*[33].

In quel Congresso egli sostenne vivamente l'idea di una fusione tra la FUCI, che rappresentava la parte «intellettuale» e anche socialmente più elevata delle organizzazioni giovanili cattoliche, e la Gioventù Cattolica Italiana, che accoglieva invece il grosso delle masse giovanili costituito dal ceto piccolo borghese, dagli operai e dai contadini. Si trattava in ultima analisi di una fusione tra universitari e lavoratori cattolici al fine di promuovere una concreta elevazione della classe operaia. La sua proposta, come sempre, fu però ritenuta troppo ardita dalla maggioranza dei «fucini» che, nonostante il parere favorevole espresso dagli studenti tedeschi, non la accolsero.

Nell'ambito di «Pax Romana» l'impegno di Pier Giorgio fu invece molto apprezzato e la sua personalità assai ammirata. A soli sette anni dalla morte, il Presidente della sezione inglese, il padre gesuita C.C. Martindale, nella lettera augurale del Capodanno 1932 inviata ai Presidenti e ai membri delle altre sezioni, proponeva di dare all'associazione un «nuovo patrono», Pier Giorgio Frassati appunto, affermando, con un'espressione profetica, che il suo nome si sarebbe presto potuto annoverare tra quello dei «beati».

La lettera, redatta in latino e datata «calende di gennaio 1932», si apriva con la formulazione degli auguri così espressi: «Dilettissimo collega, mi sia consentito, a titolo personale e a nome di tutti, esprimere a te e ad ogni socio gli auguri più fervidi e sinceri per un felicissimo nuovo anno». Conteneva poi un lungo discorso in cui il firmatario si dichiarava preoccupato per l'insorgere sia di diversi nazionalismi responsabili del fatto che l'amor di patria degenerava spesso in odio per le nazioni vicine, sia per il progressivo affermarsi del materialismo, espressione a sua volta di un sempre più radicato e dilagante agnosticismo. Terminava quindi nel modo seguente: «Invito tutti calorosamente, mentre continuiamo i nostri studi di qualsiasi genere essi siano (secondo quanto richiede la nostra condizione di studenti universitari), a praticare eroicamente anche quelle virtù che sono chiamate povertà, castità e obbedienza nei confronti della gerarchia ecclesiastica: conduciamo una vita eroica e con esempio inconfutabile mostriamoci superiori a coloro che ignorano, deridono e condannano la vita cristiana. Proponiamo che si aggiunga come nuovo patrono Pier Giorgio Frassati, dell'Italia settentrionale, del quale ho letto recentemente una ricca biografia scritta da don Cojazzi. Egli, all'allegria, alla grande energia fisica, alla vivacissima intelligenza, alla capacità di dialogo con gli amici estremamente sincera ed autentica, unì con così grande limpidezza quelle virtù di cui ho parlato, che sembra, se Dio vorrà, debba essere presto annoverato nella schiera dei beati. Dilettissimo collega, rinnovando a te e a tutti i soci i più fervidi auguri in Cristo, mi dichiaro amico fedelissimo. C.C. Martindale S.J. – Presidente»[34].

Al termine di questo paragrafo relativo all'adesione di Pier Giorgio a «Pax Romana», si può ricordare che, dopo il Congresso di Ravenna del 1921, quest'ultima organizzò un secondo Congresso a Firenze nel 1925, al quale egli avrebbe ardentemente desiderato partecipare. L'11 ottobre 1924 scriveva infatti all'amico tedesco Willibald Leitgebel: *«Nell'agosto dell'anno prossimo ci sarà il Congresso della Pax Romana a Firenze. Potrai venire? Io forse vi andrò e spero di rincontrarvi insieme ai nuovi i vecchi amici del 1921»*[35]. A quell'appuntamento egli fu però solo più presente in spirito, avendo concluso la sua vicenda terrena esattamente un mese prima.

L'impegno sociale di Pier Giorgio in Germania

Anche al di fuori di «Pax Romana», nel 1921-22 Pier Giorgio intrecciò intensi rapporti di amicizia con gli universitari tedeschi in quanto per parecchi mesi di quel biennio visse in Germania dove il padre, nominato ambasciatore d'Italia a Berlino, si era trasferito sin dal 22 gennaio 1921. In un primo tempo Giolitti, tornato al governo nel giugno 1920, aveva offerto al senatore Frassati l'ambasciata italiana a Londra, ma egli l'aveva rifiutata a causa della scarsa conoscenza della lingua inglese; aveva invece accettato con entusiasmo l'incarico diplomatico in terra tedesca. Lo stesso Giolitti, in un'intervista al «Berliner Tageblatt» aveva dichiarato: «Piuttosto di mandare a Berlino un ambasciatore di carriera, ho preferito un uomo che, oltre a conoscere bene il vostro Paese, conoscesse la vita e sapesse adattarsi ai tempi nuovi: un uomo pratico, insomma, un uomo moderno»[36].

Dopo ventisei anni trascorsi a «La Stampa», Alfredo Frassati aveva quindi lasciato Torino per svolgere il suo nuovo incarico, affidando il giornale a Vittorio Banzatti, Marcello Prati e Luigi Salvatorelli, che più degli altri raccolse la sua eredità politica continuandone l'orientamento. Rimase poi a Berlino fino all'ottobre 1922, quando subito dopo la «marcia su Roma» decise, per protesta contro il nuovo regime, di rassegnare le dimissioni.

Per meglio comprendere l'intenso impegno politico-sociale di Pier Giorgio in Germania, può essere utile delineare brevemente un quadro della situazione di questa nazione uscita sconfitta dalla prima guerra mondiale.

Dopo l'abdicazione cui fu costretto l'imperatore Guglielmo II e in seguito alla proclamazione della Repubblica di Weimar basata sulla sovranità popolare e presieduta fino al 1925 da Friedrich Ebert, era iniziato per la socialdemocrazia tedesca il difficile cammino del primo dopoguerra.

I costi del conflitto, gli aumenti dei prezzi, l'enorme disavanzo del bilancio dello Stato determinarono nel triennio 1921-23 un'inflazione galoppante che polverizzò il valore del marco. Il crollo della moneta provocò un trasferimento di ricchezza dalla piccola borghesia e dal proletariato ai ceti ricchi legati all'industria. Così la Germania, democratica nelle sue istituzioni politiche, rimase quasi immutata nelle strutture sociali, tanto che alla morte del socialdemocratico Ebert la presidenza della Repubblica fu assunta dal maresciallo Paul Hindenburg, esponente della vecchia casta militare. Il conseguente progressivo spostamento a destra dell'asse politico determinò nei primi anni Trenta la presa del potere da parte del partito socialnazionale di Hitler.

Alfredo Frassati cercò in quella difficile situazione di opporsi alla politica di «strangolamento economico e morale» attuata dai Paesi vincitori nei confronti della nazione tedesca e sostenne la necessità di abbandonare gli sterili egoismi nazionali per collaborare alla salvaguardia dell'intero equilibrio europeo.

Il suo programma, già chiaro fin dagli ultimi anni di guerra, aveva trovato una sintetica espressione in un articolo comparso su «La Stampa»: «L'immane disastro dei tre anni di guerra non può non aver dimostrato a tutti che il diritto e non la forza deve imperare nel mondo, che tutte le nazionalità devono essere rispettate e devono essere lasciate arbitre dei loro destini, che tutti gli imperialismi devono essere abbattuti e che la libertà deve essere consacrata per tutti»[37].

Tali convinzioni non potevano che essere condivise da Pier Giorgio che all'inizio del marzo 1921 partiva con la mamma e la sorella per raggiungere il padre presso la sede dell'ambasciata, situata al numero 36 della Victoriastrasse di Berlino.

Egli lasciava Torino con un senso di profonda amarezza, preoccupato soprattutto di non poter più assistere i suoi poveri: non sapeva che proprio in Germania avrebbe incontrato un altro grande apostolo della carità e si sarebbe impegnato a camminare sulle sue orme.

Fin dal suo primo arrivo a Berlino, declinando il più possibile gli impegni mondani ai quali il padre e la sorella, che in quegli anni viveva la sua brillante giovinezza, ripetutamente lo invitavano, egli, per non perdere *«le stesse abitudini di Torino»*, come scriveva alla nonna Frassati, volle conoscere l'ambiente cattolico studentesco ed operaio. Fu così che il 17 marzo 1921 incontrò l'entusiasta animatore di quella gioventù, con il quale strinse subito una calda ed affettuosa amicizia: don Carlo Sonnenschein, uomo e sacerdote di grande umanità e straordinaria ricchezza interiore.

Nato a Düsseldorf nel 1876, aveva studiato teologia a Bonn e in seguito a Roma, dove approfondì la conoscenza del pensiero di Giuseppe Toniolo. Conseguita la laurea e tornato in Germania, rivolse tutta la sua attenzione ai problemi sociali e agli studenti. Collaborando con le «Associazioni del popolo», diffuse il Movimento sociale studentesco nelle università tedesche; infaticabile animatore di circoli studenteschi ed operai, fin dal 1907 aveva fondato il Segretariato sociale per il lavoro degli studenti, successivamente istituì corsi per operai che intendevano studiare e organizzò parecchie associazioni giovanili con il preciso scopo di creare tra studenti e lavoratori uno spirito di profonda solidarietà e di viva collaborazione.

Impegnato a livello culturale, fondò il Circolo degli artisti cattolici, organizzò l'Università popolare e diresse il giornale cattolico di Berlino, mentre, a livello sociale, decise di elargire tutte le sue sostanze ai bisognosi, tanto che alla sua morte, sopravvenuta nel 1929 in condizioni di estrema povertà, fu soprannominato «il san Francesco di Berlino»: i funerali, celebrati a spese dello Stato, videro la partecipazione di tutta la città.

Pier Giorgio, attratto dalla personalità di don Carlo, intrecciò con lui lunghi ed appassionati dialoghi, di cui purtroppo nelle sue lettere sono rimaste pochissime tracce. Così descrisse all'amico Antonio Villani il primo incontro: «*Oggi solamente ho fatto la conoscenza col dott. Sonnenschein, simpatico prete, che parla abbastanza bene l'italiano e che si occupa pure degli italiani residenti a Berlino. Mi sono informato del movimento cattolico studentesco ed ho appreso che circa la decima parte degli studenti berlinesi professa la nostra stessa religione. Però l'opera del dott. Sonnenschein, la quale da quindici anni era diretta a preparare i giovani studenti alla vita sociale, oggi, causa la miseria manifestatasi in questa classe, si è dovuta esplicare piuttosto nella protezione, nella ricerca di lavoro, affinché essi possano affrontare il caroviveri. L'organizzazione è precisa alla nostra, indipendente dalle altre organizzazioni cattoliche; però esistono pure circoli composti di studenti universitari ed operai. Gentilmente il dott. Sonnenschein m'inviterà alle riunioni che questi circoli misti terranno e così io potrò conoscere i due ambienti*»[38].

Ecco invece cosa don Sonnenschein disse in seguito di lui: «Ricordiamo Pier Giorgio fervente cattolico e giovane di puri costumi. Ci accompagnò tante volte negli ospedali e nelle case dei poveri. Il suo spirito assista le opere sociali, caritatevoli e religiose di Berlino che egli predilesse»[39]. Ed ecco ancora come la sorella ha commentato l'esperienza di Pier Giorgio: «Sonnenschein aveva compreso l'importanza del fattore proletario nella vita nazionale e internazionale e cercava di valorizzarne le forze sane accostandole ad altre forze sane, quali potevano essere i giovani studenti cattolici. I suoi circoli creati a scopo sperimentale stavano ottenendo un successo grandioso, e Pier Giorgio naturalmente ne rimase entusiasta. Per la prima volta sul piano religioso e politico, vedeva unite due classi per troppo tempo tenute separate dagli interessi di casta e da una educazione sociale sbagliata: un evento veramente insolito, che lo legò saldamente al dottor Sonnenschein e alla sua opera. Opera basata su una carità quasi aggressiva (era capace, per esempio, nel cuore della notte di suonare da conoscenti per trovare un rifugio a un artista, che poi abbandonava a quella famiglia) e che dopo la morte non poté essere continuata perché, come dice Romano Guardini, l'attività di quel sacerdote avrebbe richiesto non uno, ma parecchi successori»[40].

Fu proprio don Carlo ad indicare a Pier Giorgio la famiglia Rahner di Friburgo presso la quale egli soggiornò per più di un mese allo scopo di perfezionare la conoscenza della lingua tedesca. In merito, l'allora diciassettenne Anna Rahner ha testimoniato: «Egli venne nella nostra famiglia per imparare il tedesco e fummo stupiti che lo conoscesse già. Aveva un desiderio tenace di far progressi, tanto che ci chiese subito di correggerlo appena facesse un errore e i miei fratelli ne approfittavano per prenderlo costantemente in giro. Mia madre si stupiva dell'umiltà con la quale egli sopportava le loro non sempre gentili correzioni. Mio padre invece, che gli dava ogni giorno una lezione di tedesco, diceva che per lui era un sollievo il tempo passato con Pier Giorgio in confronto degli altri allievi. Intelligente, lavorava moltissimo e approfittava d'ogni occasione per imparare»[41].

In un ambiente molto diverso da quello dell'ambasciata, Pier Giorgio si trovò perfettamente a suo agio, circondato da persone che, a differenza dei familiari, comprendevano e assecondavano il suo spirito di carità, a partire dalla signora Louise, una donna dall'accesa e profonda sensibilità religiosa che fu subito attratta dalla singolare personalità del suo giovane ospite.

Tornato a Berlino, si avvicinò sempre più al «popolo» tedesco e alle famiglie italiane emigrate, dimentico degli impegni che, come «figlio dell'ambasciatore», avrebbe dovuto assolvere. Questi alcuni ricordi di Luciana: «A me spiaceva di non averlo mai compagno dei divertimenti che dopo la grigia atmosfera di Torino mi sembravano l'anticamera del paradiso. Mi dispiaceva che egli non solo non partecipasse alla brillante mia vita, ma cercasse con ogni mezzo di evitarla. Non riuscivo a capire, poiché m'era del tutto estranea, l'opera sua in favore dei bisognosi e per il cattolicesimo militante; ignoravo le frequenti adunanze, le visite ai poveri e quella sua carità diretta allora in particolare alla folla delle persone decadute per colpa della guerra, alla gente ridotta sul lastrico dal crollo del marco. Quanto mio fratello riusciva a risparmiare o a sottrarre dalla tavola ospitale dell'ambasciata, lo divideva tra i suoi protetti. Passava da una stamberga all'altra; di corsa tornava, trangugiava un caffè e scappava in un ospedale, per rientrare infine a sera, stanco ma soddisfatto. I "ricevimenti" ai quali andava non richiedevano abito da sera, né conoscevano musiche e danze! Un giorno il cancelliere Rofi, vedendolo scendere in fretta, gli domandò se si recasse a una certa festa. Rispose dando l'indirizzo di una viuzza nei dintorni dell'Alexanderplatz, una strada soffocata dalla miseria. Ed entrava in quelle case tristi chiedendo scusa, con il pudore di chi teme di disturbare, non dimenticando mai di essere un estraneo per quella gente. Incoraggiati dalla sua gentilezza, tutti gli chiedevano aiuti e favori. Se si trattava di lettere rispondeva sempre, esaudiva tutte le preghiere e annotava sui margini: *"risposto"*. Precisione inaudita in casa nostra!»[42].

Eloquente testimonianza di questo suo attento e metodico impegno è il seguente scritto, espressione di riconoscenza, pervenuto, tra tanti altri, presso l'ambasciata d'Italia a Berlino, al «Signor Pier Giorgio Frassati»: «Mi permetta, egregio signore, di mandarle il mio cordiale ringraziamento per i doni giunti a mia figlia nello Ospedale di S. Hedwige. Mia figlia deve soffrire moltissimo, spero però che sarà presto liberata dal suo male. Egregio signore, io sono povera e separata e i suoi cari doni sono stati benvenuti e perciò la ringrazio ancora. Spero che vorrà per il futuro mantenere la sua benevolenza verso di me e mi firmo con grande stima. Emilia Tedeschi – Dunkerstrasse 21»[43].

In quegli anni così drammatici per la Germania, Pier Giorgio, a contatto con un ambiente cattolico assai congeniale, trovò dunque subito i modi e i tempi per impegnarsi a fondo nella carità che realizzò con il suo solito stile: così, ben presto poveri e malati, soprattutto emigrati italiani, divennero i suoi più cari amici. Evitando il più possibile di partecipare alle riunioni mondane, frequentate da uomini «importanti» del mondo politico-diplomatico, nei cui confronti un giorno ebbe a dire *«basta che giunga in tempo per salutarli quando escono»*[44], infaticabilmente percorreva le strade dei miseri quartieri periferici di Berlino, Monaco e Friburgo e saliva le interminabili scale di fatiscenti palazzi per portare ai suoi veri amici il conforto di una parola cara e l'aiuto provvidenziale di cui era strumento.

Due testimonianze, scelte tra tante, valgano a ritrarre la generosa azione che Pier Giorgio svolse tra i rigori del freddo inverno tedesco: «Sempre, per le strade di Berlino, durante almeno venti volte potei notare la sua pietà verso i ciechi nella cui mano tesa versava immancabilmente tutto quello che il suo borsellino conteneva, e la sua tenerezza appassionata per i bambini ai quali andava a comperare le caramelle»[45]. Un amico, non vedendolo ad un ricevimento al quale l'aveva invitato, solo più tardi seppe che «Pier Giorgio s'era recato in un tugurio nel quale giaceva una povera donna, vedova con due bambini, tutti tubercolotici, privi di assistenza e di mezzi, nel duro inverno berlinese»[46].

Ecco ancora due eloquenti pagine della sorella: «Ritornatovi (a Berlino) un giorno, fresco fresco dopo un viaggio in terza classe, sedette sorridendo a tavola, alla quale erano ospiti Peppino Garibaldi e una bellissima signora americana. Se Pier Giorgio sorrideva, non sorrideva il babbo: non mi era chiaro che cosa fosse capitato. Solo venti anni dopo seppi che egli era arrivato a Berlino, con dodici gradi sotto zero, in giacchetta, per aver ceduto il suo cappotto a uno che non l'aveva. Il babbo, pur largo di aiuti, aveva trovato un po' esagerato il gesto, che una volta di più gli confermava di avere un figlio alquanto strano. A che serviva per il senatore Frassati, ambasciatore del re d'Italia e proprietario de "La Stampa", un figlio che portava via i fiori dalle sale di rappresentanza per metterli sulle bare di povera gente?»[47]. «Non c'era a Berlino famiglia italiana colpita dalla sventura in mezzo alla quale Pier Giorgio non portasse il balsamo morale e l'aiuto materiale. E ciò sempre all'insaputa di tutti, senza pubblicità, senza ostentazione»; «aveva vissuto soltanto poche settimane a Berlino, ma gli erano bastate per lasciare tra i suoi connazionali tracce così profonde da esser ritrovate fresche come il primo giorno fin quasi vent'anni più tardi»[48].

A questo punto occorre evidenziare quanto ancora scrisse di lui Karl Rahner: «A quel tempo tutti noi avevamo interesse per i problemi sociali; era cosa naturale. Ma questo impegno sociale, l'amore verso i poveri, la responsabilità nei confronti della miseria altrui, erano (o divennero?) in Pier Giorgio di una genuinità, di una profondità e di uno spirito di sacrificio così radicale, da fare di lui un caso eccezionale tra i molti giovani cristiani di allora»[49].

L'attenzione ai fatti di politica internazionale

Spinto dalla carità ad allargare sempre più l'orizzonte del suo campo di azione in ambito politico-sociale, Pier Giorgio, negli anni del dopoguerra, si occupò anche di problemi di carattere internazionale in cui con profondo dolore constatava che l'egoismo aveva il sopravvento sui valori della pace e della fratellanza.

Il suo amore per il prossimo non poteva lasciarlo indifferente di fronte all'occupazione della Ruhr attuata dalla Francia nel gennaio 1923 per ottenere dalla Germania maggiori garanzie dei pagamenti dovuti in riparazione ai danni di guerra. Come il padre, che nel frattempo, in seguito alla «marcia su Roma», aveva rassegnato le dimissioni dalla carica di ambasciatore, Pier Giorgio provò un profondo sdegno per l'atteggiamento di una nazione che, spinta dalla volontà di vedere annientato il Paese vinto, esasperava una situazione politicamente e socialmente già molto difficile; non esitò quindi a bollare l'impresa con il nome di *«infamia»* e a definire la Francia *«figlia delle Tenebre e nemica della Pace»*[50].

Con tono accorato, sempre in quel triste gennaio, così si rivolse ad un caro amico tedesco: *«I giorni passati in Germania sono per me fra i più belli della mia gioventù ed è con profondo dolore che osservo, purtroppo impotente, la dura e difficile situazione del tuo Paese. Anche noi abbiamo perduto la cosa più bella e più buona che Dio ha dato a tutti gli uomini, ossia la libertà, senza la quale la vita diventa insopportabile... La guerra ha annientato in tutte le Nazioni il senso morale e ci tocca essere testimoni impotenti della brutalità della Francia, mentre la nostra coscienza di cattolici freme di fronte a questa infamia. Ma non possiamo fare nulla in politica estera, poiché i cattolici in Italia hanno purtroppo perduto la libertà: vediamo con il cuore sanguinante il nostro Governo aiutare la Francia e non possiamo impedirlo. Ma siamo sicuri che Dio ricompenserà la Germania delle sue dure sofferenze»*[51].

Coinvolgendo nella solidarietà per i tedeschi oppressi i compagni universitari del circolo «Cesare Balbo», inviò poi, anche a loro nome, agli amici lasciati in Germania una lettera che, molto apprezzata, fu pubblicata sul giornale «Deutsche Reichs Zeitung» con il titolo *La coscienza del mondo si risveglia.* Nel denunciare un grave atto di ingiustizia e di violenza, questo messaggio vibra intensamente di quello spirito di carità fraterna e aiuto spirituale di cui Pier Giorgio era capace: «*In questi tragici e dolorosi momenti nei quali la vostra Patria è calpestata da piedi stranieri, mentre il vostro antagonista come nemico della Patria occupa i vostri focolari, vi mandiamo, noi studenti cattolici, l'espressione del nostro fraterno amore. Non abbiamo la possibilità di mutare la triste situazione, ma sentiamo in noi l'intera forza del nostro amore cristiano che ci affratella oltre i confini di tutte le Nazioni...La società moderna affonda nei dolori delle passioni umane e si allontana da ogni ideale d'amore e di pace. Cattolici voi e noi dobbiamo portare il soffio di bontà che solo può nascere dalla fede di Cristo. Fratelli, in queste nuove prove e terribili dolori, sappiate che la grande famiglia cristiana prega per voi; agite perché le sofferenze e i lutti vi siano alleggeriti*»[52].

Queste parole dettate da un profondo senso di fratellanza e solidarietà, furono, nella loro essenzialità, di grande conforto per i destinatari, se il Presidente degli studenti cattolici tedeschi così rispose alla missiva dei compagni torinesi, o, meglio, di Pier Giorgio: «Con molta emozione, ma anche con grande gioia noi studenti di teologia di Bonn abbiamo letto quanto voi fratelli di Torino ci avete mandato. Vi ringraziamo di cuore per le coraggiose parole che s'alzano contro l'ingiustizia che si sta consumando in questo momento verso l'infelice e molto provato popolo della Ruhr. Purtroppo qui vediamo come nel ventesimo secolo l'imperialismo e il materialismo anticristiano con la sua frase "La forza prima della giustizia" vinca il precetto divino "Ama il tuo prossimo ed anche il tuo nemico". Proprio noi che ci dedichiamo interamente al servizio dell'amore del prossimo, possiamo dire che le vostre parole sono come dettate dalla nostra anima. Quale balsamo ci reca il sapere che all'estero fratelli e sorelle cattoliche pregano con fiducia per noi il Signore del cielo e della terra! Con le vostre parole, voi studenti cattolici di Torino ci ridate fiducia e certezza in un futuro migliore. Sia dunque lo spirito di amore e di pace che regna in voi un bene comune di tutti i popoli, specialmente di tutti i governi... Studenti cattolici di Torino, ancora una volta siate ringraziati. Artur Vogt, Presidente degli studenti di teologia cattolica»[53].

Un medesimo spirito di carità strettamente unito al senso della giustizia sociale indusse Pier Giorgio ad essere particolarmente attento anche ad un altro problema, questa volta di tipo nazionale, che nel primo dopoguerra, insieme a quello degli scioperi nelle fabbriche, determinò l'insorgere di diverse agitazioni sociali. In tutto il Paese infatti, i contadini, che avevano sopportato il maggior peso della guerra, misero in moto vasti movimenti di lotta che rivendicavano precise riforme agrarie.

Pier Giorgio, anche se non ebbe mai diretti contatti con gli organizzatori di queste proteste contadine, come Guido Miglioli, deputato del Partito Popolare che, specialmente nel cremonese, condusse vivaci battaglie per la gestione sociale della produzione agricola, accolse tuttavia sempre con entusiasmo gli appelli di solidarietà per le classi diseredate delle campagne. Più di una volta dichiarò che quando sarebbe entrato in possesso dei beni paterni, li avrebbe divisi tra i contadini.

La riforma agraria – scrive la sorella – era «un cardine del suo pensiero sociale: la terra ai contadini gli sembrava la più grande conquista dello spirito religioso sull'egoismo del mondo»[54].

Sulla base di tale considerazione, si può affermare che l'impegno di Pier Giorgio, orientato ad alleviare molteplici forme di povertà, costante contro ogni atteggiamento di chiusura, di rigidità, di individualismo e di egoismo, fu teso a realizzare un ordine sociale ed economico più giusto e aperto ai valori della solidarietà e dell'altruismo.

A questo proposito, assai chiare ed incisive sono le parole espresse a Pollone il 16 luglio 1989 da papa Wojtyła. Dopo aver sostato venti minuti in assorta preghiera dinanzi alla tomba di Pier Giorgio per «rendere omaggio ad un giovane che ha saputo testimoniare Cristo con singolare efficacia in questo nostro secolo», Giovanni Paolo II ha affermato: «La fede impegna ogni credente all'osservanza lieta e generosa del comandamento della carità. Proprio la fede e la carità hanno contraddistinto la giovane figura di Pier Giorgio Frassati. La fede, vissuta in modo intelligente e generoso, favorisce anche il progresso civile e sociale, perché apre l'animo dei cittadini alla promozione di uno stile di convivenza fondato sull'amore del prossimo, sulla giustizia e sulla solidarietà»[55].

Del resto anche nel *Decreto sulle virtù eroiche*, promulgato dallo stesso pontefice, chiaramente si legge: «La carità di Cristo difende la libertà e sostiene la giustizia sociale come logica conseguenza di una concezione cristiana dell'uomo e del mondo. Invero la carità di Pier Giorgio non si realizza soltanto per mezzo di opere buone, né rimane avulsa dalle necessità e dalle responsabilità di un'esistenza inserita nel mondo e operante nella società. La carità di Pier Giorgio è pertanto una virtù che anima il suo impegno sociale e politico»[56].

Pier Giorgio di fronte al fascismo

Il profondo senso della dignità di ogni vita umana e del rispetto ad essa dovuto fece sì che fin dal giorno della «marcia su Roma» l'impegno politico-sociale di Pier Giorgio si intrecciasse strettamente con una netta condanna del fascismo. Lo stesso 28 ottobre 1922, alla sorella che si trovava a Berlino scrisse: *«Domani lascerò Torino per recarmi a Pollone e questa volta la lascio volentieri, perché ho bisogno della tranquillità della campagna per potermi appartare da tutta l'atmosfera che circonda qui la città. Oggi però non ho conchiuso molto nello studio, ma non è a causa mia perché i nostri sentimenti non possono stare muti dinanzi ad una così tragica ora. Nella mia testa passano tanti pensieri che non mi lasciano più concentrare nella scienza delle Costruzioni. Immagino l'atmosfera dell'Ambasciata. Ora ti lascio perché altrimenti la mia penna mi trascinerebbe ad un'imprudenza»*[57].

Di fronte alle repentine dimissioni del padre, Pier Giorgio non poté che reagire con sentimenti di stima e ammirazione, sentimenti del resto già espressi proprio pochi giorni prima in una lettera a lui indirizzata: *«Ho saputo che in questi giorni hai ricevuto il più alto ordine cavalleresco, dopo il collare dell'Annunziata; ti faccio le mie con-*

gratulazioni e sono contento che dopo tanto tempo sia stato premiato il tuo lavoro che tu adempi con grande scrupolosità»[58].

Battagliero ed intransigente contro ogni forma di sopraffazione e di violenza, davanti alle prese di posizione di un partito che già non aveva esitato a definire *«senza idee e senza ideali»*, poche settimane dopo la «marcia su Roma» così ancora scrisse all'amico Antonio Villani: *«Ho dato uno sguardo al discorso di Mussolini e tutto il sangue ribolliva nelle mie vene: credi sono restato proprio deluso dal contegno veramente vergognoso dei popolari. Dove il bel programma, dove la Fede che anima i nostri uomini? Purtroppo quando si tratta di salire per gli onori del mondo gli uomini calpestano la propria coscienza...*

Vorrei essere laureato per poter stare in questo bel paese (la Germania), *dove gli uomini sentono ancora la propria responsabilità ed hanno ancora una grande coscienza retta.*

Oggi più che mai a malincuore dobbiamo riconoscere che il poeta cristiano Dante aveva purtroppo ed ha ancora ragione quando esclama:
"Ahi, serva Italia di dolore ostello
nave senza nocchiero in gran tempesta
non donna di provincia, ma bordello!"»[59].

Dinanzi alla violenza sempre più istituzionalizzata del nuovo regime, quella violenza che non aveva tardato a rivelarsi in tutta la sua crudeltà e che il 10 giugno 1924 sarebbe culminata nel delitto dell'onorevole Giacomo Matteotti, «colpevole» di aver denunciato in un veemente discorso alla Camera le illegalità fasciste, Pier Giorgio reagì con fermezza condannando decisamente ogni forma di «cedimento» cattolico.

Quando, ad esempio, nell'ottobre 1923 Mussolini era in visita a Torino, egli drasticamente rimosse la bandiera del circolo «Cesare Balbo» che era stata esposta in omaggio al duce. Di fronte alla reazione del Presidente dall'associazione, con prontezza depose su un tavolo un biglietto con le sue dimissioni; successivamente gli inviò la seguente lettera che è stata definita «un capolavoro di intelligenza e di giudizio storico, oltre che dell'assoluta franchezza che gli era abituale»[60]. *«Torino, 24 ottobre 1923. Sono veramente indignato perché hai esposto la Bandiera, che tante volte, benché indegno, ho portato nei cortei religiosi, dal balcone per rendere omaggio a colui, che disfà le Opere pie, che non mette freno ai fascisti e lascia uccidere i Ministri di Dio come Don Minzoni* e lascia che si facciano altre porcherie e cerca di coprire questi misfatti col mettere il Crocifisso nelle scuole, ecc.*

Io mi sono preso tutta la responsabilità e ho tolta questa Bandiera purtroppo tardi e da ora ti comunico le mie dimissioni irrevocabili. Continuerò con l'aiuto di Dio anche fuori del Circolo, benché ciò mi rechi molto dispiacere e farò quel poco che potrò per la Causa Cristiana e per la Pace di Cristo.

Desidero che questa mia lettera scritta con fretta ma dettata dal profondo dell'animo sia letta alla prossima assemblea.

Con profonda stima. Pier Giorgio Frassati»[61].

Con limpida coerenza, espressione di una coscienza incapace di scendere a compromessi, due giorni dopo così ancora scriveva al Consiglio direttivo del «Cesare Balbo»: *«Sempre per coerenza vi restituisco la tessera e il distintivo che non mi appartengono più legalmente, farò parte dell'A.C.I. come socio della G.C.I., che ha seguito in questa occasione una netta linea di condotta, perché Essa non può ossequiare colui, che come capo del Governo, non sa porre un freno ai propri dipendenti e lascia che si violentino continuamente i Circoli e i soci.*

Del resto non c'è da meravigliarsi. Gesù Cristo stesso ha detto: "I Figli delle Tenebre sono più scaltri dei Figli della Luce"; ma ha anche detto: "Guardatevi dai falsi profeti e dai lupi che vengono a voi sotto forma di agnelli".

Vi prego di giudicare serenamente questo mio atto che io devo fare per obbedire ad un mio dovere di coscienza.

Con profonda stima in G. C.

Pier Giorgio Frassati»[62].

* Parroco di Argenta, don Giovanni Minzoni era stato assassinato il 23 agosto 1923.

Poiché la carità e l'altruismo avevano pur sempre in Pier Giorgio il sopravvento su qualsiasi decisione personale, dopo circa un mese, *«per il bene del Circolo»*, egli decise tuttavia di ritirare le dimissioni motivando la sua condotta con queste parole: *«Torino, 14 novembre 1923. ... Perché non vi siano malintesi e non venga interpretato il mio atto come un'opposizione ad una persona o avente altri scopi, pur protestando sempre più vivamente per l'esposizione della Bandiera, per il bene del Circolo ritiro le mie dimissioni.*

Anche se in qualche cosa non andiamo d'accordo credimi tuo aff. mo in G. C.

Pier Giorgio Frassati»[63].

Con la medesima risoluta decisione seppe allontanarsi anche da «Il Momento», giornale per il quale aveva lavorato con entusiasmo e dedizione, appena si accorse che esso aveva abbandonato il tono battagliero e decisamente antifascista che in origine gli era proprio per assumerne uno molto più moderato. A causa di una crisi editoriale sopravvenuta nel 1923, «Il Momento» era infatti finito in mano a fiancheggiatori fascisti, per questo venne poi del tutto disertato dai cattolici che il 31 dicembre 1924 diedero vita a il «Corriere»; questo nuovo giornale fu però subito sequestrato in quanto nell'editoriale del primo numero venivano chieste le dimissioni di Mussolini.

Fedele come sempre agli *«ideali cattolici»*, Pier Giorgio si ribellava inequivocabilmente alle sottigliezze dei doppi giochi: *«Che ne pensi di tutti questi girelli che quotidianamente si vendono al fascismo, come ha fatto adesso "Il Momento"? Io sono ogni giorno più stomacato, se non avessi la certezza che la mia Fede è Divina, certamente mi abbandonerei a qualche atto insano. Ma quello che allontana da me questi pensieri è la certezza d'una vita migliore al di là se noi lavoriamo operando il Bene; quindi all'opera e teniamoci uniti insieme a confortarci a vicenda ed a spronarci nella via del Bene. Dinanzi a me ho il ritratto di quel mirabile Ministro di Dio don Luigi Sturzo e nelle ore di sconforto lo guardo attingendo, oltre che dalla Religione, anche da lui la forza per proseguire»*[64].

Davvero grande era l'ammirazione di Pier Giorgio per il fondatore del Partito Popolare. Egli nel dicembre 1922 aveva parlato a Torino all'Unione del Lavoro rispondendo con fermezza alla richiesta di collaborazione avanzatagli da Mussolini: «In piedi sì, in ginocchio no!». Con la stessa chiarezza di vedute, don Sturzo nell'aprile 1923 aveva organizzato, sempre a Torino, presso il Teatro Scribe, il Congresso Nazionale del Partito Popolare Italiano. Pier Giorgio partecipò con entusiasmo sia alle tempestose riunioni precongressuali, sia alla preparazione pratica, sia all'assise vera e propria, prestando il suo contributo come addetto al servizio d'ordine. In quella circostanza, appoggiando energicamente la tesi antifascista della sinistra del partito e la sua proposta di un'eventuale alleanza con i socialisti, egli protestò vivamente contro ogni tendenza filo-governativa.

Antifascista perché antiviolento, Pier Giorgio non lasciò mai spazio nella sua vita al binomio fascismo-cristianesimo: «*Mi ricordo le prime elezioni del periodo dopo guerra, la venuta del fascismo ed ora ricordo con gioia che non fummo mai un istante solo della nostra vita passata per il fascismo, ma sempre abbiamo combattuto contro questo flagello d'Italia*» scriveva all'amico Villani nel giugno 1924. In altri termini, la sua fede integra e totale, che nei rapporti umani cercava unicamente la vera pace ed il fraterno amore cristiano, lo rendeva chiaramente consapevole del fatto che la religione dell'amore non poteva avere nulla in comune con una dottrina che esaltava la forza e la violenza.

Nella medesima lettera, riferendosi al tragico assassinio dell'onorevole Matteotti, compiuto dieci giorni prima, rivelava tutto il suo orrore e il suo sdegno per un'azione così delittuosa e nello stesso tempo avanzava la speranza che il sangue di un innocente potesse contribuire a salvare l'Italia dalla grave situazione in cui stava precipitando. Aggiungeva infatti: «*Ora mentre questo partito va alla rovina, possiamo ringraziare Dio che si è voluto servire del povero on. Matteotti per smascherare al cospetto del mondo intero l'infamie e le sporcizie che sotto il fascio si celavano*»[65].

Era questo – commenta Luciana – «il commovente omaggio di

un cattolico alla scomparsa di Matteotti. La mano di Dio ha chiamato il deputato socialista al sacrificio di se stesso, per smascherare i colpevoli. Lo spirito religioso di Pier Giorgio gioisce di questa prova e di questo sacrificio: lui stesso si sarebbe volentieri immolato per la restaurazione della legge morale»[66].

Quando poi, in seguito anche alla chiusura della Camera da parte di Mussolini e alle opposizioni dei deputati che il 18 giugno si ritirarono sull'«Aventino delle loro coscienze», gli studenti iscritti ai partiti democratici promossero la formazione dell'Alleanza universitaria antifascista, Pier Giorgio vi aderì in rappresentanza degli studenti popolari e si impegnò in primo luogo nell'organizzare una manifestazione in ricordo del deputato assassinato.

Proprio per questa ferma avversione al regime, che concordava pienamente con quella del padre, in quei giorni di proteste e di violenze, precisamente il 22 giugno 1924, la casa del senatore Alfredo Frassati fu assalita dagli squadristi fascisti. Era questo il primo violento atto di un'ostilità da parte del regime che, pochi mesi dopo la morte di Pier Giorgio, precisamente nel gennaio 1926, sarebbe sfociata in un ordine perentorio del governo che impose al proprietario de «La Stampa» di svendere tutto il complesso editoriale del giornale.

L'aggressione, in quel caldo giorno di giugno, avvenne verso l'ora di pranzo; insieme alla mamma e a una domestica, in casa vi era soltanto Pier Giorgio che, reagendo subito con decisione e coraggio, mise in fuga da solo i temerari aggressori.

L'avvenimento, nei suoi tratti più salienti, è stato così ricostruito dalla sorella: «Era il 22 giugno 1924 di domenica, circa le dodici e tre quarti; la mamma, Paola Marchisio e Pier Giorgio si erano messi appena a tavola, quando suonò il campanello alla porta. La domestica si avviò ad aprire. Sulla porta le si presentò un giovanotto che le chiese con voce normale del "Commendatore" Frassati. La donna rispose che era assente e, come di solito in questi casi, attese un momento che il giovanotto le dicesse cosa voleva. Dopo qualche secondo di silenzio, quegli spalancò l'uscio con un calcio, slanciandosi subito in casa seguito da cinque compari. Fu talmente improvvisa ed inaspettata l'irruzione che la donna ne rimase stravolta e stupefatta. Riuscì appena a urlare un disperato "Aiuto!" prima di precipitarsi attraverso lo studio e gridare dal balcone. Nella sala da pranzo i nervi si erano tesi dietro quei gridi, ma Pier Giorgio scattò subito dalla sedia, raggiunse di corsa gli assalitori e come vide uno che si preparava a strappare il telefono, con un colpo al braccio glielo fece cadere di mano e gli si lanciò contro. Bastarono pochi pugni di Pier Giorgio a uno di loro e le sue invettive violente, a farli mutar direzione nello spazio di un minuto. Da gradassi assalitori divenuti lepri in fuga, abbandonarono in fretta l'ingresso fuggendo per le scale»[67].

In questa occasione Pier Giorgio dovette dunque difendersi con le stesse armi con cui era stato attaccato: i pugni. Le sue reazioni però, come già in altri casi, non furono incontrollate o dettate da sentimenti di vendetta: al di là della legittima difesa, egli era infatti indotto dalla sua abituale serenità, espressione di una salda fermezza spirituale, a perdonare e anche a pregare per i suoi nemici.

La notizia dell'aggressione, che suscitò profonda impressione non solo a Torino, ma anche in altre città d'Italia, ebbe una vasta risonanza sulle colonne de «La Stampa» e raggiunse le pagine dei maggiori quotidiani europei. La stessa Luciana, che in quei giorni era a Londra, venne a conoscenza del fatto dal «Times» che in un breve articolo sull'avvenimento metteva in risalto la coraggiosa azione del «giovane Frassati». Dalla capitale inglese ella, con ammirazione, scrisse al fratello: «Prati mi dice che qui a Londra passi per un eroe»[68].

Nei giorni successivi giunsero a Pier Giorgio parecchie altre entusiastiche espressioni di rallegramenti e congratulazioni. Il conte Carlo Sforza, amico del senatore Frassati, inviò il seguente messaggio telegrafico: «Felicitazioni di noi due per scampato rischio e felicitazioni a Giorgio che ha mostrato come, se si vuole, si è sempre padroni in casa propria!»[69]. Da Buffalo, negli Stati Uniti, il padre Filippo Robotti gli scrisse queste righe: «Ho appreso dai giornali americani la tua prodezza nel cacciare i briganti fascisti e te ne faccio le mie più vive congratulazioni». «Purtroppo però la mamma – commenta con una certa amarezza Luciana – all'amico don Cojazzi, ringraziandolo per le buone parole di circostanza inviatele, aggiunse: "Si vede che il nostro caro stupidone Pier Giorgio è maturo nei momenti difficili!"»[70].

In realtà Pier Giorgio aveva davvero raggiunto una «maturità» che andava ben al di là di quanto potessero immaginare i suoi familiari, una «maturità» che, nella fattispecie, lo induceva a rispondere «sportivamente» con allegre battute a chi si complimentava per il suo «eroismo» o comunque a mantenere quella dimensione di umiltà che sempre caratterizzò le sue scelte e azioni.

...una sintetica conclusione

Come si può desumere al termine di questa analisi, l'impegno politico-sociale di Pier Giorgio fu indubbiamente vasto e complesso e si espresse in molteplici forme. Alcune significative frasi firmate da una penna prestigiosa, quella di Vittorio Chauvelot, che negli anni della giovinezza gli fu amico e compagno in tante «battaglie», possono forse essere di aiuto per inquadrare in sintesi questa particolare dimensione della personalità di Pier Giorgio. «Egli ha nella testa, pure intelligente e colta – scrive Chauvelot – quattro idee in croce che non molla, ha una bandiera che spezzata è più forte, che lacera è più incitante... Per questo, per la sincerità della sua fede, per la effettiva chiarezza del suo esempio, per la sua partecipazione militante alla vita della Chiesa, l'amicizia dei compagni e dei fratelli d'idea non fu superiore al rispetto con cui gli avversari parlarono mestamente di lui, del giovanotto di ricco lignaggio che aveva scelto la carità come suo stemma ed era sceso fra il popolo e le sue miserie, del giovanotto che in epoca di meditabili e prevedibili fortune politiche aveva scelto la via più ingrata e più difficile, consapevole e volenteroso di trasfondere l'aristocrazia dello spirito e della fede nella concezione cristiana dei movimenti sociali e politici a cui egli aderì sino all'ultimo»[71].

Note

[1] L. Frassati, *L'impegno sociale e politico di Pier Giorgio*, cit., p. 78.

[2] *Ibid.*, p. 74.

[3] *Positio super virtutibus*, cit., vol. I, pp. 128-129.

[4] Cfr. *ibid.*, p. 310.

[5] Giorgio La Pira, prefazione a L. Frassati, *L'impegno sociale e politico di Pier Giorgio*, cit., p. 32.

[6] Carlo Trabucco, presentazione a L. Frassati, *L'impegno sociale e politico di Pier Giorgio*, cit., p. 13.

[7] Cfr. *Positio super virtutibus*, cit., vol. I, p. 311.

[8] Cfr. P. Soldi, *Verso l'assoluto. Pier Giorgio Frassati*, cit., p. 47.

[9] *Canonizationis Servi Dei Petri Georgii Frassati. Summarium. Depositiones testium e Processu Apostolico* (1980-81), p. 68.

[10] Paolo Molinari, S. J., *Un cristiano vero testimone della carità*, in «L'Osservatore Romano», anno CXXX, n. 116, 20 maggio 1990, p. 4.

[11] *Positio super virtutibus*, cit., vol. I, p. 100.

[12] L. Frassati, *Calendario di una vita: 1901-1925*, cit., «Pollone, 11 settembre 1920».

[13] *Positio super virtutibus*, cit., vol. I, p. 100.

[14] Cfr. *Calendario di una vita: 1901-1925*, cit., «Torino, 4 dicembre 1920»; *Positio super virtutibus*, cit., vol. I, p. 109.

[15] L. Frassati, *L'impegno sociale e politico di Pier Giorgio*, cit., p. 74.

[16] *Ibid.*, p. 122.

[17] Paolo Soldati, *La cultura e la società del tempo in cui visse ed operò Pier Giorgio Frassati*, in *Positio super virtutibus*, cit., vol. I, pp. 7-8.

[18] Italo Alighiero Chiusano, *Santo con coraggio e allegria*, in «La Voce del Popolo», anno CXV, n. 19, 13 maggio 1990, p. 13.

[19] L. Frassati, *L'impegno sociale e politico di Pier Giorgio*, cit., p. 43.

[20] *Ibid.*, p. 49.

[21] *Positio super virtutibus*, cit., vol. I, p. 100.

[22] Cfr. *ibid.*, p. 72.

[23] Cfr. L. Frassati, *Il cammino di Pier Giorgio*, cit., p. 154.

[24] P. G. Frassati, *Lettere*, cit., p. 277 (lettera a Giuseppe Spataro dell'8 aprile 1922).

[25] Cfr. L. Frassati, *Calendario di una vita: 1901-1925*, cit., «Torino 1924».

[26] L. Frassati, *Pier Giorgio Frassati. I giorni della sua vita*, cit., p. 99.

[27] *Ibid.*, p. 102.

[28] P. G. Frassati, *Lettere*, cit., p. 169 (lettera ad Antonio Severi del 9 ottobre 1922).

[29] L. Frassati, *Calendario di una vita: 1901-1925*, cit., «Novara, 8 ottobre 1922».

[30] P. G. Frassati, *Lettere*, cit., p. 103 (lettera a Carlo Bellingeri dell'11 ottobre 1922).

[31] Pier Giorgio Frassati, *Appunti per un discorso sulla carità*, in L. Frassati, *Mio fratello Pier Giorgio. La carità*, cit., p. X.

[32] Cfr. ANTONIO COJAZZI, *Pier Giorgio Frassati*, 1ª edizione SEI, Torino 1928, p. 135; nuova edizione riveduta, presentazione di Piero Bargellini, SEI, Torino 1977; ultima edizione, prefazione di Francesco Traniello, SEI, Torino 1990.

[33] P. G. FRASSATI, *Lettere*, cit., p. 326, nota n. 1.

[34] Cfr. *Atti del Processo Apostolico di beatificazione e canonizzazione del Servo di Dio Pier Giorgio Frassati (1980-81)*, documento n. 135.

[35] P. G. FRASSATI, *Lettere*, cit., p. 314 (lettera a Willibald Leitgebel dell'11 ottobre 1924).

[36] Cfr. L. FRASSATI, *Un uomo, un giornale*, cit., vol. II, parte 2ª, p. 233.

[37] ALFREDO FRASSATI, *La pregiudiziale*, in «La Stampa», anno LI, 18 agosto 1917, p. 1.

[38] P. G. FRASSATI, *Lettere*, cit., pp. 124-125 (lettera ad Antonio Villani del 17 marzo 1921).

[39] Cfr. A. COJAZZI, *Pier Giorgio Frassati*, 1ª edizione, cit., p. 229.

[40] L. FRASSATI, *L'impegno sociale e politico di Pier Giorgio*, cit., p. 68.

[41] Cfr. L. FRASSATI, *Calendario di una vita: 1901-1925*, cit., «Freiburg im Breisgau, 4 ottobre 1921».

[42] L. FRASSATI, *I giorni della sua vita*, cit., pp. 94-95.

[43] L. FRASSATI, *Mio fratello Pier Giorgio. La carità*, cit., p. 78.

[44] L. FRASSATI, *Calendario di una vita: 1901-1925*, cit., «Torino, 28 maggio 1924».

[45] L. FRASSATI, *Mio fratello Pier Giorgio. La carità*, cit., p. 66.

[46] *Ibid.*, p. 131.

[47] L. FRASSATI, *Pier Giorgio Frassati. I giorni della sua vita*, cit., pp. 95-96.

[48] L. FRASSATI, *Mio fratello Pier Giorgio. La carità*, cit., pp. 77-78 e 161.

[49] KARL RAHNER, introduzione a L. FRASSATI, *Pier Giorgio Frassati. I giorni della sua vita*, cit., p. 10.

[50] P. G. FRASSATI, *Lettere*, cit., p. 139 (lettera ad Antonio Villani del 10 gennaio 1923).

[51] *Ibid.*, pp. 310-311 (lettera a Willibald Leitgebel del 28 gennaio 1923).

[52] Cfr. L. FRASSATI, *L'impegno sociale e politico di Pier Giorgio*, cit. p. 37.

[53] Cfr. *ibid.*, pp. 70-71.

[54] L. FRASSATI, *Pier Giorgio Frassati. I giorni della sua vita*, cit., p. 99.

[55] GIOVANNI PAOLO II, *Discorso* pronunciato a Pollone il 16 luglio 1989 in occasione della visita alla tomba di Pier Giorgio Frassati, cfr. «L'Osservatore Romano», anno CXXIX, n. 168, 17-18 luglio 1989, p. 6.

[56] *Decretum Canonizationis Servi Dei Petri Georgii Frassati*, Roma 23 ottobre 1987, cit., p. 5.

[57] P. G. FRASSATI, *Lettere*, cit., p. 73 (lettera alla sorella del 28 ottobre 1922).

[58] *Ibid.*, p. 72 (lettera al padre del 26 ottobre 1922).

[59] *Ibid.*, pp. 135-136 (lettera ad Antonio Villani del 19 novembre 1922).

[60] P. SOLDI, *Verso l'assoluto. Pier Giorgio Frassati*, cit., p. 79.

[61] P. G. FRASSATI, *Lettere*, cit., p. 269 (lettera a Guardia Riva del 24 ottobre 1923).

[62] *Ibid.*, pp. 270-271 (lettera al Consiglio direttivo del «Cesare Balbo» del 26 ottobre 1923).

[63] *Ibid.*, p. 271 (lettera a Guardia Riva del 14 novembre 1923).

[64] *Ibid.*, pp. 151-152 (lettera ad Antonio Villani del 16 novembre 1923).

[65] *Ibid.*, pp. 157-158 (lettera ad Antonio Villani del 21 giugno 1924).

[66] *Ibid.*, p. 158, nota n. 1.

[67] L. Frassati, *L'impegno sociale e politico di Pier Giorgio*, cit., pp. 105-106.

[68] L. Frassati, *Calendario di una vita: 1901-1925*, cit., «Torino, 22 giugno 1924».

[69] Cfr. L. Frassati, *Pier Giorgio Frassati. I giorni della sua vita*, cit., p. 147.

[70] L. Frassati, *Calendario di una vita: 1901-1925*, cit., «Torino, 22 giugno 1924».

[71] Vittorio Chauvelot, *Pier Giorgio: convinzione che non trema*, in *Pier Giorgio Frassati. Echi di memorie*, a cura di Luciana Frassati, Marietti, Genova 1989, p. 188.

5
IL VALORE DELL'AMICIZIA

«*Uno degli affetti più belli è quello dell'amicizia*»

Una componente fondamentale della vita di Pier Giorgio che interessò molti campi fu senza dubbio l'amicizia. Con il naturale rapporto di simpatia che era in grado di instaurare con tutto ciò che lo circondava, e con l'aiuto della grazia di Dio, egli sapeva «entrare in sintonia» con gli altri ed essere così l'amico di ognuno senza esclusioni o particolari predilezioni. La sua amicizia fu autentica perché mai finalizzata al proprio interesse, ma sempre aperta, in un atteggiamento di benevolenza e disponibilità, alle necessità degli altri e pronta alla comprensione, all'incoraggiamento, alla solidarietà, al dono.

È interessante riportare quanto il padre gesuita Ugo Rocco, membro del Tribunale per il Processo di canonizzazione, ha scritto sul tipo di amicizia che Pier Giorgio sapeva intrecciare con tutti, dal compagno di gite e di studi, al personale di servizio di casa, al povero bisognoso che incontrava occasionalmente per strada o visitava in una misera soffitta. «Rumorosamente allegro e vigorosamente forte, amante dello sport e affettuoso, si rendeva amico simpatico verso tutti. Chi lo frequentava si accorgeva che in lui c'era qualcosa di profondo e di segreto: una ricchezza interiore che non lasciava sbandierare, ma che neppure riusciva totalmente a celare. Col suo cuore puro e generoso seppe realizzare il prodigio di un'amicizia schietta con compagni e con signorine, sostanziata non solo di affetto orante ma pure di simpatica giovialità e di rispetto reciproco»[1].

Nei capitoli precedenti si è già parlato dei molti amici che Pier Giorgio aveva non solo al Politecnico, ma anche tra gli operai del circolo cattolico «Girolamo Savonarola» e all'interno del «Cesare Balbo». In particolare, proprio tra i compagni «fucini» egli strinse i più profondi legami di amicizia e, soprattutto a partire dal 1920-1921, intrecciò con loro un'intensa corrispondenza epistolare. Carlo Bellingeri, Gian Maria Bertini, Antonio Villani, Antonio Severi, Isidoro Bonini, Franz Massetti, Marco Beltramo, Ernestina Bonelli, Laura Hidalgo, Clementina Luotto furono i suoi amici più cari e i destinatari di lettere nelle quali, in uno stile semplice e colloquiale, Pier Giorgio esprime se stesso, le sue aspirazioni, i suoi desideri, i suoi sentimenti e manifesta con chiarezza il proprio pensiero sulla realtà storica e politico-sociale del suo tempo.

Proprio a uno di questi amici, precisamente a Marco Beltramo, circa tre mesi prima di morire, scrisse queste stupende parole sul significato e sul valore dell'amicizia: *«Nella vita terrena dopo l'affetto dei genitori e sorelle uno degli affetti più belli è quello dell'amicizia; ed io ogni giorno dovrei ringraziare Dio perché mi ha dato amici così buoni ed amiche che formano per me una guida preziosa per tutta la mia vita... Certo la Provvidenza Divina nei Suoi Mirabili Piani si serve talvolta di noi miseri fuscelli per operare il Bene e noi talvolta non vogliamo conoscere, anzi osiamo negare la Sua Esistenza, ma noi, che Grazie a Dio, abbiamo la Fede, quando ci troviamo dinanzi ad anime così belle, nutrite certamente di Fede, non possiamo che riscontrare in esse un segno evidente della Esistenza di Dio, perché una simile bontà non si potrebbe avere senza la Grazia di Dio»*[2].

In margine a tali affermazioni Giovanni Ferretti ha osservato: «Molti filosofi hanno saputo argomentare l'esistenza di Dio a partire dalla bellezza del creato. Non mi consta che la vera ed autentica amicizia sia stata vista, come sa fare qui Pier Giorgio con acutezza spirituale, quale prova dell'esistenza di Dio, segno di come egli sapeva animare con spirito di fede quei rapporti personali pieni di cordialità e simpatia di cui era così capace con tutti»[3].

Agli amici, Pier Giorgio augurava anche sovente il dono della «*pace*» che, nelle sue lettere, commentava con queste espressioni: «*La pace sia nel tuo animo... ogni altro dono che si possegga in questa vita è vanità come vane sono tutte le cose del mondo*». «*Ti faccio i miei migliori auguri, anzi uno solo, ma credo sia l'unico che da vero amico ad un amico caro si possa fare ed è: la Pace del Signore sia sempre con te poiché quando ogni giorno tu possederai la pace sarai veramente ricco*»[4].

In un altro suo scritto che rivela come egli seppe davvero costruire i rapporti con gli altri sui due solidi pilastri della pace e della carità, ancora si legge: «*Con la violenza si semina l'odio e si raccolgono poi i frutti nefasti di tale seminagione, con la carità si semina negli uomini la Pace, ma non la pace del mondo, la Vera Pace che solo la Fede di Gesù Cristo ci può dare affratellandoci gli uni cogli altri*»[5].

La disponibilità verso gli amici

«*Importa fare il bene, questa è la cosa principale*» Pier Giorgio era solito ripetere agli amici, i quali lo ricordano sollecito e premuroso, sempre pronto a comprendere e condividere: «L'affetto sincero che egli pose ai suoi amici per i quali avrebbe fatto qualsiasi sacrificio è un altro mezzo rivelatore della sua tenerezza». «Non gli si poteva domandare niente, perché dava tutto: dall'automobile a un paio di scarpe. Molti al momento della sua morte avevano roba sua in prestito»[6].

Da questa toccante testimonianza non può non nascere la considerazione che Pier Giorgio, proprio con la gratuità dei suoi gesti, ha saputo raggiungere orizzonti di libertà assoluta.

Per soccorrere gli amici ed essere loro solidale anche nelle situazioni più difficili, non temette di affrontare gravi rischi e pericoli. Esemplare al riguardo è l'episodio di cui fu protagonista circa due mesi prima della morte.

Quando il 13 aprile 1925 il giovane direttore del giornale cattolico «Il Popolo», il giornalista Giuseppe Donati, costretto per le sue nette posizioni antifasciste a lasciare l'Italia, fu bloccato, nel viaggio di esilio, a Bardonecchia, Pier Giorgio, da Torino, non esitò a raggiungerlo alla frontiera. Per essere vicino ad un amico, che pur conosceva da poco tempo, non si era minimamente preoccupato della pericolosa conseguenza del suo gesto: l'arresto, se fosse stato scoperto. Lo stesso Donati, esule a Parigi, quattro anni più tardi, ricordando la viva e calorosa dimostrazione di amicizia di Pier Giorgio, così scrisse ad una conoscente: «Ella forse non sa che eravamo legati Pier Giorgio ed io da un'amicizia non antica, ma tenerissima. Egli volle dimostrarmela ancora nei giorni pieni di peripezie in cui fui fermato al confine, perché venne a salutarmi lassù; ed in effetti in Pier Giorgio io vidi – oh dolcissimo auspicio allora! – l'ultimo amico della Patria che lasciavo. E quando, di lì a poco egli morì fulminato, mi parve giusto dire, come scrissi a suo padre, *obscuratus est vultus tuus, Domine*, perché in realtà era il volto di Dio che si irradiava da lui»[7].

Pier Giorgio seppe essere anche vicino, come si è visto nel capitolo precedente, agli amici tedeschi nei drammatici giorni del 1923 quando il loro Paese fu in parte occupato dalla Francia. Non potendo fare nulla di concreto per loro, si impegnò a ricordarli intensamente nella preghiera, come ben testimoniano questi suoi scritti: *«Oggi il popolo tedesco è un esempio per tutte le nazioni di vero amore di Patria e di serietà. In questo tempo nel quale tutti i diritti dell'uomo sono calpestati dai Francesi, ricevano i Tedeschi da noi, impotenti di portare aiuto materiale, solo preghiere».*

«A noi cattolici si spezza il cuore perché sappiamo che l'entrata delle truppe nemiche, soprattutto di quelle francesi, è il segno del principio della demoralizzazione della Ruhr. Io che ho visto sul Reno l'entrata delle truppe nemiche comprendo il dolore del popolo tedesco. Ma non possiamo che pregare perché Dio in questi tristi momenti conceda ai Tedeschi la pazienza necessaria e volga tutto per il bene»[8].

In piena coerenza con la sua fede, ciò che Pier Giorgio più ricercava nell'amicizia, convinto che ne costituisse l'intima essenza, era proprio l'unione spirituale della preghiera. Tutta la forza di questo legame traspare ancora chiaramente da altri passi delle sue lettere. «*Vorrei domani esser vicino a te per festeggiare insieme la tua festa* (l'onomastico), *ma materialmente non potendo supplirò per quanto potrò spiritualmente e con la preghiera sarò unito in spirito maggiormente a te*»[9] scriveva il 24 aprile 1925 a Marco Beltramo. Si può rilevare come in questa frase l'espressione avverbiale che accompagna l'idea dell'«unione in spirito» accentui il senso di fiducia che Pier Giorgio nutriva nella preghiera per gli amici.

«*Purtroppo ad una ad una le amicizie terrene producono al nostro cuore dolori per l'allontanamento di coloro che amiamo, ma io vorrei che noi giurassimo un patto che non conosce confini terreni né limiti temporali: l'unione nella preghiera*»[10] confidava invece a Isidoro Bonini, rivelando così di saper «comunicare» al di là di ogni limite di tempo e di spazio.

«*In questi giorni in cui nella tranquillità di questa casa noi ci raccogliamo per pregare, pregherò anche per te, e tu prega molto per me, affinché, se purtroppo nella vita terrena dovremo stare lontani per le esigenze della nostra carriera, almeno nel giorno in cui il Signore vorrà ci ritroveremo insieme nella nostra vera Patria a cantare le lodi di Dio*»[11] scriveva nel marzo 1923 ad Antonio Villani in occasione del ritiro spirituale per la Pasqua che ogni anno gli iscritti al «Cesare Balbo» organizzavano a San Mauro Torinese presso la «casa di esercizi» Villa Santa Croce retta dai padri gesuiti.

«*Per conto mio pregherò per Lei per quanto poco valgano le mie preghiere, ma Dio nella Sua Onnipotenza non guarderà ai miei demeriti ma le esaudirà lo stesso per i meriti di Lei*»[12] scriveva infine all'amica Clementina Luotto in una bellissima lettera in cui si intrecciano mirabilmente sentimenti di altruismo e di umiltà, espressi anche dalla scelta di scrivere con la lettera maiuscola il pronome personale; a questo proposito è importante sottolineare che, in un sereno rapporto di stima e di rispettosa amicizia, Pier Giorgio diede sempre del *«lei»* a tutte le signorine che conobbe.

Occorre in ultimo ancora ricordare che proprio per meglio pregare reciprocamente, nel corso della gita al Pian della Mussa del 18 maggio 1924 egli lanciò l'idea di fondare con gli amici più cari la singolare «Società dei Tipi Loschi», i cui membri erano appunto saldamente uniti dal *«vincolo della Fede»*.

La generosa e allegra amicizia di Pier Giorgio verso tutti

Se la «Società dei Tipi Loschi» rappresenta forse il tipo di amicizia in cui in modo più esplicito affiora l'idea del legame spirituale, anche i numerosi altri rapporti di amicizia che Pier Giorgio ebbe riflettono pur sempre, oltre alla generosità e all'altruismo, la fondamentale spiritualità che li connotava.

In margine ad una lettera in cui egli esalta la *«grande bontà»* di un'amica, la sorella ha scritto: «Si può dire veramente che egli vivesse tra gli amici e per gli amici: amico chiamava il giardiniere, il povero, l'autista, Marco Beltramo, Clementina Luotto, la cameriera, un capostazione, visto appena due volte. Ed erano veramente suoi amici tutti: li conquistava talmente, che bastava un attimo a stabilire tra loro una corrente di simpatia e un legame di affetto»[13].

La sua calorosa amicizia lo induceva a trattare il prossimo non con il freddo rispetto che tiene lontani, ma con la sensibilità e l'attenzione che permettono di comprendere a fondo l'interlocutore.

Pertanto egli si rivelò cordiale e disponibile con tutti, soprattutto i più umili, come le persone di servizio di casa. Con loro sovente scherzava, mostrando così, con le battute e l'allegria di voler chiaramente rifiutare quel tipo di rapporto di subordinazione che la sua condizione di «signore» avrebbe richiesto dai «dipendenti».

L'abitudine di «battagliare allegramente», per usare un'espressione di Luciana, era davvero assai frequente, come rivela questa semplice testimonianza dell'autista: «Non nascondo che viaggiare in automobile con Pier Giorgio era un divertimento, un piacere: si scherzava, si rideva, si cantava, naturalmente noi due soli, con un terzo io ero paralizzato»[14]. Lo stesso autista così ricorda il giorno in cui, nell'aprile 1924, Pier Giorgio superò l'esame per conseguire la patente di guida: «Bisognava sentirlo cantare, gridare durante il percorso; a tutti diceva: *"Via di mezzo che passa la Scozia!"*, affermava questo perché aveva in capo un berretto scozzese, dono che gli aveva fatto sua sorella, e poi seguitava a dire: *"Fuori della strada perché passa la macchina della morte!"*, ovvero la macchina di *"Robespierre"*»[15].

Molto è stato detto a proposito della sua semplice, schietta e travolgente allegria, che egli sovente esprimeva proprio con il canto, seppure non troppo intonato, rispondendo, con la sua solita disarmante umiltà, a chi glielo faceva notare: *«Ma l'importante è cantare!»*.

«Lo chiamavano il capobanda – è stato affermato – sempre allegro, di un'allegria serena, non sfacciata... Per farsi un'idea di tanta esuberanza bisognava vedere Pier Giorgio fuori casa; non si offendeva per gli scherzi fatti a lui e non li lesinava agli altri»; non per nulla capeggiava la «Compagnia Fracassi»! «Pier Giorgio era l'espressione vera e propria della giovialità spirituale; la sua pietà non aveva nulla di severo né di antipatico né di chiuso, era sereno d'animo e allegro non solo per temperamento, ma per conquista interiore»[16]. L'allegria scaturiva dalla limpidezza della sua vita: «La gioia che traspariva dal suo volto non poteva essere che la consapevolezza della sua amicizia con Dio» è stato testimoniato nel Processo di canonizzazione[17].

Fiducioso nella divina Provvidenza, Pier Giorgio riusciva in tal modo a vivere nella letizia e nella gioia, espressione di un sereno ottimismo che egli stesso, in una lettera alla sorella, così sintetizzava: *«Tu mi domandi se sono allegro; e come non potrei esserlo? finché la Fede mi dà forza sempre allegro! Ogni cattolico non può non essere allegro: la tristezza deve essere bandita dagli animi cattolici; il dolore non è tristezza, che è una malattia peggiore di ogni altra. Questa malattia è quasi sempre prodotta dall'ateismo; ma lo scopo per cui noi siamo stati creati ci addita la via, seminata sia pure di molte spine, ma non una triste via: essa è allegria anche attraverso i dolori*»[18].

Da queste frasi brevi ed essenziali, si può dedurre che Pier Giorgio, da una parte, riusciva a distinguere chiaramente la differenza che intercorre tra «*il dolore*», di cui a livello morale fece cocenti esperienze, e «*la tristezza*», e dall'altra, proprio vivendo nei rapporti con gli altri la dimensione dell'allegria, seppe, come ha scritto in proposito il cardinal Giovanni Saldarini, arcivescovo di Torino, «trascinare i suoi amici, i suoi tanti amici, lui il giovane di tutte le associazioni, lui vivace, lui scapigliato, pieno di iniziative e di sorprese, anche buffe ed altre tanto serie. La santità – conclude il cardinale – come non è mai individuale, davvero non è mai triste»[19].

È ancora bello accostare a queste parole quelle del giornalista monsignor Franco Peradotto che in un articolo pubblicato subito dopo la beatificazione di Pier Giorgio, avvenuta a Roma il 20 maggio 1990, ha scritto: «Egli è un amico che continua a parlarci: lui che dell'amicizia autentica ha gustato tutti i risvolti, che dell'amicizia ha avuto tutti i doni e realizzato tutti gli scambi, senza fare selezione di persone, dai grandi personaggi accanto a suo padre, alla gente di ogni giorno»[20].

Gli «*amici*» più veri

Nella dimensione di una calorosa e fraterna solidarietà, Pier Giorgio fu molto sensibile al dolore e alla sofferenza degli altri, soprattutto a quella di coloro che considerava i suoi «*amici*» più veri e per i quali nutrì una speciale predilezione: i poveri, i disoccupati, i malati, in una parola, gli emarginati.

Animato da uno spirito di generoso altruismo, lo si vide prodigarsi per loro nei luoghi più diversi: nelle misere soffitte del centro cittadino, nelle squallide abitazioni di periferia, nei ricoveri per anziani, negli ospedali, in particolare al Cottolengo, e perfino al

Monte di Pietà, dove sovente si recava per aiutare qualche «*amico*» a disimpegnare pochi oggetti di valore.

«Da perfetto discepolo di Cristo – ha affermato in termini assai incisivi lo scrittore Italo Alighiero Chiusano – Pier Giorgio amò gli esseri umani uno per uno, faccia per faccia, nome per nome, ciascuno con la sua singola voce, il suo fiato pesante, le sue singole rughe, i suoi singoli malumori»[21]. Per soddisfare ogni loro richiesta percorse chilometri e chilometri di strada, salì centinaia di gradini, varcò un numero infinito di soglie: a ragione dunque, per questa sua ammirevole disponibilità, è stato definito «un santo della strada».

La sorella, che ha raccolto innumerevoli testimonianze sui suoi atti di carità, per far comprendere in tutta la sua dimensione quale veramente fu l'atteggiamento di Pier Giorgio verso questi «*amici*», così si è espressa: «A ognuno di noi, a dire la verità, almeno quattro o cinque volte all'anno accade di ricevere richieste del genere (nelle righe precedenti sono elencate richieste di tutti i tipi, dalla raccomandazione, al francobollo per la collezione): talvolta si risponde con piacere, talvolta si reagisce con stizza e noia. Ma restano sempre quattro o cinque volte all'anno, una seccatura limitata, diciamolo francamente. Ben altra cosa se, come capitava a Pier Giorgio, le quattro o cinque volte si trasformavano in quattrocento, cinquecento, o addirittura in quattromila, cinquemila, se si diventa cioè una centrale di favori, una specie di organizzazione per il collocamento di poveri, di malati, di amici, di estranei... Non c'era giorno in cui non gli chiedessero più cose: dal libro di scuola alle mille lire, dall'impiego al letto d'ospedale, alle fotografie. E lui teneva dietro a tutti: senza curarsi di ringraziamenti che non venivano quasi mai, agiva con ognuno come se fosse stato il parente o l'amico più intimo. Lavorava dal mattino alla sera, per tener dietro alle richieste che direttamente o indirettamente gli pervenivano, non contento se non quando le aveva soddisfatte, e nemmeno allora capace di troncare di colpo i rapporti con colui che aveva aiutato. Confesso che io avrei perduto la testa in quel mare di desideri e di necessità. Immaginate un telefono che squilli in casa ogni cinque minuti e avrete una pallida idea del mucchio di richieste dalle quali era coperto, ma non sommerso Pier Giorgio»[22].

Per siffatti «*amici*», egli non si risparmiò in nessun modo e mai negò loro il benché minimo favore, ma anzi, sempre disponibile a tutto e a tutti, accompagnando le sue azioni con un sorriso e una buona parola, era solito dire, quasi per schermirsi: «*Si può sempre fare un po' di bene*».

Rivelano con chiarezza questo suo atteggiamento i seguenti brevi episodi che possono essere considerati le note più vibranti di quel meraviglioso «poema della carità» che – è stato detto – fu la sua vita, un poema di cui purtroppo molte pagine sono sconosciute perché Pier Giorgio, nella sua umiltà, le tenne nascoste.

Una sera una tempesta di neve blocca il treno su cui egli viaggia per recarsi in montagna. Per poter proseguire è necessario formare un solo convoglio. Molti aiutano i macchinisti e il controllore a spalare la neve e sono vicini ai passeggeri più deboli nell'operazione di trasporto dei bagagli; dopo un po' si concedono però momenti di riposo e iniziano a sonnecchiare. Solo Pier Giorgio rimane attivo fino all'alba nel prestare soccorso, incurante di sonno e fatica.

Un giorno l'Unione del Lavoro organizza una festa con banco di beneficenza; nei giorni precedenti si vendono i biglietti. Un giovane operaio si lascia convincere ad acquistarne uno; considerate però le sue deboli finanze, si pente quasi subito delle tre lire spese. È questa l'occasione per un pronto intervento di Pier Giorgio: «*Senta, io dovevo andare appunto all'Unione lavoratori per comprare un biglietto per un mio amico... Se lei mi vende il suo, risparmia a me la strada e a lei la spesa*».

«Ma non hai freddo?» chiede un amico a Pier Giorgio nell'incontrarlo in via Carlo Alberto, in pieno inverno, con la sola giacca. «*Oh, no, sai io sono un montanaro!*» è la sua pronta risposta, pronunciata per celare un gesto appena compiuto, che non è però sfuggito all'interlocutore: il dono del cappotto ad un mendicante misero ed infreddolito. «Non posso dimenticare – ha scritto un altro testimone della sua carità – la volta che lo vidi tornare senza scarpe, calzando un paio di pantofole come quelle che indosso ora a ottantasette anni, solo perché aveva dato le scarpe a un povero».

Dicembre 1916: Pier Giorgio incontra per strada un povero balbuziente in preda alla tosse e stremato dal freddo. Subito lo conduce a casa e prega i familiari di ospitarlo almeno per un giorno e una notte. Felice di poterlo riscaldare e rifocillare, si preoccupa poi di trovargli un'adeguata sistemazione.

Un giorno, in piazza San Carlo, gli si avvicina un mendicante. Pier Giorgio fruga immediatamente nelle tasche alla ricerca di denaro: non trova più nemmeno uno spicciolo. Allora offre a quel misero il panino per la colazione che gli era stato preparato in casa: *«Ecco, non ho che questo da darti»*, e subito chiede: *«Chi sei? Di che cosa hai bisogno?»*. Dopo aver preso nota del nome, dell'abitazione e delle necessità più urgenti, si allontana con nella mente il pensiero di intervenire quanto prima a soccorrerlo.

È estate: Pier Giorgio sta per partire per le vacanze e così pure la famiglia presso cui soggiorna un suo amico che deve ancora sostenere alcuni esami all'università. Per non costringerlo a spendere denaro in albergo, egli decide di ospitarlo, rinviando così la partenza per Pollone.

«Era pieno inverno – ricorda la sorella – e i carabinieri, posti a tardiva vigilanza delle nostre mura dopo l'aggressione fascista del giugno 1924, dovevano godersi il disagio di una permanenza continuata al freddo e alla neve. Ma chi si curava di loro? Naturalmente Pier Giorgio che li ascoltava, li pregava di entrare a scaldarsi un poco e portava ai sei di turno le coperte perché si potessero allungare sui gradini»[23].

Episodi simili nella vita di Pier Giorgio si ripetono centinaia di volte, squarciando veli su una disponibilità senza limiti che, tesa a realizzare tutto ciò che fosse servizio, sapeva donarsi in mille modi diversi per il bene degli *«amici»*, non lasciandosi mai scoraggiare o deludere da difficoltà e incomprensioni.

Un'amicizia vissuta nella gioia

Coloro che ebbero la fortuna di condividere la sua amicizia potrebbero con parole diverse nella forma, ma identiche nella sostanza, esprimere quanto, due anni dopo la sua morte, Laura, la segretaria della «Società dei Tipi Loschi» scrisse di lui: «Ed ora noi sappiamo perché lo abbiamo tanto pianto; perché non ci sentiamo affatto separati da lui dopo due anni, che sembrano due secoli, dalla sua dipartita. Sappiamo perché le gite fatte con lui sono state le più liete, perché mai la natura ci è parsa maestosa e pura come quando la ammiravamo insieme, perché le burle sue avevano un particolare profumo di giovane allegria. Egli poneva sempre il Signore fra sé e noi come vincolo di unione e nel Signore santificava l'amicizia, la gioia, ogni sentimento, ogni istante della vita. E noi non saremo mai separati, – e quante volte lui lo ha scritto: *"noi Tipi Loschi ci disperderemo, ma non potremo mai separarci, uniti come siamo dal vincolo della Fede"* – non saremo separati né fra noi, né da lui potendoci ritrovare ogni giorno in Colui che fu il suo rifugio, la sua vita, il suo amore»[24].

Anche se, come ancora ricorda il «lestofante Petronio», «Pier Giorgio, quando assaporava la gioia di vivere che gli derivava dalla sua coscienza pura, capace di superare nella fede ogni turbamento, sentiva il bisogno incontenibile di comunicare agli altri quel dono di Dio e con gli amici trascorreva momenti di rumorosa allegria»[25], non bisogna tuttavia pensare che tutte le sue amicizie avessero risvolti sempre sereni e gratificanti.

Alcune indubbiamente, come accade a chi è molto generoso, furono causa di delusioni e nascoste sofferenze. Egli però, in questi frangenti, come ogniqualvolta un dolore lo feriva, sapeva perdonare, tacere e soffrire in silenzio, confidandosi soltanto con il Signore. «Delle ingiurie e dei torti che riceveva – è stato testimoniato – non serbava rancore, né amarezza; sempre pronto al perdono, non richiamava alla mente e neppure ricordava le parole amare, che erano a lui indirizzate e lo potevano ferire. Questo soprattutto con i suoi compagni ai quali rendeva, quando se ne presentava l'occasione, bene per male»[26].

Emblematico al riguardo è l'atteggiamento con cui un giorno reagì di fronte all'«uso» che della carità ricevuta fece un suo compagno. Poiché spesso lo sentiva affermare che avrebbe dovuto troncare gli studi in quanto le sue risorse non gli permettevano di rispettare la scadenza del pagamento delle tasse universitarie e dell'affitto della pensione, decise di chiedere in casa la considerevole somma di mille lire da «imprestare» allo sfortunato studente, in attesa che la famiglia gli inviasse il consueto mensile. Dopo molta insistenza, ottenne il denaro dalla mamma che, per ragioni di prudenza, si era mostrata restia a concedere la somma. Subito consegnò la cifra all'amico, ottenendo in cambio la ricevuta del prestito. «Ma – racconta Luciana – appena pochi giorni più tardi, per caso, incontrò quel tale bisognoso, tutto elegante e in bella compagnia. Sorrise comprendendo l'inganno in cui era caduto; ma senza rammaricarsene, commentò ad un amico: *"Vedi, quelle sono le mie mille lire che vanno a spasso"*»[27].

Anche in altre non facili circostanze Pier Giorgio seppe reagire con calma ed equilibrio. Se ad esempio in un gruppo di persone affioravano l'incomprensione e la mormorazione, dopo aver preso, se era il caso, le difese di chi era sotto accusa, egli si dimostrava così santo e intelligente da allontanarsi in silenzio, soffrendo forse anche per la mancanza di misericordia denunciata dalle frasi sentite; sempre pronto a comprendere, a ricercare l'eco profonda delle necessità altrui, ad aiutare fraternamente, a compatire se non condivideva diverse linee di condotta, preferiva infatti tacere piuttosto che esprimere giudizi arbitrari.

Si può quindi affermare che l'amicizia di Pier Giorgio, ben lontana da qualsiasi meschinità, maldicenza o pettegolezzo, ma al contrario sempre schietta e sincera, magnanima e leale verso tutti, ebbe come fine il vivo desiderio di comunicare e testimoniare la gioia della presenza di Dio.

Note

[1] Ugo Rocco S. J., *Pier Giorgio Frassati nella calda luce della sua preghiera*, in «Palestra del clero», anno LXV, n. 13-14, 1-15 luglio 1986, p. 895.

[2] P. G. Frassati, *Lettere*, cit., pp. 257-258 (lettera a Marco Beltramo del 10 aprile 1925).

[3] G. Ferretti, *La figura spirituale di Pier Giorgio Frassati*, in «Rivista diocesana torinese», cit., p. 630.

[4] P. G. Frassati, *Lettere*, cit., p. 249 (lettera a Marco Beltramo del 15 gennaio 1925), p. 259 (lettera a Marco Beltramo del 10 aprile 1925).

[5] P. G. Frassati, *Appunti per un discorso sulla carità*, cit., in L. Frassati, *Mio fratello Pier Giorgio. La carità*, cit., pp. IX-X.

[6] *Atti del Processo Apostolico di beatificazione e canonizzazione*, cit., p. 277, e *«Dossier: Gli amici»*.

[7] L. Frassati, *L'impegno sociale e politico di Pier Giorgio*, cit., p. 96.

[8] P. G. Frassati, *Lettere*, cit., p. 329 (lettera a Maria Fischer del 23 gennaio 1923), pp. 335-336 (lettera a Carlotta Kohlstedt del 13 gennaio 1923).

[9] *Ibid.*, p. 260 (lettera a Marco Beltramo del 24 aprile 1925).

[10] *Ibid.*, p. 192 (lettera a Isidoro Bonini del 15 gennaio 1925).

[11] *Ibid.*, p. 142 (lettera ad Antonio Villani deI 26 marzo 1923).

[12] *Ibid.*, p. 298 (lettera a Clementina Luotto del 23 aprile 1925).

[13] Cfr. *ibid.*, p. 258, nota n. 1.

[14] *Atti del Processo Apostolico di beatificazione e canonizzazione*, cit., p. 194.

[15] Cfr. L. Frassati, *Calendario di una vita: 1901-1925*, cit., «Torino, 24 aprile 1924».

[16] Cfr. L. Frassati, *Il cammino di Pier Giorgio*, cit., pp. 255 e 180.

[17] Cfr. *Positio super virtutibus*, cit., vol. I, p. 189.

[18] P. G. Frassati, *Lettere*, cit., p. 83 (lettera alla sorella del 14 febbraio 1925).

[19] Giovanni card. Saldarini, *La straordinaria semplicità di prendere sul serio il proprio essere cattolico*, in «L'Osservatore Romano», anno CXXX, n. 116, 20 maggio 1990, p. 4.

[20] Franco Peradotto, *E ora tocca a noi!*, in «La Voce del Popolo», anno CXV, n. 21, 27 maggio 1990, p. 1.

[21] I. A. Chiusano, *Santo con coraggio e allegria*, in «La Voce del Popolo», cit., p. 13.

[22] L. Frassati, *Mio fratello Pier Giorgio. La carità*, cit., pp. 203-204.

[23] Per gli episodi riferiti cfr. L. Frassati, *Mio fratello Pier Giorgio. La carità*, cit., p. 130 e *Atti del Processo Apostolico di beatificazione e canonizzazione*, cit., p. 334; L. Frassati, *Mio fratello Pier Giorgio. La carità*, cit., pp. 37-88; L. Frassati, *Il cammino di Pier Giorgio*, cit., p. 202; L. Frassati, *Mio fratello Pier Giorgio. La carità*, cit., pp. 149, 19, 8-9, 191-192.

[24] *«Dossier: Hidalgo»*.

[25] Franz Massetti, *Pier Giorgio Frassati nel ricordo di un amico*, Edizioni O. R., Milano 1976; nuova edizione, Bologna 1982, cit., p. 26.

[26] Cfr. *Positio super virtutibus*, cit., vol. I, p. 284.

[27] L. Frassati, *Mio fratello Pier Giorgio. La carità*, cit., p. 72.

6
LA PASSIONE PER LA MONTAGNA

«*Verso l'alto*»

Il luogo in cui più di ogni altro l'ammirazione e la gioia di Pier Giorgio per le meraviglie del creato raggiunsero il diapason fu la montagna.

Circondato da vette innevate, immerso in paesaggi quasi sospesi nell'infinito, rapito nell'estasi dell'ascesa, espressione del suo profondo anelito verso Dio, così egli scriveva nelle lettere, confidandosi con gli amici: «*Ogni giorno che passa mi innamoro perdutamente della montagna; il suo fascino mi attira*». «*Io capisco questo desiderio di sole, di salire su in alto, di andare a trovare Dio in vetta*». «*Oh, come le opere di Dio sono grandi e meravigliose!*». «*Vorrei... passare intere giornate sui monti a contemplare in quell'aria pura la Grandezza del Creatore*». E ancora, «*coll'animo in preda alla viva commozione, provata alla vista dei superbi spettacoli offerti dalla natura*», confessava di trascorrere sui monti ore «*di vera beatitudine contemplando i magnifici ghiacciai*»[1].

Appassionato di fotografia, Pier Giorgio amava poi fissare su lastre e pellicole gli stupendi paesaggi che ammirava estasiato. Testimonia questo suo interesse per «*l'arte fotografica*» la seguente dedica ad Antonio Severi: «*All'amico Tonino, al maestro, che i miei primi passi nell'arte fotografica guidò, al compagno dei miei anni più belli, anelante come me ad "una patria nelle altezze più crude, sempre più solitaria", con fucino e fraterno affetto*»[2].

Proprio ricordando il suo meraviglioso amore per la montagna, un altro amico, Gian Maria Bertini, così si è espresso: «La sua anima profondamente religiosa univa mirabilmente l'amore del bello con l'amore di Dio. E l'espressione sovrana di questa bellezza egli la cercava nei suoi monti coperti di neve, dove diceva di sentirsi tanto vicino a Dio. Quindi l'ascesa alla montagna non rappresentava per lui un gioco di forze, ma voleva anche e soprattutto dire elevazione e purificazione dell'anima»[3].

Di fronte a tutto ciò che è bello e nobile e può ispirare sentimenti di bontà e di santità, l'animo poetico di Pier Giorgio vibrò sempre con intensa commozione. Egli sapeva essere, come l'ha definito il Papa nel giorno della beatificazione, «l'uomo interiore», l'uomo cioè che sa «ammirare le opere di Dio nel mondo esterno e visibile» e che sa «volgersi da questo mondo a quello interno e invisibile» e scoprire così «quelle dimensioni dello spirito nelle quali si riflette la luce del Verbo che illumina ogni uomo»[4].

Abituato a compiere scalate fin dall'infanzia, nel gennaio 1918 Pier Giorgio, diciassettenne, si iscrisse al Club Alpino Italiano, che era stato fondato nel 1863, a Torino, con sede al Monte dei cappuccini, dal biellese Quintino Sella, allora ministro delle Finanze. Poco dopo divenne anche socio della «Giovane Montagna», un'associazione nata nel 1914 per iniziativa di un gruppo di giovani iscritti all'«Unione del coraggio cattolico».

Frequentandone la sede situata dapprima nel palazzo arcivescovile di Torino e successivamente in corso Oporto, vi ritrovò con piacere amici di facoltà e altri «fucini». La sua presenza gioiosa e sorridente, capace di trascinare i compagni, nel 1923 indusse il Presidente della sezione di Torino a chiamarlo a far parte della Commissione gite, incarico che gli fu rinnovato nel 1925. Ebbe così modo «alle riunioni del venerdì sera, di cui molte volte fu segretario e a cui arrivava spesso trafelato dopo la consueta visita a qualche bisognoso, di profondere le sue doti di animatore energico e preparato, sempre attento alle esigenze degli altri»[5].

Uno dei fini della «Giovane Montagna» era quello di valorizzare l'aspetto spirituale della montagna e di curare in modo particolare l'assolvimento del precetto festivo durante le gite. Pier Giorgio, facendo suo questo spirito, si prodigò in tutti i modi affinché sia a lui, sia all'allegra brigata dei suoi amici fosse garantita, prima o durante un'escursione in montagna, la partecipazione alla messa.

Sui monti egli desiderava e sapeva pregare intensamente; non solo, come hanno testimoniato parecchi sacerdoti, serviva «le messe al campo» con grande fervore, ma anche invitava i compagni a recitare il rosario e a pregare per gli alpinisti morti tra le rocce. Un giorno, ad una guida che, giunta in vetta al Monviso aveva affermato: «Io non prego mai, ma sulla punta di una montagna recito sempre un'*Ave Maria*», egli con delicatezza suggerì: *«anche un De profundis!»*[6].

La morte, che considerava *«un passaggio semplicissimo dalla vita alla Vita»,* non lo spaventava davvero in nessun modo, come ben rivela la risposta che era solito dare a chi lo invitava ad affrontare con maggior attenzione le difficili escursioni in montagna: *«Io ci penso sempre alla morte e non mi fa alcuna paura. La vera vita dell'al di là è quella che tutti ci attende. Dobbiamo quindi meditarla spesso ed essere sempre preparati, perché Dio può chiamarci a Sé in qualunque momento»*[7]. Queste parole nella loro autenticità hanno un valore che trascende il tempo in cui furono pronunciate e rivelano che Pier Giorgio credeva veramente che sarebbe morto per risorgere, consapevole appunto che la morte è «una pasqua», cioè «un passaggio» alla pienezza di una vita senza fine nell'armonia e nello splendore della gloria di Dio.

Proprio la morte in montagna sarebbe stata la realizzazione di un suo desiderio, come chiaramente si può desumere dal passo di una sua lettera e dalla testimonianza di un amico. La tragica morte di un compagno sfracellatosi nell'agosto 1923 attraversando un ghiacciaio gli suggerì queste considerazioni: *«Hai visto la fine tragica del povero avv. Loretz? Si è ucciso per una disgrazia al Château des Dames, un ghiacciaio facilissimo, che io ho fatto due anni fa con il figlio della guida Carrell senza notare i pericoli di cadute di pietre. Ma quest'anno per il grande caldo il disgelo è più forte e quindi le rocce si disgregano più facilmente. È la sorte che capiterà a me fra qualche anno e quindi morale: quando si va in montagna bisogna prima aggiustarsi la propria coscienza, perché non si sa mai se si ritorna. Però con tutto questo non mi spavento ed anzi sempre più desidero scalare i monti, guadagnare le punte più ardite, provare quella gioia pura, che solo in montagna si ha»*[8].

L'amico Gian Maria Bertini ha inoltre affermato: «Una volta, parlandomi della montagna che tanto amava, mi disse che il pensiero della morte in alta montagna, anzi in mezzo alle candide nevi sfolgorate dallo splendore del sole, era per lui oggetto di intima gioia. Nessun altro genere di morte avrebbe egli preferito a questo. Il bacio della morte lassù, dove la presenza di Dio è più sentita, gli pareva più intonato al suo spirito di alpinista, che nell'ascesa dei monti scorgeva un elemento efficace d'elevazione spirituale»[9].

Attratto *«verso l'alto»*, come significativamente scrisse su una fotografia che lo ritrae di profilo su una roccia, proteso alla conquista della vetta durante la sua ultima scalata compiuta il 7 giugno 1925, un mese prima della morte, Pier Giorgio, nei suoi ventiquattro anni di vita, fece tante escursioni e partecipò anche a molte gare di sci sempre con l'entusiasmo di chi si avvicina per la prima volta alla montagna. All'amica Tina Ajmone Cat, con vivo trasporto, un giorno disse: *«Queste ascensioni alpine hanno in sé questa strana magia che per quante volte si ripetano e per quanto si rassomiglino tra loro non riescono mai a tedio, nel modo stesso che mai ci tedia l'eterna e uguale vicenda della primavera, ma riempie l'animo nostro di viva letizia, e di ineffabile compiacimento»*[10].

Alcune mete di un «alpinista tremendo»

Se si ripercorre il *Calendario di una vita*, l'originale biografia di Pier Giorgio che la sorella ha scandito sul ritmo di un ampio succedersi di date, si rimane sorpresi nel constatare quanto spazio viene lasciato agli «appuntamenti» con la montagna. Eccone i più significativi.

Il 14 settembre 1920 Pier Giorgio è in vetta al Mucrone (2335 m) nel Biellese, per partecipare al rito della ricollocazione della croce di ferro divelta da una bufera. Dieci giorni dopo scala il Gran Tournalin (3379 m), in Val d'Aosta, in compagnia della guida Luigi Carrell sul cui diario annota: *«Partiti alle 9 da Cheneil raggiungemmo la vetta del Gran Tournalin per la parete più difficile. Dopo la scalata alla vetta Nord scendemmo per la parete Nord. Alle 15 eravamo di ritorno a Cheneil. Luigi Carrell mi fu di prezioso aiuto, agile e sicuro nella scalata delle rocce»*. E il giorno seguente aggiunge: *«Partiti da Cheneil alle 2 di mattina dopo breve sosta ai cascinali di Créton, per la morena e il nevaio raggiungiamo la parete Est rocciosa del Château des Dames giungendo al ghiacciaio sotto ai Gendarmes. Alle 10 eravamo sulla vetta. Luigi Carrell si dimostrò espertissimo conoscitore della montagna ed attento e premuroso compagno»*[11].

Il 21 gennaio 1923 partecipa con la Sezione Universitaria del CAI (la SUCAI) ad una gita al monte Frais (1941 m) in Val di Susa, distinguendosi nell'aiutare i principianti nei passaggi più difficili. Nel febbraio dello stesso anno trascorre il carnevale al Piccolo San Bernardo, dove incontra Laura e rimane ammirato dall'incantevole paesaggio, in particolare dalla *«neve magnifica»*. Il rettore dell'Ospizio così lo ricorda: «Sempre allegro e rumoroso come tutti gli studenti, specie in un carnevale in montagna, ma sempre composto e serio di modi, egli si distingueva dai suoi compagni per la sua pietà e religiosità, non gretta né facilona, ma viva ed operosa, e per il suo spirito apostolico. Ogni mattina mi serviva la messa e faceva la Comunione, altri ne seguivano l'esempio. E poi via sui campi di sci. Rientrando dalle gite sciistiche, si inginocchiava nuovamente nella cappellina per la sua visita al Santissimo. Una così profonda vita spirituale interiore ne faceva un accorto ed indifeso apostolo di bene»[12].

Il 6 maggio 1923 compie un'ascensione al Monte Mares (1654 m) in Val di Lanzo, dopo aver servito la messa nella chiesa di San Secondo a Torino alle quattro del mattino. L'8 luglio dello stesso anno è ancora in Val di Lanzo sulla vetta della Levanna Orientale, da dove scrive all'amico Antonio Villani: *«Di ritorno dal ghiacciaio della Levanna ti ringrazio per il magnifico uso fattomi dalla tua picozza. Cristiani saluti. P. Giorgio Frassati»*, e il giorno dopo specifica: *«Carissimo Tonino, ieri sono stato a 3500 a respirare un po' d'aria buona ed a prendere nuove energie per condurre a buon punto l'esame del* (professor) *Montel»*[13].

Il 26 luglio scala il Monviso (3841 m), precisando alla mamma le modalità dell'escursione: *«Di ritorno dal Monviso asceso per la parete Sud, senza corda, sotto l'ottima guida del mio amico Paolo Gilli, invio mille baci»*[14].

Il 18 maggio 1924 è al Pian della Mussa, dove fonda la «Società dei Tipi Loschi». Il 4 luglio, esattamente un anno prima della morte, scala in cordata «con una nebbia fortissima», come ricorda un suo compagno, i Picchi del Pagliaio (1459 m) sopra Giaveno e il 20 è sulle Alpi Graie alla Ciaramella (3676 m) per celebrare il venticinquesimo anniversario del collocamento in vetta di un quadro della Consolata.

Il 13 e 14 settembre è a Cogne dove si è recato per compiere l'ascensione della Grivola, *«il frutto proibito»*, *«la superba vetta alla cui scalata s'immolarono parecchie vite umane»*. La Grivola è infatti una montagna assai difficile da conquistare poiché, come annota la sorella in margine a queste espressioni, «i numerosi strati superficiali di roccia sono facilmente ruinabili in caduta di pietre e in valanghe; l'ascensione, ardentemente desiderata da molto tempo da Pier Giorgio, era considerata un gesto di coraggio, date le numerose vittime che la cima aveva già mietuto»[15].

Proprio da Cogne, dopo la sospirata conquista del *«frutto proibito»*, Robespierre invia al «Tipo Losco» Perrault, alias Marco Beltramo, una bella lettera che, secondo lo stile «terroristico», si apre nel modo seguente: *«Dall'Hotel Grivola di Cogne, celebre per le gesta della nostra brava Direttrice di gita, il giorno 13 settembre '24, giorno quinto decimo del quinto mese, anno primo era novella (non fascista).*

Società "Tipi Loschi" – Reparto "Agitati"
Sezione "Terrore" – Sottosezione "Alpinistica"
Proclama "Frutto proibito" o Grivola
All'ala del Terrore, nostro esimio compagno di altre belle gite, un formidabile colpo di cannone grivolino!».

Segue poi il racconto dell'ascensione che così si snoda: «*Partimmo ieri sera alle 20,30 per il rifugio Vittorio Sella con l'ottima guida Cavagnet ed il portatore Marcello Cavagnet; la strada fu divorata e noi andavamo col pensiero alla gita della Ciamarella e specialmente ai Lestofanti e Lestofantesche ahimè! forzatamente assenti: a rompere la monotonia che da Cogne sale al rifugio, mancavano le allegre risate dei Tipi Loschi; a rendere più bello il paesaggio, illuminato dalla luna, mancava il bello stile che adorna il parlare della nostra Presidentessa* (Clementina Luotto)*; a rendere più confortevole il percorso mancava la squisita gentilezza della nostra Segretaria* (Laura Hidalgo) *e poi soprattutto ad animare gli alpinisti mancava lo spirito organizzatore della Direttrice di gita nonché Englesina* (Ernestina Bonelli, così chiamata per i suoi soggiorni a Londra).

Al mattino di sabato 13 incominciò la seconda giornata, la giornata in cui noi abbiamo conquistato il "Frutto Proibito". Partimmo alle 4,30 e verso le 6 si presentò dinanzi a noi la maestà della Grivola. In quel sublime momento non sappiamo se nel nostro animo prevalse la gioia di trovarsi a pochi passi dai piedi della Grivola o il timore di avvicinarsi a colei che ha sì atroce fama.

Divorammo il ghiaccio e poi incominciammo la roccia, passammo lesti attraverso il canalone centrale per scansare qualche eventuale poco piacevole saluto che è solita fare la bella vetta a chi vuol salirla; poi per la Cresta Est (cresta con buonissimi appigli) in due ore eravamo in vetta.

Non avendo lapis scrivemmo su una cartolina della G.M. sez. di Aosta trovata là intingendo il fiammifero nel minio lasciato da un inglese:"P.G. Frassati C.A.I. e G.M. con la guida Cavagnet ed il portatore Marcello Cavagnet il 13-9-24". Certo che pochi capiranno la nostra scrittura. Dalla vetta il nostro pensiero corse a tutti i Lestofanti e a tutte le Lestofantesche che avremmo voluto lassù presenti a godere con noi il magnifico panorama.

Ed ora che abbiamo scalata la Grivola credete abbiamo riportato un'impressione che non sia così terribile com'è la fama: certo che vi sono delle creste dove la roccia è marcia e che quindi sarebbe una pazzia salire da quelle parti; ma vi sono vie non tanto facili, dove però la roccia è buonissima.

Alla Direttrice di gita e alla Segretaria che l'anno scorso non poterono godere questa bellissima ascensione porteremo come ricordo due piccoli sassi colti dalle nostre terroristiche mani sulla vetta.

Ed ora Perôl, sono felicissimo di aver salito questa bella ed imponente vetta, che salutai con un caldo arrivederci: possiamo per quest'anno congedare le scarpe e dar loro il meritato riposo. Addio o cittadino illustre, abbiate una stretta di mano da Robespierre.

Terror omnia vincit: Grivola victa est!»[16].

Nel lasciare Cogne, accanto alla firma posta nel registro dell'albergo in cui aveva pernottato, Pier Giorgio esprime il vivo desiderio *«di ritornare nel 1925 per nuove ascensioni»*. «Una mano ignota – annota la sorella – scriverà in seguito: "Autografo di un santo"»[17].

Nonostante l'espresso proposito di *«congedare le scarpe»*, in autunno inoltrato, compie ancora un'impegnativa scalata di due giorni alla Bessanese (3532 m) sulle Alpi Graie, che, sempre a Perrault, descrive in un'altra lunga lettera dal simpatico e vivace tono ironico: *«Eravamo partiti con l'intenzione di attaccare la Bessanese dalla via Sigismondi, se proprio le condizioni della neve lo avessero impedito almeno tentare la via normale. Certo quando giungemmo a Balme e vedemmo la roccia piena di neve ci parve una imprudenza salire su per la via Sigismondi ed allora cercammo di affittare gli ski e così fare l'Albaron di Savoia. Perdemmo così due ore a Balme e verso le 2 eravamo in cammino per il rifugio...*

Dopo il Pian dei morti incominciò il più grave della salita perché la neve era gelata e noi dovevamo procedere molto lentamente perché non avevamo le mani libere per appoggiarle sulle picozze. Così arrivammo a pochi passi, dove il 20 luglio Severi prese la prima fotografia, quindi ad un'ora d'inverno dal rifugio, ma la stanchezza, l'incertezza dello stato della neve ci consigliarono a bivaccare. Il buon Cerutti si diede all'opera e, trovata una roccia su cui stava a guisa di tetto pendente verso il declivio un po' di neve, vi scavammo sotto un piccolo appartamento composto delle seguenti camere: una camera da letto per tre, camera da pranzo, cucina, salotto per ricevimenti, gran corridoio con ballatoio di dove si poteva goder la magnifica vista che univa il nostro appartamento con il n. 100.

Il nostro magnifico appartamento misura m. 1,50 di lunghezza, larghezza 0,50, altezza 0,40. Il riscaldamento difettava, ma in compenso era ben ventilato, i dettami dell'igiene erano stati fedelmente e rigorosamente osservati.

Preparato così l'appartamento pensammo subito ad inaugurare la cucina e la sala da pranzo e bevemmo un ricco the ahimè! non più zuccherato dalle parole di Clementina. Dopo incominciammo a cercare di occupare le ore perché dormire era una imprudenza. Pensammo ai Tipi Loschi assenti, alla contentezza da una parte che le signorine erano al Pian Pacias a riposarsi di una gita in collina degna della Direttrice di gita perché altrimenti rimanevano assiderate, ma d'altra parte sarebbe stato bello che tutta la Società al completo avesse dovuto bivaccare. Il tempo sarebbe stato molto più breve perché Clementina avrebbe potuto incantarci con discorsi in stile trecentesco, Tina col suo spirito organizzatore che ben la distingue avrebbe potuto rialzare il già alto morale, Laura non solo preparare squisiti pranzi ma anche essere buona compagna. E così fra pranzi, canti, recite di Dante, lezioni di astronomia e radiotelegrafia, arredamento continuo della nostra casa, passammo 12 ore, dalle 7 e mezza della Domenica sera fino alle 8 di lunedì.

La casa, dove il Terrore insieme al cittadino T. L."Figaro qua Figaro là", e il non T. L. Cerutti ha passato una notte bianca magnifica, fu intitolata a S. Pece de' Pazzi che in quel momento certamente era l'unica protettrice che si poteva invocare. Abbiamo fatto una fotografia, che, se sarà riuscita, ti manderò perché tu veda se ti ho descritto bene la casa, dove noi gentilmente siamo stati ospiti. Partiti senza sacchi giun-

gemmo dopo un'ora al rifugio e poi ritornammo giù per partire alle 18 e mezza con l'auto per Ceres.

Eccoti, o Perrault, la relazione. Certamente se tu fossi stato con noi avresti potuto scrivere con la grazia che ti distingue un bel proclama su questo bivacco e farne omaggio alla Direttrice di gita, ma pazienza; a voce, come meglio saprò, riferirò come di dovere i punti più belli della gita. Ed ora caro Perrault ti debbo lasciare non senza dirti che brindando a Balme abbiamo formulato l'augurio che il prossimo bivacco sia sul ghiacciaio del Rosa sulla parete Guglielmina.

Saluti terroristici. Robespierre»[18].

Conformemente a questo simpatico augurio, nel 1925 si susseguirono per Pier Giorgio parecchie escursioni, tra cui si possono ricordare quelle ai Denti di Cumiana in pieno inverno, il 18 gennaio, «*una gita meravigliosa, ma molto difficile*», a Sauze d'Oulx, dove una fotografia datata 1° marzo lo ritrae con il pettorale numero 76, in una gara di sci organizzata dalla «Giovane Montagna», e ancora, sempre in Val di Susa, alla Rocca Sella, ascensione di cui il 30 marzo invia all'amico Beltramo una singolare fotografia in cordata scrivendogli: «*discendevo a corda doppia uno spuntone: la fotografia non dà però l'idea che io sia sospeso nel vuoto*»[19]. Il 10 maggio è poi in Val Pellice, in vetta al Monte Vandalino (2112 m) e il 17 di nuovo alla Rocca Sella per celebrare il primo anniversario della «*gloriosa*» «Società dei Tipi Loschi».

Infine il 7 giugno compie la sua ultima gita alle Lunelle in Val di Lanzo; proprio in omaggio al suo grande amore per la montagna e alla carità che sempre sapeva esercitarvi, è ancora bello ricordare come si svolse questa scalata trascrivendo, in parte, la testimonianza di un compagno di cordata: «Era il 7 giugno 1925, domenica. Pier Giorgio arrivò alla stazione della ferrovia di Lanzo con un'automobile pubblica pochi minuti prima della partenza del treno. S'era addormentato e così aveva dovuto assistere alla santa messa mezz'ora più tardi di quanto aveva deciso. Egli era contento e di buon umore come sempre. Arrivati alla stazione di Pessinetto, cominciammo subito a salire verso la meta, le Lunelle di Lanzo... Pier Giorgio era secondo nella nostra cordata e mi assicurava nei punti difficili. Ricordo che nell'arrampicare egli provava una vera gioia e lo divertivano in modo speciale alcune discese a corda doppia necessarie per superare degli spuntoni di cresta. Così giungemmo all'ultimo tratto difficile, la "placca Santi" ove nel 1921 morì Cesarino Rovere studente del primo anno del Politecnico. Non avendo io scarpe adatte, fummo costretti a prendere la via normale. Appena giunti in cima – proseguivamo soli – egli ci disse di recitare insieme un *De profundis* per Cesarino Rovere. Il pensiero gentile e buono di Pier Giorgio mi impressionò profondamente e decisi di seguire il suo esempio: la prossima volta che sarei salito su qualche cima avrei pregato per i morti della montagna. Poco meno di due mesi da quel giorno mi trovavo di nuovo tra i monti, nel Trentino, su d'una vetta bella, ma che non aveva ancora dei morti. Il *De profundis* lo recitai per Pier Giorgio. E così tutte le volte che mi trovo su in alto tra i monti e prego, mi torna alla mente vivo il ricordo di chi mi ha insegnato l'atto più delicato e gentile che un alpinista possa compiere verso il fratello caduto. Tornati ai nostri sacchi, cominciammo la discesa attraverso una magnifica distesa di rododendri in fiore... Arrivati alla stazione ferroviaria... sul treno trovammo altri conoscenti che scendevano pure dai monti; cantando giungemmo a Torino. Ricordo che Pier Giorgio cantava con vero entusiasmo, sentiva la bellezza del canto e non sapeva resistere al desiderio di contribuire anche con la sua voce. In città dei fanciulli vedendoci carichi di rododendri si avvicinavano per chiederci un fiore. Pier Giorgio con la sua bonarietà solita si fermava subito, assecondava il loro desiderio e godeva nel vederli poi allontanarsi contenti...»[20].

In sintesi, se si volesse riassumere in poche parole questa dimensione della vita di Pier Giorgio così strettamente legata alla montagna, si potrebbe ricorrere alla definizione pronunciata dal Papa il 13 aprile 1980 nel corso della sua prima visita a Torino. In quell'occasione, rivolgendosi alle migliaia di giovani riuniti a Valdocco, Giovanni Paolo II, con felice intuito, affermò, servendosi di un'espressione improvvisata, ma proprio per questo particolarmente incisiva, che «l'uomo delle otto beatitudini» seppe anche essere «un alpinista tremendo!». Parole queste che indicano il modo quanto mai intrepido ed entusiastico con cui Pier Giorgio, nella sua pur breve vita, raggiunse e contemplò tante vette alpine.

L'amicizia e la carità di Pier Giorgio in montagna

Anche se si è già parlato del significato dell'amicizia nell'esistenza di Pier Giorgio, non si può non ritornare ora sull'argomento in questo capitolo sulla montagna, in quanto le gite alpine furono gli spazi in cui i suoi profondi legami di amicizia trovarono momenti di stupenda realizzazione.

La sua delicata sensibilità gli impediva innanzi tutto che le escursioni con gli amici si trasformassero in banchi di prova per competizioni sportive, ma faceva sì che quelle fossero simpatiche occasioni per andare incontro al prossimo.

Pur potendo impegnare le sue eccezionali qualità atletiche in imprese di ben più ampio respiro, era sempre attento ai compagni meno abili di lui. Primo ad accorgersi dei loro segni di fatica, per non umiliarli esponendoli a commenti più o meno mordaci, escogitava mille piccole scuse per far fermare la comitiva: ora era un piede che gli doleva, ora lo zaino che gli indolenziva le spalle, ora il passo troppo veloce. Così, apparentemente per lui, ma in realtà per i più deboli, tutti si fermavano. Altre volte poi, anziché salire scendeva, o viceversa, per incoraggiare e sorreggere coloro che erano rimasti indietro; con il pretesto di aiutarli nei passi difficili, toglieva loro lo zaino dalle spalle facendosene carico affinché potessero proseguire in maniera più spedita.

A questo riguardo la sorella, nel descrivere l'ascensione di Pier Giorgio al Mucrone, compiuta nel settembre 1920, ricorda come egli, dopo aver affrontato digiuno la difficile salita per potersi accostare alla Comunione in vetta, al ritorno, «come al solito», faceva «la navetta tra il monte e il piano come un cane da pastore»[21], aiutando, in quell'occasione, il viceparroco di Pollone che era rimasto vittima di un lieve incidente ad un piede.

In montagna, Pier Giorgio sapeva dunque donare a tutti le sue inesauribili energie. Non solo con mani tagliate dal gelo si prestava a legare gli sci ai compagni più sprovveduti, oppure, anziché pensare a sciare per divertirsi, riuniva i principianti compiendo più volte per loro lo stesso percorso, o ancora era sempre pronto a cedere agli altri la camera o il letto più caldi, ma, spinto da un autentico amore per l'uomo, spesso si donava in maniera che poteva lasciare sorpresi. «Con mia meraviglia – ricorda Luciana – Pier Giorgio si ostinava a scegliere sempre il più brutto della compagnia, il più povero e il più stonato per stargli accanto. Che mania era quella? – mi chiedevo allora –. Pier Giorgio del mio stesso sangue, Pier Giorgio che amava tanto la mamma da imitarla in molte cose, avrebbe pur dovuto tener conto dei suoi taglienti giudizi sulle persone che seguitava a frequentare. In realtà egli era il sostegno di tanti scoraggiati, il puntello di flaccide coscienze»[22].

Le molte testimonianze che in montagna lo ritraggono «pronto ad ogni chiamata», «allegro e coraggioso», «generoso ed instancabile», per citarne solo alcune, mettono in evidenza come Pier Giorgio, nella sua generosa azione tesa a ricercare le altrui debolezze per condividerle e quindi alleviarle, volle vivere, e fare propria della sua amicizia, quella carità che, oggetto della predicazione di san Paolo, fu esaltata con queste magnifiche parole: «La carità è paziente, è benigna la carità; non è invidiosa la carità, non si vanta, non si gonfia, non manca di rispetto, non cerca il suo interesse, non si adira, non tiene conto del male ricevuto, non gode dell'ingiustizia, ma si compiace della verità. Tutto copre, tutto crede, tutto spera, tutto sopporta»[23].

Infine, è importante sottolineare ancora una volta che proprio in montagna Pier Giorgio diede vita alla «Società dei Tipi Loschi» che, unendolo nell'allegria e nel vincolo della fede e della carità agli amici più cari, gli permise, appunto sulle vette, di vivere in modo del tutto speciale la dimensione dell'amicizia.

Note

[1] L. Frassati, *Mio fratello Pier Giorgio. La fede*, cit., pp. 91, 95, 99; P. G. Frassati, *Lettere*, cit., pp. 213, 230, 82.

[2] L. Frassati, *Il cammino di Pier Giorgio*, cit., p. 239.

[3] Cfr. *Positio super virtutibus*, cit., vol. I, p. 277.

[4] Giovanni Paolo II, *Omelia* pronunciata nella messa di beatificazione in piazza San Pietro, il 20 maggio 1990, cfr. «L'Osservatore Romano», anno CXXX, n. 117, 21-22 maggio 1990, p. 4.

[5] L. Frassati, *Il cammino di Pier Giorgio*, cit., p. 237.

[6] *Ibid.*, p. 189.

[7] Luciana Frassati, *Mio fratello Pier Giorgio. Vita e immagini* con scritti di Francesco Olgiati, Luigi Ambrosini, Filippo Turati, Ennio de Concini, Mario Soldati, Guido Piovene, Silvio Negro, Edizioni Siglaeffe, Genova 1959.

[8] P. G. Frassati, *Lettere*, cit., p. 177 (lettera ad Antonio Severi del 13 agosto 1923).

[9] *«Dossier: Pensieri sulla morte»*.

[10] L. Frassati, *Calendario di una vita: 1901-1925*, cit., «Torino, 16 settembre 1924».

[11] *Ibid.*, «Cheneil, 24 settembre 1920».

[12] Cfr. L. Frassati, *Il cammino di Pier Giorgio*, cit., p. 178.

[13] P. G. Frassati, *Lettere*, cit., p. 145 (lettere ad Antonio Villani dell'8 e 9 luglio 1923).

[14] *Ibid.*, p. 77 (lettera alla madre del 26 luglio 1923).

[15] *Ibid.*, p. 218 (lettera a Marco Beltramo del... agosto 1924) e nota n. 2.

[16] P. G. Frassati, *Lettere*, cit., pp. 230-232 (lettera a Marco Beltramo del 13 settembre 1924).

[17] L. Frassati, *Calendario di una vita: 1901-1925*, cit., «Cogne, 14 settembre 1924».

[18] P. G. Frassati, *Lettere*, cit., pp. 243-246 (lettera a Marco Beltramo del ... novembre 1924).

[19] *Ibid.*, p. 257 (lettera a Marco Beltramo del 30 marzo 1925).

[20] Cfr. L. Frassati, *Pier Giorgio Frassati. I giorni della sua vita*, cit., pp. 163-165.

[21] L. Frassati, *Calendario di una vita: 1901-1925*, cit., «14 settembre 1920».

[22] L. Frassati, *Pier Giorgio Frassati. I giorni della sua vita*, cit., p. 161.

[23] San Paolo, *Prima lettera ai Corinzi*, 13, 4-7.

7
LA SPIRITUALITÀ

«La luce della divina Presenza» in Pier Giorgio

Attivamente inserito nella vita culturale, sociale e politica del suo tempo, giovane aperto alle amicizie e generosamente altruista verso tutti, Pier Giorgio riferì ogni esperienza ed avvenimento della sua esistenza, qualunque fossero le coordinate temporali e spaziali in cui si trovò a vivere, all'autore stesso della vita, consapevole della propria totale dipendenza da Lui. «*La Fede datami nel Battesimo mi suggerisce con voce sicura: "Da te non farai nulla, ma se Dio avrai per centro di ogni tua azione, allora sì arriverai fino alla fine" ed appunto ciò vorrei poter fare, e prendere come massima il detto di S. Agostino: "Signore, il nostro cuore non è tranquillo finché non riposa in te"*»[1], scrisse un giorno all'amico Isidoro Bonini, rivelando così il suo programma di vita, una vita creativamente aperta su orizzonti sconfinati perché confidente nell'unica Potenza che dà la forza di agire.

«Il "miracolo" della fede di Pier Giorgio – ha affermato Giuseppe Lazzati nel ricordarne la figura a cinquant'anni dalla morte – illumina ogni aspetto della sua vita e ne dà ragione a tal punto che, mentre il delinearsi del suo profilo umano, così chiaro, così nobile, così virile soggioga chi lo incontra, è giocoforza intuire, al di là della parvenza esterna, la luce della divina Presenza che riduce al silenzio, invitando a riconoscerne il segno, ad adorarlo e goderne»[2].

Proprio dalla «divina Presenza» Pier Giorgio attinse la forza necessaria per vivere in modo pieno e coerente le virtù teologali che, si legge nella *Positio*, «costituiscono gli assi portanti della sua fisionomia spirituale e della sua personalità cristiana»[3].

Ecco in proposito alcune tra le più belle definizioni che egli nelle sue lettere diede di queste virtù.

Fede: «*Stolto è colui che va dietro alle gioie del mondo perché queste sono sempre passeggere e arrecano dolori, mentre l'unica vera gioia è quella che ci dà la Fede, ed i compagni amati specialmente attraverso questo potente vincolo resteranno sempre uniti anche se le contingenze della vita ci sbalestreranno lontano, lontano*».

«*Poveri disgraziati quelli che non hanno una Fede: vivere senza una Fede, senza un patrimonio da difendere, senza sostenere in una lotta continua la Verità non è vivere, ma è vivacchiare. Noi non dobbiamo mai vivacchiare, ma vivere perché anche attraverso ogni disillusione dobbiamo ricordarci che siamo gli unici che possediamo la Verità, abbiamo una Fede da sostenere, una Speranza da raggiungere: la nostra Patria*»[4].

Speranza: «*La nostra vita per essere cristiana è una continua rinuncia, un continuo sacrificio, che però non è pesante quando solo si pensi che cosa sono questi pochi anni passati nel dolore in confronto all'eternità felice, dove la gioia non avrà misura e fine, dove noi godremo di una pace che non si può immaginare*».

«*La nostra Fede ci assiste con la grande speranza che questa vita è breve e che dopo soltanto viene la vera Vita, nella quale la Giustizia trionferà*»[5].

Carità: «*La religione cattolica è basata sulla Carità, che non è altro che il più perfetto Amore. L'apostolo san Paolo dice: "La carità di Cristo ci abbisogna" e senza questo fuoco che a poco a poco deve distruggere la nostra personalità per palpitare solo per i dolori degli altri, noi non saremo cristiani e tanto meno cattolici*».

«*Nulla v'è di più bello della Carità, perché come dice san Paolo nell'epistola I ai Corinzi cap. XIII: "Se io parlassi le lingue degli uomini e degli angeli, e non avessi amore, non sarei che un bronzo risonante, o un cembalo squillante" e più oltre: "Ora soltanto queste tre cose perdurano, fede, speranza e amore, ma la più grande di tutte è l'amore". Infatti la fede e la speranza cessano con la nostra morte, l'Amore ossia la Carità dura in eterno, anzi credo sarà più viva nell'altra vita»*[6].

Una *fede* viva, profonda, costante anche nei momenti di oscurità, sempre «piena, libera, certa, forte, schietta, gioiosa, operosa ed umile», come felicemente l'ha sintetizzata padre Molinari illustrando ognuno di questi aspetti con precise testimonianze[7], una *speranza* autenticamente cristiana, particolarmente intensa nei momenti di dolore e sofferenza, espressione di distacco dai beni della terra, di fiducia nella Provvidenza e di certezza nella vita eterna, una *carità* verso Dio e verso il prossimo che, capace di amare senza misura, era il frutto di un generoso dono di tutto se stesso in qualsiasi circostanza, costituiscono i tratti più salienti della santità di Pier Giorgio, una santità non certo astratta, ma che, come già si è visto, si realizzò concretamente tra i problemi laicali e sociali di un preciso contesto storico.

Oltre alle virtù teologali, egli seppe vivere in maniera esemplare anche quelle morali o cardinali, come hanno testimoniato parecchie persone sia nel corso del Processo Informativo Ordinario sulla fama di santità, sulla vita e virtù (1932-1935) sia nel Processo Apostolico (1980-1981).

Dagli atti dei due Processi emerge chiaramente che il Servo di Dio Pier Giorgio Frassati fu un giovane *prudente*, capace cioè di indirizzare ogni sua azione al fine supremo della vita cristiana, quello soprannaturale; perciò, sebbene in apparenza spensierato e a volte anche «rumorosamente» allegro, egli agì sempre con estrema prudenza mosso da una limpida purezza di coscienza che lo induceva a trattare il prossimo, chiunque fosse, con estremo riguardo e delicata cortesia.

Fu inoltre un *«uomo giusto»*, come lo definiva spesso il padre che, avvertendone la superiorità morale, nelle leggere controversie familiari era solito dire: «Ora sentiamo il parere di Pier Giorgio "l'uomo giusto"!»[8]. Il suo senso di giustizia si esplicava sostanzialmente in un atteggiamento di massimo rispetto per tutti, di grande amore per la Verità e di pronta difesa per chi era ingiustamente oppresso.

Quanto alla virtù della *fortezza*, Pier Giorgio nella sua breve vita dimostrò di saper affrontare difficoltà e pericoli, superare ostacoli ed insuccessi, sopportare sofferenze e dolori con ammirevole coerenza, con fermezza e forza di volontà, senza segni di cedimento e debolezza; sempre pronto ad infondere negli altri serenità e coraggio, particolarmente «forte» egli apparve nell'affrontare la terribile morte che, a ventiquattro anni, ne stroncò la giovinezza.

Non mancano infine testimonianze circa la sua *temperanza*: esuberante e vivace per natura, Pier Giorgio si impegnò a fondo nell'esercitare una continua azione di correzione del proprio carattere e un costante controllo e dominio di sé; inutile poi aggiungere che cercava soltanto il sufficiente e si accontentava del poco.

Degne di essere trascritte in quanto mettono efficacemente a fuoco l'esercizio di ciascuna di queste virtù, sono le seguenti deposizioni rilasciate da persone che lo conobbero molto da vicino. «A me il Frassati apparve sempre, sotto l'apparenza spensierata, di una grandissima prudenza. Evidentemente egli aveva una fondamentale rettitudine ed elevatezza d'animo, perché non apparendo mai indeciso o colto da scrupolo, trovava il contegno e le parole più edificanti nella loro naturalezza». «L'alto senso di giustizia che ispirava le sue azioni gli guadagnava la stima e l'ammirazione di quanti lo conoscevano, ma anche degli avversari delle sue idee e della sua fede». «Pier Giorgio possedeva in grado eminente la virtù della fortezza. È mia convinzione che egli abbia già esercitata questa virtù prima ancora di unirsi in amicizia con me, vincendo le difficoltà di famiglia, specialmente della madre in ordine all'orientamento che egli voleva dare alla sua vita... Escludo assolutamente che in qualsiasi suo atto vi fosse la preoccupazione di far bella figura o la ricerca di onore. Come pure, egli era perseverantissimo in tutte le virtù che praticava ed assolutamente alieno da ogni rispetto umano». «Benché ricco di famiglia, visse con povertà francescana, non mangiava fuori pasto, non beveva vino, se non in rarissime circostanze e per giusto motivo di convenienza, non voleva termosifone aperto in camera da letto, sul quale metteva sufficienti coperte, ma non troppo pesanti. A tavola, pur mangiando con appetito, non era mai smoderato e nel vestire, pur essendo corretto, poteva sembrare quasi trascurato in relazione alla sua condizione sociale. È opinione comune dei conoscenti che fosse privo di ogni ambizione e di ogni ostentazione»[9].

È importante ancora sottolineare come un intero capitolo della *Positio* sia dedicato alle tre «virtù speciali» – *purezza, povertà* e *obbedienza* –, di cui fu intessuta la vita di Pier Giorgio. Il fatto che, giovane laico, non legato ad alcun voto, egli abbia voluto e saputo vivere la castità con un comportamento cordiale e riservato con tutti, essere distaccato dalle ricchezze nonostante le condizioni agiate della famiglia, ed obbedire ad ogni legittima autorità, dimostra con evidenza come egli si impegnasse a fondo nel fare proprie le beatitudini evangeliche.

Non si dimentichi infine che Pier Giorgio nelle sue scelte e nelle sue azioni fu un cultore molto attento dell'*umiltà* o, per usare un'espressione di Giuseppe Lazzati, «un mistero di semplicità», atteggiamento questo non facile da sostenersi da parte di chi era pur sempre «il figlio del senatore» o «il figlio dell'ambasciatore d'Italia a Berlino», cariche che egli qualificava semplicemente come espressioni di una normalissima attività burocratica. Esemplifica perfettamente tale dimensione la risposta data ad una «fucina» che nel Congresso di Ravenna gli aveva chiesto come mai parlasse così bene il tedesco: «*Sono stato in Germania, perché mio papà è impiegato a Berlino*», fu la pronta spiegazione[10].

Quando poi parlava di sé, la sua modestia gli suggeriva frasi come queste: «*Le mie povere capacità mentali*», «*il tale è molto più intelligente di me*», «*ma io non sono mica intelligente*», «*io sono una testa biellese*»[11], espressione quest'ultima da mettere anche in relazione allo squalificante epiteto di «testa dura» attribuitogli in famiglia.

Tra le numerose testimonianze relative alla sua umiltà, una delle più complete è quella rilasciata dalla sorella. Eccola in sintesi: «Che Pier Giorgio fosse l'umiltà in persona era noto a tutti quelli che lo conoscevano, ma a pochi era noto che la sua umiltà non fosse limitatezza o dabbenaggine, ma frutto di dominio di sé e di grande virtù. Egli aveva un modestissimo sentire di se stesso. Anche in famiglia si metteva volentieri all'ultimo posto e noi avevamo preso l'abitudine che questo fosse veramente il suo... Numerose poi le sue richieste di preghiere agli amici nei momenti difficili, e le sue espressioni in cui si riconosce peccatore e debole senza la grazia di Dio»[12].

Di fronte a tanta saggezza di spirito, viene spontaneo chiedersi di quale mezzo Pier Giorgio si sia servito per giungere alla conoscenza di queste verità e vivere in modo così autentico le virtù citate, da quella della fede che illuminò tutta la sua vita a quella dell'umiltà per cui si fece servitore del prossimo. Una sola può essere la risposta: *la preghiera*, il dialogo intimo e ininterrotto con Dio che gli permetteva di ricondurre continuamente il pensiero all'autore della vita e di inserire il ritmo del proprio respiro nello Spirito stesso del Creatore.

«La preghiera di Pier Giorgio ebbe così – ha scritto ancora Giuseppe Lazzati – le note della più alta spiritualità; la fedeltà anzitutto! Per chi, come ciascuno di noi sa per esperienza, la fedeltà alla preghiera rappresenta una delle maggiori difficoltà nello sforzo di mantenere a un certo livello la propria vita spirituale, appare meravigliosa e stimolante la fedeltà con la quale Pier Giorgio seppe vivere quotidianamente, e proprio negli anni in cui l'erompente giovinezza sembra renderlo ancora più arduo, il suo impegno di preghiera. Con la spontaneità propria delle leggi fondamentali della vita quale il respiro, Pier Giorgio dava spazio nelle sue giornate alla preghiera: fossero giornate di scuola e di studio, o di vacanza e di gite, il primo pensiero era di assicurarsi quello spazio di preghiera senza del quale gli sembrava che anche le giornate più belle perdessero il loro significato più vero»[13].

Un profondo spirito di preghiera, contemplativo davanti all'Eucaristia e attivo nei molteplici impegni della vita, pervase e sostenne quindi la poliedrica ed avvincente esperienza cristiana di Pier Giorgio, facendo di lui un giovane capace di vivere in un costante rapporto di armonia e di intima amicizia con il Signore, desideroso di compiere sempre e ovunque la sua volontà, anche nei momenti più dolorosi della sua vita. «Ancorato saldamente in Dio – si afferma nella *Positio* – egli puntava all'acquisto della vita eterna; i beni di questo mondo, le cose di questa terra, feste, denaro, posti di comando, non avevano alcuna presa su di lui»[14].

Nella sua autenticità Pier Giorgio aveva compreso che solo con la preghiera avrebbe potuto raggiungere quella libertà interiore che, aprendo prospettive su orizzonti illimitati, permette di superare attese e speranze ingabbiate nelle misere vedute umane, per tutto osservare e giudicare nella luce della fede e agire soltanto secondo la volontà di Dio, il cui adempimento – come scrisse Marco Beltramo ricordando il carissimo amico nel trentesimo anniversario della morte – «è il segreto della santità... e il segno dell'eroismo del cristiano»[15].

«Preghiera, azione, sacrificio»

Il 29 luglio 1923 si svolse a Pollone la benedizione della bandiera del neonato circolo «Giovane Pollone». In quell'occasione Pier Giorgio, «padrino della bandiera», pronunciò un discorso incentrato sul motto dell'Azione Cattolica che, sintetizzato nelle parole «Preghiera, azione, sacrificio», voleva significare come ad ogni cristiano laico fosse possibile vivere con impegno un'autentica vita interiore.

La preghiera personale e associativa doveva cioè trovare una sua coerenza operativa nell'azione caritativa e sociale compiuta per amore di Dio e del prossimo in una dimensione di fatica, di rinuncia, di sacrificio, che comportava una vigile educazione alla resistenza e al dominio di sé.

Profondamente convinto della validità del motto, Pier Giorgio così iniziò il suo discorso: *«Giovani, io scorgo sulla vostra bandiera il motto "Preghiera, azione, sacrificio"; sono tre parole che riassumono tutto un vastissimo programma allo svolgimento del quale necessitano le energie di noi e delle generazioni che verranno».*

Commentò poi in questi termini la prima parola: «*Preghiera è la nobile supplica che noi eleviamo al trono di Dio, è il mezzo più efficace per ottenere da Dio le grazie di cui abbisogniamo e specialmente la forza della perseveranza in questi tempi in cui l'odio dei figli del demonio si scatena furibondo sulle pecore fedeli all'ovile.*

Nel raccomandare a voi la fervida preghiera io annovero in questa tutte le pratiche di pietà, prima fra tutte la santissima Eucaristia. E ripensando all'apostolo della santissima Eucaristia, al santo Pio X di venerata memoria, io vi esorto con tutte le forze dell'anima ad accostarvi il più possibile alla Mensa Eucaristica; cibatevi di questo pane degli angeli e di là trarrete la forza per combattere le lotte interne, le lotte contro le passioni e contro tutte le avversità, perché Gesù Cristo ha promesso a coloro che si cibano della santa Eucaristia la vita eterna e le grazie necessarie per ottenerla.

Quando sarete totalmente consumati da questo fuoco eucaristico, allora potrete più coscientemente ringraziare Iddio, che vi ha chiamato a far parte di quella schiera e godrete di quella pace che i felici secondo il mondo non hanno mai provata, perché la vera felicità, o giovani, non consiste nei piaceri del mondo e nelle cose terrene, ma nella pace della coscienza, la quale si ha soltanto se noi siamo puri di cuore e di mente».

Quanto all'«azione», il suo discorso si focalizzò soprattutto sull'apostolato, di cui distinse tre aspetti: «*Dopo aver fortificato il nostro spirito nell'attendere con somma diligenza alle opere di pietà e dopo avere studiato intensamente i quesiti che ci agitano, allora ci potremo lanciare nell'apostolato.*

Prima di tutto l'apostolato dell'esempio; noi cattolici dobbiamo far sì che tutta la nostra vita sia regolata dalla legge morale cristiana; poi l'apostolato di carità, con l'andare in mezzo a coloro che soffrono e confortarli, in mezzo ai disgraziati e dir loro una buona parola perché la religione cattolica è basata sulla carità... Infine l'apostolato di persuasione, e questo è uno dei più belli ed è necessario; avvicinate, o giovani, i vostri compagni di lavoro che vivono lontani dalla Chiesa e passano le ore libere non nei sani divertimenti, ma nel vizio. Persuadete questi infelici a seguire le vie di Dio, cosparse di molte spine, ma anche di molte rose».

In ultimo, a proposito del «sacrificio», così si espresse: *«Ma se ognuno di voi possedesse al massimo grado queste doti e non avesse in abbondanza lo spirito di sacrificio non sarebbe un buon cattolico. Noi dobbiamo in tutto e per tutto sacrificare le nostre ambizioni, tutto noi stessi alla causa della Fede. La nostra vita per essere cristiana è una continua rinunzia, un continuo sacrificio, che però non è pesante quando solo si pensi che cosa sono questi pochi anni passati nel dolore in confronto all'eternità felice, dove la gioia non avrà misura e fine, dove noi godremo di una pace che non si può immaginare. Dunque, giovani, imparate da Nostro Signor Gesù Cristo il sacrificio. Egli, per scontare i nostri orribili peccati, si è immolato Vittima innocente sul Calvario e rinnova ogni giorno in tutte le parti del mondo nella S. Messa questo mirabile sacrificio»*[16].

Se si considera questo discorso nella sua globalità, si nota come in esso grande spazio venga lasciato alla dimensione eucaristica. Ciò significa che Pier Giorgio, nella autenticità della sua fede, parecchi anni prima che il Concilio Vaticano II sottolineasse ripetutamente come l'Eucaristia rappresenti «la radice e il cardine», «la fonte e l'apice», in una parola «il culmine» della vita cristiana, costituendone il centro dinamico, avesse compreso tutta l'importanza del memoriale della Morte e Risurrezione del Signore.

Egli seppe quindi arricchire la sua esistenza sostanziandola profondamente di Eucaristia e incentrando la sua preghiera intorno a precisi punti fissi: la partecipazione alla messa quotidiana accompagnata dalla confessione frequente, l'adorazione, specialmente notturna, dinanzi al SS. Sacramento, la recita del rosario e l'orazione mentale affiancata dalla lettura di testi sacri.

In tal modo riceveva la grazia e la luce che il Signore dispensa a chi lo cerca con cuore sincero ed accresceva la sua fede che, come ancora si afferma nel *Decreto sulle virtù eroiche*, «era il frutto visibile del suo personale incontro con Cristo e consisteva in una profonda adesione alla sua Persona»[17].

Il significato della messa nella vita di Pier Giorgio

Poiché la messa era per Pier Giorgio il bene più vitale, ogni mattina, fin dal suo primo anno di studi universitari, egli si recava all'incontro con il Signore nella sua parrocchia, la chiesa della Crocetta, e prendeva posto precisamente nel banco situato a fianco dell'ingresso alla sacrestia dove, nell'anno successivo alla morte, fu collocata una lapide con medaglione in argento, opera dello scultore Gaetano Cellini, che ricorda la sua assidua e fervorosa partecipazione eucaristica.

Come è stato testimoniato dal personale di servizio di casa, egli si alzava molto presto e, prima di colazione, scendendo attraverso la scala secondaria per non disturbare, raggiungeva la chiesa con incedere svelto e sicuro, espressione dell'ansiosa felicità con cui si apprestava ad ascoltare e fare propria la parola di Dio proclamata nella liturgia della messa e ad unirsi al Signore nella Comunione.

È indubbiamente bella l'immagine di questo giovane, appena ventenne, che di prima mattina attraversa con ogni tempo le vie della città per iniziare la sua giornata di studio e di impegno nella preghiera e nella carità, offrendo se stesso e il suo programma quotidiano a Dio.

In una città industriale come Torino, coinvolta, in quegli anni di aspri conflitti sociali, nel meccanismo frenetico e alienante della produzione che lasciava poco spazio ai valori dello spirito, la figura di un giovane appartenente ad un ceto sociale ricco e benestante che, pur potendo riposare fino a mattina inoltrata, percorreva invece strade brulicanti di operai diretti al lavoro, deciso nel raggiungere la sua meta finalizzata ad incontrare Dio, – l'unico Essere nel quale, come è scritto negli *Atti degli Apostoli*, «viviamo, ci muoviamo ed esistiamo»[18] – costituisce la viva testimonianza di una fede che è capace di «giudicare rettamente del vero senso e valore che le cose temporali hanno in se stesse e in ordine al fine dell'uomo», come ricorda il testo conciliare sull'apostolato dei laici[19].

In altri termini, con questa linea di condotta, Pier Giorgio dimostrava di saper inserire la sua esistenza in una prospettiva di eternità, ponendo come parametro di tutti i valori la ricerca del Regno di Dio.

Nel considerare l'importanza che la messa rivestiva nella sua vita occorre ricordare come, in un'epoca in cui la Parola veniva espressa in latino e non era perciò facilmente comprensibile a tutti, egli seppe realizzare una partecipazione al sacrificio eucaristico in linea con le più moderne indicazioni del Concilio, secondo cui oggi «la Chiesa si preoccupa vivamente che i fedeli non assistano come estranei o muti spettatori a questo mistero di fede, ma che, comprendendolo bene per mezzo dei riti e delle preghiere, partecipino all'azione sacra consapevolmente, piamente e attivamente e siano istruiti nella Parola di Dio»[20].

Proprio per partecipare al sacrificio eucaristico nel modo più ricco e completo possibile, Pier Giorgio volle seguire sempre la liturgia sul messale; e non si accontentò soltanto di quello della domenica e dei giorni festivi, ma, a prezzo di duri sacrifici perché i suoi risparmi erano destinati in modo prioritario ai tanti poveri che assisteva, volle acquistare anche un messale quotidiano, realizzando così un desiderio che aveva accarezzato per parecchio tempo. Un giorno agli amici «fucini», che al termine di una funzione lo avevano visto con un libro in mano e gli avevano chiesto di che si trattava, aveva infatti con prontezza risposto: *«È il Messale festivo tradotto dal Caronti. È tanto bello, utile, però a me non basta. Io voglio seguire la messa ogni giorno e comprerò il Messale completo»*[21]. In tal modo l'ascolto della Parola non assumeva toni individualistici, ma poteva essere ben inserito all'interno del ciclo dell'anno liturgico.

La sua unione con il Signore nella messa avveniva dunque attraverso l'incontro con Cristo Verbo e Sacramento. Nella sua saggezza spirituale, frutto di una vita in Dio, Pier Giorgio aveva profondamente capito che la liturgia della Parola e la liturgia eucaristica sono strettamente complementari: il pane della Parola chiarisce il pane eucaristico disponendo meglio il fedele ad accoglierlo, mentre il pane eucaristico prolunga il pane della Parola conferendogli pieno compimento.

Mai egli si permise di giungere in ritardo a messa per negligenza o trascuratezza, ma, per crescere sempre più nella carità e nell'amore di Cristo, si impegnò ad ascoltare la sua Parola fin dall'inizio della celebrazione. Soltanto in alcuni periodi di intenso studio per la preparazione dei difficili esami della Facoltà di Ingegneria (studio che era pur sempre affiancato da una costante attività caritativa), disponendo a volte solo di un quarto d'ora di tempo «libero», consacrava quest'ultimo a una fervorosa Comunione senza la partecipazione all'intero sacrificio eucaristico. Questa scelta, lungi dal diminuire l'alto grado di spiritualità raggiunto, dimostra come per lui la messa non fu mai sostitutiva di un serio impegno professionale che intendeva realizzare indubbiamente con l'aiuto del Signore, ma anche sulla base di costante serietà e coerenza.

Consapevole della pienezza di vita che gli derivava dal partecipare alla messa, nel sentire pronunciare ogni mattina l'*Ite, missa est*, Pier Giorgio usciva di chiesa non con l'atteggiamento di chi ha assolto un impegno, ma animato dal desiderio di «andare», per iniziare un'altra celebrazione nella quale tutte le ore della giornata sarebbero state impegnate a testimoniare il meraviglioso dono ricevuto.

«Sembrava trasumanato»

Oltre alla parrocchia della Crocetta, altre erano le chiese torinesi nelle quali a volte Pier Giorgio si recava a messa, come il Duomo, la Consolata, i Santi Martiri, San Carlo, San Secondo. D'estate frequentava soprattutto la chiesa di Pollone e il santuario di Oropa; particolarmente care gli erano poi le messe celebrate in alta montagna.

È importante però sottolineare che uno solo e sempre identico a se stesso, pur nella molteplicità dei luoghi, era l'atteggiamento con cui partecipava al sacrificio eucaristico.

Nel leggere il libro scritto dalla sorella sulla sua fede, si incontrano innumerevoli testimonianze di persone le quali con sincera ammirazione affermano di averlo visto pregare con fervida devozione, intenso raccoglimento e compostezza davvero esemplare, specialmente quando si accostava alla Comunione. Queste alcune affermazioni che più colpiscono il lettore e che, nel corso di una trasmissione televisiva, hanno suggerito le seguenti parole al cappuccino padre Mariano, al secolo Paolo Roasenda, di cui si è recentemente concluso il Processo di canonizzazione: «Chi lo vide pregare comprese certo che cos'è il raccoglimento in Dio»[22]. «Quando pregava si aveva l'impressione che parlasse con Dio, tant'era la sua concentrazione... come un amico parla all'amico». «Faceva la Comunione con un'enorme serietà e nello stesso tempo con un'impressionante naturalezza». «Era una vera gioia spirituale pregare vicino a lui. Tutto poteva succedere intorno a lui, ma egli non si accorgeva di nulla: era con il suo Signore». «Mi sembrava di vederlo trasfigurato». «Quel ragazzo sano, saldo, color di bronzo, dagli occhi limpidi come l'acqua pura, al banchetto di Vita era di una bellezza impressionante». «Bisognava vederlo: ogni ritratto, ogni ricordo sono incapaci a tradurre quello che succedeva in lui e che il suo aspetto manifestava. Sembrava trasumanato, partecipe intimo della divinità e delle sue forze infinite, della sua eternità come del suo amore»[23].

È significativo il fatto che in più di una testimonianza, e in particolare in quest'ultima che nella sua sostanziale sinteticità pare riassumere tutte le altre, compaia proprio quel verbo, «trasumanar», di cui si serve Dante all'inizio del *Paradiso* per esprimere sensazioni legate ad un'esperienza che oltrepassa i limiti dell'umano. Pier Giorgio, nella sua semplicità ed umiltà, e nella sua vigile attenzione agli altri che lo induceva a dimenticare se stesso, non lasciò nulla di scritto relativo ad esperienze mistiche, perciò solo il Signore sa se e come egli conobbe forme superiori di preghiera; le testimonianze riportate inducono comunque a pensare che, come disse un compagno, «egli camminava in presenza di Dio e le invisibili realtà della fede erano per lui realtà palpabili e visibili»[24]. La loro contemplazione lo commuoveva a tal punto che spesso dopo la Comunione fu visto pregare inginocchiato per terra con il viso alzato e rigato di lacrime.

Cosciente di godere di un'intima familiarità con il Signore dal quale si sentiva attratto con la forza di un amore che tutto unisce in sé, come ancora ha mirabilmente intuito e descritto Dante nel riferire l'esperienza della propria visione di Dio, Pier Giorgio nelle sue lettere scriveva alle persone a lui care: *«Credi, Mamma, che in quei momenti il mio spirito comunicava intensamente col vostro»*[25]. Perciò, più di una volta, nell'impossibilità di essere fisicamente vicino a coloro che amava, affermò che avrebbe fatto la Comunione *«per»* loro con la ferma convinzione che *«la distanza»* sarebbe diminuita.

Esemplari al riguardo sono i seguenti passi di due lettere indirizzate rispettivamente alla madre e alla sorella. *«Questa sera giunto a casa mi sono ricordato che il 20 di questo mese* (dicembre) *è il tuo onomastico e perciò mi affretto a mandarti da lontano i miei più grandi auguri. Cara Mamma, non potendo quel giorno esprimerteli a voce e baciarti in fronte, farò per te la S. Comunione pregando Iddio che ti dia per molti infiniti anni la salute e che ti colmi di benedizioni». «...Così pure desidererei che tu facessi la S. Comunione il primo dell'anno, così le nostre anime ravvivate da quella Grazia si troverebbero unite anche se materialmente una grande distanza ci separa»*[26].

Inoltre da parecchie sue affermazioni riferite da persone che lo conobbero, emerge come egli nell'Eucaristia percepisse la meravigliosa realtà del Corpo Mistico di Cristo e della Comunione dei Santi.

Consapevole che nel sacrificio della messa, al di là di ogni limite di tempo e di spazio, si realizza l'unione tra coloro che sono ancora pellegrini sulla terra e coloro che sono risorti in Cristo, Pier Giorgio, fedele all'insegnamento della Chiesa che per favorire la purificazione delle anime dei defunti suggerisce di rivolgere a Dio preghiere di suffragio, fece celebrare numerose messe per i suoi cari estinti. In particolare la sorella ricorda che «in viaggio in Germania, a vent'anni, si preoccupò di far dire, nell'anniversario, una messa per una zia morta prima che egli nascesse, e per la bisnonna Antonia»[27].

Serviva il Signore «in perfetta letizia»

Poiché la messa era il centro focale della sua esistenza, Pier Giorgio viveva momenti di intensa felicità, e, considerate le premesse, si potrebbe aggiungere di profonda gioia mistica, ogni volta che gli era possibile «servirla»: inginocchiato ai piedi dell'altare poteva meglio donarsi al Signore e rallegrarsi della Sua presenza.

Senza la benché minima forma di ostentazione, ma con umiltà, semplicità e premurosa attenzione, accompagnava il sacerdote nel sacro rito; soprattutto in montagna, rinunciando spesso al meritato riposo dopo una faticosa salita, si prodigava nel preparare l'altare per la messa e con estrema serietà provvedeva a che tutto fosse perfettamente a posto per celebrare l'Eucaristia. Parimenti, quando la necessità lo richiedeva, non si vergognava, anzi, sempre pronto a servire francescanamente il Signore «in perfetta letizia», era ben felice di spostare banchi in chiesa, scopare pavimenti, portare piante, sistemare vasi di fiori, preparare indumenti sacri e compiere altri umili servizi affinché le funzioni si svolgessero nel miglior modo possibile a lode e gloria di Dio. Era questo un impegno che va inquadrato all'interno di una concezione di vita che aveva come unico centro di riferimento il Signore.

Poiché egli sapeva cogliere la meravigliosa potenza dell'Eucaristia, capiva profondamente la serietà e l'importanza degli atti religiosi: così, il giovane vivace, allegro, esuberante in ogni altro momento della vita, diventava estremamente serio, compìto ed assorto dinanzi a ciò che gli richiamava la presenza di Dio.

Riassuntiva di tale atteggiamento è la testimonianza di una sua compagna di gite in montagna: «Per capirlo veramente bisognava vederlo quando serviva la messa. Quando noi giungevamo alla cappella dell'Ospizio (del Piccolo San Bernardo) dopo aver lasciato con uno sforzo di volontà le nostre camere dove l'acqua gelava nei catini e la neve s'induriva sugli abiti, lo trovavamo, pronto, serissimo e trasformato, attento a servire la messa con quella sua correttezza soldatesca sottolineata dal vestito alpino. Dava grande importanza al contegno in chiesa e anche in città passando davanti alle chiese salutava il suo Signore col più corretto inchino»[28].

A questo proposito molto è già stato detto circa i suoi larghi e solenni segni di croce che colpivano per la loro singolarità: espressione di un'adesione profonda alla vita di Cristo, erano l'omaggio di un animo sincero di fronte alla presenza del Signore nel tabernacolo. In un'epoca in cui il rispetto umano era molto sentito e in un clima di intimidazioni, minacce e frequenti manifestazioni antireligiose a livello politico-sociale, di fronte alle quali dichiararsi apertamente cattolici poteva costituire un serio pericolo, indubbiamente il togliersi il berretto davanti ad una chiesa con serena serietà e l'interrompere il discorso con un interlocutore per tracciare, incurante degli apprezzamenti altrui, un ampio segno di croce sul proprio petto, era un atto che si notava e di cui molti, cattolici e non, ammiravano l'autentica coerenza.

Pier Giorgio agiva sempre così, con grande naturalezza e con uno sguardo che, proiettato in un'altra dimensione, diventava più intenso e profondo. Valga a questo riguardo la testimonianza del viceparroco di Pollone, che ancora una volta sottolinea tutta la francescana poesia della sua vita: «Giorgio nei primi anni di permanenza mia, a Pollone aveva un bel cavallo che amava molto... Tutti i giorni come due buoni amici facevano lunghe cavalcate. Quando passavano dinanzi alla chiesa, mi fu riferito, quasi per istinto il cavallo si fermava per permettere al padroncino di fare la sua devozione. E allora lui con qualunque pubblico, ed eravamo allora in tempo di catacombe, tracciava sul suo corpo un bel segno di croce, poi chinava il capo sin sulla criniera del cavallo e continuava la sua strada»[29]. Per amor di precisione, occorre qui ricordare che questo destriero era in realtà il focoso cavallo del padre, Parsifal, che si lasciava cavalcare docilmente soltanto da Pier Giorgio.

L'impegno della messa prima di tutto

Per meglio comprendere l'importanza che la messa rivestiva nella vita di Pier Giorgio e lo spazio che egli lasciava alla quotidiana presenza vivificante del Signore, basti pensare che da quando, studente liceale all'«Istituto Sociale», decise di ricevere la Comunione ogni giorno, mai nulla – né impegni di studio, né vacanze al mare o in montagna, né i viaggi in Germania, Austria, Cecoslovacchia – poté distoglierlo da tale proposito.

Neppure una delle due grandi e nobili passioni della sua vita, l'alpinismo (l'altra fu la carità), lo indusse a mettere in ombra il primato di Cristo: con un'intransigenza di coscienza davvero ammirevole non volle infatti mai perdere la messa per una gita in montagna.

Anche se alcuni religiosi acconsentivano che in certi casi (come ad esempio qualora si fosse avvertita la necessità di ritemprare il fisico e lo spirito dalle fatiche del lavoro o dello studio con una distensiva escursione alpina) si partisse per una scalata il sabato sera, correndo così il rischio di non partecipare alla messa festiva se non si fosse incontrato un sacerdote disponibile alla celebrazione, Pier Giorgio non si diede mai vinto. Per non venir meno alla partecipazione al sacrificio dell'altare rinunciava decisamente alla gita. Pertanto a coloro che per spezzare la sua resistenza avanzavano l'argomento della dispensa ecclesiastica, egli con estrema sicurezza e irremovibile fermezza più volte rispose: *«Lo so, so che è possibile averla, ma io preferisco non partecipare alla gita»*[30].

Preoccupandosi non solo per sé, ma anche per l'allegra brigata degli amici, si incaricava, in un'epoca in cui le messe festive serali non si celebravano ancora, di passare a prenderli in automobile anche alle quattro del mattino pur di dar loro la possibilità di partecipare ad una messa prima della partenza; oppure scriveva ai parroci dei paesi più vicini alla meta per avere informazioni sull'orario delle funzioni religiose, o ancora offriva la gita ad un sacerdote affinché garantisse la celebrazione liturgica.

La sua instancabile volontà di assicurare a sé e ai compagni la partecipazione al sacrificio eucaristico, prima delle escursioni o durante il loro svolgimento, appare chiaramente dal ricordo di una conoscente e di monsignor Giovanni Battista Pinardi, vescovo ausiliare di Torino, di cui è importante sottolineare la sincera amicizia con Pier Giorgio.

In quegli anni Venti, oltre a svolgere il ministero episcopale, monsignor Pinardi era anche assistente dell'Azione Cattolica diocesana nelle varie forme in cui si articolava e reggeva la parrocchia di San Secondo, una chiesa che vantava allora parecchie iniziative religiose incentrate sul SS. Sacramento. Di questa dolce e umile figura di vescovo, che si distingueva per doti di gentilezza, affabilità e bontà e che al momento della morte – avvenuta nel 1962 – fu definito «un'anima di profonda vita interiore e di grande raccoglimento»[31] (qualità che lo inducevano a non tralasciare la benché minima occasione né di giorno né di notte per iniziare un dialogo con Dio), Pier Giorgio ammirava l'amore verso i poveri, sempre aperto e generoso, ed il fervoroso spirito di preghiera; per questo, sovente lo accompagnava nelle veglie di adorazione notturna in Duomo e a Santa Maria di Piazza.

Ecco dunque le due testimonianze: «Lo ricordo in un mattino di gita nella chiesetta della Visitazione, dirigersi sicuro e spedito all'altare per cibarsi di Dio, con la sua bella corda di alpinista a tracolla: era la sua forza giovanile che si inchinava a Dio in un atto ardente di fede». «...Prevedeva e provvedeva (alla messa prima delle gite). Quante volte al sabato si presentò da me per assicurarsi dell'ora della prima messa, quante volte mi richiese di provvedere una messa prima della normale, ma quante volte ancora, e lo assicuro, mancando la messa all'ora richiesta, rattristato, ma fermo e deciso, lasciò la gita. Com'era bello vederlo entrare coi suoi compagni nelle prime ore della domenica in San Secondo: piedi ferrati, forte bastone da montagna in mano, zaino in spalle; si dirigeva con passo rumoroso alla sacrestia, deponeva il bagaglio e serviva la messa all'altare. Era commovente osservarlo: forte nel corpo, più forte nella fede, dopo la Comunione si vedeva ripartire all'assalto delle cime più alte dei nostri monti»[32].

Lo stesso Pier Giorgio così scriveva, il 22 novembre 1924, all'amico Marco Beltramo, compagno di tante liete giornate: *«Carissimo Marco, sono alla vigilia di una bella gita in montagna e tu puoi immaginare qual gioia invada il mio animo in questi momenti. Severi mi aveva proposto di partire per la Bessanese insieme a Denina e compagni; ma bisognava perdere la S. Messa ed io dapprima avevo aderito, ma poi il pensiero di venir meno ad un Dovere e la Coerenza di ciò che io tante volte avevo sostenuto contro la tesi pur buona di Laura mi costrinsero a rinunciare»*[33].

Degni di essere riferiti sono anche altri due passi delle sue lettere in cui l'argomento dell'adesione o meno alla gita non è neppure più messo in discussione: *«Io appena ho saputo di simili progetti* (una scalata al Cervino organizzata dalla "fucina" Tina Bonelli) *mi sono precipitato al telefono per farle i miei migliori auguri e dirle che io volentieri le sarei stato compagno se non si dovesse lamentare l'inconveniente di dover perdere la S. Messa in due giorni festivi». «...Se si va a dormire sabato sera al rifugio di Valle Stretta non andrò per via di dover perdere la SS. Messa alla domenica. Prima di tutto il Dovere e poi il divertimento...»*[34].

Proprio per compiere questo *«dovere»* religioso, Pier Giorgio, anche quando era occupato con professori e compagni nelle impegnative visite alle miniere, trovava sempre il tempo e il modo per partecipare alla messa. In merito, un docente di mineralogia, che per motivi di studio nel giugno 1924 lo accompagnò nel Bergamasco, ha asserito: «Era sempre il primo all'appello mattutino. Una sola volta non arrivò il primo. Fu alla partenza da Bergamo per Val Seriana. Lo vedo ancora giungere al treno di corsa, trafelato e confuso. Egli era salito all'alba in città alta a godersi quel panorama meraviglioso e le bellezze di Santa Maria Maggiore e del Duomo, dove aveva voluto anche ascoltare la messa. Ammirai la sua franca, per me inaspettata dichiarazione, e mi accorsi che i compagni avevano un alto rispetto di quella sua fede fervente»[35].

Era, quella di Pier Giorgio, una fede limpida e coerente con il suo stile di vita; per questo, anche se non condivisa, veniva rispettata.

Il digiuno per il Signore

Un altro sacrificio dettato dall'intenso amore e rispetto per l'Eucaristia e compiuto con profonda convinzione fu quello del digiuno, che Pier Giorgio intensificava nel periodo quaresimale: senza dubbio gli costava caro perché le cellule di un corpo sano e robusto come il suo stimolavano un formidabile appetito, ma, con la volontà di ferro che gli era propria, egli non esitava ad affrontare i più grandi sacrifici per il Signore.

Mai di sua volontà infranse la norma che allora la Chiesa chiedeva ai fedeli di rispettare per accostarsi alla Comunione e che indicava per i giorni della quaresima. Soltanto a dura fatica una volta monsignor Luigi Piastrelli, assistente generale della FUCI, durante un'escursione alla Rocca Sella iniziata alle quattro del mattino, vedendolo affaticato per l'ascesa, riuscì a persuaderlo poco prima di mezzogiorno a consumare uno spuntino fuori dai suoi programmi; per convincerlo dovette fare appello soprattutto alla sua responsabilità nella cordata: solo l'attenzione al prossimo lo indusse all'obbedienza.

Anche il suo esemplare digiuno quaresimale merita una particolare attenzione. Nei giorni di vigilia e nel lungo periodo liturgico che precede la Pasqua, familiari ed amici sentirono spesso Pier Giorgio affermare: *«Non ho fame»*; la naturalezza dell'espressione non destava certo il sospetto che dietro di essa si nascondesse una chiara volontà di penitenza. «Nessuno badava a lui che rifiutava silenziosamente alcune portate, perché era quaresima – scrive in proposito la sorella –. Tutti lo prendevano solamente in giro perché non si serviva del dolce o delle pesche»[36]. Anche biscotti e caramelle in quei periodi venivano rifiutati con garbo e fermezza insieme, in modo che pochi capivano le sue vere intenzioni.

È evidente che queste sue prese di posizione, così prive di qualsiasi intento esibizionistico, non erano dettate da un desiderio di prodezza ascetica o da una forma di esaltazione psicologica o religiosa, ma nascevano dalla seria volontà di porsi con fede in un atteggiamento di umiltà davanti a Dio e di assoluta dipendenza da Lui. Pier Giorgio in quaresima voleva e sapeva digiunare con discrezione, senza essere visto né lodato dagli altri. Si poneva perciò davanti a Dio «nel segreto», esattamente come insegna Gesù nel meraviglioso «discorso della montagna» riferito dall'evangelista san Matteo.

È inutile aggiungere che il suo digiuno, affinché fosse più gradito a Dio, era accompagnato da fervide preghiere e continui atti di carità.

L'adorazione eucaristica

Consapevole del fatto che, per usare la moderna terminologia ecclesiale, «solo nell'Eucaristia ogni nostra parola, ogni nostro rito, ogni nostro gesto trovano il loro più profondo significato e realizzano la loro più vera intenzionalità»[37], Pier Giorgio decise di impegnare buona parte del tempo «libero» da impegni di carità e di studio – nei quali consisteva essenzialmente la sua vita attiva – nell'adorazione del SS. Sacramento, riconducendo così ancora una volta all'Eucaristia ogni pensiero ed iniziativa.

Prima di esaminare in che modo e con quale spirito egli trascorreva la notte in ginocchio dinanzi all'Ostia consacrata, può essere interessante considerare come la Chiesa, nel corso della sua tradizione, ha sviluppato diverse forme di culto eucaristico, tra le quali l'adorazione al SS. Sacramento è certamente, dopo la celebrazione della messa, una delle più importanti.

Fin dai primi secoli, i cristiani hanno riposto con cura e conservato l'Eucaristia in appositi tabernacoli, detti in origine *arcae* o *turres*, affinché potesse essere portata ai malati e a coloro che per diversi motivi erano impediti a partecipare alle celebrazioni eucaristiche. Da questa prassi sono nate nel corso dei secoli varie forme di culto dell'Eucaristia, quali l'esposizione accompagnata dalla lettura della Parola di Dio, da canti e preghiere, l'adorazione pubblica e personale, le processioni eucaristiche, tra cui primeggia quella del Corpus Domini sviluppatasi a partire dal secolo XIII, e i congressi eucaristici.

In particolare l'adorazione, che si presenta sostanzialmente come un prolungamento nel tempo del sacrificio eucaristico, ha sempre rivestito un ruolo di primaria importanza, se già sant'Agostino nel IV secolo scriveva: «Nessuno mangia la carne di Cristo senza averla prima adorata»[38].

Il rispetto con cui si circondava l'Eucaristia crebbe nel corso del tempo, tanto che nel Medioevo si iniziò a mostrare ai fedeli l'Ostia consacrata nella messa, innalzandola dopo la consacrazione.

Nel secolo XII, per un privilegio straordinario concesso dal papa Alessandro III che si trovava temporaneamente a Venezia, nella vicina Zara ebbe inizio l'adorazione dell'Eucaristia che veniva esposta velata ai fedeli. Queste esposizioni-adorazioni si intensificarono nei secoli successivi finché, nella prima metà del '500, per iniziativa di un barnabita, sant'Antonio Maria Zaccaria, che si valse anche dell'aiuto del frate cappuccino Giuseppe da Fermo, fu istituita la devozione delle Quarantore, nel corso della quale era solennemente esposto il SS. Sacramento.

Questa forma di preghiera, dapprima legata alla Settimana santa, nacque dall'unione della pratica di osservare un digiuno di quaranta ore in memoria delle altrettante ore trascorse da Gesù nel sepolcro, con quella dell'adorazione eucaristica iniziata nel secolo XII.

Le Quarantore, praticate soprattutto in tempi calamitosi di guerre e contagi, costituirono la base per la cosiddetta adorazione perpetua, cioè un'adorazione continua al SS. Sacramento che, all'interno di una o più diocesi, si alternava da una parrocchia all'altra durante l'anno. Si formarono pertanto particolari congregazioni e confraternite finalizzate, come si legge nella bolla pontificia di papa Paolo III del 1539, a «procurare a Nostro Signore, presente nell'Eucaristia, gli omaggi e il culto che gli sono dovuti, e a riparare gli oltraggi che gli sono fatti» (non si dimentichi a questo proposito che proprio in quegli anni si andava diffondendo la Riforma protestante).

In quel XVI secolo grandi adoratori e santi eucaristici furono san Gaetano da Thiene, sant'Ignazio di Loyola, san Filippo Neri, san Carlo Borromeo. Il beato Sebastiano Valfrè che, nel secolo successivo, trascorreva in adorazione parecchie ore della notte, nella chiesa del Corpus Domini a Torino, può essere considerato un precursore dell'adorazione notturna vera e propria che si svilupperà a Roma a partire dal 1810. È poi specialmente nel secolo XIX che l'adorazione eucaristica raggiunse il culmine. In particolare nel 1856 a Parigi, san Pier Giuliano Eymard, ardente adoratore e apostolo dell'Eucaristia, fondò un'Opera consacrata all'adorazione perpetua del SS. Sacramento, Opera che si articola in due congregazioni: quella dei padri sacramentini e quella delle «ancelle» del SS. Sacramento. Questi religiosi, oggi diffusi in tutto il mondo, si prefiggono come scopo principale della loro consacrazione «l'esposizione solenne e perpetua del SS. Sacramento che onorano con culto pubblico... secondo i quattro fini del sacrificio della messa: l'adorazione, l'azione di grazie, la riparazione e l'apostolato»[39], come si legge in uno scritto del santo fondatore.

Un doppio desiderio ispirava sant'Eymard: da una parte rendere gloria a Cristo, Signore dell'universo, dall'altra vivificare i fedeli nel contatto con la Sua presenza, aspetti questi che si possono ancora ritrovare nelle moderne forme di adorazione.

La storia del culto eucaristico era molto probabilmente conosciuta da Pier Giorgio che, come scrive la sorella, «era persuaso che il primo dovere di un uomo colto sia quello di conoscere a fondo la storia della propria religione e la religione stessa»[40]. Egli doveva essere altresì informato anche su quella particolare forma di pietà religiosa che era l'adorazione notturna.

Nata a Roma agli inizi del 1800, per iniziativa di fervorosi cattolici che si erano offerti di continuare anche nella notte l'adorazione del SS. Sacramento per ottenere da Dio la liberazione del papa Pio VII, – tenuto prigioniero da Napoleone in quanto si era opposto alla sua politica imperiale – la pratica dell'adorazione notturna ebbe l'ufficiale riconoscimento dallo stesso pontefice al suo ritorno nell'Urbe da Fontainebleau nel 1814.

In seguito essa si sviluppò anche in Francia, soprattutto a Parigi, e di riflesso a Torino, dove fu realizzata per la prima volta nella chiesa del Suffragio, in borgo San Donato, per iniziativa del circolo della Gioventù Cattolica, ispirato in questo dal beato Faà di Bruno, «il novello Cottolengo» – come fu definito per la grande carità e fiducia nella divina Provvidenza – che, convinto sostenitore con l'esempio e con la parola della devozione eucaristica, era già membro attivo dell'adorazione a Parigi.

Nel capoluogo subalpino l'adorazione notturna fu solennemente praticata una seconda volta nel santuario della Consolata; successivamente, dopo il Congresso eucaristico tenutosi a Torino nel 1894, le veglie di preghiera fino ad allora due o tre in tutto l'anno, precisamente nelle notti del Giovedì santo, di San Silvestro e dell'ultimo giorno di carnevale, organizzate sempre dal circolo della Gioventù Cattolica nelle chiese di San Carlo e della SS. Trinità, divennero più frequenti, tanto che si decise di effettuarle una volta al mese.

Nel 1902, l'arcivescovo di Torino cardinal Richelmy, per conferire loro maggior incremento e stabilità, ne trasferì la pratica in Santa Maria di Piazza. Questa chiesa, una delle più antiche di Torino, sorse nell'Alto Medioevo probabilmente ai tempi di Carlo Magno (alla fine cioè dell'VIII secolo o all'inizio del IX), nella «piazza» del vecchio foro romano situato tra le attuali vie Bertola, Santa Maria, Stampatori e San Dalmazzo. Fu poi completamente rifatta dopo il 1750 in stile barocco piemontese, ricco di archi, volte e pilastri – del quale costituisce uno dei più insigni esemplari – su progetto dell'architetto Bernardino Vittone. Officiata fin dal 1901 dai padri sacramentini seguaci di sant'Eymard, che appena vi si stabilirono diedero inizio con grande zelo all'esposizione e all'adorazione perpetua del SS. Sacramento, nel 1912 fu scelta dal cardinal Richelmy come sede per l'erezione canonica dell'Associazione dell'adorazione notturna, il cui più fervoroso sostenitore fu in quegli anni il padre Fiorino Cesarini, assistito dal padre Francesco Fabbri: entrambi conobbero personalmente Pier Giorgio e lasciarono su di lui preziose testimonianze.

Negli statuti dell'Associazione si legge che essa era finalizzata a «onorare la Divina Persona di Gesù che, non solamente il giorno, ma anche la notte risiede con il suo amore e le sue grazie nel SS. Sacramento», a ringraziarlo per i benefici della sua presenza, a rivolgere preghiere per la riparazione dei peccati e per ricevere la forza necessaria a vincere «le lotte della vita» e a svolgere «l'azione sociale»; non ultimo tra i fini era quello di suscitare nei fedeli il desiderio della Comunione frequente, secondo le indicazioni del pontefice san Pio X, che Pier Giorgio definì: *«l'apostolo della SS. Eucaristia... di venerata memoria»*[41].

Quanto ai membri e al regolamento, gli statuti affermano che l'Associazione era aperta a tutti, in particolare ai giovani dell'Azione Cattolica e che «i soci attivi» (e Pier Giorgio fu uno di essi) dovevano impegnarsi a fare il «servizio di guardia innanzi al SS. Sacramento».

L'adorazione notturna, che si svolgeva «ordinariamente» l'ultimo sabato di ogni mese, comprendeva, dalle 21 alle 22, un'ora di adorazione da parte soprattutto dei «soci ausiliari» e, con inizio alle 22, la veglia per i «soci attivi», diretta da un sacerdote sacramentino, nel corso della quale si alternava la preghiera mentale con quella vocale, che consisteva essenzialmente nella lettura di salmi, di altri passi biblici, e in cantici spirituali. Dopo la mezzanotte si celebrava la messa, seguita dall'esposizione del SS. Sacramento fino al mattino. Importante per meglio capire l'intensità delle adorazioni di Pier

Giorgio è ancora la seguente postilla ad un articolo degli statuti: «gli adoratori che hanno fatto un'ora completa non sono tenuti a trattenersi in chiesa dopo la santa messa»[42].

Accanto a queste veglie eucaristiche mensili con esposizione solenne, nella chiesa di Santa Maria di Piazza si praticavano anche un'ora di adorazione negli altri sabati, aperta indistintamente a tutti i fedeli, e l'«Ora Santa» per i giovani, specialmente dei circoli cattolici, che successivamente fu trasferita a San Filippo e alla SS. Trinità; si tenevano, inoltre, due sere alla settimana, gli incontri dei «Tarcisiani», giovani adoratori notturni così chiamati dal nome del martire romano del III secolo, che furono riuniti in circolo nel 1919 dall'infaticabile padre Cesarini: ad essi appartenne anche Pier Giorgio.

L'Associazione aveva come attivo strumento di diffusione il bollettino mensile «L'adoratore notturno» che Pier Giorgio regolarmente riceveva e di cui, tra le sue carte, sono state rinvenute delle copie.

A Torino, la città del SS. Sacramento, – come Pier Giorgio stesso era orgoglioso di chiamarla presentandola agli amici tedeschi, ai quali in una lettera del 17 maggio 1922 racconta il miracolo del Corpus Domini del 6 giugno 1453 – l'Associazione dell'adorazione notturna promosse nell'ultimo giorno di ogni anno grandi manifestazioni di fede in altre chiese, in particolare in Duomo, dove molto solenne fu l'adorazione del 31 dicembre 1915, a San Filippo e ai Santi Martiri, adorazioni alle quali il giovane Frassati partecipò sempre con fervore ed entusiasmo.

«Adorare è l'atto più grande»

Pier Giorgio, aderendo al circolo dei «Tarcisiani» fin dal 1919, si fece socio della sezione «Giovani adoratori notturni universitari», istituita nel 1921 dal padre Cesarini, sezione che praticava l'adorazione il secondo sabato di ogni mese; dimostrandosi subito uno dei membri più assidui e fervorosi, si unì anche spesso al gruppo dei «Giovani operai» che si incontravano per l'adorazione il terzo sabato del mese.

Operando questa generosa scelta di dedicare alla preghiera eucaristica parte del tempo destinato al riposo, egli dimostrava di saper prendere, per amore del Signore, posizioni disapprovate dai genitori. Particolarmente contraria alla sua preghiera notturna era la mamma, la quale a volte cestinava gli inviti che il figlio regolarmente riceveva due giorni prima dell'adorazione, iniziativa che però non conseguiva il suo scopo in quanto Pier Giorgio, informato dai compagni, partecipava ugualmente alle veglie eucaristiche: era questa una delle sue tante scelte controcorrente.

Nell'interpretarle, il teologo Karl Rahner, che lo conobbe nella giovinezza, molto opportunamente ha osservato: «Sono convinto che pochi, provenienti da un siffatto ambiente liberale della grande borghesia, diventarono, ciò nonostante, come Pier Giorgio Frassati, senza che sia possibile attribuire questo fatto al solito meccanismo psicologico della ribellione dei figli contro i genitori. Qui sta la singolarità: che questo spirito di ribellione in lui manca. Frassati è un cristiano, lo è semplicemente e la sua contestazione consiste solo nell'esserlo in una maniera assolutamente spontanea, come se ciò fosse una cosa spontanea per tutti. Egli trae la forza e il coraggio di essere qual è non dall'opposizione alla generazione dei genitori, non da una diagnosi e da una prognosi della cultura di allora, o da cose simili, bensì dalla stessa realtà cristiana»[43]. «Fu un magnifico "lottatore paolino", – ha ancora scritto in proposito il vicepostulatore della sua causa di canonizzazione, il fratello delle scuole cristiane Gustavo Luigi Furfaro – un autentico contestatore che pagò sempre di persona, perché contestò per amore, mai per avversione o per malanimo. Combatté per costruire, mai per distruggere; lottò per sollevare, mai per abbattere. E chi contesta e paga di persona ha dell'eroico, di quell'eroismo evangelico che Gesù ci presenta nella sua vita e nella sua persona»[44].

Adorando il Signore soprattutto nelle ore della notte, Pier Giorgio, che intendeva fare della sua vita una preghiera e della preghiera la sua stessa vita, metteva quindi in pratica, nonostante la sofferenza per il dispiacere che procurava alla mamma, le parole espresse da san Pier Giuliano Eymard, parole che senza dubbio conosceva per averle lette in una delle pubblicazioni dei padri sacramentini: «Adorare è l'atto più grande... Adorare è partecipare alla vita dei Santi del Cielo, che lodano, benedicono la bontà, l'amore, la gloria, la potenza dell'Agnello immolato per la salvezza degli uomini e la gloria di Dio... Adorare è l'atto sovrano che da sé solo sostituisce gli atti di tutte le virtù, possiede la virtù di tutte e ne è il fine»[45].

«Dopo la veglia in preghiera mi sentirò più forte, più sicuro e anche più lieto»

Pier Giorgio non lasciò nulla di scritto sulle sue adorazioni notturne, forse perché il dialogo con il Signore era così intenso e profondo da non poter essere espresso a parole. «Era un mistico? – si è chiesto il padre Claude Robert nel suo volume *Frassati parmi nous* – Ha conosciuto stati di orazione straordinari? Dio solo lo sa. È indubbio però che egli fruiva di una vita superiore delle verità di fede e possedeva a un grado poco comune il dono dell'intelletto»[46].

Non essendoci sue precise testimonianze sulla preghiera adorante, si può solo tentare di ricostruire come la viveva, da una parte rifacendosi alle impressioni che la sua viva fede suscitava in coloro che ne furono testimoni, dall'altra cercando di interpretarne la spiritualità alla luce delle esperienze di vita che avevano sempre nell'Eucaristia, autentica forza della sua esistenza, il punto di partenza e di arrivo.

Su un piano oggettivo è possibile rilevare innanzi tutto come spesso conoscenti ed amici fossero sinceramente stupiti nel vedere che «il figlio del senatore» si recava la sera in chiesa, anche in certi periodi dell'anno tradizionalmente dedicati al divertimento, come la notte di San Silvestro e le sere di carnevale. Eloquente nella sua immediatezza è l'espressione di stupore della portinaia di casa: «Guarda un po' questo ragazzo che potrebbe divertirsi con tutti i soldi che ha e invece va in chiesa!»[47].

Pochi infatti, al di là delle apparenze, riuscivano a capire il desiderio che spingeva Pier Giorgio a ricercare quella pienezza di vita che soltanto la ricchezza dell'Eucaristia poteva conferirgli: non certo gli effimeri divertimenti dell'ultimo giorno dell'anno o del giovedì o martedì grasso, ma solo il Signore con le sue parole di vita eterna poteva soddisfare le profonde aspirazioni di un animo teso a raggiungere le vette della perfezione cristiana.

Pier Giorgio, dopo aver salutato l'arrivo dell'anno nuovo con gli amici di casa, usciva in fretta e, percorrendo a rapidi passi le vie di una città immersa nei brindisi di Capodanno, si recava nella chiesa dei Santi Martiri o in Duomo dove adorava il SS. Sacramento fino al termine della funzione.

Quanto ai carnevali, generalmente li trascorreva in montagna, lontano dall'equivoca goliardia cittadina, dopo aver vegliato un'intera notte in adorazione, come bene illustra questo dialogo riferito da monsignor Pinardi: «Era la sera precedente l'ultima domenica di carnevale del 1925. Incomincia a San Secondo la veglia notturna di adorazione. Vedo Pier Giorgio entrare in sacrestia più del solito attrezzato per la montagna. Subito mi dice: *"Monsignore, vado per tre giorni in montagna, il mio carnevale lo passerò tra le nevi"*. "Bene – rispondo – ma quando parte?". *"Dopo la messa di mezzanotte e la Comunione, col primo treno del mattino. La notte la trascorrerò qui e dopo la veglia in preghiera mi sentirò più forte, più sicuro e anche più lieto"*»[48].

Non può non commuovere la ferma convinzione con cui, a pochi mesi dal compimento del suo tragico destino terreno, Pier Giorgio sapeva scorgere nel Signore e nella preghiera eucaristica a Lui rivolta la sorgente di luce che, come scrive il salmista, «fa sicuri i passi dell'uomo»[49].

Un'altra testimonianza raccolta dal padre gesuita Ugo Rocco ben sottolinea il modo in cui egli si disponeva a partire per la montagna. In un convegno di giovani a Saluzzo nel corso del quale aveva parlato sul tema «Preghiera, azione, sacrificio» suscitando interesse e provocando domande, gli fu chiesto: «Quando vai in montagna, preghi?»; la sua risposta concisa ed eloquente fu questa: *«Comincio a pregare quando parto per la montagna»*[50].

Proprio per pregare prima di partire, una volta rischiò quasi di perdere il treno che con gli amici «fucini» lo avrebbe condotto a trascorrere il carnevale al Piccolo San Bernardo perché, come spiegò per giustificare il suo arrivo trafelato alla stazione, *«nella chiesa di San Secondo c'è la veglia notturna: ho potuto fare un'ora di adorazione prima di partire!»*[51].

La gioia che invadeva Pier Giorgio al termine delle sue adorazioni, e che già chiaramente si intuisce da queste parole, è stata testimoniata da molti. Altri ne hanno poi descritto l'atteggiamento durante la preghiera; esattamente come si è già rilevato per la partecipazione alla messa «il suo sguardo cambiava, il suo volto si affilava, il suo stesso sorriso si tramutava angelicamente», «si trasformava nell'estasi religiosa», «era così raggiante di gioia che pareva circondato da una soavità celestiale»[52].

Altri ancora ne hanno sottolineato l'estatico raccoglimento: nota al riguardo è la testimonianza di tre persone le quali, durante un'adorazione notturna in Duomo, lo videro inginocchiato sul pavimento presso l'altare maggiore vicino a torce accese che lasciavano cadere la cera fusa sui suoi capelli e sul suo abito senza che egli reagisse minimamente, immerso com'era nella contemplazione del mistero di Dio.

A volte il profondo dialogo che Pier Giorgio sapeva intrecciare con il Signore si manifestava all'esterno anche con lacrime che solo il suo divino interlocutore poteva comprendere nella loro intima essenza. «La chiesa era quasi vuota – ha testimoniato in merito un suo compagno di università – e vidi quel tale che sapevo essere il Frassati de "La Stampa" inginocchiato che pregava e piangeva. Non era però quello il pianto di un essere addolorato: mi fece piuttosto l'impressione che fosse la manifestazione di un'estasi, tanto il suo volto era scoperto, il suo sguardo fisso verso l'altare mentre le grosse lacrime gli solcavano il volto»[53].

Questo modo di pregare lasciava ancor più sorpresi se lo si confrontava con la chiassosa espansività e la contagiosa allegria che Pier Giorgio manifestava appena fuori di chiesa. «Esuberanza di animatore e raccoglimento monastico – è stato scritto – erano le manifestazioni di una stessa disposizione di spirito, quella d'un essere tranquillo e sicuro della propria fede», esattamente come per lui alpinismo e preghiera erano due aspetti di un'identica realtà: «sulle vette, come ai piedi del tabernacolo la sua anima limpida incontrava Dio con la stessa facilità»[54].

Ecco ancora l'immagine di Pier Giorgio adoratore notturno lasciata dal padre sacramentino Francesco Fabbri che, conoscendolo da vicino, ebbe modo di ammirarne la fervida disposizione alla preghiera: «I miei ricordi su Pier Giorgio Frassati sono legati alla mia attività come assistente di padre Cesarini. Anche padre Cesarini era tutto dedito alla carità e perciò si comprende come fra i due si fosse andata creando una intimità spirituale notevole, tanto che Pier Giorgio si recava spessissimo, oltre i suoi turni nelle funzioni dell'adorazione notturna, a parlare con padre Cesarini di quella loro comune fiamma morale. Pier Giorgio amava l'adorazione notturna e partecipava non soltanto a quella dei giovani, ma a volte anche a quella degli uomini... Non doveva essere difficile al Frassati passare dall'allegra conversazione al composto raccoglimento del santuario perché si metteva subito quasi d'istinto nell'atteggiamento che richiede quell'atto sublime della vita cristiana che è l'adorazione eucaristica. Si univa quindi agli altri nel recitare le preghiere del manuale dell'adoratore notturno o l'Ufficio del SS. Sacramento. La sua voce un po' grossa si distingueva fra le altre anche per l'andatura piuttosto accentuata quasi volesse indugiare su ciascuna parola per assaporarne meglio il senso. Rare volte mi occorse di vederlo seduto mostrando stanchezza. Nei momenti di silenzio chinava per brevi istanti la testa tra le mani e poi la rialzava e guardava a lungo l'Ostia santa...». La testimonianza di padre Fabbri si conclude con il seguente ricordo: «Pochi mesi prima della sua morte, transitando col padre Cesarini vicino al monumento di piazza Solferino, il Frassati ci venne incontro con l'abituale suo sorriso intrattenendosi alquanto con noi. Non ricordo l'argomento di quella conversazione, ma solo la parola ultima che udii: *"Arrivederci alla prossima adorazione!"*»[55].

La notte, che alla mentalità religiosa dell'epoca appariva come il tempo della perdizione nel peccato, in quanto momento più propizio ai furti, agli amori illeciti, agli omicidi, diventava per Pier Giorgio, sulla linea della tradizione biblico-evangelica che presenta le immagini del salmista Davide e di Cristo stesso adoranti nella notte, l'occasione privilegiata per benedire e lodare il Signore. Egli perciò, nel suo slancio di generosità, non si limitò ad adempiere il suo «dovere» di adoratore secondo il programma minimo previsto dal regolamento dell'Associazione, ma, immerso in una dimensione sospesa tra il tempo e l'eternità, si trattenne sempre a lungo presso il Signore, recandosi ad adorarlo anche in turni di notti riservate ai sacerdoti.

Entusiasta di tale forma di preghiera, non perdeva inoltre l'occasione per invitare amici e studenti di qualsiasi orientamento politico alle veglie eucaristiche. Significativa al riguardo è la testimonianza di un religioso che ricorda come al termine di un congresso del Partito Popolare Italiano, mentre ancora assai accesi erano i confronti di opinione, egli, superiore a tali discussioni e animato da un entusiasmo tutto particolare, distribuiva volantini con l'invito a recarsi all'adorazione notturna nella chiesa di Santa Maria di Piazza.

Avendo sperimentato la gioia di vegliare e pregare nel silenzio della notte, Pier Giorgio cercava così, poiché non c'è autentica gioia senza condivisione, di rendere partecipi anche gli altri di questa esperienza di preghiera; si prodigava perciò con tali mezzi, esattamente come già faceva, mosso dall'intento di comunicare il suo spirito di devozione alla Madonna, donando le originali corone del rosario.

«Nel nome di Gesù ogni ginocchio si pieghi»

Al di là di questa dimensione oggettiva, si può ora tentare di penetrare nella spiritualità più intima e segreta di Pier Giorgio, interamente nota solo a Dio.

Poiché in lui non vi era frattura tra vita e preghiera, quest'ultima, pervadendo e alimentando la sua esistenza, era un atteggiamento interiore che lo induceva a rivolgersi a Dio ovunque: in casa, all'università, per la strada, in tram, in montagna, oltre che naturalmente in chiesa. Ma era soprattutto durante la Comunione e davanti al SS. Sacramento, la cui esposizione vuole essere, come è stato illustrato, un prolungamento del sacrificio eucaristico, che la preghiera di Pier Giorgio si faceva particolarmente fervida e profonda.

Nella scelta stessa di essere «adoratore notturno» è implicita una chiara volontà di aderire all'insegnamento del Signore, più volte riferito nei Vangeli, che invita a vegliare e pregare «in ogni momento» e che san Paolo così riprende: «Pregate sempre: chiedete a Dio il suo aiuto in ogni occasione e in tutti i modi, guidati dallo Spirito Santo. Perciò state svegli e non stancatevi mai di pregare», «pregate senza stancarvi e non dimenticate mai di ringraziare Dio»[56].

Inoltre, scegliendo la preghiera adorante dinanzi alla presenza stessa di Cristo, Pier Giorgio dimostrava di aver compreso che Egli, unica ragione del suo vivere, modello perfetto di preghiera, carità, povertà, umiltà, obbedienza, è il polo stesso di attrazione dell'universo, Colui che, assumendo e ricapitolando tutto in sé, orienta il destino dell'intera creazione. «Per mezzo di lui sono state create tutte le cose, quelle nei cieli e quelle sulla terra, quelle visibili e quelle invisibili... Egli è la prima di tutte le cose e tutte sussistono in lui». «Per questo – scrive ancora san Paolo in un'altra sua lettera – Dio l'ha esaltato e gli ha dato il nome che è al di sopra di ogni altro nome, perché nel nome di Gesù ogni ginocchio si pieghi nei cieli, sulla terra e sotto terra e ogni lingua proclami che Gesù Cristo è il Signore»[57].

A Pier Giorgio che, mettendo Cristo al primo posto, sapeva inginocchiarsi dinanzi a Lui con fede ed umiltà – esattamente come all'ombra dell'umiltà, per essergli più fedele, sapeva esercitare una carità nascosta agli occhi del mondo – il Signore rivelava tutta la sua gloria.

Da una parte la presenza del Cristo eucaristico gli permetteva di scoprire l'azione dinamica e amante di Dio nel mondo, dall'altra la grazia eucaristica, penetrando nel suo cuore e nella sua intelligenza, lo raggiungeva nella piena totalità dell'essere – corpo e anima – comunicandogli l'energia vitale dello Spirito Santo. Profonda doveva dunque essere in Pier Giorgio, raccolto in preghiera dinanzi all'Eucaristia, la coscienza dell'assoluta dipendenza dalla forza creatrice e santificante di Dio, coscienza che, fuori di chiesa, lo induceva a ricercare in ogni realtà una dimensione più autentica e a trasfigurare e divinizzare l'incontro con il prossimo.

Ancora una volta, anche la preghiera eucaristica notturna, lungi dal rivelarsi una forma di fuga dal mondo, di sterile sentimentalismo o di ripiegamento su di sé, era una preghiera «aperta» (e quindi autenticamente cristiana) sia alla contemplazione della meravigliosa grandezza di Dio sia alla fraterna accoglienza di qualsiasi uomo. Era cioè la preghiera di un giovane che, con la sua sensibilità religiosa, aveva capito a fondo le parole di san Giovanni evangelista, il quale, meditando sul mistero di Cristo e sulle sue implicazioni nella vita cristiana afferma: «Chi infatti non ama il proprio fratello che vede, non può amare Dio che non vede. Questo è il comandamento che abbiamo da lui: chi ama Dio, ami anche il suo fratello»[58].

Attenzione, ascolto, silenzio

A determinare quel senso di ammirazione e stupore che Pier Giorgio, attratto in Dio e trasformato dalla forza della preghiera, suscitava in coloro che lo osservavano erano senza dubbio tre particolari disposizioni del suo animo: l'attenzione, l'ascolto, il silenzio.

L'amore verso Dio, che egli, secondo «il primo dei comandamenti», voleva amare «con tutto il cuore, con tutta l'anima, con tutta la mente e con tutte le forze»[59] – in una parola con tutto l'essere e con tutta la vita –, era alimentato dall'attenzione alla Sua presenza. Chi è attento a qualcosa o a qualcuno non si occupa di sé, ma si rivolge unicamente all'oggetto del suo interesse: così Pier Giorgio si concentrava in Dio, dimenticando se stesso e vincendo la stanchezza di stare a lungo in ginocchio, nonché il sonno che inutilmente tentava di aggredirlo.

La sua adorazione era caratterizzata dall'ascolto della Parola; nel corso delle veglie di preghiera si leggevano infatti salmi e altri passi biblici, soprattutto dal Nuovo Testamento. Anche l'ascolto è un atteggiamento che implica il dimenticare se stessi per capire a fondo il messaggio di un altro: Pier Giorgio, spinto dal vivo desiderio di approfondire sempre più la conoscenza della Parola di Dio per poter misurare su di essa tutta la sua vita (desiderio di cui l'acquisto del messale per meglio seguire quotidianamente la messa è, come si è visto, una chiara espressione), si metteva in ascolto, accogliendola profondamente.

La lettura dei salmi con le loro ricche tematiche che spaziano dalla lode alla domanda, alla supplica e la lettura di brani evangelici o delle epistole di san Paolo, che sempre gli procuravano *«pace e refrigerio spirituale»*, assorbiva totalmente il suo animo e risuonava con eco profonda nella meditazione che seguiva.

Nel raccoglimento del silenzio infine, quel silenzio che è stato definito «un lembo di cielo che discende verso l'uomo»[60], Pier Giorgio si lasciava dolcemente attrarre da Dio, felice solo di essere alla presenza di Colui che è «mare di luce», secondo un'espressione cara a santa Caterina da Siena, la santa da lui particolarmente prediletta per la fede potente e l'amore coraggioso. Dai raggi della «luce del mondo»[61], egli si sentiva inondato ed avvolto e a sua volta, con gioiosa disponibilità, li diffondeva su quanti lo circondavano.

Poiché alla base della sua adorazione c'era la ricerca di Dio, nel cui amore che non delude riponeva ogni fiducia, Pier Giorgio sapeva rimanere dinanzi a Lui in silenzio, memore delle parole stesse di Gesù («Il Padre vostro sa di quali cose avete bisogno ancor prima che gliele chiediate»[62]) e consapevole del fatto che, di fronte alla grandezza di Colui che cercava, si può talvolta esprimere meglio la propria preghiera con il raccoglimento silenzioso che non con le parole.

Alla luce di quanto detto, appare ora forse più chiaro come quella «grande gioia nella preghiera» che in Pier Giorgio è stata notata e che all'uscita di chiesa esplodeva in tutta la sua esuberanza fino ad allora trattenuta, fosse la logica conseguenza di questo modo di adorare e contemplare il mistero di Dio nell'Eucaristia.

Sentimenti e preghiere

Questo lo stile di preghiera di Pier Giorgio, stile che nel colloquio familiare e fiducioso con Dio probabilmente lasciava spazio anche a sentimenti e richieste che è possibile immaginare, conoscendo la sua personalità.

È bello pensare che a quel Dio «che faceva lieta e santa la sua giovinezza», egli chiedesse innanzi tutto la capacità di adorarlo «in spirito e verità», per meglio poter lodare, glorificare e benedire il Suo nome con gli attributi che gli sono propri: la santità, la grandezza, la potenza, la saggezza, l'eternità, la libertà, la giustizia, la bontà, la pazienza, la misericordia...

Nella contemplazione della fulgida bellezza delle cose create, le parole semplici di Pier Giorgio si trasformavano in espressioni di poesia, quella poesia che vibrava intensamente nel suo cuore e gli permetteva di avvertire la vicinanza di «Colui – come dice il profeta Amos – che forma i monti e crea i venti, che manifesta all'uomo qual è il suo pensiero, che fa l'alba e le tenebre e cammina sulle alture della terra», «Colui che ha fatto le Pleiadi e Orione, cambia il buio in chiarore del mattino e stende sul giorno l'oscurità della notte; Colui che comanda alle acque del mare e le spande sulla terra»[63].

Di fronte alla magnificenza dell'amore creativo di Dio, Pier Giorgio, adorando l'Eucaristia, non poteva fare a meno di ringraziare, mentre il pensiero correva alle *«onde bianche»* del mare che, fanciullo, chiedeva alla mamma di dipingere nei suoi quadri, o agli sconfinati orizzonti contemplati dalle alte vette. Il pensiero di coloro – e alcuni erano suoi amici – che avevano lasciato lassù la vita, gli suggeriva poi di recitare il *De profundis*, come già abitualmente faceva, spinto da un'identica carità per i vivi e per i morti, ogni volta che raggiungeva una meta alpina.

Pensando ancora alla infinita bontà di Dio, innalzava preghiere di ringraziamento per il dono della fede, che riteneva il più grande della sua vita e a proposito del quale aveva scritto ad un amico: *«Io non posso che ringraziare ogni momento Iddio per avermi dato genitori, maestri, amici tutti, che tutti mi hanno incanalato per la via maestra della Fede»*[64].

Poiché l'Eucaristia richiama necessariamente lo Spirito Santo, Pier Giorgio, avvertendone l'energia spirituale, sicuro che «il Padre celeste darà lo Spirito Santo a coloro che glielo chiedono»[65], invocava su di sé lo Spirito per essere trasformato dalla sua potenza che tutto guida e illumina. Chiedeva lo Spirito di sapienza e di intelligenza per poter vivere ogni situazione alla luce dello sguardo stesso di Dio, implorava lo Spirito di amore e di pace, quella medesima pace che, espressione della presenza divina, augurava spesso agli amici.

Recitando il *Veni, Sancte Spiritus* (egli conosceva bene questa preghiera in quanto nel 1922, in occasione della Pentecoste, aveva seguito un corso di cultura religiosa nel Seminario di Torino, in cui essa era stata ampiamente commentata), invocava i suoi sette doni e l'aiuto per accrescere la fede, la speranza e la carità, le virtù che Dio stesso infonde nell'uomo con la sua grazia.

In preghiera dinanzi al Signore, Pier Giorgio non poteva non chiedere la forza per vivere sempre e ovunque la fedeltà al Vangelo senza arrendersi di fronte a delusioni o difficoltà, la forza per essere un autentico testimone capace di portare agli altri la luce della Parola, la forza per *«lanciarsi nell'apostolato»*. Per questo egli pregava anche per coloro che erano lontani da Dio, come è stato espressamente dichiarato nel corso dei due Processi istruiti sulla sua fama di santità. Così infatti due testimoni hanno riferito: «Per quanto riguarda la carità spirituale, so che Pier Giorgio pregava per i peccatori e lo diceva egli stesso quando si trattava di persone lontane da Dio presso le quali l'opera umana riusciva inefficace». «Pregava certamente per i peccatori e so che si adoperò efficacemente per la riconciliazione con Dio del suo zio ingegnere, da tantissimi anni lontano dalle pratiche religiose»[66].

Nel rivolgere queste preghiere, egli faceva forse proprio lo spirito di santa Caterina da Siena, di cui, avendo letto il *Dialogo della Divina Provvidenza*, doveva aver presenti le seguenti parole: «Io non mi allontanerò dalla tua presenza finché non vedrò che tu abbia fatto loro misericordia... Che importerebbe se io ottenessi la vita eterna e il tuo popolo la morte? Voglio, dunque, e per grazia te lo domando, che tu abbia misericordia del tuo popolo, per la carità increata che ti mosse a creare l'uomo a tua immagine e somiglianza»[67].

Naturalmente gli era più facile pregare per le persone care che proprio nella preghiera sentiva particolarmente vicine, anche se materialmente lontane. Con il fiducioso abbandono nell'aiuto di Dio che aveva manifestato fin da bambino quando a otto anni scriveva alla mamma affetta da una malattia passeggera: *«Io pregherò Iddio che ti faccia guarire e Iddio ascolterà le mie preghiere»*[68], sempre, quando non poteva essere vicino a chi amava, ricorreva al potente vincolo dell'orazione.

La certezza di essere «ascoltato» faceva anche sì che per mezzo del dialogo con Dio si sentisse assai vicino ai santi trasfigurati nella gloria di Cristo e ai cari defunti. Per loro ancora pregava, ricordando al Signore sia le anime di parenti ed amici sia quelle dei molti diseredati di cui, nel silenzio della carità, aveva tante volte accompagnato le misere esequie.

Si può ancora supporre che Pier Giorgio, in ginocchio dinanzi al SS. Sacramento, chiedesse l'intervento di Dio atto a risolvere situazioni «di bisogno» in cui le forze umane rivelavano la loro impotenza. Egli pregava quindi fervidamente per i suoi poveri di cui conosceva difficoltà, disagi, angosce e problemi: tutti li affidava alla onnipotente azione divina.

Nelle sue adorazioni eucaristiche, pregando per ogni categoria di persone, Pier Giorgio non faceva altro che trasferire sul piano spirituale quella carità che esercitava alacremente ogni giorno. In questa chiave si possono perciò leggere le parole del *Decreto sulle virtù eroiche:* «Poiché era consapevole del fatto che Cristo, davvero centro della sua vita, così aveva esortato i suoi discepoli: "Vi do un comandamento nuovo: che vi amiate gli uni gli altri come io ho amato voi", egli esercitava questo amore ovunque e verso chiunque, i vicini e i lontani, persino verso i nemici; amava in modo tale da realizzare gli aspetti della carità descritti da san Paolo, in particolare rivolse il suo meraviglioso amore verso i poveri, i malati, i disoccupati e tutti i bisognosi»[69].

Dopo aver supplicato così intensamente e generosamente il Signore per gli altri, Pier Giorgio chiedeva forse a Dio di rivolgere la Sua attenzione su di sé; allora si può pensare che le sue richieste si orientassero nelle seguenti direzioni.

Innanzi tutto, facendo appello alla misericordia divina supplicava il perdono dei peccati, perdono che già ricercava accostandosi alla confessione settimanalmente con un atteggiamento del tutto privo di qualsiasi esitazione o riserva legata al rispetto umano.

Assai singolari a questo proposito sono le parole di un sacerdote, padre Righini, al quale una volta Pier Giorgio chiese, avendolo incontrato in via Pietro Micca, di confessarlo lì, per strada: «Non mi era mai capitato un caso simile e confesso io per primo d'aver avuto molte distrazioni nell'ascoltare Pier Giorgio!»[70]. Lo stesso religioso, ricordando ancora ad anni di distanza l'episodio, confidava a Luciana Frassati: «Se glielo avessi chiesto, non avrebbe esitato ad inginocchiarsi nella via».

Il giovane adoratore poneva poi davanti a Dio la sua vita nelle sue diverse dimensioni – studio, famiglia, amici, carità, impegni politici e sociali – per chiedere il meraviglioso spirito delle beatitudini con cui attuare ogni giorno i propri doveri alla luce del «discorso della montagna».

Secondo l'insegnamento e l'esempio stesso di Cristo, suo insostituibile maestro, Pier Giorgio pregava sia per adeguarsi totalmente alla volontà di Dio, «adeguamento – scrisse Marco Beltramo – che fu il segreto della sua perenne serenità, della sua sincera gioia, del suo eroismo nell'esercizio della virtù, della sua santità di giovane laico e moderno»[71], sia per impegnarsi a fondo nella realizzazione del Regno di Dio, «il regno cioè della verità e della vita, il regno della santità e della grazia, il regno della giustizia, dell'amore e della pace»[72].

Affidando le sue preghiere alla potente intercessione della Madonna, alla quale si rivolgeva con l'espressione propria degli adoratori notturni, «Nostra Signora del SS. Sacramento pregate per noi», Pier Giorgio, nelle ore piccole della notte o alle prime luci dell'alba, si congedava con il cuore in festa dal Signore che aveva a lungo adorato, pronto a vivere la nuova giornata con la ricchezza dell'energia divina ricevuta.

La partecipazione ai congressi eucaristici

All'interno della dimensione eucaristica della preghiera di Pier Giorgio, è importante sottolineare come il suo amore per l'Ostia consacrata si esprimesse anche nella partecipazione ai congressi eucaristici.

L'idea di istituire tali adunanze di uomini di Chiesa e di laici, finalizzate a glorificare pubblicamente il SS. Sacramento, risale a Maria Emilia Tamisier, nata a Tours nel 1844 e ivi morta nel 1910, che, formatasi alla scuola di san Pier Giuliano Eymard, dedicò la sua vita a promuovere «la salvezza della società per mezzo dell'Eucaristia». Ella pensò che, sull'esempio dei pellegrinaggi ai santuari mariani, si sarebbero potuti organizzare anche pellegrinaggi a chiese consacrate a miracoli del SS. Sacramento. Le sue idee furono condivise e assecondate da sacerdoti e laici che nel 1874 organizzarono il primo pellegrinaggio eucaristico ad Avignone. Il 17 gennaio 1881, a Parigi, in una riunione presieduta da monsignor de Ségur, si decise di fondare l'Opera dei congressi eucaristici internazionali; poco dopo Filippo Vrau, animatore delle Opere cattoliche nella Francia settentrionale, si recò a Roma per ottenere l'approvazione del papa Leone XIII, che la concesse il 16 maggio 1881. Così, a partire da quello di Lilla che si svolse nello stesso 1881, i congressi eucaristici internazionali si susseguirono rapidamente nel tempo. Ad essi vennero affiancati anche congressi nazionali (in Italia il primo fu quello di Napoli del 1891) e regionali. Le giornate dei congressi eucaristici, organizzate da comitati esecutivi costituiti nelle città stesse che vedono riuniti i partecipanti, sono dedicate in parte allo studio di temi specifici legati all'Eucaristia e in parte alla preghiera che si esprime in celebrazioni liturgiche e processioni.

Uno dei primi congressi ai cui Pier Giorgio partecipò fu quello tenutosi a Torino nel maggio 1922; in quell'occasione, nello scortare durante la processione il baldacchino del SS. Sacramento si oppose con coraggio a un gruppo di fascisti che disturbavano il corteo religioso. Il suo entusiasmo per il grande concorso di persone fedeli e devote trovò eco in una lettera all'amica tedesca Maria Fischer, alla quale scrisse: «*Credo che sia stato come la domenica delle Palme in Gerusalemme, quando i fanciulli ed il popolo buttavano fiori sulle strade al passaggio di Gesù Cristo*»[73].

Allo stesso modo, dopo aver partecipato nel settembre 1923 al Congresso eucaristico di Genova, Pier Giorgio scrisse a Tina Ajmone Cat: «*Questa mattina sono tornato da Genova entusiasta*», e all'amico Antonio Severi così raccontava i momenti più significativi di quell'incontro di preghiera e di fede: «*Migliaia e migliaia di uomini, di donne, di giovani cattoliche, di giovani e di fucini sfilarono compatti attraverso le vie della Superba per attestare al mondo intero la loro Fede... Siamo sfilati dalle 1 alle 5 del pomeriggio, poi il SS. Sacramento è salito sul Bucintoro ed è incominciata la processione sul mare che è durata due ore e poi si è ripresa la sfilata in terraferma; alle 9 di sera il Santissimo non era ancora giunto in piazza di Francia dove il legato del Papa doveva impartir la prima trina benedizione*»[74].

Grande impressione provocò in lui anche la già menzionata domenica 8 ottobre 1922, giorno in cui a Novara si chiuse il XVII Congresso regionale della Gioventù Cattolica Piemontese, con una imponente processione eucaristica pomeridiana e una solenne benedizione finale in Duomo.

I congressi eucaristici erano dunque altri momenti in cui la ricca spiritualità di Pier Giorgio poteva esprimersi in un'azione di lode, di adorazione, di servizio e di testimonianza per il Signore.

La preghiera mariana di Pier Giorgio

Nel capitolo dedicato all'adolescenza di Pier Giorgio, molto si è già detto della sua intensa devozione alla Madonna che si espresse soprattutto nella recita quotidiana del rosario (preghiera che infondeva in lui un profondo senso di pace, di calma e di sicurezza), e nella venerazione tributata alla Vergine specialmente nel santuario di Oropa, di cui, come sottolinea la sorella, egli «conosceva minutamente la storia, tutte le leggende, tutte le relazioni sui fatti che erano a mano a mano accaduti intorno alla sua effigie e i miracoli che ella aveva ottenuto»[75].

In relazione alla sua intensa preghiera mariana, è ancora bello rievocare qui brevemente alcuni momenti della sua presenza in questo antico santuario, centro della spiritualità biellese.

Tra le tante testimonianze che esistono in merito, una delle più significative è forse quella rilasciata da un sacerdote redentorista, il padre Gennaro Finelli che ha affermato: «Pier Giorgio Frassati a Oropa era di edificazione a tutti. Appena arrivava, se era carico, lasciava il suo sacco in sacrestia, poi si preparava a lungo per la Comunione, ascoltava la messa e il ringraziamento in genere lo faceva nella cappella a destra di quella della Madonna, per rimanere più tranquillo ed evitare il passaggio dei fedeli. Ma quelle che più m'impressionavano erano le sue visite verso la fine dell'autunno o d'inverno con la neve. Con qualsiasi tempo giungeva col suo fascio di fiori da portarsi alla Madonna. Erano fiori del suo giardino o di Torino e quando tornava dalla montagna d'estate invece erano rododendri»[76].

«Il ricordo più bello della sua devozione a Oropa – ha scritto Luciana – è legato al giorno in cui fu incoronata la Vergine». La sera del 29 agosto 1920, a differenza dei familiari che si erano recati al santuario in automobile per la solenne festa della quarta incoronazione della Madonna Nera, Pier Giorgio volle percorrere la salita a piedi, di notte, insieme ai domestici, naturalmente pregando, proprio perché il suo omaggio alla Vergine di Oropa fosse come sempre, e a maggior ragione in quella occasione, l'espressione di un sentito pellegrinaggio. «Giunto verso mezzanotte al santuario – ricorda Luciana – si comunicò e avrebbe passato tutta la notte a sentire quelle continue messe a tutti gli altari, se la mamma non l'avesse obbligato ad andare a riposarsi per assistere il giorno dopo all'incoronazione. La mattina era in piedi con la prima luce. Si recò ancora a pregare e poi cominciò a girare infaticabile di qua e di là. Nel mezzodì si intonò la laude sacra in onore di Maria Santissima e la voce maschile di Pier Giorgio dominò in breve, fervente, tutte quelle dei fedeli presenti, dopo avere aiutato a portare in trionfo la statua della Madonna»[77].

A suggello di queste vive testimonianze sulla devozione a Maria, si può riportare il pensiero di Marco Beltramo che proprio in essa vide «il segreto» della sua «perfezione spirituale». Nel profilo tracciato nel trentesimo anniversario della morte, il compagno di tante serene gite in montagna ha affermato: «Se voi mi chiedete quale fosse il mezzo sicuro cui egli si appoggiava per realizzare un così costante capolavoro di vita intimamente unita a Dio, io non esito a rispondervi che il segreto della perfezione spirituale di Pier Giorgio è da ricercarsi in special modo nella sua devozione assidua, sincera, profonda, tenerissima a Maria Santissima. Noi tutti, che vivemmo alcuni anni vicino a Pier Giorgio, non possiamo disgiungere la memoria di lui dal ricordo del suo amore filiale a Maria»[78].

Proprio confidando nella potente protezione della Madonna, Pier Giorgio volle affidare a lei il circolo giovanile cattolico che nel maggio 1922 si impegnò, con alcuni altri giovani della Crocetta, a fondare nella sua parrocchia; lo intitolò infatti «Milites Mariae». «Il circolo – si legge nella *Positio* – era composto in prevalenza di giovinetti: vi erano diversi gruppi a seconda dell'attività svolta, responsabile di ognuno dei quali era un delegato. Pier Giorgio, che aveva costituito una scuola di religione dove insegnava e aveva formato una compagnia filodrammatica, era il delegato degli studenti»[79].

Il 30 ottobre 1922, esattamente due giorni dopo la «marcia su Roma», non potendo partecipare ad un'adunanza del circolo, egli scrisse ai soci una lettera che ne conteneva chiaramente le linee programmatiche. Nella parte iniziale illustrava le finalità per cui era stata data vita all'associazione stessa: *«Cari soci, come sapete quest'anno nel Congresso della Gioventù Cattolica Italiana, tenuto a Roma, è stata rilevata la deplorevole disorganizzazione dei nostri studenti: perciò si è deciso di riunire questi giovani, che hanno bisogno di una speciale istruzione, adatta alle loro forze, e di una solida base apologetica per far fronte ai continui pericoli ai quali sono esposti»*.

Invitava poi i soci del circolo ad essere consapevoli della missione che i cattolici avrebbero dovuto svolgere nella società: *«In questo momento grave attraversato dalla nostra patria, noi cattolici e specialmente noi studenti abbiamo un grave dovere da compiere: la formazione di noi stessi. Noi, che per grazia di Dio siamo cattolici, non dobbiamo sciupare i più belli anni* (sic) *della nostra vita, come purtroppo fa tanta infelice gioventù, che si preoccupa di godere di quei beni, che non arrecano bene, ma che portano per frutto l'immoralità della nostra società moderna. Noi dobbiamo temprarci per essere pronti a sostenere le lotte che dovremo certamente combattere per il compimento del nostro programma e per dare così, in un non lontano avvenire, alla nostra patria giorni più lieti in una società moralmente sana. Ma per tutto ciò occorre: la preghiera continua per ottenere da Dio quella grazia senza la quale le nostre forze sono vane; organizzazione e disciplina per essere pronti all'azione al momento opportuno ed infine sacrificio delle nostre passioni e di noi stessi, perché senza di esso non si può raggiungere lo scopo... Mentre vi ringrazio di quanto farete, certo che sarete ricompensati largamente nella vita, vi saluto cristianamente»*[80].

Infaticabile nello svolgere il suo intenso apostolato, affidandolo con fede alla Madonna, in particolare alla Beata Vergine delle Grazie, patrona della sua parrocchia, Pier Giorgio sapeva con certezza che non avrebbe sprecato inutilmente le sue energie.

Terziario domenicano

Il 28 maggio 1922, anno in cui si celebrava il settimo centenario della morte di san Domenico di Guzman, fondatore dell'Ordine dei Predicatori, Pier Giorgio, insieme ad alcuni altri giovani, fece la «vestizione» di terziario domenicano nella gotica chiesa di Torino dedicata a san Domenico, che per l'occasione fu tutta illuminata a festa.

Nel solenne rito di quel giorno, egli ricevette il bianco scapolare del santo di Calaruega dalle mani del padre Angelo Arrighini, assunse il nome di *«Fra Girolamo»*, scelto per imitare *«nella lotta e nella virtù»* il Savonarola, e si impegnò a vivere la regola del Terz'Ordine, regola che, in un volumetto di «ricordi e testimonianze» dedicato a *Pier Giorgio Frassati Terziario domenicano*, viene così sintetizzata: «I laici domenicani (che vivono la vita quotidiana nella propria casa, in famiglia, sposati e non sposati) plasmano se stessi secondo lo spirito di san Domenico: rendono con la vita testimonianza della propria fede (predicazione implicita) ed aiutano i fratelli nel cammino della fede (predicazione esplicita). Con attenzione piena d'amore affrontano le miserie, le ansie e le aspirazioni umane, guidati dalla luce del Vangelo, in unione con tutti gli uomini di buona volontà, esercitando l'apostolato della verità. Promuovono tutto ciò che è buono, giusto e santo secondo quanto è nelle loro possibilità. Si adoperano per sollevare le necessità degli altri in spirito di gioia e di vera libertà. Le fonti da cui attingono la forza per la propria vita spirituale sono: ascolto, preghiera e studio della Parola di Dio; partecipazione, se possibile quotidiana, all'Eucaristia; recita dell'Ufficio divino o del rosario»[81].

Circa un anno dopo, nella cappella della Madonna delle Grazie sempre nella chiesa di San Domenico, Pier Giorgio fece la definitiva «professione» nel Terz'Ordine nelle mani di padre Filippo Robotti. In questo modo egli si impegnava, come ancora si legge nel citato volume, «a conformare la propria vita agli esempi di san Domenico e di santa Caterina da Siena, secondo le norme della regola fino alla morte»[82].

La ferma convinzione e la fede con cui Pier Giorgio decise di diventare *«Fra Girolamo»* traspaiono da alcune testimonianze di persone che furono presenti alla sua vestizione e professione; eccone due particolarmente eloquenti: «Fui colpito dalla compostezza, serietà e devozione di un giovanotto alto, robusto, elegantemente vestito, bello, che prese il nome di "*Fra Girolamo*". Ricordo anche l'allegria, la gioia di quel giovanotto, gioia che trapelava tra poro e poro. Ricordo anche il... fracasso fatto in sagrestia coi compagni, terminate le funzioni: sembrava dovessero ruinare chiesa e sagrestia e convento». «Ricordo che, terminata la funzione, fui sorpreso di dare il rituale abbraccio a un giovane che aveva il volto segnato dalle lacrime! Era proprio commosso Pier Giorgio quel giorno!»[83].

Quanto alla vita di terziario che il giovane universitario abbracciò per tre anni, il padre Enrico Ibertis ha scritto: «Frate, Pier Giorgio pensava, pregava, sperava da frate. Conosceva perfettamente la regola del Terz'Ordine, era assiduo all'adunanza mensile e, oltre al santo rosario, recitava quotidianamente l'Ufficietto della Madonna, glorioso di portarlo sempre nel taschino. "Che fai, Pier Giorgio – gli fu domandato un giorno – viaggiando in tram?" *"Recito il mio Ufficio"*, rispose sorridendo. Pier Giorgio fu un terziario molto ligio alle regole, e se per caso non poteva venire alle nostre adunanze prendeva cura di avvertirmi e di spiegarmi la ragione, la quale, è inutile dirlo, era sempre plausibile. E io ammiravo quella serietà così intera»[84].

Di lui si può quindi dire come di san Domenico che «o parlava con Dio o parlava di Dio», in ogni caso poi intendeva accrescere la conoscenza delle verità di fede; per questo, come chiaramente emerge dal seguente passo di una lettera inviata all'amico Antonio Villani, si era proposto di leggere la monumentale opera del grande teologo domenicano san Tommaso d'Aquino: *«Ti scrivo mentre ho dinanzi aperto quel bel libro di san Tommaso d'Aquino e quando leggo quei sublimi concetti, penso sempre a te che sei stato il primo ad infondere in me il desiderio di conoscere le grandi verità contenute in questa opera scritta per esaltare, glorificare la Divina Provvidenza»*[85].

Sempre al Villani, che aveva manifestato l'intenzione di seguirlo nella famiglia domenicana, Pier Giorgio in un'altra lettera così spiegava i motivi della sua scelta: *«Sono contentissimo che tu voglia far parte della grande famiglia di San Domenico, dove, come dice Dante "Ben s'impingua se non si vaneggia". Gli obblighi sono piccolissimi altrimenti dovresti capire che io non potrei appartenere ad un ordine che obbligasse molto... Spero che tu faccia la vestizione nel magnifico tempio di Torino ed allora sarò vicino a te per darti l'abbraccio fraterno; poiché tu che già sei a me legato dai vincoli della fratellanza per il Sangue di N. S. Gesù Cristo lo sarai doppiamente anche per avere comune con me per Padre San Domenico.*

Mi piacerebbe molto che tu assumessi il nome di Fra Girolamo, non perché è il nome che io ho come figlio di San Domenico, ma perché mi ricorda una figura a me cara e certamente anche a te, che hai comune a me gli stessi sentimenti contro i corrotti costumi, la figura di Girolamo Savonarola, di cui io molto indegnamente porto il nome. Ammiratore fervente di questo frate, morto da santo sul patibolo, ho voluto nel farmi terziario prenderlo come modello, ma purtroppo sono ben lungi da imitarlo. Pensaci e poi scrivimi le tue idee in proposito»[86].

Il nome del Savonarola, che già era stato assunto dal circolo operaio cattolico del Lingotto, da un giornale pacifista cattolico uscito negli anni della prima guerra mondiale, ed era stato dato anche ad una biblioteca popolare costituita in borgo San Paolo ad opera di alcuni membri della Lega Democratica Nazionale di Torino, «sembrava idealmente unire – si afferma nella *Positio* – esperienze diverse, ma ugualmente caratterizzate dal desiderio di una purificazione delle radici cristiane e di un rinnovamento comportante anche una netta apertura sociale e una posizione di avanguardia nel campo cattolico»[87].

In particolare, del Savonarola Pier Giorgio ammirava la sicurezza nell'annuncio della Verità, la lotta per la purezza della fede contro ogni forma di compromesso e di mediocrità, ed il coraggio con cui aveva difeso i suoi ideali. «Egli – si legge nel citato volume di "ricordi e testimonianze" – si esaltò alla lettura del *De ruina mundi* e del *Gloria al Re*, il Cristo Redentore. Altro scritto del Savonarola a lui caro era il commento al salmo *Miserere*, per quei sentimenti di umiltà profonda e di umanità penitente che il domenicano esprime. Il Savonarola con i suoi sermoni che risvegliavano le anime e che segnavano i tempi, riformatore audace, dava a lui, logico e bisognoso di certezza, il convincimento che le idee per le quali stava spendendo la propria gioventù, erano giuste e sane. Ma nel frate ferrarese egli non vedeva solo il tipo del riformatore morale e del cristiano democratico, bensì il "santo", e più precisamente il suo "modello santo". Forse proprio perché era il nome di un frate battagliero, intrepido e senza peli sulla lingua, indubbiamente non un diplomatico, non disposto a compromessi, coerente anzi fino alla morte, comprese che il suo nome era anche un simbolo e volle perciò assumerlo nell'entrare a far parte dell'Ordine dei Predicatori. Spesso firmava le sue lettere *"Fra Girolamo"*. Nel battagliero suo omonimo vedeva rispecchiato tutto il suo animo ardente e si studiava di imitarne la vita»[88].

Pier Giorgio aveva deciso di entrare nell'Ordine domenicano non certo soltanto per una forma di giovanile entusiasmo, ma per una convinzione profonda, maturata lentamente e consapevolmente fin dal 1919 quando cioè, frequentando il circolo operaio «Girolamo Savonarola» aveva conosciuto il padre Filippo Robotti che così ha descritto le diverse tappe del suo «cammino domenicano»: «Qualche volta Pier Giorgio veniva a trovarmi nel convento di San Domenico; fu in una di quelle circostanze che gli parlai del Terz'Ordine, pur senza invitarlo ad entrarvi. Egli mi disse che ci avrebbe pensato e allora gliene diedi la regola. Ponderò la sua decisione per più di un anno, il che dimostra come prendesse tali cose molto sul serio. Ognuno può immaginare la gioia che provai quando un'anima così bella chiese di entrare nel Terz'Ordine domenicano. Fu una risoluzione che germogliò spontaneamente in lui quando conobbe che l'ideale di apostolato religioso, che ferveva nel suo cuore, era in armonia con gli scopi del nostro Terz'Ordine»[89].

Gli ideali di san Domenico erano stati condivisi anche da altri due grandi santi, Tommaso d'Aquino e Caterina da Siena che divennero ben presto luminosi modelli per Pier Giorgio. Nella loro esistenza terrena egli scorgeva una meravigliosa sintesi di vita contemplativa e di impegno attivo per il rinnovamento della Chiesa e della società. Per questo aveva deciso di dedicarsi alla impegnativa lettura della *Summa Theologica* del grande aquinate, mentre già conosceva il *Dialogo della Divina Provvidenza* e le *Lettere* dell'intrepida santa di Siena, che con la sapienza divina e la fermezza del carattere aveva coraggiosamente testimoniato la Verità in un'epoca di oscuri contrasti politico-religiosi; delle sue mistiche visioni, è stato scritto, egli «aveva piena la mente, il cuore e la volontà»[90]. Proprio la biografia di santa Caterina, che aveva donato a Luciana nel giorno della sua laurea, fu l'ultimo libro che Pier Giorgio rilesse pochi giorni prima di morire: esso fu trovato vicino al suo letto, aperto accanto all'Ufficio della Madonna.

L'azione dello Spirito Santo nella vita di Pier Giorgio

La fede di Pier Giorgio «raggiante, conquistatrice, gioiosa», o, come la definì il cardinale Giacomo Lercaro nella prefazione ad un libro scritto dalla sorella, «luminosa, serena, senza esitazioni e senza facili crisi», non fu solo un dono di Dio «misterioso, ineffabile, singolarissimo»[91], ma anche un continuo processo di crescita e di maturazione.

Nella sua vita vigile ed operosa, egli si impegnò a ricercare quotidianamente, con la forza della preghiera, la dimensione soprannaturale dell'esistenza. Nei rapporti familiari, nelle relazioni di amicizia, nell'impegno dello studio, nelle attività culturali, sociali e politiche ebbe un unico fine che conferì ai suoi giorni una mirabile completezza: l'amore per Cristo.

Dalla ricchezza di questa vita interiore scaturirono non solo quel senso di sano ottimismo, quell'esuberante e simpatica vitalità che si traducevano in schietta e contagiosa allegria, capace di restare tale nonostante il dolore, ma anche quella calma, serenità e pace, espressione della «forza» di Dio, che molti avvertirono irradiarsi dalla sua presenza.

È evidente, in questa continua ricerca del Signore da servire e amare nel prossimo, l'azione potente dello Spirito Santo che con la sua luce e la sua forza ispirò l'intelligenza e il cuore di Pier Giorgio.

Proprio alla presenza dello Spirito di Dio nella sua vita, il padre domenicano Ceslao Pera – che, nutrendo per Pier Giorgio una grande ammirazione, ha lasciato preziosi scritti su di lui, accanto ad appunti atti ad illustrare «la spiritualità di un laico» – ha dedicato un interessante studio, nel quale tra l'altro si legge: «C'è in lui una lineare ascensione nella virtù, che per i suoi caratteri di interiorità, di costanza, di semplicità, di equilibrio, di gioia, di dedizione, di pietà, di lavoro, di vita vissuta in una atmosfera sempre luminosa di fede alla presenza di Dio ci fa conoscere l'interiore lavorio del direttore ed educatore delle anime: lo Spirito Santo».

Nell'analizzarne poi i sette doni, padre Pera afferma che in Pier Giorgio essi acquistarono «una particolare luminosità», soprattutto quello dell'«intelletto», il cui «carattere intuitivo soprannaturale... è emergente nello spirito di Pier Giorgio», quello della «scienza», cioè «il senso della vanità delle cose terrene: onori, ricchezze, potenza, gloria, comparse, feste... che è in qualche modo la trama della vita interiore di Pier Giorgio», e quello della «sapienza». In relazione a quest'ultimo, più ampiamente il padre ha scritto: «Seguire le ragioni supreme ed eterne della vita e ordinare le proprie azioni secondo gli eterni ideali è effetto della "sapienza", dono indispensabilmente unito con la carità, da cui derivano il gusto delle cose divine, il giudizio preciso sulle cose del tempo alla luce delle cose dell'eternità... Ora questo, appunto, si ha sempre più limpidamente in Pier Giorgio, il cui interiore sguardo sereno si punta nelle supreme realtà regolatrici della vita terrena e il cui giudizio (sempre preciso nelle cose della carità e sempre vigile nelle cose di Dio) procede da una profonda "simpatia" ad esse, e quindi da una disposizione abituale sempre più accentuata ed emergente quale è appunto il dono della sapienza»[92].

Tale dono dello Spirito rese Pier Giorgio anche particolarmente vigile circa il prezioso valore del tempo, quel tempo di cui, secondo un'espressione di san Francesco di Sales, «ogni momento viene a noi carico di eternità e torna nell'eternità carico di ciò che ne abbiamo fatto». Egli si impegnò pertanto a realizzare pienamente le sue giornate nella preghiera e nella carità, sicuro così di «accumulare tesori in cielo», gli unici per cui un vero cristiano sa che vale la pena spendere l'intera esistenza.

Note

[1] P. G. Frassati, *Lettere*, cit., p. 192 (lettera a Isidoro Bonini del 15 gennaio 1925).

[2] Giuseppe Lazzati, *Pier Giorgio Frassati a cinquant'anni dalla morte*, commemorazione tenuta a Torino, a Palazzo Madama, il 5 aprile 1975, in cfr. *Positio super virtutibus*, cit., vol. I, p. 442.

[3] *Positio super virtutibus*, cit., vol. I, p. 177.

[4] P. G. Frassati, *Lettere*, cit., p. 191 (lettera a Isidoro Bonini del 28 dicembre 1924), p. 196 (lettera a Isidoro Bonini del 27 febbraio 1925).

[5] Pier Giorgio Frassati, *Discorso per la benedizione della bandiera del circolo «Giovane Pollone»* pronunciato il 29 giugno 1923 in L. Frassati, *Mio fratello Pier Giorgio. La fede*, cit., p. 19; P. G. Frassati, *Lettere*, cit., p. 313 (lettera a Willibald Leitgebel del 3 novembre 1923).

[6] P. G. Frassati, *Discorso per la benedizione della bandiera del circolo «Giovane Pollone»*, cit., pp. 18-19; P. G. Frassati, *Lettere*, p. 298 (lettera a Clementina Luotto del 23 aprile 1925).

[7] Cfr. *Positio super virtutibus*, cit., vol. I, pp. 220 e seg.

[8] Cfr. *ibid.*, p. 331.
[9] Cfr. *ibid.*, pp. 319-320, 333, 343, 361.
[10] Cfr. *ibid.*, p. 408.
[11] L. Frassati, *Pier Giorgio Frassati. I giorni della sua vita*, cit., p. 114.
[12] Cfr. *Positio super virtutibus*, cit., vol. I, p. 415.
[13] G. Lazzati, *Pier Giorgio Frassati a cinquant'anni dalla morte*, in *Positio super virtutibus*, cit., vol. I, pp. 443-444.
[14] *Positio super virtutibus*, cit., vol. I, p. 258.
[15] Marco Beltramo Ceppi, *Il messaggio perenne di Pier Giorgio*, in *Pier Giorgio Frassati a trent'anni dalla morte (1925-1955)*, Torino 1955, p. 25.
[16] P. G. Frassati, *Discorso per la benedizione della bandiera del circolo «Giovane Pollone»*, cit., pp. 17-19.
[17] *Decretum Canonizationis Servi Dei Petri Georgii Frassati*, Roma 23 ottobre 1987, cit., p. 4.
[18] *Atti degli Apostoli* 17, 28.
[19] Concilio Ecumenico Vaticano II, *Decreto sull'apostolato dei laici «Apostolicam Actuositatem»*, 4.
[20] Concilio Ecumenico Vaticano II, *Sacrosanctum Concilium*, 48.
[21] L. Frassati, *Il cammino di Pier Giorgio*, cit., p. 169.
[22] Padre Mariano (Paolo Roasenda), *Un vittorioso: Pier Giorgio Frassati* (TV); cfr. U. Rocco S. J., *Pier Giorgio Frassati nella calda luce della sua preghiera*, in «Palestra del clero», cit.
[23] Cfr. *Positio super virtutibus*, cit., vol. I, p. 277; L. Frassati, *Mio fratello Pier Giorgio. La fede*, cit., pp. 59, 52, 55, 64, 54.
[24] Robert Claude S. J., *Attualità di Pier Giorgio Frassati*, traduzione di Marco Beltramo Ceppi, SEI, Torino 1960, p. 98.
[25] P. G. Frassati, *Lettere*, cit., pp. 56-57 (lettera alla madre del 25 dicembre 1921).
[26] *Ibid.*, p. 54 (lettera alla madre del 17 dicembre 1921), p. 55 (lettera a Luciana del 23 dicembre 1921).
[27] L. Frassati, *Pier Giorgio Frassati. I giorni della sua vita*, cit., p. 24.
[28] L. Frassati, *Mio fratello Pier Giorgio. La fede*, cit., p. 85.
[29] *Ibid.*, pp. 129-130.
[30] *Ibid.*, p. 90.
[31] Cfr. Jose Cottino, *Monsignor Giovanni Battista Pinardi*, Torino 1964, p. 124.
[32] L. Frassati, *Mio fratello Pier Giorgio. La fede*, cit., pp. 57, 298-299.
[33] P. G. Frassati, *Lettere*, cit., p. 242 (lettera a Marco Beltramo del 22 novembre 1924).
[34] *Ibid.*, p. 246 (lettera a Marco Beltramo del... novembre 1924), p. 255 (lettera a Marco Beltramo del 23 marzo 1925).
[35] Cfr. L. Frassati, *Calendario di una vita: 1901-1925*, cit., «Bergamo, 9 giugno 1924».
[36] L. Frassati, *Pier Giorgio Frassati. I giorni della sua vita*, cit., p. 91.
[37] Conferenza Episcopale Italiana, *Eucaristia, comunione e comunità*, cit., 74.
[38] Cfr. Aa.Vv., *Eucaristia: aspetti e problemi dopo il Vaticano II*, Cittadella Editrice, Assisi 1968, p. 234.
[39] Cfr. Luigi Ponzoni, *Il Santo dell'Eucaristia. San Pier Giuliano Eymard*, Arti Grafiche Alzani, Pinerolo 1986, pp. 81-82.

[40] L. Frassati, *Mio fratello Pier Giorgio. La fede*, cit., p. 168.

[41] P. G. Frassati, *Discorso per la benedizione della bandiera del circolo «Giovane Pollone»*, cit., p. 18.

[42] Cfr. Antonio Zaccaria, *L'Adorazione notturna: origine, metodo con cui è praticata*, Milano 1912, e *Statuti dell'Associazione per l'adorazione notturna al SS. Sacramento in Torino*, Torino 1918.

[43] K. Rahner, introduzione a L. Frassati, *Pier Giorgio Frassati. I giorni della sua vita*, cit., pp. 8-9.

[44] Gustavo Luigi Furfaro, *Il mio Pier Giorgio* in *Pier Giorgio Frassati. Echi di memorie* a cura di L. Frassati, cit., p. 170.

[45] Cfr. *L'Emanuele. L'Adoratore Notturno*, numero unico per il cinquantenario della fondazione in Torino dell'Associazione dell'adorazione notturna 1877-1927.

[46] Robert Claude S. J., *Frassati parmi nous*, Edition Casterman, Tournai 1957, p. 102.

[47] L. Frassati, *Mio fratello Pier Giorgio. La fede*, cit., p. 184.

[48] *Ibid.*, p. 182

[49] *Salmo* 36, 23.

[50] Ugo Rocco S. J., *In un Anno santo Pier Giorgio Frassati si spegneva*, in «Palestra del Clero», anno LXII, n. 22, 15 novembre 1983.

[51] L. Frassati, *Mio fratello Pier Giorgio. La fede*, cit., p. 180.

[52] *Ibid.*, pp. 169, 192.

[53] Cfr. L. Frassati, *Il cammino di Pier Giorgio*, cit, p. 204.

[54] R. Claude S. J., *Attualità di Pier Giorgio Frassati*, cit., p. 93.

[55] L. Frassati, *Mio fratello Pier Giorgio. La fede*, cit., pp. 193-195.

[56] San Paolo, *Lettera agli Efesini* 6, 18; *Lettera ai Colossesi* 4, 2.

[57] San Paolo, *Lettera ai Colossesi* 1, 16-17 e *Lettera ai Filippesi* 2, 9-11.

[58] *Prima lettera di san Giovanni* 1, 20-21.

[59] *Vangelo secondo san Marco* 12, 28-30.

[60] Ernst Psichari, *Il viaggio del centurione*, SEI, Torino 1939, p. 127, cfr. Massimo Baldini, *Le parole del silenzio*, Edizioni Paoline, Milano 1968, p. 45.

[61] *Vangelo secondo san Giovanni* 8, 12.

[62] *Vangelo secondo san Matteo* 6, 8.

[63] *Amos* 4, 13; 5, 8.

[64] P. G. Frassati, *Lettere*, cit., p. 197 (lettera a Isidoro Bonini del 6 marzo 1925).

[65] *Vangelo secondo san Luca* 11, 13.

[66] Cfr. *Positio super virtutibus*, cit., vol. I, p. 280.

[67] Santa Caterina da Siena, *Dialogo della Divina Provvidenza*, a cura di Giuliana Cavallini, p. 36, Edizioni Cateriniane, Roma 1968.

[68] P. G. Frassati, *Lettere*, cit., p. 6 (lettera alla madre del 19 dicembre 1909).

[69] *Decretum Canonizationis Servi Dei Petri Georgii Frassati*, Roma 23 ottobre 1986, cit., p. 4.

[70] L. Frassati, *Mio fratello Pier Giorgio. La fede*, cit., p. 43.

[71] M. Beltramo Ceppi, *Il messaggio perenne di Pier Giorgio*, in *Pier Giorgio Frassati a trent'anni dalla morte*, cit., p. 29.

[72] Concilio Ecumenico Vaticano II, *Lumen Gentium*, 36.

[73] P. G. Frassati, *Lettere*, cit., p. 324 (lettera a Maria Fischer del 17 maggio 1922).

[74] Cfr. L. Frassati, *Il cammino di Pier Giorgio*, cit., p. 190 e P. G. Frassati, *Lettere*, cit., p. 180 (lettera ad Antonio Severi del 13 settembre 1923).

[75] L. Frassati, *Il cammino di Pier Giorgio*, cit., p. 112.

[76] Cfr. *ibid.*, p. 109.

[77] *Ibid.*, p. 111.

[78] M. Beltramo Ceppi, *Il messaggio perenne di Pier Giorgio*, in *Pier Giorgio Frassati a trent'anni dalla morte*, cit., p. 29.

[79] *Positio super virtutibus*, cit., vol. I, p. 97.

[80] L. Frassati, *Mio fratello Pier Giorgio. Vita e immagini*, cit., p. 99.

[81] Aa.Vv., *Pier Giorgio Frassati Terziario Domenicano*, ricordi, testimonianze e studi di Arrighini, Brandoni, Cordovani, Dejaifve, di Rovasenda, Giuliani, Ibertis, Pera, Robotti. Presentazione di Raimondo Spiazzi O. P., Edizioni Studio Domenicano, Bologna 1985, pp. 29-30.

[82] *Ibid.*, p. 29.

[83] Cfr. *ibid.*, p. 31.

[84] Cfr. *ibid.*, p. 32.

[85] P. G. Frassati, *Lettere*, cit., p. 142 (lettera ad Antonio Villani del 26 marzo 1923).

[86] *Ibid.*, p. 150 (lettera ad Antonio Villani del 31 agosto 1923).

[87] *Positio super virtutibus*, cit., vol. I, p. 80.

[88] Aa.Vv., *Pier Giorgio Frassati Terziario Domenicano*, cit., pp. 35-36.

[89] Cfr. *ibid.*, pp. 101-102.

[90] Cfr. *ibid.*, p. 33.

[91] Cfr. L. Frassati, *Mio fratello Pier Giorgio. La fede*, cit., pp. 13, 282.

[92] Ceslao Pera O. P., *Vita mistica di Pier Giorgio*, in Aa.Vv., *Pier Giorgio Frassati Terziario Domenicano*, cit., pp. 71-74.

8
LA CARITÀ

L'impegno di un laico nella carità

Nella vita di Pier Giorgio la fede e la carità costituirono un binomio inscindibile, la fede era operante nella carità e la carità ravvivava continuamente la fede: *«Che cosa sarebbe la fede se non la rivestissimo di carità?»*, fu sentito dire un giorno ad un confratello vincenziano.

Questa stretta connessione è stata sottolineata in modo particolare nel *Decreto sulle virtù eroiche*, nel quale si legge: «Egli fu un giovane laico in cui la fede e la carità erano armonicamente congiunte e lo inducevano ad agire con ardore e con entusiasmo, tanto che per mezzo di esse veniva illuminata e toccata la vita di tante persone, soprattutto fanciulli, bisognosi, poveri... e dei suoi amici. La sua fu una fede viva, che pervadeva profondamente il suo modo di agire e produceva in lui una luminosa coerenza tra fede ed opera»[1].

La carità di Pier Giorgio, traendo la sua forza da un'intima unione con il Signore, ruotava intorno ai due cardini su cui si basa l'amore cristiano: Dio e il prossimo. Impegnandosi nella Comunione quotidiana fin dall'adolescenza, egli si impegnò anche conseguentemente nella comunione e nell'amore verso coloro che incontrava sul suo cammino, soprattutto gli «ultimi». Con l'intuizione di un santo vedeva Dio con lo sguardo dello spirito, e nella sua mente e nel suo cuore non faceva distinzione tra la luce dell'Eucaristia e quella del fratello bisognoso. Nella sua autenticità seppe esprimere questa profonda verità cristiana con estrema semplicità: *«Gesù mi fa visita con la Comunione ogni mattina ed io gliela restituisco nel modo misero che posso: visitando i suoi poveri»*[2].

Vivendo «l'inscindibile nesso tra Eucaristia e carità», Pier Giorgio capì cioè che «senza Eucaristia non ci si apre alla carità cristiana e senza la carità si vanifica l'effetto proprio dell'Eucaristia che fa esistere la Chiesa come carità». «Egli – sono ancora parole dell'arcivescovo di Torino cardinal Giovanni Saldarini – fu un cristiano eucaristico e perciò appassionato di carità... Per lui l'Eucaristia non era una parentesi all'interno di settimane che camminano per proprio conto, ma il centro stesso dell'esistenza, senza la quale non è possibile costruire una vita eucaristica, cioè di gratitudine e di apertura, una vita riconoscente che ringrazia, offrendosi e donandosi senza riserve a tutti, sempre e dappertutto»[3].

In altri termini, Pier Giorgio viveva ogni giorno l'incontro con il Signore non con un atteggiamento di pietà individuale pericolosamente accentrata sulla contemplazione di sé, ma con uno spirito di totale apertura alla inesauribile ricchezza dell'azione eucaristica, la quale, sotto la guida potente dello Spirito Santo, lo induceva ad uscire da sé, a privarsi di ciò che era suo per donarsi agli altri sull'esempio stesso di Cristo che, spezzando il Pane, fraziona il Suo Corpo per condividerlo con chiunque desideri entrare in comunione di vita con Lui.

«Pier Giorgio – ha inoltre sottolineato il cardinal Saldarini – ha vissuto la carità non come gesto eccezionale, ma come gesto normale che si iscriveva nel modo normale del suo vivere, come si iscriveva lo studio, la frequenza degli amici, l'andare in vacanza, il fare ascensione in montagna: cioè non come qualcosa di straordinario, ma come qualcosa di costitutivo della sua giornata umana»[4].

Mai ripiegato su se stesso, ma orientato ed aperto a far convergere sul «tu» dell'altro le proprie energie positive, proprio nella carità egli maturò la vera personalità del cristiano «laico» impegnato a vivere in un mondo «laico».

Agì pertanto come oggi insegnano ed esortano i testi del Concilio Vaticano II: «L'azione caritativa ora può e deve abbracciare tutti assolutamente gli uomini e tutte quante le necessità. Ovunque vi sono persone che mancano di cibo, di bevanda, di vestito, di casa, di medicine, di lavoro, di istruzione, dei mezzi necessari per condurre una vita veramente umana, persone afflitte da tribolazioni e da malferma salute, che soffrono l'esilio o il carcere, quivi la carità cristiana deve cercarle e trovarle, consolarle con premurosa cura e sollevarle porgendo loro aiuto... Si abbia riguardo, con estrema delicatezza, alla libertà e alla dignità della persona che riceve l'aiuto;... siano innanzi tutto adempiuti gli obblighi di giustizia perché non avvenga che si offra come dono di carità ciò che è già dovuto a titolo di giustizia; si eliminino non soltanto gli effetti, ma anche le cause dei mali; l'aiuto sia regolato in tal modo che coloro i quali lo ricevono vengano, a poco a poco, liberati dalla dipendenza altrui e diventino sufficienti a se stessi. I laici dunque abbiano in grande stima e sostengano, nella misura delle proprie forze, le opere caritative e le iniziative di "assistenza sociale", private e pubbliche, anche internazionali, con cui si porta un aiuto efficace agli individui e ai popoli che si trovano nel bisogno, cooperando in ciò con tutti gli uomini di buona volontà»[5].

Vastissima fu la gamma di persone che Pier Giorgio raggiunse con la sua intensa azione di carità, una carità esercitata nel senso più profondo del termine, cioè in un atteggiamento di continua benevolenza ed autentico amore verso il prossimo. «In lui – per esprimersi con le parole con cui il cardinal Anastasio Ballestrero ne tratteggiò la figura nel sessantesimo anniversario della morte – il magnifico inno alla carità di san Paolo è diventato storia, è diventato poesia, gioia di vivere, esperienza seducente. E le beatitudini proclamate da Gesù sono la dilatazione del dono di Dio che hanno trovato in Pier Giorgio accoglienza, fedeltà, amore... Egli è un giovane che è rimasto giovane per la gioia delle beatitudini, per la poesia della carità. Una poesia che è rimasta tale, cioè vivace, giovane, creativa perché è dilagata in una giovinezza esemplare in quanto raffigurata proprio dalla carità»[6].

Le fonti che, in una prospettiva di grande ampiezza, permettono di cogliere la generosità di questo impegno senza riserve a servizio del prossimo, sono costituite dalle lettere indirizzate da Pier Giorgio a familiari ed amici, da alcuni suoi appunti sulla carità e da numerosissime testimonianze rilasciate da coloro che lo conobbero; queste ultime sono state in parte raccolte dalla sorella nel volume intitolato *Mio fratello Pier Giorgio. La carità*, e in parte deposte, sotto giuramento, nel corso dei due Processi istruiti per la causa di canonizzazione.

Da questo vasto materiale, redatto nelle forme e negli stili più diversi, emerge, attraverso una fitta rete di episodi, ricordi e considerazioni, l'immagine viva ed affascinante di un giovane che seppe, vincendo se stesso, aprirsi alle necessità degli altri e, andando oltre le apparenze, cogliere le radici della dignità di ogni persona che aveva di fronte, scorgendo ed amando in essa il volto di Dio.

Una carità concreta e quotidiana

«Prendi, ti prego, questo denaro per i poveri bambini di Berlino».

«Per quel tedesco ti invio L. 50 che ti aiuteranno a compiere quella buona opera che tu hai incominciato».

«Sai qualche cosa di quella famiglia veneta? La nostra Conferenza ha stabilito di darle un assegno periodico, ma per ora altro non si sa».

«Ti mando per mezzo di Italo il libro, dove potrai imparare la teoria per diventare un buon guidatore di automobili; mando pure le cartucce a tuo padre».

«Le mando i francobolli che le ho promesso a Vienna».

«Come le avevo promesso lunedì, le ho portato l'orario di tutti i treni per Biella».

«Oggi ho parlato col corrispondente della "Stampa" a Roma che ho interessato per la pratica dei suoi fratelli: egli se n'è già occupato e pare che la pratica sia su una buona strada: appena avrò una risposta definitiva sarà mio dovere comunicarla subito».

«Ricevo ora da Roma una cartolina, dove mi è confermata la notizia datami da Lei della borsa di studio ottenuta da suo fratello. A Sua sorella non è stata conferita alcuna borsa, perché non è stata ammessa al concorso per l'art. 64 del R.D. 10 aprile 1924, n. 422, che vieta a due orfani della stessa famiglia di presentarsi contemporaneamente ai concorsi. Mi scrive però il corrispondente della "Stampa" in Roma, che Sua sorella potrebbe prendere parte poi al concorso del 1925, se in luglio avrà già conseguito il titolo di ammissione all'università»[7].

Sono questi alcuni tra i tanti esempi della illimitata carità di Pier Giorgio, che si possono trarre dalle sue lettere, nelle quali si incontrano appunto continui riferimenti ai problemi degli altri, accompagnati sempre da un vivo desiderio di intervenire e aiutare.

La carità traspare da rapidi accenni, da brevi frasi rivelatrici o, come nell'ultima lettera citata, da periodi che forniscono indicazioni estremamente precise. In ogni caso, come scrisse Luigi Sturzo, «seduce la cristallinità del suo fare, il senso del bene, il desiderio di giovare agli altri, di essere utile a tutti, la generosità di prodigarsi»[8].

Nel leggere gli altri numerosi documenti che testimoniano questa carità, si rimane colpiti da due aspetti essenziali che ne pongono in rilievo il carattere dinamico e costante: la concretezza e la quotidianità.

Ecco come alcuni amici e la sorella delineano tali tratti: «Non si perdeva in particolari organizzativi, non stava a pensare quando e come sarebbe stato meglio dare la sua attività, ma la dava sempre, chiamato e non chiamato, senza ostentazione, ma anche senza falsa umiltà; dava quell'aiuto completo che sa dare una persona dotata, sicura, capace». «Pier Giorgio era un uomo di azione: pieno di vitalità e di forza, traduceva in pratica il motto di santa Caterina da Siena "Il fare giova sempre"». «La carità lo assorbiva ogni giorno con esigenze sempre nuove e diverse». «La sua continua carità verso gli altri colpiva per la sua intensità»[9].

Pier Giorgio era dunque di poche parole e molti fatti. Di fronte alle richieste e ai bisogni del prossimo, non si fermava ad indugiare in considerazioni astratte, ma, insofferente per qualsiasi tipo di rinvio, agiva con prontezza nel porgere l'aiuto necessario. Aveva inoltre con i suoi multiformi e capillari impegni di carità precisi appuntamenti quotidiani: era, così, sicuro di riempire nel modo migliore il «prezioso tempo».

La concretezza, è stato detto, «è il giusto rapporto tra ascolto, decisione e azione... è l'esprimere nella quotidianità ciò che si è capito... è la capacità di intuire ciò che va fatto adesso e qui: è la sfiducia per i discorsi astratti e inconcludenti, è il senso delle persone, dei rapporti, del momento presente»[10]. È, si può aggiungere, il modo migliore per mettere in pratica l'esortazione dell'apostolo Giovanni che, indubbiamente, Pier Giorgio conosceva bene: «Figlioli, non amiamo a parole, né con la lingua, ma con i fatti»[11].

Con una mirabile capacità di sintesi e di chiarezza che gli derivava dall'entusiasmo nell'aderire allo stile di vita scelto, così Pier Giorgio si esprimeva con gli amici: *«Il prossimo ha bisogno di noi e noi dobbiamo essere al suo servizio, in qualunque giorno». «Il vero bene deve essere fatto inavvertitamente, poco a poco, quotidianamente, confidenzialmente»*[12].

Non si può non riconoscere in questa urgenza del fare il preciso insegnamento che egli sapeva trarre dalla frequente lettura delle frementi pagine di santa Caterina e delle epistole di san Paolo. Entusiasta, ne faceva partecipi gli amici: *«Io vorrei che tu provassi a leggere San Paolo: è meraviglioso e l'anima si esalta da quella lettura e noi abbiamo sprone a seguitare la retta via»*[13].

«La carità non abbia finzioni; fuggite il male con orrore, attaccatevi al bene; amatevi gli uni gli altri con affetto fraterno, gareggiate nello stimarvi a vicenda. Non siate pigri nello zelo; siate invece ferventi nello spirito, servite il Signore. Siate lieti nella speranza, forti nella tribolazione, perseveranti nella preghiera, solleciti per le necessità dei fratelli, premurosi nell'ospitalità. Benedite coloro che vi perseguitano, benedite e non maledite. Rallegratevi con quelli che sono nella gioia, piangete con quelli che sono nel pianto. Abbiate i medesimi sentimenti gli uni verso gli altri»[14].

Questi ed altri incisivi inviti di san Paolo alla carità lo inducevano ad esprimere considerazioni di penetrante saggezza: «*Nel mondo che si è allontanato da Dio manca la Pace, ma manca anche la Carità, ossia l'Amore vero e perfetto. Forse se San Paolo fosse da tutti noi più ascoltato le miserie umane sarebbero un po' diminuite*»[15].

Il prossimo di Pier Giorgio

Il dialogo della carità presuppone un inequivocabile interlocutore: il prossimo.

Ci si può chiedere a questo punto chi era il prossimo per Pier Giorgio.

Di fronte a tale interrogativo, il discorso diventa assai complesso, in quanto non è facile tentare di collocare in categorie seppur sommarie le tante persone che ricevettero i suoi benefici e delineare gli ambiti in cui, con un'incredibile ricchezza di articolazione, spaziò la sua carità.

Sulla base della convinzione chiaramente espressa ad un amico, secondo cui «*non bisogna abbandonare nessun essere umano*», Pier Giorgio avvicinò nella disponibilità del servizio e del dono ogni persona che incontrò sul suo cammino, a partire naturalmente dai familiari.

Proprio perché la sua carità non cercava il prossimo in un'umanità idealizzata ed astratta, i genitori e la sorella furono le prime persone a sperimentare il suo delicato spirito di attenzione agli altri. Purtroppo essi capirono solo molto tardi le aspirazioni del suo animo e non si accorsero neppure delle sofferenze che gli procurarono con squalificanti giudizi espressi su scelte e comportamenti che non comprendevano.

Luciana ed un altro testimone, nel Processo di canonizzazione, hanno dichiarato: «Pier Giorgio, anche davanti all'atteggiamento dei genitori, che altri avrebbe potuto apertamente criticare, mantenne sempre un contegno rispettoso ed ossequiente... La sua presenza, la sua bontà, il suo silenzio, la sua totale ubbidienza erano espressioni di una squisita carità in casa». «A mio parere Pier Giorgio può esser proposto quale modello per il rispetto costante verso la propria famiglia, nonostante ne fosse diviso nelle concezioni spirituali, sociali e politiche»[16].

Anche le seguenti testimonianze che il personale di servizio ha rilasciato su di lui esprimono, nella loro immediata semplicità, sentimenti di stima e riconoscenza nei suoi confronti. «Tutti sapevano che a lui ci si poteva sempre rivolgere se c'era bisogno di aiuto. Per me non ci sono espressioni che valgano per dire tutta la sua bontà». «Qualunque favore gli avessi chiesto, non mi ha mai detto di no, dal più piccolo al più grande». «A Pollone chiamavano Pier Giorgio il santo perché faceva tanta carità»[17].

Dalla consapevolezza del significato profondo proprio di ogni relazione umana, nacque in lui la precisa volontà di donarsi senza riserve: vivendo per gli altri nella dimensione della carità, *«il più perfetto Amore»* come egli stesso la definì, sapeva di amare implicitamente il Signore. «La delicatezza e la generosità che distinguevano il suo donare – ha scritto Giuseppe Lazzati – avevano le loro radici in quella visione soprannaturale in forza della quale in ogni uomo si riconosce il Cristo»[18].

Con il suo modo intensamente umano di porsi accanto all'uomo, Pier Giorgio scelse di percorrere la via del servizio nella carità, facendo proprio l'insegnamento di san Paolo che nella *Lettera ai Galati* così esorta: «Servitevi a vicenda nella carità, perché tutta la legge trova il suo compimento in un solo precetto: "Amerai il prossimo tuo come te stesso"»[19].

Il servizio così concepito diventava automaticamente un continuo donare, azione che, secondo una chiara e sintetica definizione del cardinal Martini, «significa comunicare ciò che veramente possediamo, poco o molto che sia, senza domandarci se è poco o se è molto; ci deve bastare poter dare ciò che abbiamo»[20].

Già si è parlato della disponibilità e carità di Pier Giorgio nell'ambito dell'impegno politico-sociale. È qui importante aggiungere che egli sapeva essere aperto al confronto e al dialogo, in un'atmosfera di rispetto e di ricerca della verità, anche con persone di cui non condivideva scelte ed opinioni. Inoltre, quando difendeva le proprie convinzioni, si adoperava con tutto se stesso per eliminare dissensi, comporre dissidi e suscitare un senso di pace, concordia e armonia, animato da una particolare fermezza aliena da qualsiasi rancore personale. Assai eloquente al riguardo è la breve, ma incisiva testimonianza dell'amico Marco Beltramo: «Ebbi spesso occasione di osservare, durante discussioni talvolta accanite nelle assemblee del circolo "Cesare Balbo", quanto egli fosse premuroso di dimostrare con segni di cordialità e benevolenza verso l'avversario come egli combattesse l'idea e non la persona»[21].

Pier Giorgio nutrì poi una speciale predilezione per i poveri, o comunque per tutti coloro che sapeva affetti da situazioni di disagio. Proprio per alleviare il più possibile le loro sofferenze, egli fin dall'ultimo anno dei suoi studi liceali, si impegnò ad esercitare la carità non solo a livello personale, ma anche nell'ambito delle Conferenze di San Vincenzo.

Come già si è accennato, fu membro di due Conferenze vincenziane: dal 1918 al 1922 appartenne a quella dell'«Istituto Sociale» dei padri gesuiti che svolgeva la sua opera nella parrocchia del Carmine, dal 1923 fece invece parte della Conferenza del circolo universitario «Cesare Balbo», attiva presso la chiesa della Madonna della Pace. Inoltre lavorò per la costituzione di una Conferenza nella parrocchia della Crocetta, per la quale aveva destinato la somma di cinquemila lire ricevuta in dono dal padre in occasione del suo ventiquattresimo e ultimo compleanno: essa fu inaugurata proprio il giorno successivo alla sua morte.

«Pier Giorgio – ha testimoniato un confratello – era un socio attivissimo della San Vincenzo. Partecipava con impegno alle adunanze, dimostrando di avere una buona conoscenza di tutti i poveri assistiti»[22]. Anche il compagno, poi sacerdote, Gian Maria Bertini ha dichiarato: «Il Servo di Dio nutriva un profondo spirito di carità verso il prossimo e questo manifestava sia con l'assistenza spirituale verso persone bisognose di appoggio e di conforto, sia contribuendo con i suoi mezzi materiali alle necessità ed ai bisogni dei poveri... Posso attestare che tutta la sua vita gravitava, si può dire, verso questo centro della carità. Ed anche quando, per doveri di scuola, era costretto a tralasciare tutte le altre attività, quella della Conferenza non veniva invece trascurata e visitava settimanalmente le famiglie dei poveri che gli erano affidati, interessandosi con scrupolo di tutto ciò che poteva essere inerente al perfetto adempimento del suo dovere di confratello visitatore»[23].

Proprio nel ricordare l'infaticabile carità di Pier Giorgio, Giovanni Paolo II, nel *Discorso* pronunciato a Pollone il 16 luglio 1989, ha affermato: «Mi piace sottolineare in particolare il suo impegno nelle Conferenze di San Vincenzo de' Paoli e nell'Azione Cattolica, di cui egli resta uno degli esponenti più ricchi di fascino»[24].

Prima di esaminare più da vicino questa intensa partecipazione di Pier Giorgio alle Conferenze di San Vincenzo, attraverso le quali la sua carità si espresse in modo più sistematico e completo, si possono analizzare brevemente lo spirito, i fini e le strutture di tali associazioni.

La Società di San Vincenzo de' Paoli

Le origini della Società di San Vincenzo de' Paoli sono legate alla cultura cattolica francese del XIX secolo. In seguito ad animate discussioni con giovani intellettuali non credenti che accusavano i cattolici di non avere una fede attiva ed operante, nel maggio 1833, il giovane filantropo, nonché brillante storico e filologo, Antoine Frédéric Ozanam, allora appena ventenne, con altri sette compagni universitari fondò, sotto la protezione del grande santo francese della carità, vissuto nel XVII secolo, un'associazione laica finalizzata a svolgere attività caritative a favore dei poveri.

La Società di San Vincenzo si basa su un *Regolamento* che, formulato nel dicembre 1835, due anni dopo la costituzione della prima Conferenza di carità, si suddivide in ottanta articoli.

Nell'*Introduzione* scritta dal primo Presidente della Società, Emilio Giuseppe Bailly, a proposito del nome dell'associazione si afferma: «La nostra piccola riunione aveva dapprima il titolo di *Conferenza di carità di San Vincenzo de' Paoli*; questo nome di *Conferenza*, che fu il suo dal principio, venne conservato perché non si dimenticassero le circostanze della sua origine. Alcuni di noi, nel difendere i dogmi della religione nelle tempestose discussioni delle società letterarie, si resero conto che non bastava parlare, ma che bisognava operare. Da ciò seguirono le opere di carità, che praticarono, e il titolo di *Conferenza di carità*. Divenuti numerosi ed obbligati a dividerci in sezioni, l'appellativo di *Conferenza* è rimasto a queste, che sono tutte comprese sotto la comune denominazione di *Società di San Vincenzo de' Paoli*»[25].

Lo scopo principale di tale associazione, secondo le parole dello stesso fondatore, è quello di «mantenere i suoi membri nella fede cattolica, facendoli propagatori della fede medesima per mezzo della carità cristiana»[26]. In particolare, in un *Vademecum del confratello vincenziano* pubblicato nel 1880 e più volte ristampato, alla voce «scopo» si legge: «Lo scopo che si propone la Società di San Vincenzo de' Paoli è doppio: il primo è la santificazione dei confratelli per mezzo dell'esercizio pratico e personale della carità; il secondo consiste nei soccorsi ai poveri. La Società di San Vincenzo de' Paoli è tutta di carità; sulla sua bandiera sta scritto: "Dio e i poveri". Non si occupa mai di politica, né di alcuna cosa estranea all'esercizio pratico della carità. Fu istituita da giovani laici per utile loro; è sottomessa alle autorità ecclesiastiche, procura di tenersi in frequente e rispettosa relazione col clero, e specialmente coi parroci, convinta che il solo sacerdozio cattolico potrà mantenerla nelle vie della cristiana carità ed umiltà. La semplicità, un grande affetto al Regolamento, l'umiltà, la confidenza illimitata in Dio, sono i caratteri principali della nostra Società»[27].

Quanto allo spirito che la anima, si afferma: «Il principale distintivo della Società di San Vincenzo de' Paoli è lo spirito di umiltà», un'umiltà che è in stretta relazione con una serie di altre virtù ben precise: «l'abnegazione di sé, la cristiana prudenza, un operoso amore del prossimo, lo zelo della salute delle anime, la mansuetudine di cuore e di parole e, specialmente, lo spirito di fraternità»[28].

Nel *Regolamento* che, dopo alcune *Disposizioni generali*, si articola in otto capitoli, si mette poi a fuoco la struttura della Società, i cui organismi-base sono appunto le Conferenze collegate, attraverso diversi Consigli, – particolari, centrali e superiori – al Consiglio generale, centro di tutta la Società.

Le Conferenze sono così organizzate: ognuna di esse è amministrata da un Presidente, eletto dai confratelli, da uno o più vicepresidenti, da un segretario e da un tesoriere. Ogni Conferenza, che è al servizio di una determinata parrocchia, stabilisce il giorno e l'ora delle adunanze, che in genere hanno una periodicità settimanale e si svolgono nel modo seguente.

All'inizio della riunione, poiché uno dei tratti distintivi della Società, oltre la carità è la preghiera, si invoca l'aiuto dello Spirito Santo con la recita del *Veni, Sancte Spiritus* e si fa una lettura di carattere spirituale tratta dalla Bibbia o dalle opere di san Vincenzo, dalle lettere di Ozanam o da altri testi ispirati alla carità. Si può ricordare qui per inciso che Pier Giorgio proponeva sovente la lettura di quel meraviglioso inno alla carità che è il capitolo XIII della *Prima lettera ai Corinzi*, che egli conosceva a memoria.

Dopo che il segretario ha letto il verbale della seduta precedente e il tesoriere ha reso noto lo stato di cassa, i confratelli analizzano i casi delle singole famiglie assistite e, se necessario, ne prendono in esame dei nuovi. Si distribuiscono quindi i soldi e i «buoni per soccorsi in natura», secondo le necessità, che verranno portati ai poveri in visite compiute nell'intervallo tra un'adunanza e l'altra: «il momento, il numero e la forma di queste visite – si legge nell'articolo 20 del *Regolamento* – sono affidati alla prudenza di ogni confratello». Dopo la destinazione dei diversi soccorsi, le adunanze si chiudono con una colletta «alla quale ciascun confratello contribuisce con un'offerta proporzionata alle sue condizioni economiche» (articolo 25), e con la recita di una «preghiera a san Vincenzo de' Paoli».

Un esame attento del *Regolamento* permette di comprendere che la Società di San Vincenzo è essenzialmente una società di carità nel senso più ampio del termine e che uno dei modi in cui tale carità maggiormente si esprime è costituito dalle visite ai poveri. Ad esempio, l'articolo 2 afferma: «Nessuna opera di carità deve essere considerata estranea alla Società, benché essa abbia più particolarmente per scopo la visita alle famiglie povere. Pertanto, i membri della Società colgono le occasioni per portare conforto agli infermi ed ai carcerati, istruzione ai fanciulli poveri, abbandonati o detenuti, assistenza religiosa a coloro che ne mancano in punto di morte».

Il primato delle visite veniva ribadito fin dal 1837 anche in una delle numerose circolari periodicamente inviate alle singole Conferenze dai Presidenti generali: «Considereremo la visita ai poveri una delle nostre opere principali. Essa è, in qualche maniera, una delle nostre condizioni di esistenza»[29].

Nel già citato *Vademecum*, questa basilare opera di carità, che in genere viene svolta insieme da due confratelli, è così illustrata: «La visita delle famiglie povere è l'opera speciale e fondamentale della Società di San Vincenzo de' Paoli, essendo questa l'opera più utile per l'edificazione dei confratelli, e più adatta per essi: nell'esercizio di altre opere di carità non vi è quello stesso effetto pratico a vantaggio dei soci che si ricava dalla visita del povero nella sua abitazione. La visita dei poveri ha sempre un effetto immediato, quello del sollievo materiale: visitandoli in casa, meglio si conoscono le loro necessità, riesce più agevole informarsi di tante cose che li interessano, come l'educazione dei figli, la ricerca del lavoro e dar loro, secondo le circostanze, prudenti e saggi consigli. Quindi i confratelli devono visitare i poveri al loro domicilio e non riceverli in casa propria; visitarli con regolarità, frequenza ed affetto; non tralasciare le visite e non farle di sfuggita»[30].

Con questa capillare azione di assistenza domiciliare, comprensiva di un impegno più vasto orientato ad eliminare il più possibile situazioni di miseria e di emarginazione, la Società di San Vincenzo uscì ben presto dai confini della Francia. Dimostrando un notevole dinamismo sul piano sociale, nella seconda metà dell'Ottocento si diffuse in tutta Europa e negli altri continenti. In Italia fu introdotta dal beato Francesco Faà di Bruno che aveva conosciuto personalmente Frédéric Ozanam a Parigi, apprezzandone a fondo l'impegno di carità; la prima Conferenza sorse a Roma nel 1842, mentre a Torino venne costituita nel maggio 1850 presso la parrocchia dei Santi Martiri: vi fecero parte, come soci onorari, don Bosco e Silvio Pellico.

In seguito, nella situazione determinata dalla progressiva trasformazione industriale che vide crescere un proletariato urbano indigente ed emarginato, il laicato cattolico si impegnò sempre più in attività a favore dei poveri e trovò proprio nella Società di San Vincenzo un importante punto di riferimento. Così il numero delle Conferenze crebbe rapidamente ed esse vennero costituite anche all'interno di istituti scolastici di orientamento religioso e di circoli cattolici giovanili: fu appunto a due di queste che si iscrisse Pier Giorgio.

Lungi dal considerare la carità una semplice forma di filantropia, egli elaborò alcuni *Appunti per un discorso sulla carità* proprio per invitare i compagni universitari ad aderire alle Conferenze di San Vincenzo.

Dopo una breve premessa di carattere esplicativo, Pier Giorgio, in questo suo scritto, mise subito a fuoco il tema della carità che, secondo le parole di san Paolo, rappresenta «il vincolo della perfezione». «*Amici, non è con voi che io dovrei intrattenermi su uno dei problemi più interessanti della nostra vita quotidiana. Voi che appartenete alla FUCI non avete bisogno di sentire ricucinare in meschine parole cose già tante volte sentite. Però data la gravità dell'argomento non credo inutile ripetere delle cose già vecchie.*

Ognuno di voi sa che base fondamentale della nostra religione è la Carità, senza di cui tutta la nostra religione crollerebbe, perché noi non saremo veramente cattolici finché non adempiremo, ossia non conformeremo tutta la nostra vita ai due Comandamenti in cui sta l'essenza della Fede Cattolica: nell'Amare Iddio con tutte le nostre forze e nell'amare il prossimo come noi stessi».

Proseguiva poi i suoi *Appunti* parlando direttamente delle Conferenze di San Vincenzo, di cui illustrava le finalità relative sia ai poveri assistiti sia ai confratelli stessi: «*Io non so se voi tutti conoscete che cosa sono queste istituzioni così meravigliosamente ideate da S. Vincenzo de' Paoli. È un'istituzione semplice adatta per gli studenti perché non implica impegni, unico e solo quello di trovarsi un giorno della settimana in una determinata sede e poi visitare due o tre famiglie ogni settimana. Vedrete, poco tempo, eppure quanto bene possiamo fare noi a coloro che visitiamo e quanto bene possiamo fare a noi stessi.*

I confratelli visitando quelle famiglie sono quasi direi strumenti indegni della Divina Provvidenza: noi avvicinando i poveri a poco a poco veniamo ad essere i loro confidenti ed i consiglieri nei momenti più terribili di questo terreno pellegrinaggio, noi insinuiamo a loro quelle parole confortatrici dettateci dalla Fede e tante volte riusciamo, non per merito nostro, a portare sulla via retta gente che non per cattiveria s'era allontanata.

Ma io credo di poter dire che la Conferenza di San Vincenzo con le visite dei poveri serve a frenare le nostre passioni, ci fa sempre maggiori incitamenti per metterci sulla buona via per mezzo di cui noi tutti cerchiamo di arrivare al gran porto.

L'assistere quotidianamente alla Fede con cui le famiglie spesso sopportano i più atroci dolori, il sacrificio perenne che essi fanno e che tutto questo fanno per l'Amore di Dio ci fa tante volte rivolgere questa domanda: io che ho avuto da Dio tante cose sono sempre rimasto così neghittoso, così cattivo, mentre loro, che non sono stati così privilegiati come me, sono così infinitamente migliori di me. Ed allora noi veniamo a fare il proponimento nella nostra coscienza di seguire d'ora in avanti sempre più la via della Croce, l'unica via che ci porta alla Salute Eterna».

Pier Giorgio concluse infine il suo discorso con questo accorato appello ai compagni d'università: «*Ora innumerevoli Conferenze esistono nella città di Torino e fra queste anche una universitaria, la quale però è composta in maggioranza di gente che sta quasi per lasciare la vita studentesca e per principiare la vita di uomini.*

Ora noi rivolgiamo a voi un caldo appello affinché vogliate rigonfiare le file dei confratelli ed ognuno di voi possa così portare il proprio contributo della propria attività per sollevare quelli che soffrono.

Venite con slancio a questa Conferenza, venite ed ogni vostro sacrificio certo vi sarà ricompensato in Cielo perché Gesù Cristo ha promesso che tutto quello che noi faremo ai poveri per Amor Suo Egli lo considererà fatto come a Se stesso. Non vogliate negare a Gesù questo Amore, a Lui che per amore infinito dell'Umanità ha voluto essere nel Sacramento dell'Eucaristia, come il Nuovo Consolatore e come il Padre dell'Anima.

Per essere confratelli non si richiede di pagare una quota, basta avere buona volontà e null'altro. È vero che alla fine dell'Adunanza si fa una questua, ma ognuno è libero di mettere ciò che crede»[31].

Pier Giorgio e le visite ai poveri

Per comprendere i lineamenti di fondo della carità di Pier Giorgio all'interno delle Conferenze di San Vincenzo, è importante esaminare innanzi tutto le sue visite ai poveri. Numerosissimi sono gli episodi di altruismo e generosità legati a questo impegno; essendo però praticamente impossibile annoverarli tutti, si cercherà di evidenziare le linee maggiori attraverso cui la sua carità si sviluppò, prendendo sempre più consistenza.

Consapevole della preziosità del tempo che intendeva impegnare nel modo migliore non solo per sé, ma soprattutto per gli altri, egli usciva di casa molto presto, sia al mattino sia subito dopo pranzo.

Con il suo solito passo svelto e sicuro, da solo o con un confratello, si dirigeva verso soffitte malsane o misere abitazioni di poche camere situate nel centro storico e nei sobborghi periferici della città.

Ecco alcune brevi testimonianze di chi lo vide per strada o lo accompagnò in quelle visite: «Un ricordo lontano di Pier Giorgio è del tempo in cui lo vedevo passare al mattino presto con dei cestini destinati ai suoi poveri». «Correva sempre e rammento benissimo che una delle vie da lui battute era via Santa Chiara, dove sorgono case popolari». «Andava personalmente a soccorrere i poveri della San Vincenzo in periferia, là dove neppur giungeva il tram». «Lo conoscevano tutti Pier Giorgio, fino oltre la barriera di Milano». «Gli fui compagno alle Conferenze di San Vincenzo: visitavamo poveri vecchi alloggiati in soffitte veramente orribili e faticosissime a raggiungersi»[32].

Le visite che Pier Giorgio compiva erano non solo quelle ordinarie di ogni settimana, ma anche altre che egli effettuava o per sostituire confratelli assenti o, come era solito esprimersi, *«per fare conquiste»*, cioè per scoprire nuovi casi di povertà e di emarginazione a cui portare un sollievo materiale e spirituale. Per questo, su «L'Osservatore Romano» del 15 dicembre 1933 si scrisse: «Felici i poveri che per mezzo della Conferenza di San Vincenzo Pier Giorgio visitava e non meno felici quelli che egli stesso scopriva»[33].

Così le famiglie da lui visitate nella settimana erano in media quattro o cinque, fatto questo che della sua carità sottolinea non solo la generosità e la prontezza, ma anche la continuità e la costanza.

Poiché considerava estremamente importante l'attività caritativa, Pier Giorgio riservava alle visite parecchio tempo; premurandosi di trovare nelle sue giornate lo spazio necessario per svolgerle, più di una volta nelle lettere esordisce o conclude con frasi come questa: *«Ti scrivo poche righe perché devo andare a fare le visite»*. Anche quando era costretto ad intensificare le ore di studio perché impegnato nel preparare gli esami universitari, mai tralasciava gli impegni di carità, come più testimoni hanno confermato e come egli stesso scrisse ad un amico: *«L'altro giorno sfogliando il calendario ho fatto una terribile constatazione: che ci avviciniamo alla metà del mese ed allora mi sono detto fra me – qui è ora di intensificare lo studio – ed allora ho deciso che appena giunto a Torino sarò morto a tutti tranne alla Conferenza di S. Vincenzo»*[34].

Nel compiere le sue visite ai poveri, egli ne valorizzava innanzi tutto la dignità umana; si impegnava a conoscerne meglio le abitudini per sentirsi più vicino alle loro condizioni di vita; era attento a tutti i loro problemi al fine di trovare concrete ed immediate soluzioni; di fronte ad ogni sofferenza sapeva dare prova di affetto e di solidarietà. Pier Giorgio fu quindi per tanti miseri infelici un amico fraterno a cui era possibile aprirsi con fiducia, certi di non essere mai delusi.

Aspetti di una profonda carità: la gioia e il servizio

Senza mai atteggiarsi a benefattore, in quanto scorgeva nei poveri dei fratelli da amare nello spirito evangelico e non persone a cui fare l'elemosina, Pier Giorgio varcava le soglie delle loro squallide dimore con un atteggiamento di grande rispetto e di profonda e delicata umanità. Nel compiere le sue azioni caritative, era inoltre animato da un'intensa gioia, in quanto vedeva nel prossimo il Signore, termine fisso di ogni suo pensiero e sentimento.

Il senso di serenità e di pace che invadeva l'animo di Pier Giorgio ogni volta che si donava agli altri era così profondo che spesso, quando si affaticava nelle misere abitazioni dei quartieri più poveri di Torino, o con dedizione assisteva un ammalato, lo si sentì esclamare: *«Che pace trovo in queste camere!»*[35]. In quei momenti viveva già tutta la beatitudine di cui parla la Sacra Scrittura, sintetizzandola nelle seguenti espressioni: «Beato l'uomo che ha cura del debole» e «Dio ama chi dona con gioia»[36].

Questa gioia che gratificava così intensamente il suo animo non era soltanto l'espressione di un bisogno connaturato alla generosità del carattere, ma nasceva spesso da costosi sacrifici, che erano il frutto – per usare le parole del cardinal Ballestrero – di «un'efficace educazione a ricordarsi degli altri, soprattutto nei momenti in cui gli altri soffrono e qualcuno sta bene»[37].

Sovente Pier Giorgio, in piena estate, mentre familiari ed amici trascorrevano le vacanze in campagna o al mare, sceglieva di rimanere in città non tanto per impegni di studio, come diceva, ma per non abbandonare i poveri assistiti dalla Conferenza di San Vincenzo del «Cesare Balbo», dei quali in quel periodo quasi nessun confratello si occupava. Più di una volta poi, d'inverno, seppe rinunciare ad una distensiva passeggiata ai tiepidi raggi del sole, per tenere compagnia ad una persona anziana sola. Ancora si può immaginare quanto gli costò privarsi, ad esempio, di una nutrita raccolta di stampa cattolica che gli era particolarmente cara, per donarla alla Conferenza di San Vincenzo della chiesa della Madonna della Pace che intendeva distribuirla per scopi edificanti ai suoi assistiti. Soltanto Dio, che legge nell'intimo dei cuori, conosce tutti i sacrifici che Pier Giorgio, superando l'egoismo del possesso, si impose per amore dei poveri, sacrifici che quanto più erano grandi, tanto più facevano scaturire in lui una gioia profonda.

È ancora bello ricordare come, per comunicare questa sua gioia nel donare, egli spesso, in giorni di festa, offrisse alle persone assistite mazzi di fiori: un gesto semplice che però aumentava il senso dell'amicizia, sottolineava la gentilezza della visita e, esprimendo una sincera partecipazione alla situazione dell'altro, faceva affiorare un sorriso e forse rinascere speranze perdute. Egli sapeva cioè accompagnare l'opera della sua carità «con una spontaneità e giocondità – ricorda l'amico Bertini – che rendevano maggiormente accetto il dono e l'aiuto che faceva; usava scherzare con i suoi poveri e specialmente con i bambini, ben lieto quando gli veniva esternata la promessa di preghiere per lui»[38].

Della profonda carità di Pier Giorgio, oltre allo stato d'animo con cui la esercitava, colpiva anche il modo con cui egli soccorreva il prossimo: con delicatezza, discrezione e sensibilità sapeva mettersi sullo stesso piano dell'interlocutore per meglio capirlo ed aiutarlo; mai pertanto andò a trovare i poveri in automobile – anche se ciò gli avrebbe permesso di risparmiare tempo da donare loro ulteriormente – perché, diceva, *«è umiliarli»*, e sempre, quando entrava in misere abitazioni, stendeva la mano per un caloroso saluto e si toglieva rapido il cappello in segno di autentico rispetto, affinché i suoi «amici» si sentissero realmente amati e stimati nella loro dignità. Quando poi incontrava un povero per strada, dapprima si tirava in disparte con lui e, conversando in tono amichevole, si informava sulle sue necessità, quindi, senza che i passanti se ne accorgessero, fingendo di dargli la mano, lasciava scivolare la sua offerta sempre generosa: agiva dunque confidenzialmente, in silenzio, in segreto, in modo che la mano destra non sapesse ciò che faceva la sinistra.

Aveva in questo «una forma di signorilità accaparrante, che sapeva abbassarsi e che non umiliava colui che egli soccorreva»[39]. In altri termini, come scrive Luciana, Pier Giorgio «non conosceva luoghi diversi. In casa e nei rari ricevimenti cui lo costringevano ad apparire le nostre insistenze usava lo stesso galateo che nelle povere case della periferia di Torino e pareva dicesse sempre : *"Eccomi, sono ai vostri ordini"*, poiché sorrideva, trovava per tutti la parola giusta, sapeva inserirsi in qualunque discorso, ma soprattutto in qualunque miseria»[40].

I poveri erano davvero per lui, per usare l'espressione di due grandi santi che lo precedettero sulla strada dell'autentica carità (san Lorenzo martire e san Camillo), «la gemma più preziosa» e «i padroni». «Egli faceva per loro letteralmente il servo, sino a portare ingombranti pesi, trascinare un carretto, col fare di chi è persuaso di godere di un privilegio». «I poveri li considerava i suoi superiori, nelle loro sofferenze onorava la passione di Cristo e sempre si poneva, per così dire, ai loro ordini», così si legge scorrendo le molte testimonianze sulla sua carità[41].

Ritenendo i poveri «i suoi superiori», Pier Giorgio si avvicinava loro con uno spirito di servizio modellato sull'esempio stesso di

Gesù, le cui parole sono estremamente chiare: «Il Figlio dell'uomo non è venuto per essere servito, ma per servire»[42]. Impegnato a vivere il Vangelo in pienezza, proprio per loro sapeva trasformarsi concretamente in un servo, pronto a trascinare quei carretti pieni di legna, carbone, stufe, materassi e ogni genere di masserizie, che hanno reso proverbiale la sua azione di carità.

Così lo ricordano ancora gli amici Bertini e Massetti che più volte lo accompagnarono nel visitare gli assistiti. «Egli mi fu compagno nelle visite e mi colpì la semplicità dei suoi modi. Entrando nelle case dei poveri, si faceva un dovere di essere rispettosissimo e di osservare verso quei nostri fratelli infelici e bisognosi le stesse norme di cortesia che gli avevano insegnato per le persone di alta condizione». «Ricordo una visita con lui ai poveri della nostra Conferenza di San Vincenzo in una misera abitazione alla periferia di Torino. Entriamo, scoprendoci il capo, in una stanza umida e buia; la più grandicella dei fratellini che ci ospitano ci invita a sedere; la mamma non c'è, i bambini si raccolgono intorno a noi. È la prima volta che visito quella famiglia e resto muto spettatore. Pier Giorgio invece è di casa. I bambini parlano, si confidano con lui. Egli prende nota delle necessità della famiglia, conforta e rassicura. Quando giunge il momento di andare, lascia sul tavolo nell'angolo che fa da cucina, senza farsi accorgere, i buoni con i quali acquistare i generi necessari per la settimana, unendovi una generosa offerta: intende così nascondere la sua carità»[43].

La delicatezza dei modi traspariva anche dagli sguardi e dai sorrisi pieni di simpatia con cui accompagnava l'offerta dei doni, e dalla cura con la quale egli stesso li preparava. È qui il caso di osservare come, in un'epoca in cui non esistevano ancora materiali di plastica e di nylon, fosse piuttosto laborioso confezionare con semplice carta e cordami e trasportare quei voluminosi pacchi di provviste alimentari, abiti, biancheria, coperte che Pier Giorgio destinava ai suoi poveri.

Sempre in relazione a questi pacchi, si può sottolineare anche l'impegno di Pier Giorgio nel predisporne il contenuto. Per essere sicuro, ad esempio, che i sacchetti di riso e di pasta non fossero scarsi in relazione alle necessità degli assistiti, si informava in casa, dalla cuoca, circa la quantità indispensabile per uno o più pasti per quattro o sei persone, a seconda di come erano composte le famiglie che visitava; allo stesso modo chiedeva quanta carne o latte occorresse per i bambini. Spinto da una premura sollecita ed attenta, si impegnava così a risolvere i bisogni alimentari ricorrendo ai consigli di chi aveva maggiore esperienza.

Inoltre nel preparare gli indumenti non si limitava soltanto a raccogliere in casa abiti smessi, che fossero comunque in buono stato, ma sovente ne prelevava anche dal suo guardaroba: per lui le parole del Vangelo, «Chi ha due tuniche ne dia una a chi non ne ha»[44], non erano lontane ed astratte, ma diventavano una realtà precisa e concreta.

Spesso la sua premurosa attenzione lo induceva a procurare corredini per neonati, vestitini per il Battesimo, abiti eleganti per la Prima Comunione, scarpe nuove e «nastri» per la Cresima. Pier Giorgio voleva cioè che anche i poveri potessero, come gli altri, solennizzare momenti particolarmente importanti della loro vita. Al riguardo bisogna ancora ricordare che nelle festività del Natale e della Pasqua egli compiva visite speciali: in quelle occasioni la sua attività di carità diventava veramente frenetica.

Nell'assistere le famiglie, Pier Giorgio si informava di tutte le loro necessità concrete ed urgenti. Coinvolto in realtà sempre nuove e diverse, e attento a sanare situazioni che richiedevano impellenti soluzioni, si impegnava a pagare affitti, bollette del gas e della luce e a sbrigare altre pratiche ed incombenze, procurava medicinali, cercava posti in ospedale per malati ed anziani, provvedeva all'istruzione dei bambini e a trovare lavoro per i disoccupati, soddisfaceva cioè ogni tipo di bisogno.

A tal fine, come ben mettono in luce i seguenti fatti, si rivolgeva spesso a persone che più facilmente avrebbero potuto risolvere tali problemi: «Una volta al circolo sorse una discussione per andare a far visita ad un padrone di casa che si preparava a sfrattare una famiglia numerosa in miseria. Bisognava impedire che quella gente andasse per la strada, che trovasse nell'avvilimento materiale l'occasione e l'incentivo per un crollo morale, e allora furono camminate, implorazioni, visite, collette, finché Pier Giorgio recò trionfante la notizia che il padrone di casa era tornato sulla sua decisione e concedeva una proroga». «Qualcuno, quando non riusciva a trovare un aiuto extra-Conferenza per qualche povero o per qualche famiglia bisognosa, bastava si rivolgesse a Pier Giorgio e Pier Giorgio provvedeva. Padre Enrico Farinelli S.J., suo compagno di Conferenza al "Sociale", ricorda la volta in cui una famiglia bisognosa si rivolse al Presidente della Conferenza chiedendo disperatamente aiuto. Naturalmente si pensò a Pier Giorgio, e Pier Giorgio pensò a tutto. Si mise lì, prese una penna, fogli di carta e cominciò lui stesso, così nemico dell'ortografia e persino dell'inchiostro, a dettare un trafiletto: una richiesta di soccorso. E il trafiletto uscì naturalmente su "La Stampa", così una settimana dopo, nel solito giorno, tutta la Conferenza di San Vincenzo vide arrivare Pier Giorgio allegro e trionfante con nelle mani un bel gruzzolo di soldi: il frutto del suo annuncio»[45].

Al di là di questi successi, non bisogna dimenticare, come scrive ancora Luciana, che l'intensità dei rapporti umani che a motivo della carità caratterizzò la sua esistenza «consumava tanta parte delle sue energie da fargli dire: *"Mi sento come uno che sta per affogare e deve trovare la forza per un'altra bracciata"*»[46].

Per i suoi poveri egli trovò comunque sempre questa forza, anche sul letto di morte, come dimostra la grafia tormentata con cui vergò su un foglio per un confratello vincenziano alcune istruzioni circa una visita: fu il suo ultimo sforzo a servizio della carità.

Nel soccorrere chi era nel bisogno, Pier Giorgio si occupava dunque di tutto, si interessava di ogni vicenda, condivideva difficoltà e problemi impegnandosi a ricercare le soluzioni migliori. Perciò molti di quegli infelici, conquistati dalla sua fraterna partecipazione alle loro sofferenze e dalla semplicità e cordialità dei modi, ben lungi dal sospettarne la prestigiosa condizione sociale, lo consideravano un amico, un fratello, a volte quasi un membro della famiglia, sempre disponibile al dialogo e pronto a venire incontro nelle maniere più impensate alle loro necessità.

Continuamente attenta ad ogni minima situazione di bisogno e pronta a soddisfare qualsiasi richiesta, la carità di Pier Giorgio consisteva, ha sottolineato Giuseppe Lazzati, non solo «nel dare "qualcosa" agli altri, ai bisognosi, ai poveri, ai soli, ai malati, agli amici, ma nel dare se stesso, il proprio cuore caldo d'amore che condivide la pena, la fa propria e nel gesto del donare fa consistere il segno dell'amare»[47].

L'impegno per un'autentica promozione umana

Spendendo le proprie energie per rendere possibile il riscatto da una realtà che richiedeva l'assistenza, Pier Giorgio non solo aiutava i poveri a vivere, ma anche lavorava per rendere migliore la loro esistenza, per sottrarla alle situazioni di miseria e precarietà alle quali era legata.

La sua carità non era beneficenza, né l'aiuto dettato da un senso di obbligo morale che può indurre chi ha di più a dare a chi è socialmente ed economicamente meno fortunato, ma nasceva da profonde istanze di giustizia sociale, concetto questo che Pier Giorgio stesso un giorno così espresse: *«La carità pretende giustizia»*.

Egli si orientò pertanto in due precise direzioni: quella dell'impegno sociale e dell'apostolato missionario.

Soddisfatte le esigenze più elementari (e al riguardo commoventi, ed in perfetta linea con il francescano spirito di carità proprio degli episodi della sua infanzia, sono i gesti di solidarietà che più di una volta compì spogliandosi, in pieno inverno, del cappotto per donarlo ad un povero infelice, o della giacca con la quale rivestì un altro bisognoso), Pier Giorgio da un lato, spinto dal suo radicato senso di giustizia ed uguaglianza, lavorava per veder realizzata una società più fraterna e più giusta, dall'altro, animato dalla volontà di annunciare la buona novella del Vangelo, si prodigava nell'avvicinare il prossimo a Dio e nell'aiutarlo a crescere nella fede.

Come il Savonarola, di cui aveva assunto il nome facendosi terziario domenicano, egli sognava una riforma tomista della società ed era convinto che una promozione umana autentica, attenta cioè alla dignità della persona, deve investire alla luce evangelica ogni aspetto della personalità e tutto l'arco dell'ordine civile.

Proprio per questo, oltre a donare ciò che possedeva, si sforzava di responsabilizzare al massimo coloro che vivevano ai margini della società per liberarli da condizioni di disprezzo e solitudine; si prodigava perciò nel trovar lavoro ai disoccupati e nel procurare l'occorrente a coloro che, chiedendo l'elemosina, affermavano di non poter lavorare perché privi degli strumenti indispensabili alla propria attività. Così, più di una volta acquistò e donò tutto il necessario per poter svolgere alcuni mestieri, come quello dello stagnino o del venditore di caldarroste.

Nel realizzare questi concreti e spesso costosi aiuti, Pier Giorgio era mosso dalla medesima generosa carità che contraddistinse lo stesso san Vincenzo de' Paoli o il grande santo piemontese della divina Provvidenza, san Giuseppe Benedetto Cottolengo. Se necessario, sapeva anche prendere ferme posizioni nei confronti dei confratelli vincenziani che non condividevano le sue iniziative e, non lasciandosi scoraggiare né da ostacoli, né da sacrifici personali, non esitava a superare certe rigide regole delle Conferenze le quali non permettevano, ad esempio, che si agisse di propria iniziativa senza prima consultarsi nelle periodiche riunioni.

La sua carità, non esaurendosi in aiuti materiali, assumeva anche, sorretta com'era da un autentico spirito di solidarietà cristiana, forti connotazioni spirituali. Egli cercava in ogni modo di infondere nei suoi assistiti *«un po' di coraggio, farli sperare che la vita cambierà e soprattutto convincerli ad offrire a Dio le loro sofferenze e andare a messa*»[48]; inoltre nelle sue visite regalava spesso il Vangelo, messalini o l'*Imitazione di Cristo* e raccomandava di accostarsi all'Eucaristia e di pregare con fede confidando sempre nella Provvidenza. Significativa a questo proposito è la lunga testimonianza di una povera tabaccaia non praticante che si riteneva «onesta» perché lavorava duramente, la quale racconta come Pier Giorgio la convinse ad andare a messa: poiché tutte le argomentazioni tentate si erano rivelate vane, il giovane «signore», agendo indubbiamente sotto l'impulso di quella particolare sapienza interiore di origine divina che gli permetteva di capire a fondo le situazioni, specialmente le più difficili, riuscì nel suo intento con questa semplice frase che commosse profondamente l'interlocutrice: *«Se non va per se stessa, vada almeno per il suo bambino, lei che è una buona mamma!»*[49].

Per essere spiritualmente vicino ai suoi assistiti, Pier Giorgio sapeva anche rinunciare, come già faceva per non perdere la partecipazione alla messa, alle gite in montagna che pur tanto lo appassionavano. Ecco una significativa testimonianza delle sue scelte: «Egli desiderava partecipare alla gita (un'escursione organizzata dalla "Giovane Montagna"), meta interessantissima e palestra di arrampicamento su roccia. Ma è pur necessario che i poveri assistiti dalle sue Conferenze non partecipino alla loro funzione (la Comunione pasquale) senza la presenza di qualche confratello. Più d'uno è alla gita. Pier Giorgio rimane in città per intervenire alla bella funzione mattutina»[50].

Prezioso ed insostituibile confidente ed amico, capace di suscitare simpatia e fiducia, era, come è stato detto da un sacerdote, «amatissimo e rispettatissimo» da tutti, «anche da quelli di idee diverse»; lo stesso religioso ricorda che una povera mamma, proprio perché vedeva in Pier Giorgio l'aiuto sicuro e provvidenziale e «l'alfiere della carità e della fede», venne a portargli il suo bambino «il giorno stesso della nascita» affinché lo battezzasse con il nome del suo benefattore[51].

La sua parola calma e suadente, riferisce una consorella vincenziana, «scendeva su quegli animi afflitti come un vero balsamo. Egli sapeva più di ogni altro rafforzare nell'animo altrui la coscienza di un abbandono sicuro e totale alla volontà di Dio»[52].

Capace di ascoltare e comprendere, Pier Giorgio trovava davvero sempre i modi migliori per confortare, rassicurare, indurre alla fede e alla speranza. Così ancora i suoi compagni hanno testimoniato: «Ci animava tutti: *"Forza, coraggio!"* era il suo monito e insisteva perché frequentassimo le Conferenze di San Vincenzo, dicendoci che oltre l'aiuto materiale si doveva portare agli abbandonati un consiglio, un aiuto spirituale». «Cercava di infondere a coloro che visitava una visione cristiana della vita, che aiutasse il misero in tutte le circostanze e i momenti della giornata, specialmente nelle contrarietà»[53].

Ben lieto di essere ospite in quelle povere case, Pier Giorgio non si stancava mai di ascoltare ciò che gli veniva raccontato: spesso erano storie semplici, casi di tutti i giorni, a volte invece le parole lasciavano trasparire drammi psicologici e fatti particolarmente dolorosi.

Le tristi vicende di mariti abbruttiti dall'alcool, di famiglie divise, di figli illegittimi, di giovani in carcere, di malati abbandonati a se stessi, di anziani chiusi nella fredda morsa della solitudine, il racconto di tentati suicidi o di lutti lo impressionavano profondamente.

Il ricordo di questi fatti lo accompagnava a lungo, vi pensava per giorni interi, tanto che più di una volta, nel passare davanti a portoni dietro i quali si nascondevano quei drammi, fu sentito, ad esempio, esclamare: *«Qui conosco la famiglia del tale che è in carcere. Poveri bambini!»*. Erano questi i pensieri inespressi che si celavano dietro una frase breve, ma di un'intensa ricchezza di significato, che egli scrisse in una lettera: *«Il terz'anno* (di ingegneria) *è un osso duro e bisogna far molti sacrifici per giungere sicuri alla meta. Ma non lamentiamoci, perché in questa vita vi sono delle miserie maggiori»*[54].

L'acuta sensibilità del suo animo e la capacità di immergersi nelle situazioni degli altri facevano sì che egli condividesse con pena quelle sofferenze e cercasse, in uno spirito di fraterna e calorosa amicizia, di comunicare un senso di solidarietà, di conforto e di sicurezza. La sua parola, che infondeva coraggio e aiutava a riprendere il cammino, fu sicuramente più volte un valido antidoto contro la disperazione.

In conclusione, si può affermare che le due direzioni in cui Pier Giorgio si mosse nell'esplicare la sua viva carità – l'impegno sociale e l'apostolato missionario – erano il frutto di un profondo senso cristiano della vita, che gli faceva comprendere come le due linee fossero inscindibilmente connesse.

La multiforme attività in cui si espresse il suo spirito di servizio vissuto in maniera incondizionata dimostra che, soccorrendo da un lato i singoli bisogni sia materiali sia spirituali e collaborando dall'altro alla costruzione di una società ispirata ai princìpi dell'amore evangelico, egli si impegnò a combattere tenacemente ogni forma di povertà – da quella miserrima di chi viveva nelle soffitte a quella dei coetanei privi di ideali, che non si stancava di invitare a far parte delle Conferenze di San Vincenzo – e, facendosi interprete di ogni istanza liberatrice dell'uomo, si oppose a qualunque forma di prevaricazione e costrizione politica e sociale.

«Quando accetteremo la voce e l'insegnamento di Cristo potremo dire di essere alla pari e ogni differenza tra gli uomini sarà annullata»[55], affermò un giorno. Il medesimo concetto è stato espresso anche da un'altra personalità santa: Giorgio La Pira, che sempre ammirò il giovane Frassati. Nella prefazione ad un libro su Pier Giorgio, il sindaco di Firenze degli anni Cinquanta – dopo averne così sintetizzato l'impegno: «Pier Giorgio che visita, come confratello vincenziano, le famiglie dei poveri e Pier Giorgio che milita nelle file "di sinistra" del PPI, sono lo stesso Pier Giorgio: l'una azione si integra necessariamente nell'altra, formano, nel loro insieme, il tessuto totale, per così dire, dell'intervento cristiano nella società malata» – conclude: «Il disegno abbozzato di una giovane esistenza, che aveva Dio solo come luce, come vita e come orientamento è valso a rivelare a tanti il valore di "missione" che la vita ha per tutti: inserire il cielo nella terra, la luce nelle tenebre, la grazia nella natura, la città di Dio nella città dell'uomo!»[56].

Pier Giorgio e i confratelli vincenziani

Poiché nelle Conferenze di San Vincenzo sono fondamentali, oltre alle visite ai poveri, le periodiche adunanze, e rivestono una notevole importanza anche i rapporti tra i confratelli, può essere interessante esaminare quale fu l'atteggiamento di Pier Giorgio in relazione a questi due aspetti della sua vita di carità.

L'amico Massetti, tesoriere della Conferenza del «Cesare Balbo», ha dichiarato: «Fu un confratello esemplare. Non ricordo che mancasse mai ed il dovere che gli proveniva dalla sua qualità di confratello, lo sentiva come uno dei principali»[57].

Per poter dedicare più ore del suo tempo ai poveri, Pier Giorgio non accettò mai l'incarico di Presidente, fu invece, per un certo periodo, segretario della seconda Conferenza cui si iscrisse; aveva perciò lo specifico compito di redigere il verbale delle sedute e tenere un'esatta annotazione delle famiglie assistite, funzione che svolse con grande serietà e precisione.

Nel corso delle riunioni, egli ascoltava attentamente ciò che veniva riferito sui singoli casi, considerava personalmente le diverse situazioni e interveniva per esprimere pareri dettati da spirito di carità e di saggezza. Per questo godeva di molto prestigio presso i confratelli, anche se non tutti ne condividevano le radicali posizioni ispirate dalla volontà di conferire agli assistiti aiuti il più possibile generosi. Egli preferiva infatti dare in eccesso piuttosto che pentirsi di non aver dato a sufficienza. Inoltre, di fronte a chi inevitabilmente abusava di tanta generosità, si mostrò sempre indulgente, comprensivo e paziente, orientando anche in questa difficile direzione la sua carità.

L'amore per i poveri lo teneva lontano da qualsiasi formalismo o pregiudizio e lo rendeva irremovibile nelle sue decisioni, persino in quelle che sembravano impossibili da attuare. «Non era facile fargli cambiare idea sui suoi poveri, – ha scritto la sorella – per lui non esistevano dati di fatto assoluti. Per lui esisteva la realtà sempre in movimento, la natura che si trasforma continuamente sotto l'azione verace della parola e dell'azione umana. Perciò non considerava mai chiusa una partita, mai definita una situazione. Amichevolmente e con dolce fermezza si sforzava di ottenere da uno stato incerto una certezza, senza lasciarsi mai andare al facile pessimismo»[58].

Spesso riusciva a convincere della validità del suo impegno di carità confratelli che non ne approvavano i suggerimenti e il modo di agire. Ciò avveniva, ad esempio, quando faceva presente che i buoni da distribuire erano troppo scarsi e insisteva affinché se ne aumentasse il numero, senza preoccuparsi del poco denaro in cassa.

Anche quando si discuteva di ridurre gli aiuti, Pier Giorgio era sempre di parere contrario; avanzando l'argomento della certezza dell'assistenza divina, riusciva comunque ad ottenere che si perseverasse nei soccorsi, come chiaramente si deduce da queste testimonianze: «Il suo cuore era pieno di evangelica illimitata carità, sostenuto da una felice testardaggine piemontese che non voleva mai capire i limiti finanziari o le ragioni negative. Nessun argomento era valido a distoglierlo. "Non c'è denaro". *"Ebbene, lo si troverà"*. "È un ubriacone". *"Motivo di più per aiutarlo"*. Anche i casi più disperati dovevano essere assolutamente risolti. Non accettava i "se" o i "ma" e voleva superarli tutti, per giungere allo scopo prefisso e pratico: aiutare»[59]. «Stupendo era vedere Pier Giorgio alle Conferenze di San Vincenzo. Non esistevano limiti né preoccupazioni per lui dinanzi alle necessità materiali dei nostri poveri. "Ma è troppo", diceva uno, e lui subito pronto a smentire i ragionamenti della cassa, l'evidenza del poco denaro con un sorridente: *"La Provvidenza arriverà"*, che troncava ogni discussione. Egli credeva infatti nella Provvidenza con la forza di chi si sente concretamente aiutato da un Essere superiore»[60].

Ecco ancora un esempio particolarmente significativo delle sue chiare e decise prese di posizione. Un giorno, mentre in una soffitta portava aiuto e conforto ad una mamma con parecchi bambini, sopraggiunse il marito della donna, completamente ubriaco, che cominciò ad insultare non solo la moglie, ma anche Pier Giorgio. Il confratello a cui egli raccontò il fatto si sdegnò e lo rimproverò ricordandogli che non si dovevano aiutare persone assuefatte al vizio del bere; ma, con non poca sorpresa, si sentì rispondere che proprio le famiglie di quei miserabili erano le più bisognose di soccorso perché, spendendo essi nelle osterie il poco denaro che guadagnavano, lasciavano i familiari in condizioni di maggiore indigenza, *«tutto sta* – Pier Giorgio concluse il suo ragionamento – *a non far vedere al marito ciò che uno porta alla moglie, che altrimenti distrugge anche quello... E io appunto agisco segretamente»*[61].

Un identico spirito di pietà, che lo induceva a comprendere a fondo le tristi realtà della vita, a condividere i drammi di animi esacerbati da rinunce e sofferenze, lo spinse, in un'altra occasione, a difendere, contro i giudizi dei confratelli, il comportamento di una famiglia di assistiti che aveva voluto onorare le esequie della figlia con un decoroso funerale (non si dimentichi che in quegli anni esistevano ancora diversi tipi di onoranze funebri). «Quei genitori – racconta Luciana nel riferire l'episodio – non avevano voluto il solito funerale dei poveri, ma, consumando fino all'ultimo soldo che possedevano e caricandosi anche di qualche debito, avevano preteso un trasporto migliore, un addio più vicino per intensità e per affetto al sentimento contenuto nei loro cuori. Carlo Pol (un confratello vincenziano) era irritato di questo. Protestava e accusava quella famiglia e la testa malfatta di tutti i poveri, pronti a sprecare l'ultima briciola di pane, appena messi in condizione di averne. Ma subito Pier Giorgio si alzò contro di lui, con la sua voce amichevole e oppose al ragionamento utilitaristico dell'amico, un'altra e più scottante considerazione: quella dell'animo, quella della sensibilità, quella del dolore. Per quei poveri, disse, e fu stabilito per sempre, era stata l'unica soddisfazione, dopo che alla loro figlia avevano dovuto negare ogni cosa»[62].

La carità di Pier Giorgio non badava quindi alle incoerenze e agli errori dei poveri, ma soltanto alle loro necessità; per questo egli eccedeva in indulgenza piuttosto che in severità, come ben dimostra anche la ferma posizione assunta nel dicembre 1922 contro un tipo di beneficenza che, osservando un legalismo freddo e formale, rischiava di trasformarsi in alibi, anziché essere l'espressione di un valido impegno cristiano.

Era infatti questo l'atteggiamento di carità di alcuni confratelli della Conferenza dell'«Istituto Sociale», i quali avevano categoricamente deciso di non più assistere una famiglia in ristrettezze economiche a causa del comportamento moralmente equivoco di una delle quattro figlie. Pier Giorgio si sdegnò contro tali criteri troppo angusti e moralizzanti, e, dimostrando una notevole modernità di vedute, scrisse all'amico Carlo Bellingeri una lettera da cui traspare, insieme all'ansia di intervenire subito e comunque, una forte indignazione per una decisione che egli riteneva assurda: *«Sono stato molto meravigliato nell'udire nuove peripezie sul conto di quella disgraziata famiglia. Credevo che a quest'ora il signor... fosse già a Roma impiegato presso suo cugino e che già cominciasse a guadagnare, ma è stato solo purtroppo un bel sogno.*

Carlo, se vuoi sapere proprio una mia idea è che io certe Conferenze di S. Vincenzo, le abolirei; quando vi sono degli uomini, vissuti in altri tempi, così pieni di zelo cristiano, i quali non sanno neppure avvertire i parenti della supposta condotta delle figlie e cercare di far opera di bene, ma invece preferiscono abbandonare la famiglia, è meglio che la Conferenza non esista; non perché le persone agiscono in cattiva fede, ma perché essa non è adatta ai tempi moderni. Io non so proprio quel che suggerirti per i..., ma se vuoi anticipar loro qualche somma, anche per parte mia ti lascio carta libera in mano»[63].

Questo fatto fu il motivo occasionale del suo passaggio dalla Conferenza del «Sociale» a quella del circolo «Cesare Balbo», ai cui membri subito propose l'assistenza a quella famiglia, per la quale egli continuò a lungo a racimolare con fatica piccole e grandi somme di denaro, come chiaramente rivela il suo libro di conti.

L'ultima frase della lettera citata pone in luce anche un'altra precisa scelta di Pier Giorgio, per il quale non esistevano assolutamente limiti dinanzi ai bisogni dei poveri. Egli infatti, non solo in quell'occasione, ma anche altre volte, contravvenendo al principio di massima delle Conferenze secondo cui i confratelli non dovrebbero fornire ai poveri soccorsi in denaro di tasca propria, all'infuori di quelli decisi nel corso delle riunioni, fu molto generoso nel trarre dal suo portafoglio il denaro necessario per portare concreti aiuti a famiglie in difficoltà economiche. Perciò, nei casi in cui lo riteneva opportuno, interveniva prima di presentare le sue richieste di soccorso nelle adunanze, così come continuava a mantenere contatti con famiglie bisognose di solo appoggio morale, alle quali la Conferenza aveva deciso di non elargire più regolari aiuti.

Inutile dire, a questo punto, che nelle questue effettuate al termine delle riunioni le sue offerte erano assai generose. In proposito alcuni confratelli hanno dichiarato: «Al termine di ogni adunanza, l'offerta più rilevante era sempre quella di Pier Giorgio e così pure, nei maggiori bisogni della Conferenza, era sempre lui l'appoggio». «Fece delle offerte numerosissime e generose, sempre anonime e senza permettere che ai confratelli fosse rivelato il nome dell'offerente». «Io ero il tesoriere della Conferenza e pertanto privilegiato conoscitore di segrete straordinarie offerte»[64].

Nella sua umiltà, Pier Giorgio non solo cercava il più possibile di circondare di silenzio le sue opere di bene, ma anche difendeva l'anonimato delle oblazioni. Ecco una tra le tante testimonianze in merito: «Un giorno mi consegnò una busta con una cifra rilevante. Come delegata della San Vincenzo lo avvertii che consegnando il denaro avrei dovuto dichiararne la provenienza. Lui mi pregò di tacere con tutti, anche con la stessa Presidente e di presentarlo con le sole lettere N.N.»[65].

Questo comportamento era perfettamente in linea con la concezione che egli aveva della Società di San Vincenzo; più di una volta lo si sentì affermare: *«Nella Conferenza le persone devono scomparire, chi dà, chi fa è la Conferenza, il merito è della Conferenza»*[66].

Similì affermazioni non nascevano certo da falsa modestia, ma da una sincera aspirazione dell'animo a tener celata la provenienza dei soccorsi, qualunque fosse il dono o l'assistenza prestata. Pier Giorgio sapeva fare il bene in silenzio. «Nessuna mano – è stato scritto su "La Stampa" il giorno successivo alla sua morte – fu più lieve della sua nell'offrire»[67]. Egli agiva sempre così, con grande discrezione e delicatezza, anche al di fuori delle strutture della San Vincenzo.

Significativa al riguardo è la categorica raccomandazione con cui accompagnò l'offerta di una considerevole somma di denaro inviata ad una studentessa di Vienna: *«Le mando novantamila corone che mi sono rimaste dal mio viaggio e la prego di utilizzare il denaro secondo il suo desiderio. In questo deve il mio nome rimanere segreto»*[68]. Fu proprio per rendere più incisiva la sua precisa volontà che egli con un deciso tratto di penna sottolineò quest'ultima espressione, certamente inconsapevole del fatto che un giorno le sue lettere sarebbero state conosciute da molti.

Pier Giorgio non voleva nulla per sé: ad impedirglielo era il pensiero dei tanti nomi ed indirizzi di persone da aiutare, di cui erano zeppi i suoi taccuini. Unicamente per loro avrebbe desiderato possedere i beni paterni; spiegava infatti, come ha riferito un amico, «che noi non siamo altro nella vita e nel mondo che custodi della proprietà della quale ci è permesso lecitamente usare solo per servire gli altri, preoccupandoci di distribuirla a coloro che per mille ragioni diverse non la posseggono»[69]. In più di un'occasione pertanto, si dichiarò pronto a rinunciare in favore dei poveri al suo ricco patrimonio, quando ne fosse venuto in possesso e, come già si è detto, a distribuire ai contadini le terre di suo padre, qualora fossero state sue.

Nell'impossibilità di realizzare tali aspirazioni, egli si impegnava con entusiasmo e con ogni mezzo a coinvolgere altri nell'aiuto e nell'assistenza ai bisognosi. I già citati *Appunti per un discorso sulla carità* sono un'eloquente testimonianza del suo prodigarsi in tal senso, mentre un foglio ritrovato dopo la morte contiene una frase che esprime un nobile desiderio: *«Vorrei che tutti i "fucini" di Torino fossero iscritti alle Conferenze»*[70].

Il suo campo d'azione era così ampio che interessava anche persone lontane dal pensiero di frequentare una Conferenza di San Vincenzo. Un giorno, rivolgendosi all'autista, gli fece questa singolare proposta: *«Lei che è autista e che tante volte sta fermo ad aspettare, avvicinando gli altri autisti non potrebbe cercare di fare una piccola colletta per aiutare i poveri?».* Non molto dissimili dovevano essere i discorsi che intrecciava con il sacrestano della chiesa della Crocetta, se questi ha affermato: «A volte mi chiedeva se potevo trovare stanze o soffitte per i poveri e mi diceva di interessarmi perché avrei anch'io cooperato per un'opera buona»[71].

In un'altra occasione escogitò addirittura un singolare stratagemma per indurre una sua compagna di studi a *«fare un po' di bene»:* verso l'ora di pranzo di un giorno qualunque, alla porta di casa di questa studentessa bussò un povero vecchio che si presentò con un biglietto in cui si annunciava il conseguimento della laurea da parte di un amico e nello stesso tempo veniva avanzata la richiesta di un pranzo per il latore della notizia. Dopo un momento di sorpresa, fu facile per la studentessa riconoscere la firma posta in calce all'insolito messaggio e soddisfare con generosità le necessità di quel povero.

Capace di trascinare ed entusiasmare, Pier Giorgio fu poi particolarmente vicino ai compagni che all'interno della Conferenza esercitavano la carità in maniera piuttosto fredda e distaccata, incapaci di superare quell'inevitabile senso di repulsione che provavano ogniqualvolta varcavano la soglia di abitazioni disordinate e maleodoranti. Con la parola e con l'esempio li indusse a poco a poco a svolgere il loro impegno con uno stile diverso, fatto di autentico interessamento e viva partecipazione alle vicende delle povere famiglie visitate.

Vale la pena a questo proposito di riportare per intero la bella testimonianza di un confratello: «Frequentavo le Conferenze di San Vincenzo più per tradizione di famiglia che per convinzione e Pier Giorgio doveva aver capito, tanto che proprio lui mi insegnò a fare la carità. È vero che non nascondevo nulla delle mie perplessità. Gli domandavo per esempio come si facesse ad entrare lietamente in certe case dove la prima accoglienza era un tanfo nauseante. "Come fai tu a vincere la repulsione?". Egli mi rispondeva: *"In sostanza non dimenticare mai che se anche la casa è sordida tu ti avvicini a Cristo. Ricordati bene quello che ha detto il Signore Gesù: – Il bene che si fa ai poveri è bene fatto a me stesso –".* E continuava: *"Intorno all'infermo, al miserabile, intorno al disgraziato, io vedo una luce particolare, una luce che non abbiamo noi".* Io lo guardavo stupito, ma conquistato dalla tenerezza che egli aveva per tutti, specie per gli ammalati. A volte trovavo ingiusto che, giovani come noi eravamo, dovessimo arrampicarci fino a un quinto piano per non trovare che miseria e sporcizia. Ed egli ancora: *"Ricorda sempre con l'elemosina di dare una parola di fede cristiana, di infondere fiducia e coraggio, di portare la carità al povero con un senso di calore".* Ricordo una discussione nel cortile dell'Arcivescovado, discussione che finì con la mia domanda: "Ma non credi che ci sia un po' di fantasia in questo tuo ideale di vita?". Per tutta risposta mi diede un pugno sulla spalla con un *"Ma di'!"* e uno sguardo che non ammetteva repliche»[72].

A questa lunga dichiarazione se ne può affiancare un'altra assai breve che sintetizza perfettamente l'esempio che Pier Giorgio seppe dare ai suoi confratelli vincenziani: «Per me fu un grande maestro riguardo alla carità. Da lui imparai ad amare i poveri»[73].

Sacrifici e risparmi per i poveri

«Nel campo politico noi seguiremo un indirizzo sinceramente e schiettamente progressista... La società progredisce e noi dobbiamo affrettare, non impedire il suo ciclo glorioso... Il problema sociale sarà oggetto dei nostri studi, l'affrettare la sua soluzione uno dei più alti ideali della nostra mente, il compito più santo e doveroso della nostra opera di pubblicista. Noi pensiamo e crediamo che si deve portare un sollievo alla miseria, un aiuto alle famiglie oneste, ai buoni contadini, agli operai laboriosi»[74].

Anche se il programma socio-politico del senatore Alfredo Frassati, espresso in tali termini fin dal lontano 1891, presentava indubbiamente dei punti di contatto con gli ideali di Pier Giorgio, questi non ricevette tuttavia dalla famiglia quell'aiuto finanziario che lo avrebbe facilitato nelle sue opere di carità. Non era quindi facile per lui disporre del denaro che così generosamente destinava a chi ne aveva bisogno; notevole era anzi la fatica con cui, risparmiando spesso sugli spiccioli, cercava quotidianamente di procurarsi le somme che intendeva elargire. «Pur vivendo a contatto con una famiglia agiata, – ha testimoniato la sorella nel Processo di canonizzazione – egli personalmente era realmente povero e non solo dello spirito di povertà evangelica, ma non aveva niente di suo. Tutto gli veniva con parsimonia dai genitori che, seppur non avari, erano molto misurati»[75].

Anzi, quando nel 1923, in seguito alla morte dello zio Pietro, gli amati nipoti ereditarono la considerevole somma di un milione di lire, il padre, senza neppure interpellare i figli, decise di devolvere quel denaro in beneficenza servendosi dei canali de «La Stampa» e in particolare della rubrica *La carità del sabato*. Pier Giorgio, anche se non disse nulla al genitore, soffrì molto del fatto che quell'offerta non avesse minimamente toccato i suoi poveri, per i quali egli tanto si affaticava. Il suo unico commento fu una frase triste e sconsolata, estremamente semplice nella sua essenzialità, che egli rivolse alla mamma: *«Papà non mi ha dato niente per la mia Conferenza e per il mio Circolo»*[76].

«Non esagero dicendo che in questione di denaro – continua ancora la deposizione di Luciana – Pier Giorgio era più povero del figlio del nostro giardiniere, ed è un punto questo sul quale si deve riflettere: un padre ricco vuol dire un figlio laureando almeno benestante. Ma non fu così. Le richieste erano infinite, anche da parte dei suoi compagni di circolo, e quante volte gli costò l'umiliazione del "parere e non potere", in quanto, pur essendo di famiglia distinta e ricca, non era in grado di disporre secondo i suoi desideri di carità, il che certamente gli provocava un senso intimo di umiliazione»[77].

Pier Giorgio subiva simili mortificazioni non solo fuori casa, ma anche nell'ambito familiare. Quante volte infatti, rientrando un po' in ritardo per i pasti, tutto sudato, ma raggiante perché era stato ad assistere i poveri, si sentiva accogliere dalla mamma con rimproveri del tipo: «Tu che in fondo non sei buono a nulla, potresti almeno arrivare puntuale!»[78]. Egli avrebbe certamente desiderato raccontare ciò che aveva visto, parlare dei soccorsi che aveva portato, esprimere la gioia che gli derivava dalla carità compiuta, ma, trovandosi di fronte a un muro di incomprensione e di freddezza, si sedeva a tavola e mangiava in silenzio. «Non provava neppure a scusarsi di questa come delle altre accuse; chi avrebbe compreso la grandezza della sua vita segreta? L'umanità era il suo problema, perciò spesso vagava altrove con il pensiero, mentre continuava tranquillamente a mangiare con l'appetito che mai lo tradì, con pacata serenità, come se tutte le critiche fossero rivolte a un altro, come se tra i commensali aleggiasse la più affettuosa familiarità»[79].

Altre difficoltà e umiliazioni Pier Giorgio incontrava sovente quando, dovendo organizzare banchi di beneficenza, lotterie, vendite o concerti per alimentare le casse della Conferenza, andava letteralmente alla questua di porta in porta per vendere biglietti o chiedere abiti, giocattoli e oggetti di vario genere.

A quel tempo non esisteva ancora, all'interno della Società di San Vincenzo, la «Giornata della Carità» così come ora si svolge ormai da parecchi anni, da quando cioè essa fu istituita a Torino l'8 dicembre 1950 per iniziativa della signora Bianca Maria Giletti Bellia, emerita Presidente delle Conferenze vincenziane torinesi e coetanea di Pier Giorgio. Era perciò gioco-forza in quegli anni Venti ricorrere a varie iniziative per ricavare il denaro necessario da convertire successivamente in ciò che veniva distribuito agli assistiti.

Di fronte agli inevitabili rifiuti, agli insuccessi, alle lunghe attese e, a volte, anche agli insulti cui si andava incontro nel «questuare», Pier Giorgio non perse mai la pazienza e nemmeno reagì scortesemente, ma con serenità perseverava nella sua fatica per intere giornate. Naturalmente, in quelle occasioni, come ricorda un confratello, «gli veniva addossata la parte più gravosa, che egli accettava sempre volentieri».

Si prestava inoltre a svolgere i servizi più umili, senza preoccuparsi minimamente della sua condizione sociale, come dimostra il seguente episodio: «Nel 1921 il "Cesare Balbo" allestì un banco di beneficenza nel salone Regina Margherita delle scuole professionali in via Rossini, all'angolo di corso san Maurizio. In una delle domeniche precedenti, uscendo di casa, Vittorio Ostraccione incontrò Pier Giorgio sul corso Raffaello. "Dove vai Frassati?". *"Qui, in via Ormea dalla marchesa a ritirare un regalo per il nostro banco di beneficenza"*. Vittorio lo accompagnò e dopo una lunga anticamera assistette alla consegna di un enorme quadro avvolto in una semplice carta da giornale. "Chi lo porta?" chiese la marchesa che aveva accompagnato i domestici, latori di così voluminoso dono. *"Lo porto io"*, rispose Pier Giorgio. L'amico lo guardò trasecolato. "Anche per la strada?" si permise di obiettare. "Ma come puoi portare un quadro così grande, a mano, fino a casa tua, proprio oggi che è domenica e sono le ore del passeggio generale?". *"Si può, si può così..."* disse con un sorriso soddisfatto, *"tu non capisci niente..."* e si mise allegramente il suo pacco sotto l'ascella destra»[80].

Sempre pronto a servire il prossimo in autentico spirito di carità, Pier Giorgio non si fermava di fronte a nessun ostacolo: né incomprensioni, né mormorazioni, né difficoltà di qualsiasi genere potevano intaccare la generosità della sua straordinaria e infaticabile azione in favore dei poveri.

Ecco ancora un esempio di come non solo di persona, ma anche con messaggi scritti, cercava di coinvolgere gli altri nelle iniziative di carità della Conferenza: *«Ed ora veniamo al sodo. Troverà in questa lettera tre programmi per il concerto che si darà in favore dei poveri della Madonna della Pace, soccorsi dalla nostra Conferenza; glieli invio fiducioso in ciò che è scritto nel Vangelo "Bussate e vi sarà aperto"»*[81].

Oltre a questo impegno nell'ambito della San Vincenzo, Pier Giorgio metteva in atto mille altri espedienti e industriose trovate per racimolare il denaro che regolarmente distribuiva a chi ne aveva bisogno. Fin da quand'era ragazzo, il suo salvadanaio era sempre vuoto in quanto egli mai esitava a donare le strenne a chi era nella necessità; il fatto che anche da studente avesse il portafoglio privo di quattrini – una caratteristica questa che lo contraddistingueva – non era che la logica conseguenza della sua intensa carità.

Come è di seguito testimoniato, a volte stupiva non pochi la constatazione che «il figlio del senatore» non avesse neppure i soldi per un caffè: «Alla Conferenza era stimato il nostro braccio destro, anche perché ogni volta che le finanze si esaurivano, silenziosamente interveniva lui a metterle a posto. D'altra parte, però, ricordo chiaramente che un giorno mi dette l'impressione di essere tutt'altro che ben fornito di denaro, poiché alla proposta o mia o di qualcun altro di andare a prendere un caffè rispose, netto netto *"No, io non ho nemmeno un soldo in tasca"*. Fu una dichiarazione che mi fece impressione dato che io lo ritenevo addirittura immerso nella ricchezza»[82].

Pier Giorgio si impegnava inoltre a risparmiare fino all'inverosimile, non certo per avarizia, ma unicamente per poter donare i suoi soldi. Sintetizzando lo spirito con cui compiva tanti sacrifici, Luciana ha affermato: «Non sopportava l'avarizia, né lo sperpero; protestava contro le domestiche perché non raccoglievano gli avanzi del pane e si attardava a radunarne i tozzi, anche dopo i bivacchi in montagna. Conosceva lo sforzo necessario per racimolare le poche lire che la sua carità trasformava in medicine, libri, scarpe, buoni per pane, legna e carbone. Risparmiava come il più accanito dei biellesi, ma solo e sempre a vantaggio degli altri. A questo fine impegnò la sua volontà in uno sforzo continuo e assillante»[83].

Egli sapeva trovare infinite occasioni di risparmio. Sovente, ad esempio, agli amici che si meravigliavano di incontrarlo a piedi lontano da casa e che lo invitavano a servirsi dei pubblici mezzi di trasporto, rispondeva: *«No, io vado a piedi, non prendo il tram»*. Le motivazioni di tale condotta erano sostanzialmente due, come si deduce dalle testimonianze che seguono: o non aveva più i soldi per pagare il biglietto perché erano finiti tra le mani di persone bisognose, fatto questo che accadeva assai frequentemente, oppure era animato dalla volontà di risparmiare per loro. «Talvolta succedeva che dopo le adunanze del circolo o del partito avesse in tasca solamente i soldi per il tram, ma se nel breve tratto incontrava qualcuno che stendeva la mano, senz'altro dava quanto aveva e raggiungeva la sua abitazione a piedi». «Lo vidi un giorno intrattenersi con un povero che gli doveva aver raccontato le più nere miserie, perché Pier Giorgio gli diede tutto quello che aveva. Poi passando in fretta vicino a me, mi riconobbe e mi accompagnò per qualche secondo dicendomi che era in ritardo, ma che non aveva più soldi per il tram. Compresi e ridendo gli offrii di pagarglielo, ma rifiutò dicendo: *"Grazie, ho buone gambe! Arrivederla!"*». «Ricordo che una volta tornò da Valsalice tutto sporco, la mamma lo sgridò, egli stette zitto durante tutta la predica, ma a me poi spiegò che aveva dovuto tornare a piedi perché in tram aveva incontrato una povera donna con due bambini alla quale avevano rubato il portafoglio: senza pensare, le diede tutto il borsellino in modo da non aver più nemmeno il necessario per il tram di ritorno. E pioveva a dirotto». «Parecchie volte da me invitato a prendere un vermouth o a servirsi del tram per spostarsi più celermente, di solito mi diceva: *"Perché sprecare questi denari, di cui la nostra Conferenza ha tanto bisogno?"*»[84].

Pier Giorgio seguiva la medesima regola di condotta anche quando doveva viaggiare o soggiornare fuori casa. In treno, non badando certo alla comodità personale, si sistemava regolarmente in vetture di terza classe e a chi si stupiva della sua scelta, con la solita allegria rispondeva: *«Viaggio in terza perché non c'è la quarta»*. Al riguardo, più persone, nel Processo di canonizzazione, hanno così deposto: «Faceva per sé la più stretta economia, preferendo viaggiare in terza classe che non in seconda, andare in un albergo di second'ordine anziché di prim'ordine, ad un rifugio piuttosto che in un albergo, allo scopo di risparmiare denaro per distribuirlo ai poveri. Nascondeva questa sua virtù, dicendo per burla che era avarizia dovuta alla sua origine biellese». «Da quanto mi riferiva, ho capito che in viaggio cercava di risparmiare danaro per i poveri, limitandosi nei pasti, perché, mi disse, come una sua grande scoperta, che non c'è bisogno di mangiare tre volte al giorno»[85].

Tra le tante testimonianze che si potrebbero aggiungere, merita ancora di essere trascritta quella di un compagno di gite che, preferendo amministrare il suo denaro in modo diverso, non riusciva certo a capire l'eroico spirito di sacrificio di Pier Giorgio: «Io guadagnavo e spendevo. Lui invece, se aveva soldi erano per i poveri. Una volta a Sauze, mentre dopo una gita noi tutti ci eravamo rifugiati alla trattoria della Croce Bianca, ci capitò di vedere dalla finestra Frassati che, riparato sotto il tetto di una grangia dal nevischio che cadeva implacabile, stava consumando il suo spuntino al sacco. Allora lo prendevamo quasi in giro per cose del genere e solo dopo la morte sapemmo il perché di tante economie»[86].

Pier Giorgio, come non risparmiava per avarizia, così non certo per trascuratezza indossava abiti semplici e dimessi. La scelta dell'abbigliamento era dettata da un senso di umiltà alieno da qualsiasi forma di eleganza fine a se stessa, e soprattutto da un grande spirito di povertà.

Egli cominciò molto presto a valutare sulla base dell'insegnamento evangelico, che invita a non preoccuparsi di come ci si veste[87], ciò che, soprattutto per i giovani, costituisce, in genere, un motivo di vanità o comunque di «affermazione». Oltre al significativo episodio di cui fu protagonista a undici anni, non mancano in proposito altre belle testimonianze. Eccone alcune: «Un giorno una compagna lo vide arrivare al Partito Popolare con un cappello così brutto da farle dire: "Oh Frassati! ma potrebbe cambiarlo!"; lui rispose prontamente: *"Signorina, se fosse stata poco fa con me nella soffitta che ho visitato, comprenderebbe come non valga la pena cambiare questo cappello: con i denari che occorrono si può fare tanto bene"*». «Ricordo che la signora Frassati una sera ebbe a dirmi: "Volevo fare a Pier Giorgio uno smoking nuovo, ma egli vuole i denari e insiste perché gli aggiusti piuttosto lo smoking di suo padre. Che cosa farà di questi denari?". Non aveva proprio idea che i soldi di suo figlio servivano per soccorrere tanti malati, tanti bisognosi». «Quelle rare volte che doveva infilare lo smoking o la marsina sbuffava. Al mio matrimonio, alla cameriera tedesca che lo aiutava a mettersi i bottoni ai polsini, domandò chi aveva inventato quelle torture, assicurando che non appena libero di disporre avrebbe dato tutto ai poveri. Alla risposta che i poveri non avrebbero saputo che farsene di smoking e marsina, replicò prontamente: *"Allora li venderò e il guadagno lo darò ai poveri"*»[88].

Dunque, Pier Giorgio, per riferire ancora le parole di Luciana, «non si curava di come vestiva. Un abito valeva l'altro, ma non nel senso di una folle indifferenza per le scale dei valori, bensì di una assoluta mancanza di mondanità. Vestiva quello che gli capitava e quando gli abiti venivano messi da parte, subito se ne impadroniva per i suoi poveri. Non durava un attimo in casa un oggetto smesso, coperta, vestito o qualsiasi altra cosa utile: immediatamente veniva da lui portata fuori in grossi pacchi. Così i poveri vestivano come lui, con l'abito che aveva smesso il giorno prima, coprivano la tavola con la stessa tovaglia sulla quale aveva mangiato qualche ora prima. E questo glieli rendeva amici, più vicini al suo cuore e alla sua sensibilità»[89].

Egli non solo distribuiva tutto il suo, ma anche, come ha asserito un amico, «esprimeva il desiderio ardente di aiutare, rammaricandosi di non poter fare più di quello che faceva per mancanza di mezzi, dicendomi che sarebbe anche stato disposto a chiedere la carità pur di poter donare»[90].

Se non giunse mai a stendere materialmente la mano per chi era nella povertà, tuttavia, senza alcun riguardo alla sua condizione sociale e senza minimamente preoccuparsi delle conseguenze «mondane» di ciò che faceva, era sempre pronto per i poveri a trascinare carretti, come molti hanno riferito, carichi di legna e carbone o di povere masserizie che trasportava, a volte anche da un capo all'altro della città, intento ad eseguire i traslochi dei suoi assistiti. Spesso coloro che, specialmente durante il passeggio domenicale, lo vedevano impegnato in siffatti servizi, con le maniche della camicia ampiamente rimboccate, sudato ed impolverato, non potevano fare a meno di indicarselo con queste parole: «Vedi, quello lì è il famoso Frassati!», che potevano suonare di ammirazione o di scherno. Nel compiere tali atti, Pier Giorgio sapeva di non fare nulla di male, la sua coscienza, limpida e pura, gli suggeriva di non preoccuparsi dei giudizi altrui; per questo a chi gli muoveva obiezioni, non esitava a rispondere: *«Chi mi vede dica ciò che vuole»*[91].

Sempre per aiutare chi era nella necessità, quando le somme di denaro che riusciva a mettere insieme con i suoi risparmi non erano sufficienti, si disponeva a chiedere soldi ai familiari, soprattutto alla mamma che, stupita nel constatare la rapidità con cui essi sparivano dalle tasche del figlio, più di una volta gli disse: «Ma Giorgio, come si fa! Ti do sempre soldi e non ne hai mai!»[92].

Ancora in relazione a tali richieste, Luciana ricorda lo «speciale ragionamento» che Pier Giorgio esibiva quando voleva convincere la nonna Frassati a dargli una più forte strenna, che naturalmente sapeva già a chi destinare: *«Senti, nonna, tu hai solo due nipoti e dai loro cento lire ciascuno, se avessi dodici nipoti dovresti sborsare milleduecento lire; fa' conto di averne dodici e dacci seicento lire ciascuno»*.

Con un identico spirito di bonaria allegria, una volta in cui alla Conferenza era necessario del denaro, fu sentito esclamare sospirando: *«Bisognerà che mi comporti in casa come se avessi bisogno di un paio di scarponi!»*[93].

Quando infine, nonostante il denaro così ottenuto, le sue finanze erano proprio al verde ed egli non aveva neppure più pochi spiccioli da dare al povero che incontrava per strada, allora si recava da qualche amico o a «La Stampa», dove i tipografi erano ben lieti di prestargli qualche decina di lire, ben sapendo l'uso che ne avrebbe fatto. Essi infatti, rincasando al mattino presto, dopo aver lavorato la notte ad impaginare il giornale, sovente lo vedevano camminare con voluminosi pacchi sotto il braccio mentre si dirigeva verso le misere soffitte dei suoi assistiti. Ammirati, se lo indicavano a vicenda, mentre al giornale, parlando di lui profetizzavano: «Voi de "La Stampa" non andrete mai male, perché avete un santo in casa»[94].

Facendosi imprestare «qualche soldo dall'uno o dall'altro – ha scritto la sorella – egli era l'unico in famiglia obbligato a tenere i conti... Considerando la nostra educazione e la nostra maniera di vivere, Pier Giorgio, agendo come agiva, dimostrava oltretutto un bel coraggio: trasgrediva un principio considerato sacro, quello cioè del "pericolo" del debito che, sulla bilancia morale di nostro padre, sfiorava, se non la disonestà, certo la somma irresponsabilità»[95].

Proprio per questo, come hanno messo in luce più referenze testimoniali, egli si premurava di restituire quanto prima il denaro ricevuto: «I prestiti, anche minimi, ottenuti per fare la carità, ed i piccoli debiti che contraeva, sempre per fare la carità, li pagava puntualmente»[96].

È perfino troppo facile, a questo punto, concludere che a Pier Giorgio i soldi non bastavano mai: erano infatti veramente molte le persone che egli aiutava, non poche delle quali riuscivano a sopravvivere solo grazie alla sua illimitata carità.

Un giovane ricco che scelse la povertà

Ricco per nascita, ma umile seguace di Cristo per scelta, Pier Giorgio si impegnò a vivere la povertà nel suo duplice aspetto: quello di mettersi dalla parte dei poveri spogliandosi di ogni privilegio e quello di essere al loro servizio, attento ad ogni necessità e solidale nella sofferenza.

«Egli aveva l'anima francescana della povertà – si scrisse su "La Stampa" il giorno successivo alla sua morte – . Le sue mani non erano fatte per raccogliere, ma per distribuire... Tutto quello che aveva in tasca era per gli altri, come tutto quello che aveva nel cuore; non viveva per sé, era nato per dare» [97]. «Fu il vero "povero di spirito" – disse di lui un testimone della sua carità – perché riuscì a vivere in mezzo alla ricchezza senza lasciarsene toccare, ma se la ricordò solo quando questa poteva servire alla carità, mai quando avrebbe potuto portargli agi, comodità, piaceri, vantaggi»[98].

Assai incisiva al riguardo è anche la dichiarazione rilasciata dal senatore Frassati nel primo Processo Informativo Ordinario sulla fama di santità del figlio: «Quanto al suo distacco da tutto quello che poteva essere ricchezza, posso affermare che era completo. Ricordo che spessissime volte, con amici e specialmente con il professor Umberto Cosmo, mio redattore del giornale "La Stampa", ebbi a dire che se improvvisamente la famiglia mia fosse diventata povera e fosse stata obbligata a vivere in soffitta, Pier Giorgio non avrebbe sentito la differenza»[99].

Questa meravigliosa povertà di spirito, che si traduceva nell'indifferenza verso la ricchezza, nella condivisione dei beni avuti in sorte con coloro che erano meno fortunati e nella generosa e concreta offerta di aiuto a chi viveva nella povertà, è stata particolarmente sottolineata dall'illustre domenicano padre Ceslao Pera: «Pier Giorgio si presenta come colui che pensa e opera nella libertà e nella sovranità dello spirito. Da una parte, scuotendo il giogo della ricchezza, si libera dalle finzioni del compromesso borghese e imprime alla sua vita uno slancio generoso alieno da ogni egoismo. Dall'altra, servendosi della ricchezza non per la soddisfazione dei suoi capricci o delle sue oneste esigenze, ma per fare del bene sempre, ovunque, a tutti i bisognosi, proclama ad alta voce che la vera felicità è altrove... Egli non ha tradotto in teoria il rapporto della povertà e ricchezza, ma ha presentato una prassi nella quale ognuno può leggere il grande insegnamento che, mentre libera lo spirito dalla schiavitù della materia e della prepotenza, assicura alle forze dello spirito il trionfo sull'ambizione dei grandi e sulla seduzione dell'oro»[100].

Illuminanti circa questo singolare «rapporto ricchezza-povertà» che Pier Giorgio si trovò a vivere sono ancora le considerazioni espresse dal cardinal Giovanni Saldarini in un articolo comparso su «L'Osservatore Romano» il 20 maggio 1990: «Pier Giorgio scelse i poveri, ma non rifiutò né condannò la sua famiglia ricca, né usò mai asprezza o risentimento. Non andò ai poveri per reagire alla cultura liberale del suo ambiente o per motivazioni meramente sociologiche, ma per la passione di carità evangelica, che tra l'altro gli faceva cambiare Conferenza di San Vincenzo per andare là dove la carità non era ridotta alla pura razionalità amministrativa. Soprattutto andò dai poveri non restando fuori dalla povertà: ricco di casa ma personalmente povero, non vergognandosi di farsi mendicante in favore dei mendicanti. Amore vero per i poveri e povertà, come sobrietà, temperanza, uso senza spreco dei beni, son cose che vanno insieme e l'uno amore non è mai senza l'altro»[101].

I prediletti: bambini, malati, anziani

La quotidiana attività di assistenza svolta da Pier Giorgio fu, come è stato affermato nel Processo di canonizzazione, un vero e proprio «inno alla carità», una carità che era sostanzialmente atteggiamento di ascolto e di servizio, presenza vissuta nella dimensione della solidarietà, protezione rassicurante, offerta discreta e generosa.

Tutte le persone che aiutò e soccorse sperimentarono il senso di serenità e di pace che, nel dono totale di sé, egli sapeva trasmettere; in particolare lo recepirono coloro ai quali indirizzò il suo amore con speciale predilezione: i bambini, i malati, gli anziani.

Non a caso si sentiva loro molto vicino: nella sua affinata capacità di comprendere le necessità degli altri, avvertiva che essi, o per sensibilità o per le difficili situazioni che vivevano, erano duramente provati dalla sofferenza.

È perciò ancora importante considerare la sua disponibilità nei confronti di queste persone, la quale pone in singolare risalto la ricchezza e la profondità del suo amore al prossimo.

Con i bambini Pier Giorgio sapeva instaurare un rapporto di viva simpatia: si avvicinava loro con benevolenza e dolcezza, sorridendo e accarezzandoli. Nel visitare le famiglie bisognose si informava dell'istruzione scolastica dei ragazzi, provvedeva alla loro formazione morale e religiosa e, qualora fosse necessario, si impegnava a sistemare i più grandicelli presso persone o istituti in grado di insegnare loro un mestiere.

I casi di bambini soli, privi di soccorso, spesso orfani o vittime innocenti di laceranti disunioni familiari lo commuovevano a fondo e lo inducevano a prodigarsi con tutte le forze per risolvere situazioni drammatiche.

Tra i numerosi esempi del suo impegno in questa direzione, eccone due assai significativi: «Puntuale come una cambiale che scade, Pier Giorgio arrivava ogni fine mese fino alla modesta abitazione delle religiose Immacolatine e chiedeva di suor Ida Bertolazzi. Poi non voleva nemmeno passare nella saletta, ma fermo nel corridoio chiedeva il totale del conto che doveva saldare. Sì, aveva un conto da saldare Pier Giorgio, ogni mese, quello delle rette delle bambine che, accolte dalle suore, venivano da loro mantenute a sue spese. E non voleva nemmeno vedere come e perché doveva spendere. *"A me basta il totale"*, e non voleva sapere le cifre parziali. Però non finiva mai di raccomandare: *"Superiora, ne raccolga quante può, non le lasci per la strada esposte ai pericoli!"*. E così, pallido, alto, bruno, era un miracolo di carità per suor Ida Bertolazzi, un miracolo di carità che si rinnovava ogni mese, per tante bambine sperdute, che giorno per giorno venivano restituite alla vita. E Pier Giorgio non voleva figurare col suo nome e cognome. Si raccomandava: *"Sono fratello della Conferenza di San Vincenzo"* e sotto quel nome tentava di nascondere i suoi doni. Ma suor Ida sapeva che quella era privata carità».

«Un giorno, dopo aver bussato alla porta di tutti gli istituti di assistenza della sua Torino per trovare asilo per due bambini che avevano estrema necessità di essere ricoverati, avendo trovata sbarrata anche l'ultima porta, quella del "Cottolengo", perché non c'era più posto per loro in nessuno di quegli asili, confidava ad un amico: *"Non appena potrò disporre dei mezzi di mio padre, per prima cosa farò costruire un grande edificio per bambini che ne avranno bisogno"*. Egli non giunse in tempo a mettere in atto il suo disegno; – osserva Franz Massetti che ha rilasciato la testimonianza – ma suo padre, dopo la sua morte, si fece premura di fare edificare un grande padiglione per bambini privi di assistenza nella "Piccola casa della divina Provvidenza" conforme al desiderio del figlio, forse senza neppure conoscerlo»[102].

Lo slancio e la sincerità con cui Pier Giorgio pronunciò la frase riferita inducono a pensare che, se fosse vissuto più a lungo, avrebbe camminato sulle orme di don Bosco, il grande santo dei giovani, a cui del resto lo stesso Giovanni Paolo II, nel *Discorso* pronunciato a Torino, a Valdocco, il 13 aprile 1980, l'ha espressamente avvicinato.

Considerando il denaro e i beni di cui un giorno avrebbe potuto disporre come strumenti da mettere al servizio del prossimo, Pier Giorgio guardava ai santi «sociali» piemontesi come a modelli da seguire. Più di una volta, infatti, pensando ai suoi futuri progetti, citò il Cottolengo o comunque espresse la precisa volontà di impegnarsi in opere assistenziali, simili a quelle realizzate da Giuseppe Cafasso, da Leonardo Murialdo, da Francesco Faà di Bruno. Come loro, avrebbe voluto prodigarsi per diverse categorie di persone dimenticate ed emarginate: carcerati, anziani, malati, donne sole ed abbandonate a se stesse.

Alcune sue chiare affermazioni non lasciano dubbi circa questi piani. *«Quando un giorno sarò più anziano e potrò comandare io, farò come ha fatto il Cottolengo. Vorrò aiutare tutti i poveri e i fanciulli che vivono in necessità». «Se io avessi dei soldi, farei tutto per i poveri vecchi»*[103].

Anche due eloquenti testimonianze di un confratello vincenziano e di un sacerdote sottolineano la serietà e la concretezza con cui Pier Giorgio pensava al suo futuro impegno di carità sul piano sociale: «L'ultima volta che lo incontrai fu il giorno 20 giugno 1925 uscendo dalla Consolata. Parlando delle nostre visite agli ammalati e delle loro necessità, si pensò di fondare un convento di padri infermieri per l'assistenza ai poveri, curando in particolare gli anziani di sesso maschile e le persone sole per le quali è più difficile la cura delle suore». «L'ansia del suo spirito era per i poveri e per i problemi di assistenza sociale e di elevazione degli umili e, per questo, mi pare cercasse, qualunque ne fosse il tramite, i contatti con lo spirito di don Orione. Vivamente interessato al programma di don Orione, venne alcune volte ad aspettarmi, una ventina di minuti prima del treno, alla biblioteca e, strada facendo, mi parlava serio e attento sul tema fondamentale del bene, del bene al prossimo e ai fratelli più bisognosi»[104].

L'infaticabile ardore di carità che animava Pier Giorgio non poteva non renderlo sensibile all'opera di don Orione, la cui istituzione della «Piccola opera della divina Provvidenza», in quegli anni Venti già avviata, presentava fuse insieme le caratteristiche della fondazione salesiana, dedita all'istruzione e all'educazione dei ragazzi, e di quella del «Cottolengo», votata al soccorso degli infermi, dei derelitti, degli emarginati.

La cura e la tenerezza che Pier Giorgio aveva per gli «ultimi», emergevano in special modo quando assisteva gli ammalati: considerava l'attenzione nei loro confronti come la più importante forma di carità, in quanto si rendeva conto che non tutti i confratelli erano in grado di vincere il senso di disagio o di repulsione che inevitabilmente si prova di fronte a persone colpite dal dolore fisico. Per questo era vicino agli infermi, qualunque fosse la malattia di cui soffrivano, con tutta la forza della sua carità e del suo affetto.

Così due persone ricordano alcune conversazioni avute con lui su tale forma di assistenza: «Sempre discorrendo di carità, disse poi che lui giudicava migliore tra tutte quella verso gli infermi, poiché chi aiuta e assiste gli ammalati compie un'opera eccezionale dato che non tutti si sentono di affrontare situazioni sempre disagevoli e spesso pericolose. *"Quindi* – diceva – *chi assiste gli infermi è quasi sempre beato, poiché è difficile sopportare le malattie degli altri con i mille bisogni, le mille noie che si portano dietro"*». «*"Vede* – mi disse – *che enorme valore ha l'essere in salute, come lo siamo noi!"*. E dopo un poco, quasi avesse fino allora inseguito un segreto pensiero, concluse: *"Perciò la nostra salute deve essere messa al servizio di chi non ne ha, ché altrimenti si tradirebbe il dono stesso di Dio e la sua benevolenza"*»[105].

Del resto, già in una lettera alla sorella, in cui le comunicava che pregava per lei affinché il Signore le concedesse la salute, non aveva esitato a definire quest'ultima come *«uno dei suoi preziosi doni»*.

Coerente con se stesso, Pier Giorgio si accostò ai malati sempre con disponibilità ed attenzione, cercando di soddisfare ogni loro necessità, materiale e spirituale. Già si è detto come nel 1918, appena diciassettenne, visitasse i poveri colpiti dall'epidemia di «spagnola». Anche in seguito, per soccorrere gli infermi bisognosi, sovente – come ha asserito la dottoressa Eva Borra – nel primo dopopranzo, quando in genere ci si concede un breve riposo dagli impegni quotidiani, egli andava di corsa nel suo studio per ritirare campioni gratuiti di medicinali che, su indicazioni mediche, distribuiva ai suoi assistiti.

In un'epoca in cui non esistevano ancora per tutti i cittadini adeguate strutture sanitarie ed assistenziali, Pier Giorgio, che considerava la carità non solo un atto d'amore, ma anche un preciso dovere e un mezzo attraverso cui attuare la giustizia sociale, si impegnava davvero con tutto se stesso nel provvedere alle necessarie visite mediche, nel procurare le medicine prescritte, e nello svolgere qualsiasi servizio che l'assistenza richiedeva.

Coloro che, sorpresi nel vederlo tanto indaffarato e preoccupato per i malati, gli chiedevano il motivo del suo frenetico impegno, si sentivano rispondere con serietà e convinzione: *«Occorre pensarci, occorre fare il nostro dovere verso persone come queste che non possono procurarsi né medicine, né dottore»*. *«Dobbiamo ricordarci ad ogni istante che vi sono al mondo degli esseri più disgraziati di noi, con dolori e sventure maggiori delle nostre, cui manca ogni gioia ed ogni sorriso e verso i quali noi abbiamo degli obblighi e dei doveri gravissimi»*[106].

Naturalmente, al di là di questo «*dovere*» che compiva con dedizione ed altruismo, Pier Giorgio sapeva essere vicino ai malati anche nella dimensione dello spirito. Negli ospedali in cui spesso si recava, nelle soffitte dove gli infermi giacevano privi di contatti umani e abbandonati allo sconforto, nelle abitazioni sovraffollate e malsane dove la presenza di un malato esasperava situazioni già di per sé difficili, egli faceva delle sue visite l'occasione di un incontro fraterno ricco di calore umano e di una forza capace di infondere fiducia e ridare coraggio. Trascorreva lunghe ore accanto ai sofferenti, prodigo di ogni premura, li confortava e incoraggiava, leggeva pagine che potevano aiutarli a sopportare con rassegnazione il dolore, cercava di rallegrarli con il suo proverbiale ottimismo che nasceva da una grande fiducia nell'amore di Dio per le creature.

Il luogo privilegiato in cui egli soccorse così evangelicamente il prossimo, e quindi il Signore, fu senza dubbio il «Cottolengo». In quegli anni nella «Piccola casa della divina Provvidenza» numerose suore, all'insegna del motto del santo fondatore, «*Caritas Christi urget nos*» (La carità di Cristo ci spinge), assistevano migliaia di infelici colpiti dalla miseria morale e materiale in tutte le sue più terribili manifestazioni.

Pier Giorgio si recava sovente al «Cottolengo», da solo o in compagnia di altri studenti i quali generalmente si limitavano a deporre pacchi in portineria o sui letti dei malati; egli, invece, spinto da quel meraviglioso amore che aveva la sua radice in Dio stesso, si inoltrava nei reparti che ospitavano i bambini handicappati, gli anziani e i sofferenti di ogni tipo. Qui, a contatto con un'umanità piagata nel corpo e nello spirito, leniva dolori, asciugava lacrime e suscitava speranze; in particolare «con tanta cura materna», come è stato detto, consolava e rasserenava i bambini, cercando di far loro dimenticare la triste situazione di vita in cui si trovavano affinché, come gli altri bimbi più fortunati, potessero godere momenti di spensieratezza e di allegria.

Allo stesso modo in cui, fanciullo di quattro anni, spinto da un senso di pietà per il dolore altrui, si era avvicinato al piccolo malato dell'asilo di Pollone, così ora, ormai uomo, superando ogni repulsione, perché l'amore era più forte, baciava e abbracciava i suoi veri amici e fratelli. La fede aveva cioè raggiunto in Pier Giorgio una tale profondità e – scrive Giuseppe Lazzati – «aveva così imbevuto di sé la sua persona – mente e cuore e sensibilità – da rendere spontaneo il divino gesto della carità che supera ogni limite e, incomprensibile a chi ragiona con metro umano, sia pure quello del padre e della madre... apre nuovi varchi al cammino di Dio fra gli uomini»[107].

A trarre grandi vantaggi da questi incontri erano certamente gli ospiti della «Piccola casa», ma era anche Pier Giorgio che, arricchendosi spiritualmente, progrediva sulla via della vera conoscenza: «*Una visita al Cottolengo* – disse un giorno – *farebbe bene a tutti gli uomini. Attraverso il Cottolengo sarebbe facile a chiunque comprendere bene i valori autentici della vita, al di fuori di ogni esteriorità e di ogni abbandono incosciente all'esistenza di tutti i giorni*»[108].

Per comprendere più a fondo il conforto e la solidarietà che egli sapeva recare a quei miseri, merita di essere trascritta la seguente testimonianza di una compagna di studi: «Un pomeriggio del febbraio 1924 me ne tornavo a casa, quando in via Consolata mi imbattei in Pier Giorgio, che camminava rapidamente con un grosso involto sotto il braccio. Ci fermammo, e sorridendo gli domandai dove si dirigesse con tanta fretta e così carico; alla mia richiesta, veramente un po' indiscreta, ma fatta senza curiosità, spontaneamente e cordialmente Pier Giorgio mi fissò un attimo quasi indeciso, poi con quella sua cordialità affettuosa e buona mi disse: *"Vuole venire con me? Vado al Cottolengo. Mi hanno dato un pacco da portare ed alcune cose da distribuire; lei mi aiuterà"*. Ed entrai con lui la prima volta in quel luogo, dove la più tremenda e sconsolata miseria umana ha trovato rifugio ed assistenza. Vedendo come Pier Giorgio era accolto da quei derelitti e quanto conforto essi trovavano nella sua visita, compresi da chi venissero il pacco e gli oggetti da distribuire e compresi pure che non la prima volta, ma abitualmente, i suoi risparmi erano, per quegli infelici, conforto ed aiuto materiale, mentre la sua presenza era per loro un vero raggio di luce. Mentre io mi trattenni nei padiglioni esterni, Pier Giorgio volle continuare, solo, la sua visita, ed entrò in quelli interni, dove l'orrore e la miseria della povera carne umana è più squallida e tremenda; quando apparve, pareva tornasse da un altro mondo e da un'altra vita, e sul suo volto triste e trasfigurato, vi era quella intensa luce di spiritualità che doveva animare il volto dei santi; ed io vicina a lui mi sentii più piccola, ma più umana e più buona»[109].

Una compagna «fucina» e un infermiere del «Cottolengo» hanno ancora così tratteggiato il suo modo di reagire e comportarsi di fronte alla sofferenza del prossimo: «Lo ricordo anche molto bene il giorno della visita al manicomio di Collegno: prima di entrare in quel luogo di miserie materiali e spirituali, scherzò e rise con noi, facendo la proposta di inviare alla Presidenza generale della FUCI una cartolina dal manicomio, quale nuova sede dei circoli torinesi; ma giunto a contatto del dolore, Frassati mutò espressione e quasi non parlò più: parlava la sua anima attraverso lo sguardo profondo. Era lo stesso sguardo che scorgevo in lui quando mi parlava dei poveri della Conferenza». «Conobbi Pier Giorgio Frassati mentre ero assistente dei "fratelli infermieri" al "Cottolengo" e, sebbene non gli abbia mai parlato, devo dire che osservavo quel gran giovanotto che si distingueva da tutti gli altri per il tratto con cui presentava ai nostri ammalati i dolci, i mandarini, i sigari portati in dono. Serio, riservato, di poche parole, pareva trasfigurarsi accanto agli infermi»[110]. Nei malati egli vedeva veramente il volto di Gesù sofferente: era questo il motivo per cui, nel servirli, si trasfigurava.

Sebbene frequentasse così assiduamente ospedali e case di persone inferme, Pier Giorgio, consapevole dei rischi cui andava incontro, non si lasciò tuttavia spaventare dal pericolo di contrarre possibili contagi. Con un coraggio davvero ammirevole, che gli derivava dalla forza stessa del Signore, affrontava qualsiasi situazione di sofferenza fisica, pronto sempre a donarsi: *«Ho Gesù con me e non temo nulla!»* era solito dire; pertanto non lo spaventavano né la malattia, né tanto meno la morte, perché sapeva – come scrive san Paolo nella *Lettera ai Romani* – che nulla poteva separarlo dall'amore di Cristo.

La poliomielite fulminante che stroncò la sua giovinezza è indubbiamente la testimonianza più bella del suo eroico impegno di carità per i malati. «Là dove aveva scoperto la sua maggiore affermazione umana – ha osservato in proposito la sorella – avrebbe trovato anche la conclusione del suo itinerario terreno»[111].

Oltre ai malati, Pier Giorgio, nell'esercizio della sua carità, rivolse un'attenzione tutta particolare anche agli anziani. Molte persone, che si sentivano ormai inutili e rifiutate dalla società, trovarono in lui il confidente e l'amico pronto ad aiutarle nel superare le depressioni psichiche e nel curare il male più intimo e doloroso di cui soffrivano: la solitudine.

Quando nelle squallide dimore in cui si recava incontrava persone sole che non ricevevano neppure più il conforto delle visite di figli e nipoti, Pier Giorgio, prendendo posto sulla sedia che gli veniva offerta, si fermava a lungo, accingendosi ad ascoltare il racconto dei loro drammi. Non si allontanava neppure se si trovava a dover sostenere chiacchiere insulse e inconcludenti: anche in quei casi ascoltava con pazienza.

Mosso da grande rispetto per vite ormai consumate, che erano passate attraverso difficoltà e travagli di ogni genere, rinunciava ad impiegare in modo più vivo il tempo della sua giovinezza per intrecciare con quelle misere creature dialoghi improntati a fiducia e confidenza.

Luciana ha così tratteggiato uno di quei tanti incontri: «L'assistita era una vecchia, un rudere stanco, legato fatalmente alle sue corone di rosario, ai suoi silenzi sempre più lunghi, alla scarsa simpatia che la gente finisce con l'avere per chi non è più utile e anzi ha bisogno di tutti. Solo grazie ai giovani della Conferenza otteneva non soltanto il sostentamento della sua giornata ridotta ad una immobilità fin troppo elementare, ma anche la gioia di vedere qualcuno, di poter parlare con qualcuno, di saper all'incirca ciò che accadeva oltre i vetri velati di polvere della sua piccola casa. Pier Giorgio aveva poco più di vent'anni, eppure preferiva chiacchierare con quella donna svanita dalla quale null'altro certamente poteva cogliere che il seme divino che tutti possediamo: il suo essere umano, anche se legato al carro stanco della vecchiaia»[112].

L'attenzione, il rispetto e l'affetto che Pier Giorgio nutriva per i malati e gli anziani che visitava nascevano veramente dal profondo dell'animo: dopo averli assistiti e soccorsi sino alla fine, era ancora loro vicino nella dimensione della preghiera, accompagnandoli nell'ultimo viaggio e facendo celebrare messe in loro suffragio.

Alla luce di quanto si è detto e di ciò che più testimoni hanno ampiamente deposto nei due Processi di canonizzazione, si può affermare che la carità di Pier Giorgio verso i poveri fu l'espressione di una precisa scelta di vita orientata a mettere in pratica il «comandamento nuovo» del Signore: «Amatevi gli uni gli altri come io ho amato voi»[113].

Il suo spirito di assistenza e di servizio orientato verso un'umanità non astratta e lontana, ma quanto mai concreta e vicina, è stato sottolineato in modo particolare da Giovanni Ferretti che, nella commemorazione del sessantesimo anniversario della morte, così si è espresso: «Viene fuori qui qualcosa che non è solo solidarietà umana, compassione per i bisognosi, amicizia reciproca, cameratismo... e neppure solo un fare occasionalmente la "carità" per amore di Cristo... Di qui emerge chiaramente "quel primato assoluto degli altri", del "prossimo" in generale, che forse è la chiave più segreta del suo cristianesimo, un raggio di quella assimilazione a Cristo ch'egli sentiva vivere in sé, quale "servo" fattosi obbediente fino alla morte di croce, da "ricco" fattosi povero per noi, come il suo amato san Paolo ci ha annunziato»[114].

La carità di Pier Giorgio: un complesso di virtù

Nel Processo Apostolico di canonizzazione, la carità di Pier Giorgio è stata definita «eroica» sia per il movente soprannaturale sia per lo spirito di sacrificio che la qualificò. Può quindi essere assunta come esempio di quel continuo rinnovamento interiore indispensabile per vincere se stessi nella dimensione dell'altruismo, e quale modello di un concreto impegno volto alla realizzazione di una società autenticamente umana e cristiana.

Lo spirito di servizio vigile e preveniente, discreto e rassicurante che caratterizzò le azioni di Pier Giorgio permette inoltre di affermare che la sua carità non fu solo una virtù, ma un complesso di molte virtù.

Come si rileva da numerose testimonianze, essa fu lieta e gioiosa, industriosa e coraggiosa, disponibile e paziente, solidale e ispirata al senso della giustizia, umile e priva di ostentazione.

Articolandosi in una molteplicità di forme e creando intorno a sé una rete fittissima di rapporti umani, costituì l'asse portante di una personalità, del suo essere ed agire, rappresentò il polo intorno a cui ruotò un'intera giovinezza.

Generoso non solo di denaro, ma anche e soprattutto di tempo, di consigli e di parole di conforto, Pier Giorgio, immedesimandosi nei problemi di chi gli stava di fronte e facendo proprie le preoccupazioni altrui, seppe intrecciare con il prossimo rapporti di grande simpatia e intenso calore umano.

Animato da fervore ed entusiasmo, si trovò spesso ad esercitare la carità in condizioni insolite e difficili; con la fiducia in Dio, la tenacia del carattere e una sorprendente capacità inventiva riuscì però a trovare le soluzioni adatte, superando ostacoli e incomprensioni.

Solidale con ogni tipo di sofferenza, povertà, emarginazione e nemico di qualsiasi forma di compromesso, seppe combattere prepotenze e prevaricazioni, consapevole del fatto che l'autentica carità non può essere disgiunta dai valori della giustizia.

Umile e discreto, consumò la sua carità nell'ombra, nel silenzio, nell'anonimato. Possedeva il dono di ascoltare e soddisfare le richieste di tutti sminuendo l'importanza di ciò che gli si chiedeva e celando sotto un velo di naturalezza e normalità azioni che gli costavano spesso duri e pesanti sacrifici.

Avendo compreso che la vita va vissuta non sulla linea della chiusura e della rigidità, ma nella direzione dell'apertura e della disponibilità, proprio con la sua meravigliosa carità che si espresse nella gratuità del servizio, nell'offerta senza misura e nell'oblio di sé, Pier Giorgio ha saputo realizzare molto bene, nell'ambito della dimensione quotidiana, l'insegnamento evangelico che invita a donare: «Gratuitamente avete ricevuto, gratuitamente date»[115].

Note

[1] *Decretum Canonizationis Servi Dei Petri Georgii Frassati*, Roma 23 ottobre 1986, cit., pp. 3-4.

[2] L. Frassati, *Mio fratello Pier Giorgio. La carità*, cit., p. 5.

[3] G. card. Saldarini, *Il messaggio alla diocesi di Torino*, cfr. «La Voce del Popolo», anno CXV, n. 19, 13 maggio 1990, p. 1 e *Omelia* tenuta nel Duomo di Torino il 28 maggio 1990, cfr. *Pier Giorgio beato: la nostra grande gioia*, in «La Voce del Popolo», anno CXV, n. 22, 3 giugno 1990, p. 8.

[4] *Ibid.*

[5] Concilio Ecumenico Vaticano II, *Decreto sull'apostolato dei laici «Apostolicam Actuositatem»*, 8.

[6] Anastasio card. Ballestrero, *Omelia* tenuta a Torino, nella chiesa della Beata Vergine delle Grazie alla Crocetta, il 4 luglio 1985 per il sessantesimo anniversario della morte di Pier Giorgio.

[7] P. G. Frassati, *Lettere*, cit., p. 313 (lettera a Willibald Leitgebel del 3 novembre 1923), p. 155 (lettera ad Antonio Villani del 5 aprile 1924), p. 131 (lettera ad Antonio Villani del 18 luglio 1922), p. 275 (lettera a Giovanni Gola del 15 novembre 1924), p. 326 (lettera a Maria Fischer del 20 novembre 1922), p. 303 (lettera a Tina Aimone Cat del ... settembre 1923), pp. 301-302 (lettere a Franca Boschetti del 29 agosto 1924 e del 14 ottobre 1924).

[8] *Ibid.*, prefazione di Luigi Sturzo, p. X.

[9] *«Dossier: Apostolato»*; *Pier Giorgio Frassati segreto* (recensione del libro di F. Massetti, *Pier Giorgio Frassati nel ricordo di un amico*, cit.,) in «L'Osservatore Romano», anno CXVI, n. 243, 20 ottobre 1976, p. 6; L. Frassati, *Mio fratello Pier Giorgio. La carità*, cit., pp. 24 e 155.

[10] Carlo Maria card. Martini, *La Donna della riconciliazione,* Edizioni Piemme – Centro Ambrosiano, Casale Monferrato 1985, pp. 17-18.

[11] *Prima lettera di san Giovanni* 3, 18.

[12] L. Frassati, *Mio fratello Pier Giorgio. La carità*, cit., pp. 154 e 47.

[13] P. G. Frassati, *Lettere*, cit., p. 202 (lettera a Isidoro Bonini del 29 aprile 1925).

[14] San Paolo, *Lettera ai Romani* 12, 9-16.

[15] P. G. Frassati, *Lettere*, cit., p. 249 (lettera a Marco Beltramo del 15 gennaio 1925).

[16] *Atti del Processo Apostolico di beatificazione e canonizzazione*, cit., pp. 169, 326.

[17] *«Dossier: Fama alla sua morte»*; *«Dossier: Umiltà»*; *«Dossier: Fama»*.

[18] Giuseppe Lazzati, *Pier Giorgio Frassati: un cristiano coerente e coraggioso*, in *Testimoni dello Spirito. Profili di credenti lungo i secoli*, Edizioni O. R. Milano 1980.

[19] San Paolo, *Lettera ai Galati* 5, 13-14.

[20] C. M. card. Martini, *La Donna della riconciliazione*, cit., p. 54.

[21] Cfr. *Positio super virtutibus*, cit., vol. I, p. 283.

[22] *Atti del Processo Apostolico di beatificazione e canonizzazione*, cit., p. 598.

[23] Cfr. *Positio super virtutibus*, cit., vol. I, p. 289.

[24] Giovanni Paolo II, *Discorso* pronunciato a Pollone il 16 luglio 1989, cfr. «L'Osservatore Romano». cit.

[25] *Manuale della Società di San Vincenzo de' Paoli*, Milano 1946 (edizione che riproduce fedelmente quella francese del 1835), pp. 1-2.

[26] *Società San Vincenzo de' Paoli*, Libreria editrice internazionale della S.A.I.D., Torino 1915, p. 7.

[27] *Vademecum del confratello della Società di San Vincenzo de' Paoli*, Tipografia editrice La Salute, Torino 1934 (5ª edizione, la 1ª risale al 1880), pp. 79-80.

[28] *Manuale della Società di San Vincenzo de' Paoli*, Milano 1946, cit., p. 3.

[29] *Manuale della Società di San Vincenzo de' Paoli*, Edizioni del segretariato nazionale, Torino 1960, vol. II, *Le Circolari*, p. 127.

[30] *Vademecum del confratello della Società di San Vincenzo de' Paoli*, cit., pp. 102-103.

[31] P. G. Frassati, *Appunti per un discorso sulla carità*, cit., in L. Frassati, *Mio fratello Pier Giorgio. La carità*, cit., pp. IX-XII.

[32] L. Frassati, *Mio fratello Pier Giorgio. La carità*, cit., pp. 194, 121, 235, 238, 245.

[33] Cfr. Georges Goyau, *Pier Giorgio Frassati in un articolo del Goyau*, in «L'Osservatore Romano», anno LXXIII, n. 292, 15 dicembre 1933, p. 3.

[34] P. G. Frassati, *Lettere*, cit., p. 201 (lettera a Isidoro Bonini del 15 aprile 1925).

[35] L. Frassati, *Mio fratello Pier Giorgio. La carità*, cit., p. 6.

[36] *Salmo* 40, 2; *Seconda Lettera ai Corinzi* 9, 7.

[37] A. card. Ballestrero, *Omelia* tenuta a Torino, nel Santuario della Consolata, il 5 dicembre 1987.

[38] Cfr. *Positio super virtutibus*, cit., vol. I, pp. 297-298.

[39] L. Frassati, *Mio fratello Pier Giorgio. La carità*, cit., p. 27.

[40] *Ibid.*, p. 56.

[41] *Ibid.*, pp. 185, 132.

[42] *Vangelo secondo san Marco* 10, 45.

[43] Cfr. *Atti del Processo Apostolico di beatificazione e canonizzazione*, cit., p. 260; F. Massetti, *Pier Giorgio Frassati nel ricordo di un amico*, cit., p. 19.

[44] *Vangelo secondo san Luca* 3, 11.

[45] L. Frassati, *Mio fratello Pier Giorgio. La carità*, cit., pp. 91, 210-211.

[46] L. Frassati, *Pier Giorgio Frassati. I giorni della sua vita*, cit., p. 172.

[47] G. Lazzati, *Pier Giorgio Frassati a cinquant'anni dalla morte*, in *Positio super virtutibus*, cit., vol. I, p. 446.

[48] L. Frassati, *Mio fratello Pier Giorgio. La carità*, cit, p. 16.

[49] *Ibid.*, p. 17.

[50] *Ibid.*, p. 215.

[51] *Ibid.*, p. 244.

[52] *Ibid.*, p. 168.

[53] *«Dossier: Apostolato»*; L. Frassati, *Mio fratello Pier Giorgio. La carità*, cit., p. 236.

[54] P. G. Frassati, *Lettere*, cit., p. 68 (lettera alla madre del 19 luglio 1922).

[55] L. Frassati, *Pier Giorgio Frassati. I giorni della sua vita*, cit., pp. 76-77.

[56] G. La Pira, prefazione a L. Frassati, *L'impegno sociale e politico di Pier Giorgio*, cit., pp. 35-36.

[57] Cfr. *Positio super virtutibus*, cit., vol. I, p. 290.

[58] L. Frassati, *Mio fratello Pier Giorgio. La carità*, cit., p. 160.

[59] *Ibid.*, p. 239.

[60] *Ibid.*, p. 227.

[61] *Ibid.*, p. 161.

[62] *Ibid.*, pp. 215-216.

[63] P. G. Frassati, *Lettere*, cit., p. 104 (lettera a Carlo Bellingeri del 14 dicembre 1922).

[64] Cfr. *Positio super virtutibus*, cit., vol. I, pp. 290-291; F. Massetti, *Pier Giorgio nel ricordo di un amico*, cit., p. 38.

[65] L. Frassati, *Mio fratello Pier Giorgio. La carità*, cit., p. 249.

[66] *Canonizationis Servi Dei Petri Georgii Frassati. Summarium*, cit., p. 150.

[67] Luigi Ambrosini, *Pier Giorgio Frassati*, in «La Stampa», anno LIX, 5 luglio 1925.

[68] P. G. Frassati, *Lettere*, cit., p. 330 (lettera a Maria Fischer del 23 gennaio 1923).

[69] L. Frassati, *Mio fratello Pier Giorgio. La carità*, cit., p. 143.

[70] *Ibid.*, p. 248.

[71] *Ibid.*, pp. 86, 35.

[72] Cfr. L. Frassati, *Pier Giorgio Frassati. I giorni della sua vita*, cit., p. 170.

[73] *Canonizationis Servi Dei Petri Georgii Frassati. Summarium*, cit., p. 352.

[74] «La Tribuna Biellese», 5 luglio 1891, n. 1, cfr. L. Frassati, *Un uomo, un giornale*, cit., vol. I, parte 1ª, p. 8.

[75] *Canonizationis Servi Dei Petri Georgii Frassati. Summarium*, cit., p. 145.

[76] *Ibid.*, p.146.

[77] *Ibid.*, p.126.

[78] L. Frassati, *Pier Giorgio Frassati. I giorni della sua vita*, cit., p. 89.

[79] *Ibid.*, p. 91.

[80] L. Frassati, *Mio fratello Pier Giorgio. La carità*, cit., pp. 198-99.

[81] P. G. Frassati, *Lettere*, cit., p. 285 (lettera ad Ernestina Bonelli del 29 maggio 1925).

[82] L. Frassati, *Mio fratello Pier Giorgio. La carità*, cit., p. 234.

[83] L. Frassati, *Pier Giorgio Frassati. I giorni della sua vita*, cit., p. 172.

[84] L. Frassati, *Mio fratello Pier Giorgio. La carità*, cit., pp. 109, 100-101, 150-151; cfr. *Positio super virtutibus*, cit., vol. I, p. 291.

[85] Cfr. *ibid.*, pp. 392, 293.

[86] *«Dossier: Denaro»*.

[87] Cfr. *Vangelo secondo san Matteo* 6, 25 e *Vangelo secondo san Luca* 12, 22.

[88] *Ibid.*, p. 77; *«Dossier: Denaro»*; *Canonizationis Servi Dei Petri Georgii Frassati. Summarium*, cit., p. 147.

[89] L. Frassati, *Mio fratello Pier Giorgio. La carità*, cit., p. 109.

[90] *Ibid.*, pp. 157-158.

[91] *Ibid.*, p. 193.

[92] *«Dossier: Denaro»*.

[93] *Ibid.*

[94] L. Frassati, *Pier Giorgio Frassati. I giorni della sua vita*, cit., p. 88.

[95] *Ibid.*, p. 117.

[96] *Canonizationis Servi Dei Petri Georgii Frassati. Summarium*, cit., pp. 139-140.

[97] L. Ambrosini, *Pier Giorgio Frassati*, cit., in «La Stampa», anno LIX, 5 luglio 1925.

[98] L. Frassati, *Mio fratello Pier Giorgio. La carità*, cit., p. 126.

[99] Cfr. *Positio super virtutibus*, cit., vol. I, pp. 260-261.

[100] C. Pera O. P., *Un uomo del XX secolo*, in Aa.Vv., *Pier Giorgio Frassati. Terziario Domenicano*, pp. 68-69.

[101] G. card. Saldarini, *La straordinaria semplicità di prendere sul serio il proprio essere cattolico*, in «L'Osservatore Romano», cit.

[102] L. Frassati, *Mio fratello Pier Giorgio. La carità*, cit., pp. 11-12; F. Massetti, *Pier Giorgio nel ricordo di un amico*, cit., p. 93.

[103] L. Frassati, *Mio fratello Pier Giorgio. La carità*, cit., pp. 22, 32.

[104] *Ibid.*, pp. 24, 81.

[105] *Ibid.*, pp. 154-155, 169-170.

[106] *Ibid.*, pp. 28, 229.

[107] G. Lazzati, *Pier Giorgio Frassati a cinquant'anni dalla morte*, in *Positio super virtutibus*, cit., vol. I, p. 447.

[108] L. Frassati, *Mio fratello Pier Giorgio. La carità*, cit., pp. 54-55.

[109] Cfr. *Positio super virtutibus*, cit., vol. I, p. 297.

[110] L. Frassati, *Mio fratello Pier Giorgio. La carità*, cit., pp. 47-48, 32.

[111] L. Frassati, *Pier Giorgio Frassati. I giorni della sua vita*, cit., p. 119.

[112] L. Frassati, *Mio fratello Pier Giorgio. La carità*, cit., p. 224.

[113] *Vangelo secondo san Giovanni* 13, 34.

[114] G. Ferretti, *La figura spirituale di Pier Giorgio Frassati*, in «Rivista diocesana torinese», cit., pp. 633-634.

[115] *Vangelo secondo san Marco* 10, 8.

PARTE TERZA

9

IL 1925: UN ANNO DI SOFFERENZE

Un Anno santo

Il 1925, anno in cui si concluse la parabola terrena di Pier Giorgio, fu assai particolare sia per la sua vita che per la storia della Chiesa: fu infatti solennemente proclamato Anno santo dal pontefice Pio XI. Ha scritto a questo proposito la sorella: «Nato il Sabato santo, anche il suo ultimo anno di vita porta lo stesso significativo carisma»[1].

Se si analizzano le esperienze più significative vissute da Pier Giorgio nei suoi ultimi sei mesi di vita, che coincisero appunto con il primo semestre del 1925, si constata che esse furono contraddistinte da profonde sofferenze interiori che gli procurarono tensioni e lacerazioni, lasciandolo prostrato, mai privo però di quella fede che, al di là di qualsiasi dolore, lo induceva ad abbandonarsi fiducioso alla divina Provvidenza, consapevole che il fine ultimo di una vita autenticamente cristiana è quello di ritrovarsi *«nella nostra vera Patria a cantare le lodi di Dio»*[2].

Dopo aver trascorso il Natale condividendo con gli amici la gioia di partecipare alla messa di mezzanotte, all'inizio del nuovo anno Pier Giorgio così si rivolgeva in una lettera a Franz Massetti*: «4 gennaio, Anno Santo. Carissimo, non sentimenti di rancore che sarebbero non degni dell'Anno Santo; poiché già il Vicario di Cristo ha aperte le Porte Sante, io stendo a te il ramo d'Ulivo segno della Pace»*; proseguiva poi parlando dei suoi progetti culturali: *«mi sono preparato all'Anno Santo nell'Avvento leggendo S. Agostino, lettura però che non ho ancora ultimato, ma da cui ho riportato un immenso gaudio, una gioia profonda... Anche mi do agli studi letterari: sto leggendo "Testimonianze" di Papini e poi passerò agli studi filosofici, se troverò una buona traduzione dell'opera di S. Tommaso d'Aquino. Vedi, i progetti per l'Anno Santo sono grandiosi»*. E concludeva informando l'amico sul modo in cui aveva incominciato un anno così singolare: *«L'anno è incominciato bene, dopo aver brindato coi miei mi sono recato ai SS. Martiri; là nella Chiesa, stipata di gente, abbiamo pregato perché sia pace all'Italia e Pace a noi. E questa pace, che è ardente Desiderio di tutti noi, venga in quest'anno, in cui le grazie del Signore si moltiplicano»*[3].

In un altro scritto raccontava come proprio al termine della funzione ai Santi Martiri, l'incarico affidatogli da padre Righini di accompagnare a casa sei suore tedesche gli aveva permesso di iniziare il 1925 nella gioia della carità e di vivere così *«la prima avventura dell'Anno Santo, puoi immaginare un'avventura degna di Anno Santo»*[4].

Anche in un'altra lettera, sempre di quel gennaio 1925, a Marco Beltramo, Pier Giorgio metteva l'accento sulla pace: *«Carissimo, la pace sia nel tuo animo, ecco l'augurio... per l'Anno Santo»;* subito dopo aggiungeva una riflessione nella quale è possibile cogliere il pensiero della sofferenza e della morte, in una dimensione però pur sempre pacata e serena perché egli sapeva che il mistero del dolore trova nella fede illuminazione e dimensione di redenzione: *«Bello è vivere in quanto al di là v'è la nostra vera vita, altrimenti chi potrebbe portare il peso di questa vita se non vi fosse un premio alle sofferenze, un gaudio eterno; come si potrebbe spiegare la rassegnazione ammirabile di tante povere creature che lottano con la vita e spesse volte muoiono sulla breccia se non vi fosse la certezza della Giustizia di Dio?»*[5].

In relazione alla sua esperienza di vita, ad un altro amico, Isidoro Bonini, confidava: *«E la tua vita come procede? La mia come puoi giudicare dall'introduzione epistolare attraversa forse il periodo più acuto di una grave crisi e proprio in questo momento mia sorella va lontana e così resterà a me dover essere allegro in casa e soffocare l'umor grigio prodotto da tutte le varie contrarietà che sorgono contro di me. Allegro esteriormente lo sarò sempre anche per dimostrare ai compagni non della nostra idea che esser Cattolici vuol dire giovani allegri; ma internamente quando sarò solo darò sfogo alla mia tristezza»*[6].

Il matrimonio di Luciana

«Mia sorella va lontana» scriveva Pier Giorgio il 15 gennaio e infatti dieci giorni dopo, nella cappella dell'Arcivescovado di Torino, il cardinal Giuseppe Gamba benediceva le nozze di Luciana Frassati con il diplomatico Jean Gawronski, primo segretario dell'ambasciata polacca a L'Aja.

La partenza di Luciana per la capitale olandese turbò profondamente Pier Giorgio che il giorno dopo, nel suo solito stile scarno ed immediato, scrisse a Marco Beltramo: *«Mentre sono contento, perché mia sorella è felice tanto più che lo sposo è buono nel senso che io e te intendiamo, d'altra parte ieri sera il distacco è stato terribile. Tu puoi immaginare l'unica sorella, la compagna della mia infanzia: vederla partire per lidi così lontani è stato per me un colpo al cuore»*[7].

La pena fu così intensa che nel salutarla alla stazione non era riuscito a trattenere un pianto dirotto lasciando sbigottiti e sorpresi parenti ed amici. In quel momento il dolore per il distacco fu più forte della gioia della partecipazione alla felicità di Luciana, gioia che nei giorni precedenti egli aveva voluto manifestare con un dono di nozze assai singolare: un crocifisso d'avorio fatto benedire dall'arcivescovo. I familiari nel considerarlo una manifestazione d'affetto di un fratello «un po' strano», non compresero il messaggio di quel regalo; la stessa Luciana così ricorda le impressioni provate nel riceverlo: «Io, pure senza dimostrarglielo, riflettendo fedelmente i sentimenti della famiglia, fui stupita di quel dono più consono al triste decoro di un funerale che non a rallegrare le nozze. Il suo accenno all'indulgenza plenaria in "articulo mortis", poi, mi risuonò tanto irreale quanto per lui familiare». Pertanto l'«oggetto» «per rispetto delle convenzioni non fu esposto sul biliardo dove invece risplendette un servizio da the in argento, regalo "ufficiale" di Pier Giorgio»[8].

Non era trascorsa nemmeno una settimana dalla partenza di Luciana, che egli le inviò una lettera che rivela perfettamente il suo stato d'animo di quei giorni: *«Scrivimi sovente perché così almeno ricevendo tue lettere possa colmare l'enorme vuoto che tu hai lasciato in me. Prima, vivendo quotidianamente assieme, non avevo potuto apprezzare sufficientemente tutto quello che tu rappresenti per me, ma ora che purtroppo molti chilometri ci separano, ora che ci siamo dovuti separare non per pochi giorni ma per la vita e solo ci rivedremo di tanto in tanto, ho capito cosa vuol dire una sorella in una casa e quale vuoto la sua lontananza può lasciare»*[9].

Anche se erano molto diversi, «a me piaceva il successo, a lui la povertà, – ha espressamente affermato Luciana – io amavo la gloria de "La Stampa", lui arrivava al giornale bagnato fradicio, di poco meglio vestito dei poveracci che si recavano a *La carità del sabato*, costretto a farsi prestare i soldi per prendere il tram»[10], tuttavia il legame di affetto che univa i giovani Frassati era davvero intenso.

All'inizio del 1925 la nuova condizione esistenziale di Pier Giorgio, oltre che dalla sofferenza per la separazione dalla sorella, fu aggravata anche dalla difficile situazione che egli dovette affrontare in casa. Ricadevano ora su di lui tutto il peso e la difficoltà di vivere in una famiglia in cui le incomprensioni e i contrasti tra i genitori si facevano sempre più frequenti. «Egli rimase solo – sottolinea Luciana – a portare sulle sue spalle quell'edificio pericolante che era la nostra famiglia. Il tornare a casa, puntuale più di una lancetta per le due sole mezz'ore di un incontro con i genitori, dovette essergli un pesante obbligo. Il sedersi tra due silenzi densi di rancori, un sacrificio che nessun giorno a venire avrebbe potuto alleviare»[11].

«*La Fede: unica àncora di salvezza*»

In questo contesto, Pier Giorgio si convinse sempre più che avrebbe dovuto soffocare, sia pure con grande dolore, il suo affetto per Laura. Il 6 marzo scrisse pertanto ad Isidoro Bonini questa sofferta e drammatica lettera: «*Carissimo, veramente io ho sorvolato di parlarti di un tasto così amaro, ma ciò non ho fatto per mancanza di confidenza, ma solo perché la questione è ormai sorpassata ed è meglio non parlarne più, ma chiudere questa parentesi della mia vita per sempre. Sì, il linguaggio di questa lettera ti stupirà, ma devi pensare che in me qualcosa si è mutato: non è opera mia, perché anzi io non ho adempito a nessuna di quelle energiche misure che io ti avevo annunciate prima della tua partenza da Torino. Sono stato in montagna spesse volte con Lei, spesse volte con altri; ma ormai mi sono convinto che non potendo raggiungere lo Scopo, bisogna uccidere il germe che se condotto bene apporta beneficii immensi, ma altrimenti, crucci.*

Nelle mie lotte interne mi sono spesso domandato perché dovrei io essere triste? Dovrei soffrire, sopportare a malincuore questo sacrificio? Ho forse io perso la Fede? No, grazie a Dio, la mia Fede è ancora abbastanza salda ed allora rinforziamo, rinsaldiamo questa che è l'unica Gioia, di cui uno possa essere pago in questo mondo. Ogni sacrificio vale solo per essa; poi, come cattolici, noi abbiamo un Amore che supera ogni altro e che dopo quello dovuto a Dio è immensamente bello, come bella è la nostra religione. Amore che ebbe per avvocato quell'Apostolo, che lo predicò giornalmente in tutte le sue lettere ai vari Fedeli. La Carità, senza di cui, dice S. Paolo, ogni altra virtù non vale. Essa sì che può essere di guida e d'indirizzo per tutta una vita, per tutto un programma. Essa con la Grazia di Dio può essere la meta a cui il mio animo può attendere. Ed allora noi al primo momento siamo sgomenti, perché è un programma bello, ma duro, pieno di spine e di poche rose, ma confidiamo nella Provvidenza Divina e nella Sua Misericordia.

Pensa se in questo momento in cui l'animo mio attraversa questa crisi, io avessi la disgrazia di non credere; non varrebbe nulla vivere un istante di più e la morte sola sarebbe lenimento forse ad ogni umano sof-

frire. Ma invece per chi crede, le controversie della vita non sono oggetto di abbattimento, ma servono di emendamento e di richiamo energico a ricalcare la via, forse momentaneamente abbandonata.

Ebbene, il mio programma sta in questo convertire quella simpatia speciale, che avevo per Lei e che non è voluta, al fine a cui noi dobbiamo pervenire, alla luce della Carità, nel rispettoso legame d'amicizia intesa nel senso cristiano, nel rispetto verso le sue virtù, nell'imitazione delle sue doti preclare, come ho per le altre. Tu forse potrai dirmi che è follia sperare ciò: ma io credo, se voi pregherete un po' per me, che in poco tempo io possa raggiungere nella preghiera questo stato.

Ecco il mio programma che spero nella Grazia di Dio di raggiungere, anche se mi costerà il sacrificio della vita terrena, ma poco importa»[12].

Queste ultime parole hanno un sapore davvero profetico se si pensa che, soltanto quattro mesi dopo che furono scritte, per Pier Giorgio si era già compiuto tale *«sacrificio»*.

La malattia si abbatté infatti su di lui in un periodo in cui il suo animo così sensibile e sempre attento a tutto e a tutti aveva sofferto e soffriva intensamente, trovando un unico conforto nella fede e nel dialogo continuo e sommesso con Colui che solo conosceva i suoi intimi drammi. *«Dura è la lotta, ma pur bisogna cercar di vincere e ritrovare la nostra piccola via di Damasco per poter marciare in essa verso quella Meta a cui tutti dobbiamo arrivare... Avrò io la forza di arrivare? Certo la Fede: unica àncora di salvezza, ad essa bisogna aggrapparsi fortemente; senza di essa che sarebbe tutta la nostra vita? nulla o meglio sarebbe spesa inutilmente perché nel mondo v'è solo dolore e il dolore senza Fede è insopportabile, mentre il dolore alimentato dalla piccola fiaccola della Fede diventa cosa bella perché tempra l'animo alle lotte»*[13].

Queste frasi, indirizzate sempre ad Isidoro Bonini, esprimono ancora, nella sicurezza delle risposte gravitanti intorno ad un preciso interrogativo, il fermo proposito di superare con la fiducia in Dio una crisi intimamente sofferta.

Come i beati del *Paradiso* dantesco, Pier Giorgio aveva capito che solo «nella Sua volontade è nostra pace»[14]; si impegnava quindi con tutto se stesso per superare, in una prospettiva di fede, di preghiera e di «abbandono» nel Signore la sua lacerante pena d'amore.

Eroici sacrifici

Al sacrificio compiuto in campo affettivo, in quel 1925 si aggiunsero per Pier Giorgio altri motivi di afflizione.

In ambito politico-sociale non è da sottovalutare la crescente amarezza che egli provava di fronte alla progressiva perdita della libertà civile in seguito all'avvento del fascismo. In particolare, il 3 gennaio seguì con apprensione il famoso discorso che Mussolini pronunciò alla Camera, discorso che, segnando la svolta totalitaria del regime, determinò il rapido smantellamento delle istituzioni democratiche e l'affermarsi della dittatura.

A livello personale, Pier Giorgio avvertiva poi sempre più la fatica di concludere i pesanti studi universitari. Nel mese di aprile quasi assillante si fece il pensiero degli ultimi esami e del conseguimento della laurea. Ecco alcuni stralci delle sue lettere che ruotano intorno a questo punto fisso: «*Sono molto vicino alla laurea e spero di aver finito in luglio*». «*Coi primi di maggio avrei intenzione di principiare la tesi e preparare nel frattempo l'esame di Tecnologia Mineraria per i primi di giugno, restandomi poi solo quell'antipatica materia che è Geometria Pratica. Finirò i miei esami con una materia addormentante, pazienza!*». «*Come vedi ho ultimato per questa sera lo studio a tarda ora perché ormai sono vicino a raccogliere quello che ho seminato*»[15].

La significativa immagine di colui che semina e raccoglie ricorre anche in altre due lettere di maggio e di giugno: «*Sono sotto un carico immenso di lavoro; s'avvicina il giorno del raccolto e quindi bisogna curare maggiormente in questo periodo la pianticella affinché dia abbondanti frutti*», «*sto aspettando di giorno in giorno di armarmi di una volontà che mi dia la forza di porre a termine l'ultima mia fatica, poiché ormai sono vicino a raccogliere ciò che ho seminato*»[16]. Non può non suscitare un senso di commozione il pensare che questa frase fu scritta esattamente tre settimane prima della morte.

Oltre che a tali metafore, per illustrare la sua situazione, Pier Giorgio ricorreva anche ad altre immagini. Il 17 aprile, ad esempio, scriveva: «*Ho bisogno di preghiere perché con esse, e per esse solo, io potrò ottenere da Dio la Grazia di rafforzare la mia volontà e così portare nel buon porto la nave che sta per colare a picco negli ultimi burrascosi marosi della mia vita studentesca. Ruit hora e quindi studiare bisogna. Ah, se potessi entro il mese sostenere l'esame sarei felice!*»[17]. E il 29 dello stesso mese ad Isidoro Bonini confessava: «*Io passo la vita dedicata allo studio, sono come un naufrago che lotta disperatamente con i marosi sempre sperando in una àncora di salvezza, ed io sono così tuffato nelle dispense che esse quasi mi circondano tentando di affogarmi in questa lotta per poter giungere al porto che sarebbe l'esame... Mercoledì spero, se non prima, vi sarà il grande debutto, il terz'ultimo debutto della mia vita di studente di Politecnico e poi incomincerò la tesi. Il programma come vedi è grandioso, bisogna però trovare la buona volontà per attuarlo, ma questa spero di conquistarla a poco a poco con la grazia di Dio*».

Sempre in questa lettera, Pier Giorgio informava l'amico anche del modo in cui cercava di «evadere» dalla sua dura realtà: «*La mente inzuppata di questa arida scienza trova ogni tanto pace e refrigerio e godimento spirituale nella lettura di San Paolo. Io vorrei che tu provassi a leggere S. Paolo: è meraviglioso e l'anima si esalta da quella lettura e noi abbiamo sprone a seguitare la retta via e a ritornarne appena usciti con la colpa*»[18].

In quel mese di aprile si nutrì molto di letture spirituali, soprattutto durante la Settimana santa che, come ogni anno, ma ora per l'ultima volta, trascorse in ritiro spirituale presso Villa Santa Croce a San Mauro Torinese, per meglio prepararsi – come scrisse a Marco Beltramo – a temprare lo spirito «*per le future e presenti battaglie*»[19].

In quella dimensione di preghiera e di forte spiritualità, festeggiò anche il suo ultimo compleanno, il lunedì appunto della Settimana santa. È importante a questo proposito ricordare che per quella occasione il senatore Frassati decise, in via del tutto eccezionale, di regalare al figlio laureando ingegnere la considerevole somma di cinquemila lire. Mosso da una generosità senza limiti, Pier Giorgio, che per la seconda volta nella sua vita veniva a trovarsi in possesso di parecchio denaro, non esitò ad impiegarlo in quella particolare banca che, era solito dire, *«dà il mille per uno»*. Destinò infatti subito quella somma per «accumulare tesori in cielo», per contribuire cioè a fondare una nuova Conferenza di San Vincenzo nella sua parrocchia, presso il circolo «Milites Mariae». Fu questo un atto di carità che diede il primo frutto proprio il giorno successivo alla sua morte: domenica 5 luglio 1925 i membri della nascente Conferenza della Crocetta si riunirono la prima volta per tracciare le linee programmatiche della loro attività.

Dal suo spirito di povertà evangelica, Pier Giorgio fu indotto, sempre in quella primavera, ad effettuare un'altra simile scelta, improntata a grande altruismo. Quando il padre, volendo anticipargli il regalo di laurea, gli domandò se preferiva un'automobile oppure l'equivalente in denaro (ventiquattromila lire), egli non ebbe alcuna esitazione ad indicare la seconda soluzione: in tal modo, confidò agli amici, avrebbe potuto *«beneficare i poveri»*[20].

Sebbene il suo tempo fosse molto assorbito dagli studi, la carità era dunque sempre al primo posto. Proprio la carità lo spinse, nel sacrificio, a rinunciare ancora a se stesso e ai suoi progetti, questa volta in campo professionale, per rendere felice il padre. Egli che, come scrive Luciana, «fu sempre estraneo alla quotidiana gloria» de «La Stampa», rinunciò alla professione che tanto avrebbe desiderato svolgere, e alla quale si era preparato con estrema serietà e fatica, per assecondare il desiderio del padre che, dopo la morte del fratello Pietro, lo voleva occupato nell'amministrazione del giornale.

Avendo scelto di diventare ingegnere minerario per essere vicino ad una categoria sociale particolarmente diseredata e provata dalla fatica, Pier Giorgio, infiammato dall'ideale missionario, che sempre è capace di entusiasmare gli spiriti impegnati nella dedizione totale, avrebbe desiderato recarsi nell'America del Sud, non solo per condividere i rischi e la vita faticosa degli indios spesso sfruttati nelle miniere del Cile, della Bolivia, dell'Argentina, ma anche per annunciare loro il messaggio della fraternità e solidarietà cristiana. Tuttavia la consapevolezza di dover assolvere innanzi tutto i compiti legati alla condizione in cui il Signore l'aveva posto, lo indusse, con le lacrime agli occhi, a dare il suo assenso alla richiesta che, a nome del padre, gli fu esplicitamente avanzata dal redattore de «La Stampa», Giuseppe Cassone, il quale, in proposito ha rilasciato la seguente testimonianza: «Ebbi l'incarico di convincere Pier Giorgio a rinunciare al suo progetto. Un giorno che egli era venuto a trovarmi in ufficio colsi l'occasione. Gli parlai come si parla ad un figlio assennato e caro. Mi ascoltò in silenzio puntandomi, scrutatori e sereni, quei suoi begli occhi di fanciullo, poi mi domandò: *"Cassone, crede proprio che venendo io qui a 'La Stampa' il babbo sarà contento?"* Dissi di sì. Egli non esitò più: *"Dica al babbo che accetto"*»[21].

Nonostante questo sacrificio compiuto con indicibile sofferenza interiore, Pier Giorgio in quei mesi confidava ancora alla sorella: *«Certo che mi sarebbe piaciuto fare il Missionario!»*. Luciana, avendo compreso con viva intuizione le pieghe più riposte dei suoi sentimenti, così ha commentato questa frase: «In quel desolato "*sarebbe*" è rinchiuso il segreto della vita del mio carissimo fratello bruno»[22].

La dolorosa scelta di Pier Giorgio era stata dettata forse anche dal desiderio di stare più vicino al padre in un momento di particolare tensione: in quel mese di maggio Alfredo Frassati aveva infatti manifestato chiaramente l'intenzione di separarsi dalla moglie, che, sempre più esasperata dalla situazione, viveva momenti di angoscia e turbamento. «La mamma, – ricorda Luciana – straziata per l'umiliante prospettiva della separazione legale voluta dal padre, il 7 maggio, accanto a Pier Giorgio immobile alla balaustrata di San Filippo, aveva risposto esasperata alla cugina Rina Maria Pierazzi, che le chiedeva notizie di Linda*: "Sarebbe meglio morissimo tutti!"»[23].

* La madre quasi novantenne ormai in lento declino.

Per non vacillare e seguitare ad essere la «pietra angolare», Pier Giorgio, secondo il suo solito stile di vita, oltre a sacrificarsi, continuava a soffrire in silenzio e a pregare. Non è un caso che proprio in quei giorni scrivesse su un foglio questa frase: *«La fede ci dà la forza di sopportare le spine, di cui è intessuta la nostra vita»*. Si tratta di parole «ricavate mettendo insieme frammenti, rinvenuti nel cestino delle carte, di un biglietto datato *"Torino 3-5-1925, una di notte"*»[24]. E ancora, sempre in quel mese di maggio, ad una cameriera «da pochi mesi in casa, triste e sfiduciata», regalò, per incoraggiarla e aprirla ad una dimensione di fede, un messalino con questa dedica: *«Nella preghiera l'anima si rialza sopra le tristezze della vita»*, mentre, per convincere un'amica dell'importanza del rosario, un giorno le mostrò la sua *«corona»* dicendole: *«Il mio testamento lo porto sempre in tasca»*[25].

In quei mesi Pier Giorgio, oltre a pregare intensamente, si rivolgeva con insistenza agli amici affinché facessero altrettanto per lui. È proprio in questo contesto che egli scrisse nelle lettere a loro indirizzate alcune tra le sue più belle frasi sulla preghiera, già in parte citate nei capitoli precedenti; basti ora questa a sintetizzarle tutte: *«Ringrazio delle preghiere, che veramente sono l'attestazione migliore di amicizia perché è squisita Carità Cristiana il pregare per chi ha bisogno»*[26].

La forza della preghiera era dunque legata all'amicizia e alla solidarietà, come del resto voleva testimoniare la strana «Società dei Tipi Loschi», di cui in quel maggio 1925 ricorreva *«il primo anniversario»* di vita. Ecco come Pier Giorgio intendeva celebrare l'avvenimento; in un appunto a matita firmato *«per il Comitato, Robespierre»* aveva scritto: *«Il Comitato organizzatore ha deciso di solennizzare il primo anniversario della gloriosa Società domenica 17-5-25, con una gita ai monti. Onde questa festa riesca veramente degna del nome e del motto della Società si fa caldo appello a tutti i soci perché intervengano»*[27]. Seguiva il programma che iniziava con il *«ritrovo»* alle 5,30 nella chiesa della Visitazione e prevedeva una gita alla Rocca Sella.

Il mese di giugno

Circa venti giorni dopo, esattamente il 7 giugno, Pier Giorgio avrebbe invece compiuto la sua ultima gita in montagna, alle Lunelle in Val di Lanzo, di cui esiste la bella fotografia che porta in calce, accanto alla data, un'espressione vergata di sua mano, dal sapore quasi profetico: *«verso l'alto»*.

Dopo la breve e serena parentesi (almeno in apparenza) di quella gita, seguirono per lui giorni sempre più difficili e faticosi, sia spiritualmente sia fisicamente, tanto che la sorella, giunta a Torino verso la metà di giugno, trovò «uno strano Pier Giorgio, un Pier Giorgio "consumato"». «Tutti notavano la sua giacca troppo larga – ricorda Luciana – non degna del figlio di Frassati: "Pareva ci ballasse dentro", dichiarò la cugina che in quei giorni l'aveva incontrato. E il padre: "Ti ho visto con un amico. Avevi proprio l'aria di uno straccione in confronto a lui. Come si fa ad andare conciati in quella maniera?". Conoscevamo il babbo: non si era mai preoccupato troppo della propria eleganza e in quel momento le sue parole miravano altresì a un'ennesima critica alla mamma. Pier Giorgio aveva risposto: *"Ma Beltramo porta la divisa!"**. Invece erano le sue povere spalle, che un giorno vidi mentre si toglieva la giacca, a farlo apparire così diverso...»[28].

Questa prostrazione fisica era indubbiamente il riflesso dei drammi psicologici scatenati nel suo animo dagli eroici sacrifici compiuti nei mesi precedenti che, sebbene affrontati alla luce della fede, – *«unico conforto... che dà la forza per rassegnarsi alla Volontà del Signore»* – lasciarono comunque ferite profonde. Con felice intuito, nel commentare quelle sofferte rinunce, Giovanni Ferretti ha affermato: «Forse furono più dure queste accettazioni che non l'accet-

* Marco Beltramo, oltre che studente della Facoltà di legge, era un aviatore, come pure i suoi quattro fratelli, di cui il primo, agli inizi degli anni Trenta, partecipò con Italo Balbo, ministro dell'Aeronautica, alle due trasvolate dell'Atlantico, rispettivamente verso l'America del Sud (1931) e quella del Nord (1933).

tazione della morte... qui splende purissima la luce di quel mistero di sofferenza e di gioia che è il mistero cristiano: mistero di morte e di risurrezione, mistero della croce. A questa luce forse è dato di intuire qualcosa di più della fisionomia spirituale di Pier Giorgio»[29], un giovane, si può aggiungere, che nel momento del dolore e della prova sapeva trovare autentico conforto nella poliedrica dimensione della preghiera.

Proprio per questo, nonostante le sue intime sofferenze, il 20 giugno, festa della Consolata, patrona di Torino, partecipò come ogni anno, con fede ed entusiasmo, alla processione che sfilava per le vie del centro cittadino. In quel 1925 la festa della Madonna era arricchita da un evento particolare per la Chiesa torinese: venivano infatti solennemente traslate nel santuario le reliquie di san Giuseppe Cafasso (allora ancora venerato come beato), la cui festa liturgica cade il 23 giugno. «Quando passò l'urna davanti a noi – si legge nella testimonianza di una persona che gli fu vicino in quel giorno – si verificò un momento di grande raccoglimento, durante il quale vidi Pier Giorgio inginocchiato e così intento a pregare che sembrava dimentico di tutto quello che lo circondava. Debbo dire che quando ho avuto la notizia della sua malattia e della sua prematura fine, ho pensato che egli in quel momento avesse offerto a Dio la sua vita per la salvezza di qualche anima a lui cara»[30], forse quelle dei genitori, come è stato ipotizzato dopo la sua morte.

È invece del 22 giugno un'altra singolare testimonianza che rivela, in termini solo in apparenza scherzosi, lo stato di prostrazione in cui si trovava l'animo di Pier Giorgio. L'autista che, come si è visto, era solito scherzare con il suo «amato padroncino», incontrandolo quella mattina gli disse: «Felice lei signorino, che se la gode, pieno di vita e di salute, quattrini non mancano mai, automobile a sua disposizione, presto ingegnere, cosa vuole di più? Lasci che glielo dica, ma io l'invidio!». Appena pronunciate queste parole, si sentì rispondere: *«Lei, Italo, è sempre folle lo stesso, se invece sapesse che amerei avere ottant'anni!»*. Alla richiesta del perché, la risposta semplice e chiara fu: *«Perché se io avessi ottant'anni morirei più presto e andrei subito in Paradiso»*[31].

In quello stesso 22 giugno, Pier Giorgio scrisse a Marco Beltramo una lettera in cui, dopo aver parlato di una gita non effettuata, allude ad *«un grave passo»*, forse la sua collaborazione a «La Stampa» o forse un passo «più alto»: *«La gita di domenica se fosse stata compiuta sarebbe stata una vittoria perché avremmo così battezzato una nuova via: infatti da ricerche fatte non risulta mai salita e solo percorsa in discesa. Ad ogni modo fra qualche domenica ritorneremo armati forse di qualche chiodo da roccia ed allora, se sarà dato a noi l'onore di riportare la vittoria, potremo darle il nome Via Tipi Loschi e altre consimili*. Grazie della tua cartolina e delle preghiere promesse, esse sono quelle più gradite perché sopra ogni cosa servono meglio di tutte, specialmente per chi sta compiendo un grave passo»*[32].

La vita si faceva davvero sempre più dolorosa per Pier Giorgio che ormai da tempo aveva superato l'abisso tra il giudizio dell'uomo e il giudizio di Dio circa il mistero della morte. Egli infatti confidava non negli uomini, ma soltanto nel Signore; la certezza di essere da Lui amato conferiva senso e forza alla sua esistenza, allontanando qualsiasi timore.

Tra le tante dichiarazioni rilasciate in merito nel corso dei due Processi, una delle più eloquenti è certamente la seguente: «So per averlo appreso direttamente da Pier Giorgio che il pensiero della morte non era infrequente in lui; lo manifestava e ne parlava in occasione della morte di compagni e soci del circolo universitario cattolico, come specialmente avvenne nell'occasione della lunga malattia e morte di un nostro carissimo compagno: Malesani, laureando in ingegneria, al quale, degente all'ospedale, io con altri compagni e con il Servo di Dio facevamo frequenti visite recitando con l'in-

* Questa via il 4 luglio 1926 fu invece battezzata «Rocher Pier Giorgio Frassati» (3160 m) sotto l'Aiguille de Valsorey.

fermo sovente il santo rosario. Il pensiero della morte non turbava affatto Pier Giorgio, pure pensando ad una prossima morte, perché scorgeva giungere con essa il momento di conseguire il premio delle buone opere che faceva; e se una nube di tristezza questa causava in lui, era unicamente per il dolore grande che la sua morte avrebbe arrecato ai suoi genitori, specialmente alla mamma»[33].

Ecco ancora alcune sue significative affermazioni circa la fede nella vita ultraterrena. «*Perché non pensare che si stia molto meglio nell'altro mondo?*» era solito rispondere con il suo contagioso sorriso a coloro che, conoscendone il progetto di diventare ingegnere minerario, lo mettevano in guardia contro i pericoli di tale professione. Più di una volta poi, salutò amici in procinto di partire per viaggi lontani con una frase che, se da un lato poteva lasciare sorpresi, dall'altro suscitava un senso di ammirazione per la fede tersa come il cristallo che vi traspariva: «*Ci rivedremo in Paradiso*»[34].

Un religioso, nel riferire una sua espressione che lo aveva colpito profondamente, «*un po' di Paradiso val meglio di tutto*», ha affermato: «Pier Giorgio aveva la mente in cielo e questa frase non era che la conclusione di un lungo, continuo discorso che egli faceva con il suo Signore»[35]. «*Vane sono tutte le cose del mondo*»[36] scriveva ancora all'amico Marco Beltramo lo stesso Pier Giorgio che, avendo risolto il più grande di tutti i problemi, quello della morte appunto, aveva compreso come le realtà della vita abbiano un'importanza relativa e secondaria. Non per nulla un suo segnalibro, formato da una striscia di stoffa, portava ricamata a grandi lettere la frase latina «*Pulvis et umbra sumus*», scritta dal poeta Orazio in una sua ode.

Con la saggezza propria dei grandi filosofi, Pier Giorgio non temeva la morte, ma pienamente consapevole della precarietà dell'esistenza e della fragilità di tutte le azioni umane, si preparava ad affrontarla alla luce della misteriosa energia trasformante e vivificante della Risurrezione.

Questo non significava tuttavia che, in quei dolorosi giorni, venisse meno ai suoi doveri e ai suoi impegni, anzi... La sorella ricorda che proprio alla fine di giugno egli lasciò sulla scrivania l'elenco degli esami superati e fa osservare che in un certificato successivamente rilasciato dal Politecnico di Torino, alla data del 30 giugno 1925, compare registrato l'esame di Geometria pratica; precisa però che si tratta della trascrizione di un «precedente colloquio» in quanto «in casa non v'è ricordo che in quel suo ultimo martedì lo abbia sostenuto»[37]. Rimane comunque il fatto che l'elenco contiene ben trentun esami: a quattro giorni dalla morte, una morte che si consumò nel silenzio, nel sacrificio e nel dono di sé, al laureando ingegnere mancavano soltanto più due esami al conseguimento della sospirata laurea.

Egli avrebbe poi voluto festeggiare questo evento con un'ascesa degna della sua grande passione per la montagna. Nel luglio 1923, dopo essere giunto in vetta al Monviso, aveva infatti confidato all'amico Antonio Severi: *«Sono stato molto contento di essere stato al Monviso tanto che un altro anno, se sarò ancor vivo, desidererei attendarmi in quelle regioni un quindici giorni per allenarmi, per poter poi il giorno della laurea scalare il monte Cervino!»*[38].

Così, cioè ancora una volta *«verso l'alto»*, Pier Giorgio intendeva solennizzare quel giorno che, come lo definì Luciana, fu «a lui prossimo, ma mai raggiunto».

Note

[1] L. Frassati, *Calendario di una vita 1901-1925*, cit., «Anno santo 1925».
[2] P. G Frassati, *Lettere*, cit., p. 142 (lettera ad Antonio Villani del 26 marzo 1923).
[3] *Ibid.*, pp. 206-207 (lettera a Franz Massetti del 4 gennaio «Anno Santo»).
[4] *Ibid.*, p. 185 (lettera ad Antonio Severi del 6 gennaio 1925).
[5] *Ibid.*, p. 249 (lettera a Marco Beltramo del 15 gennaio 1925).
[6] *Ibid.*, p. 193 (lettera ad Isidoro Bonini del 15 gennaio 1925).
[7] *Ibid.*, p. 252 (lettera a Marco Beltramo del 25 gennaio 1925).
[8] L. Frassati, *Pier Giorgio Frassati. I giorni della sua vita*, cit., pp. 154-155.
[9] P. G. Frassati, *Lettere*, cit., pp. 82-83 (lettera alla sorella del 4 gennaio 1925).
[10] L. Frassati, *Pier Giorgio Frassati. I giorni della sua vita*, cit., p. 88.
[11] *Ibid.*, pp. 155-156.

[12] P. G. Frassati, *Lettere*, cit., pp. 196-198 (lettera a Isidoro Bonini del 6 marzo 1925).

[13] *Ibid.*, p. 194 (lettera a Isidoro Bonini del 29 gennaio 1925).

[14] Dante Alighieri, *Divina Commedia – Paradiso*, canto III, v. 85.

[15] P. G. Frassati, *Lettere*, cit., p. 201 (lettera a Isidoro Bonini del 15 aprile 1925), p. 332 (lettera a Maria Fischer del 10 aprile 1925), p. 261 (lettera a Marco Beltramo del 5 maggio 1925).

[16] *Ibid.*, pp. 262, 263 (lettere a Marco Beltramo del 26 maggio e 15 giugno 1925).

[17] *Ibid.*, pp. 208-209 (lettera a Franz Massetti del 17 aprile 1925).

[18] *Ibid.*, p. 202 (lettera a Isidoro Bonini del 29 aprile 1925).

[19] *Ibid.*, pp. 255-256 (lettera a Marco Beltramo del 30 marzo 1925).

[20] Cfr. *Positio super virtutibus*, cit., vol. I, p. 389.

[21] L. Frassati, *L'impegno sociale e politico di Pier Giorgio*, cit., p. 123.

[22] L. Frassati, *Pier Giorgio Frassati. I giorni della sua vita*, cit., p. 180.

[23] *Ibid.*, p. 176.

[24] *Ibid.*, pp. 176-177.

[25] *Ibid.*, pp. 175, 177.

[26] P. G. Frassati, *Lettere*, cit., p. 298 (lettera a Clementina Luotto del 23 aprile 1925).

[27] L. Frassati, *Calendario di una vita: 1901-1925*, cit., «Rocca Sella, 17 maggio 1925».

[28] L. Frassati, *Pier Giorgio Frassati. I giorni della sua vita*, cit., pp. 181-182.

[29] G. Ferretti, *La figura spirituale di Pier Giorgio Frassati*, in «Rivista diocesana torinese», cit., p. 635.

[30] Cfr. L. Frassati, *Calendario di una vita: 1901-1925*, cit., «Torino, 20 giugno 1925».

[31] *Ibid.*, «Torino, 22 giugno 1925».

[32] P. G. Frassati, *Lettere*, cit., pp. 265-266 (lettera a Marco Beltramo del 22 giugno 1925).

[33] Cfr. *Positio super virtutibus*, cit., vol. I, p. 262.

[34] L. Frassati, *Pier Giorgio Frassati. I giorni della sua vita*, cit., p. 93.

[35] *«Dossier: Pensieri sulla morte»*.

[36] P. G. Frassati, *Lettere*, cit., p. 249 (lettera a Marco Beltramo del 15 gennaio 1925).

[37] L. Frassati, *Calendario di una vita: 1901-1925*, cit., «Torino, martedì 30 giugno 1925».

[38] P. G. Frassati, *Lettere*, cit., p. 173 (lettera ad Antonio Severi del 29 luglio 1923).

10
LA MORTE

Il giorno di san Pietro

«... E allora voi pensate a vostro fratello, a quell'anima così grande e così elevata, di cui tutte le energie sono tese verso un bene superiore, e vi domandate: forse lui solo nella famiglia è in possesso del segreto che conduce alla felicità? Ma forse per questo stesso motivo, egli potrà essere per coloro che l'amano cagione di afflizione».

Queste parole che, percorse da un soffio di ispirazione profetica, colgono tutta la ricchezza di un'esistenza la cui più grande aspirazione fu quella dell'assoluto, furono scritte a Luciana Frassati il 13 agosto 1922 da una religiosa, Marie Cécile dell'Adorazione perpetua[1], che vide Pier Giorgio una volta soltanto nella sua vita: quell'unica volta però, nello spirito di Dio, ella penetrò il mistero del giovane che aveva di fronte.

La «felicità», la sublime tensione a Dio, comportò infatti l'«afflizione», che giunse molto presto per i familiari straziati dal dolore nel vedere un figlio ed un fratello stroncato nella sua vita terrena a soli ventiquattro anni. Ma per chi aveva raggiunto una grande saggezza di vita – quella Sapienza di cui parla un intero libro della Bibbia – l'età non contava e ciò che negli altri provocava laceranti ferite era invece pura gioia, la gioia di «andare al Padre» per incontrarlo in perfetta comunione nel suo Regno.

La morte di Pier Giorgio così imprevista per tutti, ma da sempre scritta nel suo destino, il destino di un giovane che, come sostiene il gesuita padre Pietro Righini, fece del «suo "fiat" alla volontà divina un atto spontaneo, semplice» e in perfetta armonia con la «generosità della sua fede»[2], è stata raccontata dalla sorella in un libro drammatico e commovente[3], in cui i titoli dei capitoli sono costituiti dal susseguirsi dei nomi dei giorni di una settimana tragica.

«La narrazione minuta, paziente, pacatamente commossa... di quella atroce settimana di angoscia solitaria e taciturna, stringe e morde il cuore. Non scene patetiche, non colloqui solenni, non frasi memorabili: una cronaca semplice, esatta, accorata, ma senza abuso di aggettivi e di effetti». Così si legge nella prefazione firmata da Giovanni Papini[4], lo scrittore convertito la cui *Storia di Cristo* aveva entusiasmato Pier Giorgio.

Il libro si apre con il richiamo ad un giorno di festa nel quale il mistero della gioia si intreccia con quello del dolore: «La mattina di san Pietro, festa del suo primo nome, la morte bussò alla porta della sua stanza».

Quel lunedì 29 giugno, Pier Giorgio stranamente non si alzò presto come tutte le mattine, ma rimase in camera fino alle nove, lasciando sorpresa la cameriera Mariscia che, preoccupata, gli chiese: «Io non la credevo a letto a quest'ora! Si sente male?». La risposta scherzosa ed evasiva che ricevette le tolse però qualsiasi ombra di dubbio, anche perché in quei giorni le attenzioni dei familiari e del personale di casa erano concentrate sulla nonna Linda Ametis che «consumava nel caldo del giugno le ultime ore di vita, dopo più di due mesi di crisi e di riprese estenuanti»[5].

Di lei, pochi giorni prima, lo stesso Pier Giorgio aveva scritto in una lettera a Marco Beltramo: *«Ancora ti prego di pregare per mia Nonna, la quale purtroppo non sta niente bene, non è per ora per fortuna grave, ma ad ottantasei anni tutto può essere da un momento all'altro»*[6]. Proprio per esserle vicina, in quell'ultima settimana di giugno era tornata da l'Aja anche la nipote Luciana.

Nella tarda mattinata, Pier Giorgio uscì con la sorella per far visita ad una cugina novizia nel convento di San Salvario, dove partecipò alla messa, accostandosi come sempre alla Comunione. Tornato a casa per il pranzo – racconta Luciana – «contrariamente al solito, si sentì un po' stanco e mentre Mariscia preparava la tavola, non resistette e si lasciò cadere su una sedia»[7]. Alla cuoca, in cucina, confessò poi che aveva mal di testa e mal di schiena e la pregò di andargli a comprare alcuni cachets. Alla domanda se fosse necessario chiamare il dottore, prontamente rispose: *«No, no, la mamma è già tanto addolorata per la nonna! Il mio male passerà»*[8].

Nel pomeriggio, consumando nel silenzio la sua sofferenza, si recò in casa di un compagno in via San Massimo, dove lo raggiunse Marco Beltramo che, notando in lui fin dal primo saluto «un che di sforzato e di diverso dal solito», gli chiese preoccupato: «Ti senti male?». *«Credo si tratti di un avvelenamento muscolare. Troppa attività in questi ultimi mesi»*, fu la risposta. «Stai attento, riguardati», lo esortò allora Marco[9]. Dopo un rapido brindisi con gli amici, per la sua festa, Pier Giorgio si recò ancora con Luciana a trovare in una clinica un sacerdote anziano, da poco operato agli occhi che si chiamava anch'egli Pietro, con il quale si intrattenne a lungo, esercitando così la sua consueta carità.

Giunse in tal modo la sera di quel primo giorno in cui iniziarono velatamente a manifestarsi i sottovalutati sintomi della poliomielite fulminante che stroncò la sua giovane vita, un giorno in cui Pier Giorgio, per festeggiare l'onomastico, avrebbe desiderato organizzare una gita al rifugio Gastaldi, oltre il Pian della Mussa. Per questo, la settimana precedente aveva scritto al parroco di Balme, il più vicino paese dell'alta Val di Lanzo, per sapere se era disponibile a celebrare la messa al rifugio.

La risposta negativa del sacerdote che si scusava, spiacente, di non poter soddisfare la sua richiesta, fu il motivo che lo indusse a rinunciare a quella che sarebbe stata la sua ultima gita in montagna, cinque giorni prima della morte. In tal modo la Provvidenza, volendo forse premiare la fedeltà di Pier Giorgio al sacrificio eucaristico, impedì che egli si sottoponesse alla fatica di un'ascensione estremamente ardua, se non impossibile in quelle condizioni, che avrebbe potuto anche essergli fatale; scelse invece per lui un altro tipo di morte. Essa fu forse più dolorosa, ma assunse la dimensione di un sacrificio serenamente offerto.

Accolta cristianamente, questa morte ebbe infatti il valore di un vero e proprio martirio e permise a Pier Giorgio, nella settimana in cui fu unito alla passione stessa di Cristo e quindi al suo sacrificio redentore, di vivere in prima persona le parole di san Paolo: «Perciò sono lieto delle sofferenze che sopporto e completo nella mia carne quello che manca ai patimenti di Cristo»[10].

L'ultima giornata di giugno

«Pier Giorgio si svegliò tardi anche il martedì. La stanchezza del male lo trattenne a letto e quando discese era già mattina inoltrata; ma nessuno si preoccupò di chiedergli le ragioni dell'inconsueto ritardo»[11], così continua il racconto del secondo giorno di quella malattia, che lo rendeva sempre più sofferente per il mal di testa e per un sottile e a tratti lancinante mal di schiena.

Dopo aver partecipato alla messa insieme a Luciana che voleva pregare per la nonna, «provò a studiare; si sedette dietro il tavolo, ma dopo qualche minuto dovette alzarsi. Non riusciva a concentrare la mente sui libri, si sentiva stanco e sfinito come se avesse già studiato molte ore»[12]. Decise così di uscire dal «chiuso della stanza» per trovare sollievo nella «libertà della strada», dove incontrò alcuni amici. Franz Massetti ricorda che, in quell'ultima calda giornata di giugno, Pier Giorgio gli lesse alcuni passi della biografia di santa Caterina da Siena che aveva portato con sé, commentandoli con queste parole: *«Che fortuna ebbe santa Caterina di vedere Gesù in questa terra! Io la invidio»*. Un altro compagno, Ernesto Atzori, che aveva affermato di trovarlo «un po' pallido», si sentì invece replicare con prontezza: *«Sto benissimo»* e subito dopo, ricevendo una cordiale manata sulle spalle, rimase non poco sorpreso nel sentir pronunciare questa frase: *«Se Dio mi chiamerà, ubbidirò volentieri»*[13].

Nel pomeriggio Pier Giorgio, che a causa di quello strano *«avvelenamento muscolare»* proprio non riusciva a studiare e concentrarsi, aderì alla proposta di altri amici di fare una breve gita in barca sul Po: dalla piccola imbarcazione che lenta scivolava sulle acque del fiume, vide così per l'ultima volta il Castello del Valentino, sede di un settore del Politecnico, ove mai più si sarebbe recato. Sceso a terra, apparve stanco e tirato, salutò tuttavia gli amici facendo come al solito alcune battute; lasciandoli poi stupiti, disse di voler tornare a casa in tram.

«A cena – scrive Luciana – non mangiò. Il suo robusto appetito era scomparso improvvisamente, il mal di testa lo tormentava»[14]. I familiari ne individuarono la causa in una semplice «influenza» che però in quei giorni ritenevano «inopportuna», in quanto veniva a complicare una situazione in casa già estremamente tesa: «La sorte aveva infatti scelto, per farlo ammalare, proprio quegli ultimi giorni d'esami, in coincidenza con la malattia della nonna»[15]. Così quella sera, per curare il suo strano «raffreddore» senza dar fastidio a nessuno, Pier Giorgio andò «a sudare» a letto con una semplice aspirina.

Il racconto della sorella continua con toni commossi descrivendo nei dettagli anche le prime quattro giornate di quel luglio 1925, le ultime di Pier Giorgio. «La cronaca – ha scritto Renato Romanelli nella prefazione alla rinnovata edizione del volume – è minuziosa e incalzante, attenta e senza enfasi la ricostruzione degli avvenimenti, raccolti a uno a uno, come tessere di un mosaico, sentendo e risentendo familiari, amici, medici»[16].

Un altro scrittore, Guido Piovene, nel ricordare il trentaquattresimo anniversario della morte di Pier Giorgio, in uno stile sobrio e scarno, ha così sinteticamente riassunto il contenuto del libro. «Tutta la famiglia assiste la nonna*; la malattia senile sembra più vera, più seria, direi più legittima, di quella d'un giovane sano, giunta in

* La signora Linda Copello Ametis morì la sera di mercoledì 1° luglio, tre giorni prima di Pier Giorgio.

momento inopportuno. Si aggiungono le abitudini di una famiglia robusta, per cui l'unico male è la vecchiaia e tutti gli altri si trascurano: forse la tradizione autoritaria piemontese, che nel male vede una fisima, specie se il sofferente ha ventiquattr'anni. Al mal di testa e al mal di schiena segue la febbre accompagnata da vomito, sintomo della paralisi che si propaga; pure, nessuno si accorge che qualcosa accade; ai dolori atroci si oppone qualche pastiglia di aspirina, al mal di stomaco un purgante. Si parla d'una passeggera stanchezza dovuta all'eccesso di studio. Il giovane, già morente, è invitato ad alzarsi per raccogliere le ultime parole della nonna, poi un'altra volta, per vegliarne il cadavere. I domestici lo raccattano steso ai piedi del letto, senza la forza di rialzarsi, e non osano dire nulla. Lunedì, martedì, mercoledì, giovedì così trascorrono. Alla vigilia del trapasso, il venerdì, la verità, già evidente da un pezzo, piomba sugli animi inattesa. "Alzati", dice il dottore di casa. Dal letto, s'alza la risposta del giovane: *"Non posso più"*. Il giorno seguente è spirato»[17].

Il venerdì 3 luglio

La giornata più drammatica in cui Pier Giorgio visse con vero eroismo la sua agonia fu il venerdì 3 luglio.

In quel giorno, fin dal mattino presto erano iniziati i preparativi per accompagnare la salma della nonna a Pollone, preparativi a cui il nipote, ormai bloccato dalla paralisi nel letto, non aveva potuto partecipare, ricevendo per questo, già il giorno prima, un brusco rimprovero da parte della mamma, come tutti ancora ignara della tremenda verità della malattia del figlio: «Domani sarà il giorno dei funerali della nonna e tu mi mancherai. Nemmeno a farlo apposta, tu, Pier Giorgio, mi manchi sempre quando ho bisogno di te»[18].

Quel venerdì mattina, invitato ad alzarsi per dare l'estremo saluto alla nonna, egli disse semplicemente: *«Non posso. Sto un po' peggio, mi sento molto debole»*[19]. Intanto la mamma, «sfinita dalle veglie e dal dolore, dall'ansia perduta dietro una speranza impossibile, turbata dall'immediato avvenire, da certe bufere familiari che stavano addensandosi»[20], proprio all'ultimo, su consiglio della sorella Elena che la vedeva così tesa, decise di fermarsi a Torino, mentre i familiari accompagnavano la salma della nonna al cimitero.

Poco dopo le sei, il corteo funebre si avviò e Luciana nel salutare Pier Giorgio lo «ammonì» in questi termini: «Guarisci per quando torneremo!». *«Sì, sì»* fu la risposta, accompagnata da un fraterno sorriso.

Rimasta sola, la signora Frassati cominciò ad aggirarsi inquieta ed agitata tra la stanza vuota della madre e quella di Pier Giorgio, finché, aggiustati i cuscini sotto il capo del figlio, «si allungò accanto a lui, con la testa vicina alla sua», incurante delle sue preoccupate parole: *«No, mamma, ti prendi la mia malattia!»*[21]. Nell'attesa del medico, essi parlarono a lungo in un continuo oscillare di sentimenti di tristezza e di dolcezza. Venne finalmente il dottor Luciano Alvazzi, medico di famiglia che conosceva Pier Giorgio fin da piccolo. Dopo alcune allegre battute, iniziò a visitarlo, mutando ben presto l'espressione del volto che si aggravò ancora di più quando si accorse che il giovane paziente non poteva più tirarsi su dal letto.

Mentre il dottore si allontanava per un consulto medico con altri colleghi, la mamma, compresa la gravità della situazione, pur con la disperazione nel cuore, riacquistò un provvidenziale equilibrio: senza nulla specificare, telefonò a Pollone affinché i familiari rientrassero in fretta a Torino, pensò poi all'«assistenza religiosa», chiamando un sacerdote della vicina parrocchia perché portasse la Comunione a Pier Giorgio. Così il Viatico che egli, sempre generoso nello svolgere qualsiasi servizio per il prossimo, aveva tante volte accompagnato nelle dimore degli agonizzanti dispensando loro parole di conforto, e al cui passaggio fin da bambino si era inginocchiato consapevole del significato in esso racchiuso, veniva ora, nell'afosa mattina di quel 3 luglio 1925, portato al suo capezzale.

Preparandosi a riceverlo nel raccoglimento e nella preghiera, Pier Giorgio pose anche attenzione affinché la mensa eucaristica venisse degnamente allestita nella sua camera: ancora una volta si prodigava perché l'Eucaristia fosse celebrata nel miglior modo possibile. Apparve veramente felice solo quando furono accesi due alti candelabri d'argento ai lati di un «astuccio» con l'immagine della Madonna della Seggiola, dipinta da Raffaello, dono del papa Benedetto XV, da lui vinto con grande gioia ad una lotteria organizzata dal circolo «Cesare Balbo» nel febbraio 1922: tutto era finalmente pronto per ricevere il Signore nella luce, nella gioia, nella pace.

Quell'ultima Eucaristia, vissuta in un clima di commossa partecipazione, fece penetrare Pier Giorgio nel mistero di Cristo in intima adesione alla sua vita e alla volontà del Padre. In quei momenti, nel vivere in prima persona l'esperienza del caro zio Pietro morto due anni prima, egli offrì forse al Signore il sacrificio della sua giovinezza.

La breve, ma mortale malattia, consumata nell'ombra, nel segreto di un tragico silenzio, in una solitudine senza lamenti per non «disturbare» i familiari e camuffata quindi dietro le pseudo-diagnosi di «influenza», «avvelenamento muscolare», «dolori reumatici», «febbri maltesi» – atte a nascondere condizioni di salute ormai drammatiche ai membri di una famiglia i quali andavano «ognuno per la propria strada in quei giorni» lasciando che Pier Giorgio andasse «più di tutti e più solo di tutti per la sua» –, assunse così la dimensione di un sacrificio compiuto in perfetta armonia con la volontà di Dio.

Si trattò forse, come ancora ha osservato Luciana, di «un'ideale penitenza, dell'offerta di una vita innocente», compiutasi perché i genitori ritrovassero la serenità e la pace e in particolare perché il padre si convertisse ad un'autentica fede cristiana. Forse proprio in quell'ultima Eucaristia, suggello della pienezza della vita futura, il Signore si impegnò a coronare i desideri di Pier Giorgio e ad esaudire le sue generose preghiere: dopo la sua morte infatti, il babbo e la mamma abbandonarono l'intenzione di attuare la separazione legale; il senatore Frassati iniziò inoltre un lento cammino che lo avrebbe avvicinato alla fede.

Dopo quei momenti di raccolta spiritualità, nel primo pomeriggio di quel venerdì 3 luglio ci fu il consulto medico con altri dottori e «professori» che per la prima volta pronunciarono la terribile parola: «poliomielite». Proprio mentre terminava la tragica riunione al capezzale di Pier Giorgio, i familiari tornarono da Pollone. «È grave, gravissimo!» furono le prime parole con cui la mamma accolse Luciana che scoppiò subito in un pianto dirotto.

Ora tutti sapevano che le uniche, labili speranze di una possibile guarigione erano legate agli effetti di un siero antipolio reperibile soltanto presso l'«Istituto Pasteur» di Parigi.

Nonostante la gravità del suo stato, Pier Giorgio, che sempre aveva pensato più agli altri che a sé, donandosi senza riserve, rivolse per l'ennesima volta il suo pensiero a chi era nella necessità: fedele al suo stile di vita, anche sul letto di morte seppe unire inscindibilmente fede viva e carità operosa.

Non potendo ormai più assolvere al suo dovere di confratello vincenziano in quel venerdì destinato, come tutti gli altri, alla visita settimanale ad una famiglia bisognosa, pregò la sorella di porgergli il portafoglio dal quale, con le mani quasi irrigidite dalla paralisi, trasse con estrema fatica una polizza del Monte di Pietà che sarebbe scaduta il giorno successivo: essa conteneva la descrizione degli orecchini di matrimonio dati in pegno da una povera donna. La consegnò a Luciana affinché la recapitasse all'amico Grimaldi con il quale avrebbe dovuto compiere la visita; ma la sua carità non era ancora del tutto esaurita.

Così continua il commosso ricordo di quei momenti: «Passati appena pochi minuti, mentre durava la disperazione nella casa, mi chiamò di nuovo e mi pregò di tornare ancora nel suo studio: avrei trovato una scatola di iniezioni, un biglietto da visita e la sua penna... A quegli oggetti volle poi aggiungere due righe. Invano tentai di convincerlo a dettarmele: dopo che ebbi scritto l'indirizzo sul biglietto, di sua mano e con una fatica che è impossibile riferire, mentre la zia presente volgeva il capo per non piangere, vergò sulla busta, con una grafia quasi illeggibile, queste poche parole: *"Ecco le* *iniezioni di Converso la polizza è di Sappa Lo dimenticata rinnovala a mio conto"**. Passò qualche altro minuto, poi come ricordando una necessità assoluta... mi pregò di scendere nuovamente a prendergli la giacca d'alpaca. Gliela portai e, come gli domandai se desiderava che gli tirassi fuori la roba dalle tasche, annuì. Quando ebbi tutto in mano, scelse un foglietto e lo passò piegato al babbo *"Tieni, papà"* – disse – *"sarebbe da pubblicare su 'La Stampa' "*. Certo un'opera pia o la richiesta di un soccorso per un povero»[22].

Nel ricevere quel foglio e soprattutto nelle ore successive in cui il terribile verdetto diventava sempre più inappellabile, il senatore Frassati, disfatto dal dolore, diede sfogo al suo strazio con un pianto irrefrenabile. Quel padre, che pur non condividendo le scelte e le posizioni del figlio, tuttavia, come scrive ancora Luciana nel ricostruire il clima dei rapporti familiari, provava di fronte a Pier Giorgio «la misteriosa soggezione che l'uomo navigato avverte di fronte all'uomo puro, e nel complesso lo rispettava avendo dovuto rinunciare alla speranza che gli rassomigliasse»[23], ora, disperato nel vederlo distrutto dalla paralisi, non sapeva darsi pace. Forse ripensava anche alla macabra visione avuta nel giorno delle nozze della figlia, di cui in seguito avrebbe scritto alla zia Elena: «Quando sono entrato nella sala dove era l'altare, invece di esso, ho visto una bara, una bara che doveva distruggere tutto, come non so, non vidi, non sentii, ma tutto capii. E per la prima volta in vita mia mi sentii venir meno: per un secondo, forse meno, la coscienza la perdetti»[24].

Allo stesso modo la mamma, già affaticata per la lunga malattia della propria madre e affranta dal dolore per la sua morte, era ora in preda allo schianto. Non essendosi recata al cimitero di Pollone, aveva avuto la «fortuna» (se tale la si può definire) di restare più a lungo vicino al figlio morente, ma anche aveva vissuto la terribile angoscia di scoprire per prima l'impietosa verità, con la quale si avverava ora quel presentimento di cui circa tre mesi prima aveva

* È questa la trascrizione precisa della frase annotata da Pier Giorgio in quel drammatico momento.

scritto in una lettera alla figlia: «Mi avvio verso quel brutto sogno, quell'incubo, quando mi aggirerò sola per le stanze e non ci sarà più nessuno di quelli che ho amato. Quest'altr'anno non ci sarà più Pier Giorgio*, il silenzioso figliolo che è la benedizione della casa, la nonna e lui ne sono la pietra angolare»[25].

Molto probabilmente Pier Giorgio, nel condividere la povertà e il dolore altrui, aveva contratto quella micidiale poliomielite nella squallida soffitta di un malato, anch'egli forse già moribondo, oppure accarezzando un povero bambino febbricitante: poiché non c'è dono autentico senza privazione, egli moriva ora vittima della sua stessa carità. Dimostrava così di aver saputo vivere «l'amore più grande»: quello che induce a «dare la vita per i propri amici»[26]. Ma per lui la morte, lungi dall'essere la fine di tutto, era *«un passaggio semplicissimo dalla vita alla Vita, che non ci deve mai, in nessun caso spaventare»*[27]. Per questo la affrontò con grande e ammirevole serenità, sicuro di ricevere il premio promesso dal Signore ai suoi fedeli.

Avendo perso tutto per cercare il Regno di Dio, ora, ricco di ciò che aveva donato, era pronto per presentarsi dinanzi a Colui che lo avrebbe giudicato sulla base della carità, nella quale soprattutto consiste la perfezione della santità.

Nel ricordare i suoi ultimi atti di carità, Giovanni Ferretti ha commentato: «Così anche sul letto di morte non pensa a sé, ma agli altri. Il "primato assoluto degli altri" non ha limiti in alcun modo, neppure nell'interessamento estremo per la propria vita. L'istinto umano di conservazione, che è all'origine di ogni egoismo, qui è stato superato e vinto alle radici. Fioretti della carità come questi erano peraltro già noti a Torino per merito del Cottolengo, del Cafasso, di don Bosco, del Murialdo»[28].

Dopo lo splendido gesto compiuto, venuta la sera, le condizioni di Pier Giorgio peggiorarono ulteriormente. Proprio per questo, fu

* Egli avrebbe dovuto svolgere il servizio militare.

impedito a molti amici di fargli visita: essi non lo avrebbero così mai più visto vivo.

In quella drammatica giornata, diffusasi la notizia della gravità del suo stato di salute, anche l'arcivescovo di Torino, il cardinal Giuseppe Gamba, che nutriva per lui un particolare sentimento di stima, manifestò l'intenzione di recarsi al suo capezzale, ma – scrive Luciana – «un eccessivo ossequio formale al riposo e al silenzio imposti dal dottore, fecero sì che mancasse a mio fratello il conforto della visita consolatrice del presule»[29].

Nella notte di quel venerdì la respirazione di Pier Giorgio si fece più «affannosa e spesso il respiro gli si troncava in gola con una specie di singhiozzo... Ormai non parlava quasi più, si esprimeva a monosillabi o al massimo con il nome delle cose alle quali intendeva riferirsi»[30]. Poiché le sue condizioni fisiche andavano rapidamente aggravandosi, alle quattro del mattino gli fu amministrato il sacramento degli infermi.

Il suo ultimo giorno di vita terrena

L'agonia continuò per tutto il giorno di sabato, appena alleviata dall'azione delle bombole di ossigeno che ne sostenevano la respirazione sempre più faticosa a causa della paralisi che aggrediva ormai i muscoli del torace. Pier Giorgio stava in pratica morendo «per l'opera silenziosa di un minutissimo germe che si annida nelle mucose del naso e della gola, nella circolazione sanguigna, per stabilirsi di preferenza nei centri nervosi»[31].

È stato scientificamente dimostrato che i virus di quel tipo di poliomielite fulminante, che distrusse così violentemente la sua fibra sana e robusta, aggrediscono più facilmente organismi forti che corpi deboli. Pertanto ogni rimedio della scienza si rivelò vano, anche il potente siero antipolio, giunto da Parigi, che gli fu inoculato con una dolorosa quanto inutile iniezione vertebrale in quel suo ultimo giorno di vita.

Alle sette di sera di sabato 4 luglio, dopo tante sofferenze, il volto di Pier Giorgio si abbandonò sereno e composto nelle mani di «sorella morte» per rinascere alla vita eterna.

Proprio la reale percezione di trovarsi di fronte ad un giovane che per l'eternità avrebbe riposato nella gloria di Dio indusse la domestica, alla quale egli aveva trasmesso con il suo esempio il dono della fede, a scrivere, quel 4 luglio 1925, questa frase sul calendario di cucina: «Ore 7 (19). Irriparabile (sic) sventura! Povero S. Pier Giorgio. Era Santo e Dio L'ha voluto con Sé»[32].

«Era un santo...»

Il giorno dopo, il suo corpo, vestito con l'abito nero della festa, quell'abito che egli indossava volentieri soltanto per rendere omaggio al Signore nelle solennità religiose, fu composto con un crocifisso e una reliquia del beato Cafasso sul petto. L'espressione del volto rimase atteggiata ad un leggero sorriso, quel sorriso che, è stato recentemente scritto, sembrò di «cogliere anche a coloro che il 31 marzo 1981 ne rividero la salma in occasione della ricognizione richiesta nel Processo di canonizzazione»[33].

Nelle prime ore di quella domenica 5 luglio, un caro amico di famiglia, il pittore Alberto Falchetti, ammirato dal senso di pace e serenità che traspariva da Pier Giorgio, lo ritrasse, nel suo tranquillo riposo sul letto di morte, in un disegno, in calce al quale fu posta una frase scritturale che esprime perfettamente l'atteggiamento del suo spirito nella breve malattia e nel transito: «Eccomi, o Signore, io vengo per compiere la Tua volontà». Davvero «tutto» in lui – come ha affermato il Papa nel giorno della sua beatificazione – era diventato «offerta e dono a Dio, anche la malattia, anche la morte».

Ora, non poteva che essere proiettata in una dimensione di santità la nuova condizione di vita di un giovane che, tormentato da dolori che non gli davano tregua, nelle lunghe ore delle sue ultime notti terrene trascorse in solitudine, alla sola presenza di Dio che lo avvolgeva e lo circondava nell'imminente attesa dell'incontro, aveva trovato conforto nella lettura della biografia di santa Caterina da Siena e nella meditazione delle «invidiabili» estasi con le quali la santa aveva spezzato il diaframma tra sé e Dio. In altri termini, non poteva certo che rivestirsi di una luminosa immortalità il corpo mortale di un credente che sulla scrivania aveva lasciato, accanto ai testi universitari che stava studiando per preparare il penultimo esame di ingegneria, l'Ufficio della Madonna e il messale già aperto sul passo del Vangelo della domenica seguente, passo che aveva cominciato a meditare consapevole forse che non lo avrebbe più potuto sentire commentare dalla voce di un sacerdote.

Quell'alone di santità, che si diffondeva dal suo volto e che molti percepirono, indusse una sua cara amica, Clementina Luotto, a scrivere in una lettera a Marco Beltramo: «Dinanzi a quel letto, che mi è sembrato un altare, io ho sentito per la prima volta, con uno sgomento che non potrò mai dimenticare, che la morte scende dall'alto e che lì era assunzione». Nel ricordare poi una delle tante gite in montagna, continuava: «Oh! fanciullezza meravigliosa che nasceva da lui e intorno a lui e ci rendeva così leggeri, così disposti a salire, così liberi da ogni impaccio mortale, così vicini a Dio che lui aveva in sé!», concludendo infine il suo lungo scritto con queste parole: «La verità è là, su quel letto, dove raggiava una compostezza sovrumana... O bontà, tu sei luminosa e più calda del sole, e sei eterna!»[34].

Mosso dai medesimi sentimenti, un altro «fucino», Francesco Manara, che sarebbe morto nove mesi dopo consumato da lunga malattia, così si confidava con un amico: «Quel santo ragazzo è passato povero in spirito, come quelli che il Signore ha chiamati beati, in mezzo a tante ricchezze. Ma il suo cuore non se n'era mai attaccato. Viveva povero fra i poveri, sereno nella lieta sua giovinezza, pago dell'amore di cui si sentiva circondato nel nostro circolo e che egli ripagava a piene mani. Non sono capace di definire la morte di lui un finale triste di questo anno scolastico. Il nostro circolo può, quest'anno, sentirsi orgoglioso: ha perduto uno dei suoi, ma in fondo è cosciente e sicuro che la Chiesa trionfante conta un beato in più...

Dalla camera di un morto come quello si esce rinnovati e rasserenati»[35].

Nella sua prosa sintetica ed essenziale, Guido Piovene ha ancora scritto: «Pier Giorgio era appena morto e l'immagine che gli altri si erano fatta di lui mutò nel giro di poche ore. Prima era uno studente, cui dava qualche lustro solo il nome paterno. Il funerale fu un trionfo. Tutta la città accorse, una folla di gente nota e soprattutto oscura»[36].

Nell'assolata mattina di lunedì 6 luglio, i funerali del figlio del senatore Frassati furono infatti seguiti non solo da personalità del mondo politico, economico, culturale, vicine alla prestigiosa famiglia, ma da una moltitudine di persone sconosciute, di gente del popolo, di poveri convenuti da ogni parte. Una folla immensa di beneficati, di cui i familiari avevano fino ad allora ignorato l'esistenza, seguì il feretro per benedire la memoria di Pier Giorgio, rivelando così l'autentico volto ed esaltando la santità dello «studente che correva sempre per i poveri».

La figura di un cieco, che tra le migliaia di convenuti si fece strada per toccare con mano tremante la bara che racchiudeva le spoglie del suo benefattore, è una delle più eloquenti e commoventi testimonianze di quella moltitudine di persone le quali, avendo conosciuto la delicata bontà di Pier Giorgio, si erano ora riunite per dargli l'estremo saluto.

Tra lacrime ed espressioni di compianto e di cordoglio, le parole che in quei momenti più correvano sulle bocche dei presenti erano *carità* e *santità*, quasi a suggellare che per mezzo della prima Pier Giorgio aveva raggiunto la perfezione della seconda. Ed erano proprio i poveri, da lui prediletti con generoso e fraterno amore, a proclamare per primi la santità di una vita che, nel silenzio dell'umiltà, si era consumata nel dono di sé.

Questa umiltà silenziosa, la miglior alleata della carità, aveva fatto sì che i familiari, all'oscuro della straordinaria azione caritativa di Pier Giorgio, lo considerassero a volte un «perdigiorno» poco impegnato nello studio: le sue soste in casa erano sempre più brevi, «nessuno sapeva mai dov'era, veniva a casa solo per mangiare e alla sera per studiare e dormire – ricorda la sorella –, della sua vita ignoravamo tutto: i suoi poveri, le sue serate di preghiera, le sue lettere, il suo doloroso tormento...».

La mancanza di dialogo, la personale solitudine che ciascun membro della famiglia viveva tra le mura domestiche e il discreto silenzio di Pier Giorgio avevano dunque tenuto celata la sua attività e la sua vera personalità. «Per questo – come si legge nella *Positio* – i funerali furono innanzi tutto per i familiari una rivelazione, l'intuizione di un Pier Giorgio a loro completamente sconosciuto»[37]. Allo stesso modo, la sua carità, esercitata nell'umiltà dell'anonimato faceva ora sì che molti poveri da lui assistiti, avendone ignorato fino ad allora il nome, lo riconoscessero, increduli, passandosi di bocca in bocca la notizia della morte improvvisa.

Tra lo stupore generale, volti noti e sconosciuti di uomini e donne, giovani e vecchi, ricchi e poveri erano scossi da fremiti di intensa commozione. «La fiumana di gente, muta, i volti induriti o rigati di lacrime, – scrive Luciana – saliva sino a lui, lo toccava come una reliquia, dinanzi a noi che per anni lo avevamo ignorato e che proprio da quegli sconosciuti ricevevamo la più grande lezione. La ressa continuò fino al momento in cui Pier Giorgio varcò per l'ultima volta la soglia di casa tra due ali di persone inginocchiate. Così d'un tratto nella strada, sui marciapiedi, dalle finestre, innanzi a tutti, Pier Giorgio sfolgorò nella rivincita della sua umiltà. Un morto parlava come può parlare un'immagine santa portata in processione». «Erano così tanti che, per poter dar modo al corteo di formarsi, fu necessario prolungare le poche centinaia di metri che separavano la nostra casa dalla Crocetta, percorrendo via Marco Polo e corso Orbassano. I tram, che tanto spesso aveva preso di corsa nella fretta della sua vita intensa, quella mattina erano fermi, mentre da ogni finestra, da ogni portone, nuova gente salutava e piangeva. Io, dietro al feretro, non riuscivo ad essere disperata. Mi sembrava di camminare sollevata da terra, di partecipare a un trionfo»[38].

Un cronista de «La Stampa», con penetrante intuizione, a proposito di quei funerali scrisse: «Furono la prima testimonianza, la prima consacrazione della grande anima, del puro spirito di Pier Giorgio. Lì, si può dire, inizia il suo processo di santificazione»[39].

Nel descrivere questa «apoteosi», come ancora fu definita, un altro giornalista, Luigi Ambrosini, che il giorno seguente firmò un lungo articolo su «La Stampa», si servì di espressioni nelle quali in filigrana si legge l'ammirazione per la santità di un giovane che più di una volta aveva affermato: *«Il più bel giorno della mia vita sarà quello della morte»*. Scrisse infatti: «Non è stata soltanto accompagnata una salma verso la terra: l'anima dell'estinto, viva più di quando egli era vivo, alitava su tutti, si levava, tra i veli del pianto, al di sopra della sventura»[40].

In quel medesimo 7 luglio l'arcivescovo di Torino, che già aveva inviato ai familiari una lettera in cui affermava «di provare un cordoglio come nelle grandi sventure della vita» perché tanto amava «il santo loro figlio», così si rivolse in un altro scritto al salesiano don Cojazzi: «Proprio stanotte, vegliando, pensavo al nostro Giorgio, che assorbe tutti i nostri pensieri in questi giorni, e dicevo tra me: bisogna scriverne la vita; sarà un gran modello per i nostri giovani e un protettore, giacché egli è in Cielo!... Egli è modello a tutti, avendo nei suoi anni giovanili attraversato i pericoli del mondo, senza che nuocessero alla purezza dell'anima sua, facendone anzi un eroe cristiano»[41].

La sensazione di essere dinanzi ad una personalità davvero eccezionale investì anche coloro che non ne condividevano la fede. Così l'8 luglio Filippo Turati scriveva sul giornale del partito socialista «La Giustizia»: «Era veramente un uomo, quel Pier Giorgio Frassati che la morte, a ventiquattro anni, ghermì e rapì crudelmente, veloce come un ladro frettoloso. Ciò che si legge di lui è così nuovo ed insolito che riempie di riverente stupore... Quel giovane cattolico era anzitutto un cristiano, e traduceva le sue opinioni mistiche in vive opere di bontà umana, in atti costanti di pietà... Questo "cristiano" che crede, ed opera come crede e parla come sente, e fa come parla, questo "intransigente" della sua religione è pur un modello che può insegnare qualche cosa a tutti»[42].

Proprio perché Pier Giorgio aveva già insegnato molto indicando a chi aveva incontrato sul suo cammino la via del bene, non con un'azione rumorosa ed esibizionistica, ma nell'autenticità della vera umiltà, da quei primi giorni di luglio del 1925 cominciò a delinearsi la sua grandezza e crebbe continuamente, come affermò Mario Soldati, «il numero di coloro che lo ricordano, lo venerano, parlano di lui perché era un santo»[43].

Non a caso, soprattutto nei primi anni successivi alla sua morte, parecchi bimbi furono battezzati con il nome di «Pier Giorgio». Molti genitori vollero così mettere sotto la sua particolare protezione i propri figli, scegliendo per loro il nome di un nuovo «santo», un giovane sulla cui pietra tombale nel piccolo cimitero di Pollone venne incisa, come già sulla tomba di Frédéric Ozanam a Parigi, una frase scritturale quanto mai significativa: «Perché cercate tra i morti colui che è vivo?».

A questo proposito è ancora bello ricordare che, essendo stato il corpo di Pier Giorgio provvisoriamente tumulato nella tomba della famiglia Delleani, la mamma ebbe il tempo di dipingere tre pannelli che in seguito furono posti accanto alla bara nella sua successiva sistemazione a Pollone. Con un'intuizione davvero profetica, la signora Adelaide Frassati decorò un primo pannello di gigli sotto i quali scrisse: «Beati i puri di cuore perché vedranno Dio», dipinse poi un mazzo di rose con la scritta: «Beati i poveri di spirito perché di essi è il Regno dei cieli» e infine nel terzo pannello decorato con semplici fiori di campo scrisse: «Beati i misericordiosi perché saranno chiamati figli di Dio».

Firmando questi dipinti con l'espressione «la tua mamma», ella suggellava così per prima la condizione di eterna beatitudine del figlio, «l'uomo delle otto beatitudini» appunto, oggi ufficialmente proclamato «beato» dalla Chiesa.

Note

[1] Cfr. L. Frassati, *Mio fratello Pier Giorgio. Vita e immagini*, cit.

[2] «*Dossier: Manifestazioni di fede*».

[3] Luciana Frassati, *Mio fratello Pier Giorgio. La morte*, prefazione di Giovanni Papini, Città Armoniosa, Reggio Emilia 1982. Edizione rinnovata, L. Frassati, *Una vita mai spenta*, prefazione di Renato Romanelli, Editrice La Stampa, Torino 1992.

[4] *Ibid.*, edizione rinnovata, p. VIII.

[5] *Ibid.*, edizione precedente, p. 14.

[6] P. G. Frassati, *Lettere*, cit., p. 263 (lettera a Marco Beltrarno del 26 maggio 1925).

[7] L. Frassati, *Una vita mai spenta*, cit., p. 10.

[8] *Ibid.*, p. 11.

[9] *Ibid.*, p. 13.

[10] San Paolo, *Lettera ai Colossesi* 1, 24.

[11] L. Frassati, *Una vita mai spenta*, cit., p. 21.

[12] Ibid.

[13] *Ibid.*, p. 23.

[14] *Ibid.*, p. 29.

[15] *Ibid.*, p. 30.

[16] *Ibid.*, p. XI.

[17] Guido Piovene, *Il mistero della gioia e del dolore in Pier Giorgio Frassati*, in L. Frassati, *Mio fratello Pier Giorgio. Vita e immagini*, cit., p. 151.

[18] L. Frassati, *Una vita mai spenta*, cit., p. 59.

[19] *Ibid.*, p. 79.

[20] L. Frassati, *Mio fratello Pier Giorgio. La morte*, cit., p. 80.

[21] L. Frassati, *Una vita mai spenta*, cit., p. 83.

[22] *Ibid.*, p. 94.

[23] L. Frassati, *Pier Giorgio Frassati. I giorni della sua vita*, cit., p. 59.

[24] Cfr. *ibid.*, p. 157.

[25] Cfr. L. Frassati, *Calendario di una vita: 1901-1925*, cit., «Pollone, Pasqua 1925».

[26] *Vangelo secondo san Giovanni* 15, 13.

[27] L. Frassati, *Mio fratello Pier Giorgio. La carità*, cit., p. 171.

[28] G. Ferretti, *La figura spirituale di Pier Giorgio Frassati*, in «Rivista diocesana torinese», cit., p. 634.

[29] Cfr. P. G. Frassati, *Lettere*, cit., p. 274, n. 2.

[30] L. Frassati, *Una vita mai spenta*, cit., p. 101.

[31] *Ibid.*, p. 89.

[32] L. Frassati, *Pier Giorgio Frassati. I giorni della sua vita*, cit., p. 190.

[33] U. Rocco S. J., *Ripensando a Pier Giorgio*, in «Palestra del clero», anno LX (1981), nn. 15-16, p. 14.

[34] Cfr. L. Frassati, *Pier Giorgio Frassati. I giorni della sua vita*, cit., pp. 133, 135, 136.

[35] Cfr. A. Cojazzi, *Pier Giorgio Frassati*, 1ª edizione, cit., pp. 139-140.

[36] G. Piovene, *Il mistero della gioia e del dolore in Pier Giorgio*, in L. Frassati, *Mio fratello Pier Giorgio. Vita e immagini*, cit., p. 152.

[37] *Positio super virtutibus*, cit., vol. I, p. 221.

[38] L. Frassati, *Pier Giorgio Frassati. I giorni della sua vita*, cit., pp. 190-191; L. Frassati, *Una vita mai spenta*, cit., pp. 114-115.

[39] Cfr. L. Frassati, *Pier Giorgio Frassati. I giorni della sua vita*, cit., p. 192.

[40] Luigi Ambrosini, *La leggenda pia già fiorisce*, in L. Frassati, *Mio fratello Pier Giorgio. Vita e immagini*, cit., p. 142.

[41] Cfr. A. Cojazzi, *Pier Giorgio Frassati*, 1ª edizione, cit., pp. 17-18.

[42] Filippo Turati, *Era veramente un uomo*, in L. Frassati, *Mio fratello Pier Giorgio. Vita e immagini*, cit., pp. 145-146.

[43] Mario Soldati, *Dall'altra sponda*, in L. Frassati, *Mio fratello Pier Giorgio. Vita e immagini*, cit., p. 150.

11
LA SANTITÀ DI PIER GIORGIO

La fisionomia di un santo

Se la santità unisce l'uomo a Dio in un rapporto di intima e appassionata amicizia e se, come il Regno di Dio, essa è la «perla preziosa» e il «tesoro nascosto» di cui parla il Vangelo, alla cui ricerca si dedica tutta l'esistenza, si può ben affermare che Pier Giorgio Frassati nella sua breve vita terrena ha percorso con giovanile esuberanza ed energia la via della santità, mirando con una continua ascesa, da appassionato scalatore e alpinista qual era, all'unica vetta che nella vita è importante raggiungere.

Se santo è inoltre colui che si abbandona fiducioso alla divina Provvidenza anche nelle circostanze più difficili, riuscendo in tal modo a vivere sempre nella letizia e nella gioia, si può misurare il grado della perfezione spirituale di Pier Giorgio anche dalla sua semplice, schietta e travolgente allegria, espressione appunto di quella totale fiducia nel Signore, che egli un giorno sintetizzò con queste parole: *«L'avvenire è nelle mani di Dio e meglio di così non potrebbe andare»*.

Se poi l'occhio è la più viva espressione dell'animo, o meglio, come si legge nel Vangelo, «è la lucerna del corpo», si può ancora misurare l'intensità della spiritualità di Pier Giorgio dalla luce del suo sguardo: numerose sono le testimonianze di persone che hanno definito i suoi profondi occhi neri «luminosi», «lucenti», «sfavillanti», specialmente quando si inginocchiava per pregare.

Se infine, nell'inseparabile amore di Dio e dell'uomo si vive il «carisma più grande», quello della carità, si può affermare che il tempo dell'esistenza terrena di Pier Giorgio si configurò proprio come il tempo della carità, una carità altissima e inesauribile, quotidianamente contrassegnata da un gesto, da una parola, da un'offerta, da un atteggiamento di benevolenza.

La generosità senza misura con cui non «si imprestò» agli altri, ma diede veramente tutto se stesso, fu il frutto di un processo di profonda maturazione interiore che egli, vivendo in Dio e tutto in Lui valutando, aveva raggiunto molto presto: Pier Giorgio aveva cioè capito che l'uomo realizza se stesso, santificandosi, solo nella misura in cui si apre al dono e che nella vita è più importante l'essere che l'avere o, secondo l'insegnamento evangelico, «vi è più gioia nel dare che nel ricevere»[1].

Con un'incrollabile fiducia nell'aiuto della potenza di Dio, Pier Giorgio raggiunse quindi la perfezione della santità soprattutto nella preghiera, espressione di un'intensa spiritualità e di una fede forte e sicura, e nell'attenzione e nel servizio al prossimo compiuto in una dimensione di grande disponibilità e generosità.

Sotto questo profilo la sua figura si può mettere in relazione con quelle dei grandi santi torinesi e piemontesi attivi nell'Ottocento in una società in cui gli ultimi – poveri, malati, emarginati – vivevano, in seguito agli sviluppi della rivoluzione industriale, in gravi condizioni di disagio economico, sociale e morale.

Lo spirito di generoso altruismo e di totale donazione che animò il Cottolengo, don Bosco, il Cafasso, il Murialdo, Francesco Faà di Bruno, Anna Michelotti è l'identico spirito che contrassegnò la spiritualità e la carità di Pier Giorgio, una carità che non si configurò soltanto come un nobile ideale, ma fu anch'essa radicata in un preciso contesto storico-sociale, carico di complesse problematiche, in cui molte persone si trovarono ad affrontare una difficile realtà di miseria e di emarginazione.

Certo, Pier Giorgio non costruì ospedali, scuole e altri istituti di assistenza sociale: non ne ebbe il tempo. Poté soltanto, sulle orme di

Frédéric Ozanam, un altro grande santo della carità, militare nelle file delle Conferenze di San Vincenzo e impegnarsi in un'azione di servizio al prossimo, concreta, quotidiana e mai disgiunta da profonde istanze di giustizia.

La morte intervenne presto a spezzare la parabola di una vita che, sulla base delle premesse, avrebbe concretizzato progetti non diversi da quelli realizzati dai grandi santi ricordati.

In sintesi, la fisionomia di Pier Giorgio emerge chiaramente dalle seguenti parole del teologo Karl Rahner: «Egli è stato qualcosa di più di un giovane puro, allegro, orante, aperto alla vera bellezza e libertà, pieno di comprensione per i problemi sociali... È uno che ha avuto il coraggio e la forza di essere un cristiano perché ha compreso il cristianesimo stesso, che ci insegna a credere in Dio, nel valore della preghiera e dei sacramenti, alimento dell'eterno nell'uomo, e nella fraternità universale»[2].

Attualità di Pier Giorgio

«Pier Giorgio Frassati, a dieci anni di distanza dalla sua morte, è più vivo di quando era vivo; più vivo perché, mentre un tempo era solo un piccolo e ristretto numero di amici che godeva della sua lieta compagnia, della sua fraterna cordialità e si edificava alla luce del suo esempio, oggi sono migliaia coloro che guardano a lui come a un modello di perfezione cristiana». Queste parole, pronunciate a Torino il 22 aprile 1935 dal professor Gustavo Colonnetti, docente di Scienze delle costruzioni e Direttore del Politecnico negli anni Venti, in occasione della commemorazione di Pier Giorgio tenuta in un convegno della FUCI[3], hanno trovato una vasta eco fino ad oggi.

Nei decenni trascorsi dalla morte, la sua personalità ha infatti continuato ad affascinare, animare ed entusiasmare. Estremamente attuali sono pertanto anche le parole pronunciate nel 1977 da Giovanni Paolo II, allora ancora cardinal Wojtyła, nell'inaugurare a Cracovia una mostra su di lui: «Sebbene da Pier Giorgio ci separino quasi tre generazioni, il suo modello di vita... in relazione alle generazioni successive e anche alla nostra, è una fonte di grande speranza. Guardando le varie immagini che mostrano la sua vita, ritroviamo noi stessi, o almeno un appello rivolto a noi. È bene che questa mostra ci riproponga un personaggio che, tra la generazione più giovane e quella studentesca con cui ho avuto stretti contatti, è ancora molto vivo»[4].

Lo stesso pontefice, nel visitare la tomba di Pier Giorgio a Pollone nel luglio 1989, rifacendosi alla sua personale esperienza, inoltre affermò: «Anch'io, nella mia giovinezza, ho sentito il benefico influsso dell'esempio di Pier Giorgio e, da studente, sono rimasto impressionato dalla forza della sua testimonianza cristiana»[5].

Fin dai primi mesi successivi al 4 luglio 1925, la memoria di Pier Giorgio fu particolarmente onorata nella dimensione della carità. Sulla rubrica de «La Stampa» *La carità del sabato*, si registrarono fin dal 13 luglio 1925 significative offerte per «i poveri di Pier Giorgio», accompagnate spesso da invocazioni di grazie e richieste di aiuto. Ben presto poi tra i circoli e le associazioni cattoliche formate da studenti, giovani operai e contadini, si diffuse l'idea di intitolare a Pier Giorgio opere di assistenza e di ispirarsi alla sua carità per concrete iniziative di solidarietà.

Ad appena un anno dalla sua scomparsa, nelle valli piemontesi fu aperta nel suo nome una prima colonia estiva per ragazzi, precisamente a San Pietro Vallemina, nel Pinerolese, in seguito trasferita a Cesana in Val di Susa. Fu quella la prima sede dell'«Opera Pier Giorgio Frassati» che, in ambito torinese, ha continuato nel tempo la sua azione di assistenza e apostolato a favore dei giovani.

Il 4 luglio 1927, secondo anniversario della morte, nella «Piccola casa della divina Provvidenza» di Torino venne inaugurato un padiglione che porta ancora oggi il nome di Pier Giorgio, un nome che fu per tanti infelici sinonimo di aiuto, sollievo, conforto e amicizia. Il senatore Alfredo Frassati vedeva così realizzato un desiderio che, nello strazio del suo dolore, aveva maturato fin dai primi giorni successivi al funerale del figlio. Occorre però precisare che si trattava di un desiderio di non facile attuazione, in quanto lo statuto del «Cottolengo» stabilisce che reparti e padiglioni siano intitolati unicamente a santi canonizzati: in quegli anni Pier Giorgio non lo era ancora ufficialmente. A risolvere il problema intervenne la stessa autorità ecclesiastica; il cardinal Giuseppe Gamba si rivolse infatti al padre superiore della «Piccola casa» con queste parole: «Il beato Cottolengo e Pier Giorgio sono due grandi amici dei poveri, sono due santi... e due santi vicini stanno bene»[6].

Negli anni Trenta, pubblicazioni atte a divulgare la conoscenza della sua personalità vennero tradotte in ben diciassette lingue; intanto la sorella, animata, come ha scritto Carlo Trabucco da un affetto che «sembra ultraterreno», iniziò a raccogliere un vastissimo numero di testimonianze e a scrivere preziosi libri sulla sua vita.

A partire dagli anni Settanta, mostre itineranti sulla singolare figura di Pier Giorgio sono state allestite in diversi paesi d'Europa. Molte persone intanto, affascinate dalla sua passione per la montagna, intesero mantenerne vivo il ricordo dedicandogli case alpine, rifugi in alta quota, vette e picchi, uno dei quali, battezzato appunto «Pier Giorgio Frassati» dal sacerdote salesiano don De Agostini nel 1936, si erge nel gruppo del Fitz-Roy nella Cordigliera argentina delle Ande.

In particolare, per iniziativa del CAI, dal 1996 è stato dato vita ad un progetto finalizzato alla realizzazione di uno o più sentieri dedicati a Pier Giorgio in ogni regione d'Italia: il primo vide la luce il 23 giugno di quell'anno in Campania, a Sala Consilina sui monti della Maddalena, mentre l'ultimo, che ha portato a compimento il progetto stesso, è stato inaugurato in Trentino Alto Adige il 18 agosto 2012. Sono inoltre ora in fase di progettazione anche «sentieri internazionali» in Polonia, Spagna, Romania, Argentina, promossi dall'Azione Cattolica.

Prove eloquenti dell'ammirazione per la sua vita esemplare sono inoltre i parecchi libri finora scritti su di lui da laici e sacerdoti, le numerose conferenze che ne hanno messo a fuoco aspetti dell'esistenza e della spiritualità, nonché le associazioni a lui intitolate che, in Italia e all'estero, sono ormai migliaia, e gli innumerevoli articoli finora pubblicati.

Scrittori come Guido Piovene, Giovanni Papini, Diego Fabbri, Piero Bargellini, Ennio de Concini, giornalisti come Luigi Ambrosini, Arturo Carlo Jemolo, Carlo Trabucco e, ancora, uomini come Luigi Sturzo, Filippo Turati, Giorgio La Pira, Giuseppe Lazzati, Karl Rahner, ammirandone la figura, hanno scritto su Pier Giorgio in diverse circostanze. I loro interventi sono stati raccolti dalla sorella, insieme a quelli di molti altri, in un volume antologico dal significativo titolo *Echi di memorie*.

A fianco di queste testimonianze «importanti» non bisogna infine dimenticare le frasi semplici e spontanee che i tanti visitatori delle mostre a lui dedicate lasciano scritte sui registri, o le espressioni di stima e le invocazioni di protezione e di aiuto annotate da persone di ogni provenienza e categoria sociale sui «quaderni» posti, dapprima, presso la sua tomba situata fino al 1990 nel cimitero di Pollone, e ora vicino ad un altare laterale del Duomo di Torino, ove le spoglie di Pier Giorgio riposano, per un singolare disegno della Provvidenza, proprio di fronte a quelle del cardinale arcivescovo Giuseppe Gamba, a cui egli fu legato da sentimenti di reciproca stima e amicizia.

Ecco alcune tra le tante frasi registrate: «Se esistono ancora al mondo uomini come Pier Giorgio allora vale la pena di vivere». «Pier Giorgio, così capace di realizzare i piani di Dio nella vita quotidiana, è un esempio meraviglioso, soprattutto per i giovani». «Visitare questa mostra fa ringiovanire lo spirito, fa aumentare le forze. Che i giovani associno l'idea di santità a Pier Giorgio Frassati». «La benevolenza verso l'uomo, sia il più povero e malato, sia il più ricco, domina in Frassati e lo rende un uomo di oggi ed il portavoce dei nostri problemi»[7].

Affermazioni come queste dimostrano con evidenza che la figura di Pier Giorgio, «l'uomo per il quale l'altrui bene costituiva lo scopo della vita» – come ancora un visitatore l'ha definito –, si inquadra perfettamente nella società odierna.

Concetti simili sono stati ampiamente e sistematicamente espressi da padre Paolo Molinari nella sezione finale della *Positio.* Sotto il titolo *Attualità di Pier Giorgio* infatti si legge: «Pier Giorgio Frassati trasmette a tutti, e in specie ai giovani, un messaggio quanto mai vivo: il nucleo centrale di questo messaggio consiste nella profonda unità esistente tra la sua fede ed il suo impegno quotidiano, in ogni aspetto della vita. Pier Giorgio è un giovane in cui la fede è divenuta forma della sua vita personale e sociale, e del suo modo di comportamento nel mondo... La santità di Pier Giorgio è una santità praticata e vissuta fra i problemi laicali e sociali, con una grande attenzione e sensibilità a ciò che accade nella vita delle persone con cui è in contatto e nei gruppi sociali che operano là dove egli vive ed opera»[8].

Lo stesso padre Molinari, in un bell'articolo pubblicato su «L'Osservatore Romano» in occasione della beatificazione di Pier Giorgio, così ha ancora sintetizzato l'attualità dell'esperienza esistenziale di un giovane che ha saputo santificarsi vivendo ogni giorno nella luce del Signore: «La sua vita, la sua maturità umana e cristiana furono il frutto di un impegno vissuto nel quotidiano, di una ascesa compiuta nell'attenzione a ciò che lo Spirito di Dio gli sussurrava nella conscia risposta da lui data a ciò che Dio gli chiedeva»[9].

Infine si possono ancora riferire le parole del vicepostulatore della causa di canonizzazione, fratel Gustavo Luigi Furfaro che in termini chiari ed incisivi così ha sottolineato la modernità e «l'universalità» della santità di Pier Giorgio: «Nel breve spazio di ventiquattro anni, egli ha saputo testimoniare con intensità di opere e con eroicità che la santità è patrimonio di ogni condizione, anche là dove le premesse non paiono le più favorevoli. Non ebbe, sia in famiglia, sia nella scuola, sia nella società che frequentò, quelli che potremmo definire i "piedistalli" su cui costruire la santità, quali si ritrovano in tante agiografie. In una corrispondenza piena e sofferta alla azione della grazia che forma il tessuto potente della sua costruzione, seppe crearsi da solo i suoi gradini per salire, tracciarsi da solo i suoi cammini. Sapeva a quali fonti attingere il materiale di costruzione; attingeva nella casa di Dio la parola orientatrice, il pane che dà la forza, la vigile presenza materna: parola, pane, presenza di cui si faceva portatore nelle vie del mondo... Come ideale può essere assunto da tutti: da chi ha vent'anni e da chi ne ha molti di più. Può essere monito e stimolo per il laico e per il consacrato, per chi ha grandi capacità e per chi intende dare valore anche all'unico talento, per chi è lanciato nell'azione e per chi, nella forzata inazione, ha tuttavia tra le mani un'enorme potenza redentiva. Pier Giorgio – conclude fratel Furfaro – è di una attualità sorprendente: non è santo da "nicchia", è compagno di cammino»[10].

Un modello da seguire

Meraviglioso è il messaggio che Pier Giorgio, così generoso di tempo e di energie verso il Signore, trasmette oggi con il suo cristianesimo vissuto in maniera coerente sulla triplice linea della preghiera, dell'azione e del sacrificio, che lo unì profondamente a Dio.

Si comprende così perché, con la solenne beatificazione avvenuta a Roma in piazza San Pietro il 20 maggio 1990, la Chiesa lo proponga ora «ad esempio del popolo di Dio, il quale – ha affermato il cardinale Anastasio Ballestrero – può riferirsi a lui per imparare come si fa ad essere discepoli del Signore Gesù, per sapere come dell'amore di Cristo si possa veramente sostanziare la propria vita, qualunque sia la vocazione». La vita di questo giovane cristiano «sia perciò per la nostra società – sono ancora le parole del cardinale – un esempio che ridà speranza, che illumina e che aiuta tutti quanti ad andare avanti nel nostro cammino di fede non con il passo stanco di chi cerca di fare "purtroppo" il suo dovere, ma con il cuore vivo e palpitante di chi è felice di amare Dio, di farlo amare e di rendergli la testimonianza della santità cristiana»[11].

Splendida figura di credente, Pier Giorgio ci ricorda, come è scritto nei testi conciliari, che «tutti i fedeli, di qualsiasi stato o grado, sono chiamati alla pienezza della vita cristiana e alla perfezione della carità»[12] e costituisce un modello di cristianesimo laicale validissimo ai nostri tempi, soprattutto per i giovani, come hanno autorevolmente sottolineato due pontefici.

Paolo VI, nel 1959, allora cardinal Montini, che, anni prima, in qualità di assistente generale degli universitari cattolici, aveva conosciuto personalmente Pier Giorgio, lo indicò come esempio ai giovani della FUCI riuniti in Congresso nazionale a Torino, iniziando così il suo discorso: «Per cominciare io devo vincere una tentazione, una specie di incantesimo: quella di stare a guardare e di cercare con l'occhio il volto d'uno studente bello e vigoroso di Torino, di cui in questi anni la gioventù nostra ha studiato i lineamenti e meditato la virile bontà, come fosse un modello, un fratello ideale: Pier Giorgio Frassati»[13].

Inoltre, questo stesso Papa, che così ancora disse di lui: «Si riaccende in noi, ammirando questa figura di giovane, il desiderio dell'imitazione, della emulazione; ci conforta la certezza che una giovinezza forte e limpida è possibile e vicina; si sente l'interiore anelito verso una superiore bontà crescere nel cuore»[14], decretò il 12 giugno 1978 l'introduzione della causa di canonizzazione rimasta interrotta dal 1935, e ordinò che si istruisse a Torino il Processo Apostolico sulla sua vita.

Di Pier Giorgio ha poi ripetutamente parlato Giovanni Paolo II. Nel visitare nel 1977, ancora in veste di cardinale, la già citata mostra di Cracovia, dopo aver dato di Pier Giorgio una definizione tanto sintetica quanto bella: «l'uomo delle otto beatitudini, che reca in sé la grazia del Vangelo, la Buona Novella e la gioia della salvezza offertaci da Cristo», ha affermato: «In tutto egli scorgeva Dio. Era sorprendente la sua sensibilità per l'uomo povero, per i bisognosi, per i malati. Forse questo è un appello particolare, una sfida al clima della nostra generazione e dei nostri tempi minacciati dall'insensibilità. Non si vuol vedere l'uomo. Ciascuno di noi – e parlo anche per me stesso – deve infrangere qualcosa, qualche guscio affinché possa riuscire a vedere l'uomo, a preoccuparsi dell'uomo cogliendone la condizione, le sofferenze, le difficoltà. Lui, Pier Giorgio Frassati, tutto ciò aveva compreso»[15].

Queste parole pongono mirabilmente in luce l'essenza della santità, e l'attualità di un giovane laico che aveva imparato a «vedere l'uomo», cioè, in un senso più etimologico, a «conoscerlo in profondità». In altri termini, Pier Giorgio aveva compreso che ogni persona, anche e soprattutto la più miserabile, non finisce in se stessa, ma, in quanto «immagine di Dio», ha una dignità che la trascende. Per questo l'incontro con l'altro era per lui sempre estremamente importante: diventava un momento dell'incontro e del dialogo con un Essere più grande.

Durante il suo pontificato, precisamente il 13 aprile 1980, nel corso della visita compiuta a Torino, Giovanni Paolo II, parlando ai giovani riuniti a Valdocco, presentò ancora Pier Giorgio con queste eloquenti parole, dopo averlo accostato a san Giovanni Bosco: «Pier Giorgio Frassati ci mostra al vivo che cosa veramente significhi, per un giovane laico, dare una risposta concreta al "Vieni e seguimi". Basta dare uno sguardo sia pure rapido alla sua vita, consumatasi nell'arco di appena ventiquattro anni, per capire quale fu la risposta che Pier Giorgio seppe dare a Gesù Cristo: fu quella di un giovane "moderno", aperto ai problemi della cultura, dello sport (un alpinista tremendo!), poi alle questioni sociali, ai valori veri della vita, ed insieme di un uomo profondamente credente, nutrito del messaggio evangelico, solidissimo nel carattere, coerente, appassionato nel servire i fratelli e consumato in un ardore di carità che lo portava ad avvicinare, secondo un ordine di precedenza assoluta, i poveri e i malati». Il Papa concluse il suo discorso affermando che «l'uno e l'altro – don Bosco come vero educatore cristiano e Pier Giorgio come vero giovane cristiano – ci indicano che ciò che più conta nella "visione cristiana dell'uomo" è la "persona e la sua vocazione", così come è stata stabilita da Dio»[16].

Quattro anni dopo, il 12 aprile 1984, allo Stadio olimpico di Roma, in occasione del Giubileo internazionale degli sportivi, Giovanni Paolo II, rivolgendosi agli atleti convenuti, così si espresse:

«Avete dei modelli cui ispirarvi. Penso a Pier Giorgio Frassati... Il Signore lo chiamò a sé a soli ventiquattro anni, nel luglio 1925; ma egli è tuttora ben vivo in mezzo a noi con il suo sorriso e la sua bontà, per invitare i suoi coetanei all'amore di Cristo e alla vita virtuosa»[17].

«Pier Giorgio Frassati sta davanti a voi come figura eminente di laico di Azione Cattolica, perfettamente consapevole dell'impegno battesimale di contribuire all'animazione cristiana dell'ambiente sociale», ha ancora affermato il Papa durante il suo pellegrinaggio al santuario di Oropa il 16 luglio 1989. Nel pomeriggio dello stesso giorno, dopo aver pregato nel cimitero di Pollone sulla tomba di Pier Giorgio, sottolineandone la vulcanica attività spirituale, apostolica e caritativa, ha aggiunto: «La peculiare incisività della sua testimonianza nasce dal radicalismo della sua adesione a Cristo, dalla limpidezza della sua fedeltà alla Chiesa, dalla generosità del suo impegno missionario. Egli ha offerto a tutti una proposta che anche oggi non ha perso nulla della sua forza trascinatrice. Auguro a ciascuno, specialmente ai giovani, di saper trarre, dalla sua rapida ma luminosa vicenda, ispirazione e incitamento per una vita di coerente testimonianza cristiana»[18].

Infine, il 20 maggio 1990, giorno in cui ha ufficialmente proclamato «beato» «l'uomo delle otto beatitudini», Giovanni Paolo II, nel corso dell'omelia pronunciata durante la solenne messa celebrata in piazza San Pietro alla presenza dei familiari di Pier Giorgio, di numerosi cardinali e sacerdoti, di uomini politici e parlamentari, di personalità della cultura e di circa cinquantamila pellegrini convenuti, ha affermato: «"Adorate il Signore, Cristo, nei vostri cuori, pronti sempre a rispondere a chiunque vi domandi ragione della speranza che è in voi". Nel nostro secolo, Pier Giorgio Frassati, che a nome della Chiesa oggi ho la gioia di proclamare "beato", ha incarnato nella propria vita queste parole di san Pietro. La potenza dello Spirito di verità, unito a Cristo, lo ha reso moderno testimone della speranza che scaturisce dal Vangelo, e della grazia di salvezza operante nel cuore dell'uomo. È diventato, così, il testimone vivo e il difensore coraggioso di questa speranza a nome dei giovani cristiani del secolo ventesimo. La fede e la carità, vere forze motrici della sua esistenza, lo resero attivo ed operoso nell'ambiente in cui visse, in famiglia e nella scuola, nell'università e nella società; lo trasformarono in gioioso ed entusiasta apostolo di Cristo, in appassionato seguace del suo messaggio e della sua carità. Il segreto del suo zelo apostolico e della sua santità è da ricercare nell'itinerario ascetico e spirituale da lui percorso: nella preghiera, nella perseverante adorazione, anche notturna, del Santissimo Sacramento, nella sua sete della Parola di Dio, scrutata nei testi biblici; nella serena accettazione delle difficoltà della vita anche familiari; nella castità vissuta come disciplina ilare e senza compromessi; nella predilezione quotidiana per il silenzio e la "normalità" dell'esistenza. È proprio in questi fattori che ci è dato scoprire la sorgente profonda della sua vitalità spirituale»[19].

Anche in altri passi del suo discorso, il Papa ha voluto sottolineare questa «normalità» di vita, capace di compiere la grande «rivoluzione della carità», proprio nell'ambito della quotidianità. «Certo, ad uno sguardo superficiale, lo stile di Pier Giorgio Frassati, un giovane moderno pieno di vita, non presenta granché di straordinario. Ma proprio questa è l'originalità della sua virtù, che invita a riflettere e che spinge alla imitazione... Tutta immersa nel mistero di Dio e tutta dedita al costante servizio del prossimo: così si può riassumere la sua giornata terrena!... Egli proclama, con il suo esempio, che è "beata" la vita condotta nello Spirito di Cristo, Spirito delle beatitudini, e che soltanto colui che diventa "uomo delle beatitudini" riesce a comunicare ai fratelli l'amore e la pace. Ripete che vale veramente la pena sacrificare tutto per servire il Signore. Testimonia che la santità è possibile per tutti e che solo la rivoluzione della carità può accendere nel cuore degli uomini la speranza di un futuro migliore»[20].

In sintesi si può asserire che Pier Giorgio, come è stato testimoniato nel Processo di canonizzazione, seppe essere «un uomo di un solo pezzo». «Quel carattere granitico non si sarebbe mai incrinato davanti a qualsiasi pericolo o minaccia o violenza. Tutti sappiamo e dichiariamo di aver sempre ammirato in lui il cristiano monolitico che avrebbe affrontato il martirio con la stessa serenità e la stessa gioia con cui accoglieva da Dio il dono di una novella giornata»[21].

Riprendendo queste espressioni, padre Molinari in una sua conferenza sulla personalità di Pier Giorgio, ha affermato: «C'era in sostanza nella sua vita un'unità compatta e armoniosa. Era un uomo di un solo pezzo, solido e resistente, limpido e trasparente come un diamante e, come il diamante, se tagliato a brillante, scompone la luce che entra in esso e la rimanda divisa nei colori dell'iride, così Pier Giorgio, cesellato dall'Artefice divino, rinvia a noi, ancora oggi, quella luce che Dio diffuse nel suo cuore»[22].

Di qui derivò il suo stile di vita che, ancora da padre Molinari, è stato definito «uno stile di totalità nell'adesione al bene», un'adesione «decisa e costante», orientata innanzi tutto verso Dio, che egli seppe mettere veramente al primo posto, e verso il prossimo. La sua fu così una vita «piena di bene, ricca di gioia, e irraggiante coraggio»[23].

Nella sua multiforme attività che lo impegnò come studente responsabile, sportivo esuberante, amico generoso dei poveri, cattolico membro di molte associazioni assistenziali e religiose, giovane attivamente e coraggiosamente inserito nella realtà politico-sociale del suo tempo, Pier Giorgio ha dunque vissuto il suo cristianesimo in modo autentico, coerente, integrale, ha cioè percorso la via della santità nella «normalità» della vita quotidiana.

L'attenzione alle persone, la scelta dei poveri, l'importanza dell'adorazione eucaristica, lo spirito di preghiera vigile e costante furono tratti di un'esistenza autenticamente cristiana che fecero comprendere a molti che si può diventare santi vivendo in pienezza la propria vocazione laicale.

«Pier Giorgio non ha fatto nulla di straordinario, – è stato detto di lui – o meglio, ha fatto la cosa più straordinaria: si è avvicinato alla perfezione nella via in cui il Signore l'aveva posto. Niente eroismi apparenti, niente cilici, niente privazioni esagerate, niente falso pudore, ma lo sguardo bello, sereno, la persona sempre pronta a dare, ad aiutare, a sorreggere, il sacrificio continuo, sistematico»[24].

È bello a questo proposito ricordare ancora alcune espressioni del teologo Karl Rahner: «Per quanto è dato di conoscere a noi, che non possiamo far da giudici, qui siamo di fronte a un uomo il quale ha vissuto il suo cristianesimo con una naturalezza che fa quasi paura e con una aproblematicità che ci riesce sorprendente e quasi invitante (in realtà egli i problemi, forse piangendo, li immergeva nella grazia della fede), pregando, mangiando il pane della vita e della morte, amando il prossimo»[25].

Il suo, è stato scritto, fu «un tipo di spiritualità decisamente moderno, con chiare caratteristiche tipiche del Vaticano II, quali la responsabilità apostolica del laico, la visione ottimistica ed equilibrata delle realtà terrestri, il lavoro spirituale nel proprio ambiente,... l'alimentazione sacramentale e biblica della propria vita interiore»[26].

In particolare Pier Giorgio, nei diversi aspetti della sua esistenza unificati tutti dalla costante ricerca di Cristo, seppe vivere in pienezza la vocazione «propria dei laici» così sintetizzata in uno dei più bei documenti della Chiesa conciliare, la costituzione *Lumen gentium*, dedicata alla «universale vocazione alla santità»: «cercare il Regno di Dio trattando le realtà temporali e ordinandole secondo Dio»[27]. Si comprende meglio la profondità del significato di questa affermazione se nell'espressione «realtà temporali» si fa rientrare tutto ciò che costituisce il tessuto di un'intera vita: famiglia, studio, lavoro, amicizia, rapporti sociali, cultura, politica, divertimento.

Riassumendo ed armonizzando tutto nel Signore, Pier Giorgio svolse le molteplici attività, gli impegni e i doveri della sua vita, che sempre considerò un pellegrinaggio verso l'eternità, crescendo spiritualmente nell'adesione alla volontà di Dio e progredendo così, come ancora si afferma in un documento del Concilio sulla spiritualità dei laici, «con animo pronto e lieto nella santità»[28], nonostante le difficoltà e i dolori che provarono duramente il suo animo.

Vissuta in questa direzione, la sua vita ruotò intorno a due poli intimamente connessi tra loro: da una parte la dipendenza assoluta dalla forza vivificante e santificante di Dio, dall'altra, come logica conseguenza, l'apertura, nel segno dell'amore e della condivisione, verso tutta la realtà, negli aspetti relativi sia all'uomo sia alla natura.

Come san Francesco d'Assisi, egli, spogliandosi di ciò che era suo per donarlo agli altri, seppe vincere il male più grave: l'egoismo, che riferendo tutto a sé impedisce l'apertura al prossimo. Poté quindi camminare in autentico «spirito di libertà», irradiando intorno a sé il potenziale di luce e amore che gli derivava dal quotidiano incontro con il Signore.

«Contagiati» da questo tipo di santità, altri ne seguirono da vicino l'esempio. Padre Ugo Rocco, in un articolo pubblicato nel 1985, ha scritto: «C'è un fatto che fa sobbalzare di sorpresa, di gioia, di speranza: almeno di tre ammiratori di Pier Giorgio è già in atto l'indagine ecclesiastica orientata verso la proclamazione ufficiale della santità. Sono Dino Zambra (1922-1944), Alberto Marvelli (1918-1946) e Paolo Roasenda, diventato poi padre Mariano da Torino (1906-1972)»[29]. Si è constatato che nei loro documenti autobiografici (diari, lettere, ecc.) il nome di Pier Giorgio compare più volte e che le sue scelte ed azioni costituiscono un costante punto di riferimento e di confronto*. «Rimane senza dubbio assai significativo – conclude il suo scritto padre Rocco – che Pier Giorgio abbia lasciato con la sua vita una scia così luminosa e orientatrice che fra quelli che l'hanno seguito sia addirittura sbocciata la santità»[30].

È questa la luce, si può aggiungere, di un giovane laico che con la sua breve esistenza terrena, vissuta nella verità, nella preghiera e nella carità, ha dato compimento al progetto di Dio sull'uomo, progetto illustrato dal *«prediletto»* san Paolo in termini quanto mai chiari e precisi: «Questa è la volontà di Dio: la vostra santificazione»[31].

* Per il Servo di Dio Paolo Roasenda, il frate cappuccino che, con il nome di padre Mariano, dal 1955 al 1972 presentò il Vangelo dagli schermi della Rai, è tuttora in corso il Processo Diocesano per la causa di Canonizzazione. Il giovane ingegnere riminese Alberto Marvelli, iscritto alla FUCI e all'Azione Cattolica, morto a ventotto anni nel 1946 travolto in bicicletta da un automezzo delle truppe alleate, è stato proclamato «beato» da Giovanni Paolo II, nel corso del pellegrinaggio dell'Azione Cattolica Italiana, il 5 settembre 2004 a Loreto.

Note

[1] *Atti degli apostoli* 20, 35.

[2] Cfr. L Frassati, *Calendario di una vita: 1901-1925*, cit., introduzione.

[3] Gustavo Colonnetti, *Ascesa*, in «Rivista dei giovani», anno XVI, n. 6, 15 giugno 1935, p. 328.

[4] Karol card. Wojtyła, *Discorso* per l'inaugurazione della mostra su Pier Giorgio Frassati a Cracovia, nella Chiesa di San Domenico, il 27 marzo 1977, cfr. L. Frassati, *Calendario di una vita: 1901-1925*, cit.

[5] Giovanni Paolo II, *Discorso* pronunciato a Pollone il 16 luglio 1989, cfr. «L'Osservatore Romano», cit.

[6] Cfr. *Positio super virtutibus*, cit., vol. I, pp. 207-208.

[7] Cfr. Konrad Hejmo, *Testimonianze di giovani che visitano le mostre dedicate a Frassati in Polonia*, in «Il Nostro Tempo», anno XXXV, n. 14, 6 aprile 1980, p. 6.

[8] *Positio super virtutibus*, cit., vol. I, p. 457.

[9] P. Molinari S. J., *Un cristiano vero testimone umile della carità*, in «L'Osservatore Romano», cit.

[10] G. L. Furfaro, *Il mio Pier Giorgio*, in Aa.Vv., *Pier Giorgio Frassati. Echi di memorie*, a cura di L. Frassati, cit., p. 169.

[11] Anastasio card. Ballestrero, *Omelia* tenuta a Torino, nel Santuario della Consolata, il 5 dicembre 1987.

[12] Concilio Ecumenico Vaticano II, *Costituzione dogmatica sulla Chiesa Lumen Gentium*, 40.

[13] Giovanni Battista card. Montini, *Discorso di apertura ai lavori del XXXV Congresso nazionale FUCI* tenuto il 1° settembre 1959 al teatro Alfieri di Torino.

[14] Cfr. Beppe Gandolfo, *Pier Giorgio Frassati a cinquantacinque anni dalla morte. Una stupenda contestazione*, in «Famiglia Cristiana», 5 aprile 1981.

[15] K. card. Wojtyła, *Discorso* per l'inaugurazione della mostra su Pier Giorgio Frassati a Cracovia, cfr L. Frassati, *Calendario di una vita: 1901-1925*, cit.

[16] Giovanni Paolo II, *Discorso ai giovani di Torino*, pronunciato a Valdocco, il 13 aprile 1980, cfr. «La Voce del Popolo», anno CV, n. 16, 20 aprile 1990, p. 9.

[17] Giovanni Paolo II, *Discorso* pronunciato il 12 aprile 1984 allo Stadio olimpico di Roma, cfr. L. Frassati, *Una vita mai spenta*, cit., p. 133.

[18] Giovanni Paolo II, *Discorso* pronunciato a Pollone il 16 luglio 1989, cfr. «L'Osservatore Romano», cit.

[19] Giovanni Paolo II, *Omelia* pronunciata il 20 maggio 1990 in piazza San Pietro, cfr. «L'Osservatore Romano», cit.

[20] *Ibid.*

[21] Cfr. *Positio super virtutibus*, cit., vol. I, p. 183.

[22] P. Molinari S. J., *Aspetti concreti della vita di Pier Giorgio Frassati*, in «Il Biellese», 28 agosto 1990, p. 21.

[23] *Positio super virtutibus*, cit., vol. I, p. 455.

[24] Cfr. A. Cojazzi, *Pier Giorgio Frassati*, 1ª edizione, cit., p. 59.

[25] K. Rahner, introduzione a L. Frassati, *Pier Giorgio Frassati. I giorni della sua vita*, cit., p. 11.

[26] U. Rocco S. J., *Ripensando a Pier Giorgio Frassati*, in «Palestra del clero», cit., p. 15.

[27] Concilio Ecumenico Vaticano II, *Lumen Gentium*, 31.

[28] Concilio Ecumenico Vaticano II, *Apostolicam Actuositatem*, 4.

[29] U. Rocco S. J., *Santità sulla scia di Pier Giorgio Frassati*, in «Palestra del clero», anno 64 (1985), n. 8, 15 aprile, p. 3.

[30] *Ibid.*, p. 11.

[31] San Paolo, *Prima lettera ai Tessalonicesi* 4, 3.

12
LE TAPPE DI UNA BEATIFICAZIONE

Due Processi per la causa di canonizzazione

La fama di santità e le virtù eroiche di Pier Giorgio Frassati sono state ampiamente esaminate nel corso di due Processi istruiti per la sua causa di canonizzazione.

Il primo, Informativo Ordinario, si aprì appena sette anni dopo la sua morte, esattamente il 2 luglio 1932 per iniziativa dell'arcivescovo di Torino, il cardinal Maurilio Fossati; si tenne a Torino, diocesi in cui Pier Giorgio visse e, dopo che fu raccolta un'ampia documentazione e vennero ascoltati venticinque testimoni oculari, si concluse il 23 ottobre 1935.

Il 21 dicembre 1938 a Roma fu emanato un *Decreto* relativo agli scritti di Pier Giorgio con il quale si affermava che non vi erano impedimenti a procedere oltre: «*nihil obstare quominus ad ulteriora procedi possit*». Nel dicembre 1941 giunsero però in Vaticano alcune segnalazioni anonime circa l'integrità di condotta di Pier Giorgio: affermazioni relative al suo amore per Laura e ad una gita che compì quattordicenne al Valentino con altri quattro compagni e «due ragazze» misero in dubbio la fama della sua santità in un'epoca in cui sensibilità e cultura circa le cosiddette «occasioni impure» erano diverse da quelle di oggi. Pertanto il papa Pio XII decise, per prudenza, il «*reponatur*» della causa.

Intanto la sorella, tra il 1949 e il 1951, raccolse di sua iniziativa più di un migliaio tra testimonianze, dichiarazioni e documenti che, riuniti in venticinque «dossiers», furono inviati in Vaticano a monsignor Giovan Battista Montini, sostituto presso la Segreteria di Stato. Questi affidò l'analisi della ricca documentazione al padre francescano Gaetano Stano che nel 1953 ritenne possibile l'ipotesi della riapertura della causa.

Dopo attente indagini che portarono a sciogliere ogni dubbio e a superare qualsiasi tipo di difficoltà, il 20 gennaio 1977 Paolo VI rimosse il «*reponatur*» e dispose il «*procedatur ad ulteriora*». Il 12 giugno 1978, circa due mesi prima di morire, decretò poi l'Introduzione della causa di canonizzazione, affidando al padre gesuita Paolo Molinari il compito di avviare le pratiche affinché venisse istruito il Processo Apostolico sulla vita e sulle virtù del Servo di Dio Pier Giorgio Frassati. Tale Processo iniziò a Torino il 16 giugno 1980 alla presenza dell'arcivescovo, il cardinal Anastasio Ballestrero, del Postulatore della causa, padre Paolo Molinari e del vicepostulatore, il fratello delle scuole cristiane Gustavo Luigi Furfaro.

Nel corso del Processo Apostolico, che si articolò in settanta sedute o «sessioni», furono sentiti altri ventotto testimoni che avevano conosciuto direttamente Pier Giorgio, dalla sorella Luciana Frassati Gawronska a ex compagni del Politecnico, dell'Azione Cattolica o del Partito Popolare. Inoltre il 31 marzo 1981, nel cimitero di Pollone, dove da cinquantasei anni giacevano le spoglie di Pier Giorgio, si procedette alla loro «ricognizione canonica», ultimo atto giuridico della fase istruttoria del Processo.

Ecco quanto è stato scritto in merito: «Quando nel mattino del 31 marzo 1981, il Tribunale del Processo Apostolico procedette alla ricognizione canonica delle spoglie mortali del Servo di Dio, furono innanzi tutto ritrovati intatti i sigilli che erano stati apposti dal Comune di Torino sulla cassa. Appena rimosso il coperchio e tagliata la cassa di zinco, si notò, come fu scoperto il volto dallo strato di cotonina imbevuto di formalina, che la salma era incorrotta e composta. Il vestito al toccarlo si sentiva umido e si sfaldava, ma il volto appariva sorridente. Le palpebre si erano consumate e così le labbra, per cui appariva un sorriso dolce. La leggenda della cassa, che in antecedenza sarebbe stata aperta e nella quale si sarebbero ritrovati i resti del Servo di Dio con le mani nei capelli, in un gesto di disperazione, era per sempre sfatata, e veniva a rivelarsi quale era: una perniciosa diffamazione»[1].

Accanto a questa dichiarazione dal carattere «legale», se ne può affiancare un'altra particolarmente preziosa anche sul piano umano. Essa è stata rilasciata dal notaio del Tribunale per le cause dei santi di Torino, monsignor Giovanni Luciano: «Pier Giorgio era lì, con il volto alquanto mummificato, ma ancora sprizzante beltà e giovinezza. Gli occhi aperti e quasi sorridenti nella pur inevitabile essicazione dei globi oculari. La bocca atteggiata quasi ad un pallido sorriso che illuminava tutto il volto di composta serenità. I folti capelli castani ancora composti e ordinati. Intorno al capo e alle spalle i resti riconoscibili di tre orchidee, testimonianza di un ultimo gesto d'amore. All'occhiello il suo distintivo, quel distintivo cattolico che egli ostentò sempre e ovunque, in cortei, processioni, nelle fabbriche, nelle aule universitarie, al Politecnico, segno della sua immensa fede e del suo coraggio cristiano. Le mani morbide, con le dita intrecciate nel solito atteggiamento di preghiera, legate ancora da frammenti della corona del rosario a grani scuri»[2].

Dopo questa ricognizione, in seguito alla quale la salma di Pier Giorgio fu ritrovata «incorrotta», il 29 luglio 1981 il Processo Apostolico venne chiuso e gli atti furono trasferiti a Roma alla Congregazione per le cause dei santi.

Pier Giorgio «venerabile»

Sei anni dopo, precisamente il 12 giugno 1987, alla medesima Congregazione venne presentata una voluminosa e articolata *Positio* sulla eroicità delle virtù del Servo di Dio Pier Giorgio Frassati, preparata dal Postulatore stesso della causa, padre Molinari. Questa *Positio super virtutibus* – che è stata scritta seguendo gli orientamenti metodologici indicati dalla riforma delle cause di canonizzazione promulgata da Giovanni Paolo II il 25 gennaio 1983 con la costituzione *Divinus perfectionis magister* – è costituita da due ampi volumi redatti sulla base di un ricchissimo materiale documentario sia processuale che extra-processuale. «Nel vagliare tutti gli aspetti della vita di Pier Giorgio, ossia l'esercizio delle virtù teologali e cardinali, – si legge nella pagina introduttiva scritta dal relatore della causa, il padre gesuita Peter Gumpel – viene fatta risaltare nella *Positio*, con dovizia di citazioni e riferimenti, l'eroicità delle medesime, mentre si pongono in luce gli aspetti più tipici dell'esercizio di esse da parte di un giovane laico cattolico»[3].

La *Positio* fu poi attentamente esaminata da otto teologi che espressero su di essa un «voto» positivo. Sulla base di questi giudizi, il 23 ottobre 1987 Giovanni Paolo II promulgò il *Decreto sulle virtù eroiche del Servo di Dio Pier Giorgio Frassati* al quale venne conferito il titolo di «venerabile».

Grazie e miracoli

Affinché si possa procedere alla beatificazione di un Servo di Dio, la Chiesa stabilisce che venga regolarmente approvato almeno un miracolo verificatosi per sua intercessione e che esista inoltre una accertata «*fama signorum*», cioè un'ampia segnalazione di grazie.

Il Postulatore e il vicepostulatore della causa di Pier Giorgio iniziarono così ad esaminare la documentazione relativa alle oltre tremila grazie a lui attribuite, in Italia e all'estero. A questo proposito padre Molinari, in un'intervista pubblicata il 1° febbraio 1988, ha affermato: «Come frutto dell'invocazione di Pier Giorgio che tanto si era adoperato per soccorrere i poveri e i disoccupati, molte persone hanno improvvisamente ottenuto la soluzione di gravi problemi economici che prima sembravano insolubili. Altri hanno trovato un impiego ed un lavoro stabile; altri ancora sono riusciti, contro ogni speranza, ad avere una casa. Numerose sono pure le segnalazioni di grazie riguardanti la riconciliazione di nemici e, soprattutto, il miglioramento dei rapporti tra marito e moglie, tra genitori e figli. Non meno impressionanti sono le numerose relazioni di grazie spirituali. Riguardano innanzi tutto la conversione alla fede e alla pratica religiosa di persone che erano lontane da Dio e che, con l'aiuto di Pier Giorgio, hanno trovato la via del ritorno a Lui, dopo aver sprecato gli anni della gioventù. Né mancano attestazioni di parecchie persone che, dopo aver invocato Pier Giorgio, hanno ricevuto la grazia di comprendere chiaramente la loro vocazione o anche di salvarla in circostanze particolarmente difficili. Vi sono pure numerosissime segnalazioni di guarigioni che, in non pochi casi, hanno tutte le caratteristiche del miracoloso. Si tratta in parte di pazienti che, al giudizio dei medici curanti, non avevano alcuna possibilità di sopravvivere e che, dopo aver rivolto preghiere a Pier Giorgio, sono guarite rapidamente e perfettamente; in altri casi si tratta di malattie dichiarate inguaribili e che sono subitamente scomparse in seguito all'invocazione di lui»[4].

Tra queste segnalazioni di grazie spirituali e fisiche, molte delle quali già corredate di precise dichiarazione mediche, «ne venne scelta una – ha aggiunto il vicepostulatore fratel Furfaro – che già aveva destato interesse e stupore quando era avvenuta, ed era stata segnalata anche dalla stampa. Risaliva al 1933»[5].

Ecco, in sintesi, il fatto miracoloso. Un friulano nativo di San Quirino di Pordenone, Domenico Sellan, classe 1892, mentre combatteva al fronte durante la prima guerra mondiale, riportò una ferita alla colonna vertebrale. Reso inabile a svolgere lavori faticosi, al termine del conflitto, decise di emigrare in Canada, dove, per guadagnarsi da vivere aprì un «bar-ritrovo». Qui, a contatto con un ambiente protestante, abbandonò la fede cattolica per aderire appunto al protestantesimo. Ritornato dopo alcuni anni in Italia, il suo disturbo peggiorò. Il dottor Dionisio Sina che lo visitò nel 1933 dichiarò, sulla base di precisi esami medici effettuati presso il reparto radiologico dell'Ospedale civile di Pordenone, che si trattava di una forma di tubercolosi ossea o «morbo di Pott». Il male progredì rapidamente, tanto che Domenico Sellan nel giro di pochi mesi non poté più alzarsi dal letto e perse la sensibilità degli arti inferiori fino alla loro completa paralisi. Il mattino del 28 dicembre 1933 il parroco di San Quirino, don Piero Martin, nel far visita al malato, gli consegnò un'immaginetta di Pier Giorgio, invitandolo a recitare la preghiera che vi era impressa dietro. Ritornò poi la sera: con sua sorpresa, il moribondo chiese di confessarsi e volle, dopo tanti anni, riaccostarsi all'Eucaristia. Appena ebbe ricevuto il Viatico, – si legge nella testimonianza di don Martin – «subito sentì improvvisamente riacquistare le sue forze e con vivo trasporto indicò autore di tanta grazia Pier Giorgio Frassati. Le gambe tornarono a reggerlo. Lo vidi parecchie volte scendere dal letto e fare le scale con disinvoltura»[6]. Il dottor Sina, che tornò a visitare il paziente, parlò, sbalordito, di una «guarigione impossibile». Il miglioramento netto ed immediato fu poi duraturo nel tempo, tanto che Domenico Sellan morì più di trent'anni dopo, il 17 gennaio 1968.

Questo fatto miracoloso venne preso in considerazione dal vicepostulatore della causa, che iniziò un'accurata indagine per appurare se ancora esistevano prospettive per una documentazione più ampia sia medica sia di persone che potessero testimoniare sul caso. Le indagini, svolte a San Quirino di Pordenone, anche sulla base della preziosa testimonianza del figlio di Domenico Sellan, Bruno, diedero esiti positivi.

Fu così istituito un nuovo Tribunale per l'inchiesta su questo miracolo con un Processo canonico che si concluse a Torino il 31 gennaio 1989 con la raccolta di tutta la documentazione. Gli atti, come di consueto, furono inoltrati alla Congregazione per le cause dei santi. Tra il mese di aprile e quello di ottobre si espressero positivamente su di essi ben tre commissioni: la Consulta medica della Congregazione per le cause dei santi, un Congresso speciale di teologi e la Congregazione ordinaria dei cardinali.

La parola conclusiva spettò comunque al Papa che il 21 dicembre 1989 promulgò il *Decreto* relativo ad un miracolo attribuito all'intercessione del venerabile Servo di Dio Pier Giorgio Frassati.

Pier Giorgio «beato»

La via alla beatificazione era ora del tutto aperta. Così, domenica 20 maggio 1990, in piazza San Pietro, alla presenza di cinquantamila persone, Giovanni Paolo II poté ufficialmente dichiarare: «Noi, accogliendo il desiderio del nostro fratello Giovanni Saldarini, arcivescovo di Torino, di molti altri fratelli nell'episcopato e di molti fedeli, dopo aver avuto il parere della Congregazione delle cause dei santi, dichiariamo con la nostra autorità apostolica, che il *venerabile Servo di Dio Pier Giorgio Frassati* d'ora in poi sia chiamato *"beato"* e che si può celebrare la sua festa, nei luoghi e secondo le regole stabilite dal diritto, ogni anno nel giorno della sua nascita al cielo: *il 4 luglio*»[7].

Note

[1] Cfr. *Positio super virtutibus*, cit., vol. I, p. 427.

[2] Cfr. *E quello sarebbe il volto di un disperato?* in «Jesus», anno IX, n. 6, giugno 1987, p. 79.

[3] Cfr. *Positio super virtutibus*, cit., vol. I, p. 1.

[4] Paolo Molinari, *Lo studente delle otto beatitudini* in «Bollettino Salesiano», anno CXII, n. 3, 10 febbraio 1988, p. 14.

[5] Gustavo Luigi Furfaro, *La santità laica di Pier Giorgio Frassati* in «Prospettive nel mondo», anno XIV, novembre 1989, p. 20.

[6] *Atti del Processo Apostolico di beatificazione e canonizzazione*, cit., doc. n. 7.

[7] *Dichiarazione della beatificazione di Pier Giorgio Frassati*, cfr. *Una celebrazione gioiosa*, in «La Voce del Popolo», anno CXV, n. 21, 27 maggio 1990, p. 8.

13
BEATO PIER GIORGIO, «INGEGNER» FRASSATI

La presenza del beato Pier Giorgio nel nuovo millennio

Per un santo che, per servire gli ultimi, percorse chilometri e chilometri di strada, salì centinaia e centinaia di gradini animato dalla volontà di varcare innumerevoli soglie di squallide soffitte e miseri abituri, sono state scritte – quasi come riflesso del suo impegno nella carità, espressione, come si è visto, di una fede viva e profonda – migliaia e migliaia di pagine in libri, articoli di giornali, atti di convegni e altre forme di pubblicazione.

Oltre a quanto già detto in merito nei capitoli precedenti, si rende qui necessario un sintetico aggiornamento delle iniziative che si sono succedute all'inizio del nuovo Millennio, che ha visto le celebrazioni del centenario della nascita.

Fra queste, al di là dei libri e dei siti Internet che trovano rispettivamente una loro precisa collocazione e un rapido accenno a fine volume, un posto privilegiato lo occupano indubbiamente gli innumerevoli pellegrinaggi compiuti ai «luoghi frassatiani», in particolare a Torino e nel Biellese. Il santuario di Oropa, la villa Frassati a Pollone e, a Torino, la chiesa della Crocetta, il santuario della Consolata, il Duomo e tante altre chiese, come San Domenico, San Secondo, i Santi Martiri, Santa Maria di Piazza e ancora il «Cottolengo» e in genere le vie del centro storico sono state in questi ultimi anni la meta di diversi gruppi di persone «innamorate» di Pier Giorgio, provenienti un po' da tutt'Italia e anche dall'estero.

La sua figura si è rivelata inoltre una «presenza forte» che ha segnato le diverse Giornate mondiali della gioventù, dalle prime di Denver, Manila, Parigi, fino a quelle di Roma e Toronto, ove migliaia di giovani hanno guardato a lui come ad un amico e a un compagno di viaggio per la vita. In particolare, in occasione della Domenica delle Palme del 2001, quando la Giornata mondiale della gioventù venne celebrata a livello diocesano, il Papa, parlando di Pier Giorgio ai giovani, così li esortò: «Cercate di conoscerlo! La sua esistenza di giovane "normale" dimostra che si può essere santi vivendo intensamente l'amicizia, lo studio, lo sport, il servizio ai poveri, in un rapporto costante con Dio. A lui affido il vostro impegno missionario!». È immaginabile che il richiamo alla sua meravigliosa santità nel quotidiano sia ancora così persuasivo anche nelle future Gmg, a partire da quella di Colonia.

L'amore del beato Pier Giorgio per la montagna – espressione di un forte anelito verso l'assoluto – ha poi fatto sì che alla sua memoria vengano continuamente dedicati nuovi itinerari naturalistici.

Se l'iniziativa prese l'avvio nel 1996 nel Parco del Cilento in Campania e successivamente in Piemonte con l'inaugurazione di un «Sentiero Pier Giorgio Frassati» alle pendici del monte Mucrone, vedetta del santuario di Oropa, e di un altro a Traves, nelle Valli di Lanzo, anch'esse particolarmente care a Pier Giorgio, ora l'anello escursionistico nel suo nome, grazie anche al Cai – al quale peraltro Pier Giorgio si era iscritto giovanissimo a diciassette anni – è andato via via allargandosi coinvolgendo tutte le regioni italiane, impegnate a dedicare appunto al beato Frassati uno o più sentieri di particolare interesse ambientale, storico e religioso. Nel mondo intero poi non si contano le case alpine, i rifugi in alta quota, le vette e i picchi a lui intitolati.

Sempre più numerose sono un po' ovunque nei cinque continenti le chiese, le cappelle, le scuole, le vie, le piazze che portano il nome dell'«uomo delle otto beatitudini» come fin dal lontano 1977 lo definì il cardinal Karol Wojtyła inaugurando una mostra su di lui.

E proprio anche le mostre, spesso itineranti, le associazioni, le confraternite – di cui tra l'altro Pier Giorgio è patrono – le fondazioni, gli oratori, i soggiorni di vacanza, le case di riposo, i centri studenteschi, le case di discernimento vocazionale, le associazioni di volontariato e ancora le comunità e le iniziative di preghiera legate al suo nome coinvolgono nel mondo un numero sempre crescente di persone che, nella volontà di imitare lo stile di vita di Pier Giorgio – straordinario nell'ordinario – rivolgono il loro sguardo alle tante immagini reali o stilizzate che lo ritraggono nei più diversi luoghi della terra. Basti ricordarne, in maniera del tutto emblematica, una sola: quella che spicca in una delle dodici vetrate della cappella dell'Università di Toronto, – ove il beato Pier Giorgio è stato ufficialmente nominato patrono spirituale degli universitari – realizzate per ricordare «gli eroi e le eroine della fede nell'ultimo secolo».

6 aprile 2001: centenario della nascita. Laurea «alla memoria»

Ma è soprattutto nel corso delle celebrazioni per commemorarne il centesimo anniversario della nascita, iniziate a Torino nell'aprile 2001 e conclusesi esattamente dodici mesi dopo, che la figura di Pier Giorgio Frassati si è davvero rivelata presente in modo vigoroso in diversi contesti culturali, religiosi, politici e sociali. Il fitto programma di incontri e riflessioni, tra memorie personali e proposte di vasta risonanza, ha raggiunto il diapason in due momenti particolarmente avvincenti: il conferimento della laurea «alla memoria» nell'aula magna del Politecnico di Torino e l'accensione simultanea in diverse parti del mondo di centinaia di candele dinanzi alla sua immagine.

Proprio perché singolarmente eloquenti nella loro espressione, queste due iniziative meritano di essere raccontate in modo più dettagliato. Cominciamo dalla prima.

Per rendere omaggio alla memoria di uno studente a cui mancavano soltanto più due esami per raggiungere il traguardo – un traguardo che, nelle sue intenzioni, sarebbe stato messo a servizio dei lavoratori più sfruttati dell'epoca, i minatori, per migliorarne, anche attraverso la tecnologia, le condizioni di vita – il Politecnico di Torino ha deciso di modificare il proprio statuto, conferendo, per la prima volta nella sua storia, ad un suo allievo così illustre e «beato» la laurea *post mortem* in Ingegneria mineraria.

A ritirarne il diploma si è presentato il nipote Jas Gawronski, figlio della sorella Luciana, onorato di trovarsi alla presenza del sindaco di Torino Valerio Castellani, del cardinale arcivescovo Severino Poletto, del direttore de «La Stampa» Marcello Sorgi, del rettore del Politecnico, Rodolfo Zich, nonché di alcuni docenti che hanno pronunciato la *laudatio* e la motivazione della laurea «alla memoria», «un segno di apprezzamento – come è stato sottolineato – per tutti gli studenti che con serietà riescono ad unire lo studio e l'impegno sociale».

Ora, dunque il beato Pier Giorgio è anche ufficialmente l'«ingegner» Frassati!

E veniamo, in ultimo, alle cento e più candele accese tutte insieme la sera del 6 aprile 2001. Proprio per festeggiare nella gioia e nella luce il ricordo vivo della sua presenza, nel giorno del suo centesimo compleanno, l'Associazione internazionale «Pier Giorgio Frassati» con sede a Roma ha invitato almeno cento realtà unite nel nome di Pier Giorgio ad illuminare con una fiammella simbolica un incontro di riflessione e di preghiera: la risposta, in altrettante parti del mondo, non solo è stata unanime, ma anche assai più ampia delle aspettative.

4 luglio 2005: ottantesimo anniversario della «nascita al cielo»

«Verso l'alto». Questa espressione di Pier Giorgio così incisiva fu da lui vergata sulla fotografia che, il 7 giugno 1925, a nemmeno un mese dalla morte, lo ritrae per l'ultima volta sui monti, nelle Valli di Lanzo sul ripido colle delle Lunelle, scalata che intraprese con due amici dell'associazione alpinistica «Giovane Montagna».

Non a caso dunque questo suo ultimo percorso alpino fu scelto per inaugurare, il 28 giugno 1997, il secondo sentiero in Italia a lui dedicato – il primo, sempre per iniziativa del CAI, era stato quello di Sala Consilina in Campania –, sentiero che partendo da Traves, località un tempo famosa per l'attività dei suoi «chiodaioli», s'inerpica appunto, dopo Mezzenile, verso le Lunelle per costeggiare poi le antiche miniere di ferro scavate sotto l'Uja di Calcante.

Ugualmente non a caso, la medesima espressione di Pier Giorgio è stata scelta – nell'ambito delle numerose iniziative messe in atto per celebrare l'ottantesimo anniversario del suo *dies natalis*, ossia della sua «nascita al cielo» – come titolo di una mostra foto-biografica a lui dedicata nel Duomo di Torino*.

Qui in una cappella laterale della navata di sinistra, a pochi passi dal luogo ove è conservata la Sindone, riposano le sue spoglie mortali. Dall'altare che le sovrasta, il volto giovane e bello, luminoso e sereno di Pier Giorgio, incorniciato in un moderno ritratto, incontra lo sguardo sia di quanti, ammirati, già ne conoscono l'esperienza di vita e di fede, sia quanti, vedendolo per la prima volta, inevitabilmente si chiedono chi mai sia un giovane così.

A tutti il beato Pier Giorgio Frassati suggerisce, da «alpinista tremendo», scalatore di ardue vette fisiche e spirituali, di non stancarsi, di fronte alle sfide del nuovo millennio, di continuare a guardare e camminare *«verso l'alto»*.

* La mostra è stata allestita nel mese di aprile 2005 per iniziativa del parroco del Duomo di Torino, il canonico don Francesco Cavallo, e del prof. Gianfranco De Carolis, insegnante di religione appassionato ammiratore del beato Frassati.

14
«GIOVANE COME VOI...»

Da Sydney a papa Francesco

Le appassionate parole con cui Giovanni Paolo II in molteplici occasioni tratteggiò la figura a lui così cara e familiare di Pier Giorgio hanno ampiamente trovato eco in quelle del papa emerito Benedetto XVI negli otto anni del suo pontificato.

In questo nuovo capitolo si intende pertanto rivisitarne le più significative, all'interno dei non pochi e particolari spazi che il pontefice seppe dedicargli.

Si può ricordare innanzi tutto che, sempre, il 4 luglio egli lo indicò come modello di vita.

Fin dal 2006 così si espresse: «Rivolgo un affettuoso saluto ai giovani qui presenti alla celebrazione liturgica del beato Pier Giorgio Frassati: il suo esempio di fedeltà a Cristo e alla Chiesa del suo tempo suscitino in voi, cari giovani, propositi di coraggiosa testimonianza».

L'anno successivo, nella medesima occasione, sempre ai giovani papa Benedetto rivolse il seguente auspicio: «L'esempio del beato Pier Giorgio vi rafforzi nel testimoniare il Vangelo in ogni circostanza della vita e vi sostenga perché si realizzi nel mondo la civiltà dell'amore, sulla base dell'intima unione con Dio».

Pochi giorni dopo aver pronunciato queste parole, il papa trascorse il periodo delle vacanze estive a Lorenzago di Cadore ove, allo studio, alla preghiera, alla passione per la musica, affiancò anche brevi passeggiate tra i boschi: non furono poche quelle che lo videro percorrere, recitando il rosario, il sentiero dedicato a Pier Giorgio tra i monti del Veneto, uno dei tanti oggi disseminati a suo ricordo in tutte le regioni d'Italia.

Un po' per inciso, non si può qui non ricordare che sempre nel 2007, precisamente il 7 ottobre, la sorella Luciana Gawronska, circondata dai suoi sei figli, alla veneranda età di centocinque anni (!) raggiunse l'amato «fratello bruno» per il quale tanto si era prodigata, scrivendo su di lui le innumerevoli splendide pagine dei suoi libri.

Ma torniamo a papa Ratzinger che nel 2008, anno particolarmente singolare per Pier Giorgio, pronunciò su di lui altre eloquenti parole in relazione alle intense Giornate Mondiali della Gioventù che si tennero a Sydney dal 15 al 20 luglio e di cui proprio Pier Giorgio, insieme ad altre luminose figure di santi, fu scelto come Patrono, un Patrono le cui spoglie mortali compirono un lungo viaggio per stigmatizzarne meglio la presenza.

Era una calda sera di inizio estate quando il 18 giugno, al termine di una gremita messa «di saluto» celebrata dal cardinal Severino Poletto, i resti mortali del beato furono traslati con una commovente quanto partecipata processione dal Duomo di Torino alla chiesa della Piccola Casa della Divina Provvidenza – quel «Cottolengo» che fu una delle mete predilette dell'ardente azione di carità del giovane studente «che correva sempre per i poveri» – da dove il giorno successivo partirono appunto alla volta di Sydney, riposte all'interno di un sarcofago in legno chiaro adorno di una semplice croce e della riproduzione autografa della scritta *«Verso l'alto»*.

Circa cinquecentomila giovani convenuti all'appuntamento australiano poterono così venerarne le spoglie nella cattedrale di St. Mary pregando e riflettendo sul tema della «loro» XXIII Giornata Mondiale: «Avrete forza dallo Spirito Santo che scenderà su di voi e mi sarete testimoni».

Al suo ritorno a Roma, il papa all'*Angelus* di Castel Gandolfo del 27 luglio, riferendosi a quello che sarebbe stato definito «il più grande evento della storia d'Australia», disse: «Questa giornata si è trasformata in una nuova Pentecoste, dalla quale è ripartita la missione dei giovani, chiamati ad essere apostoli dei loro coetanei, come tanti santi e beati, in particolare il beato Pier Giorgio Frassati, le cui reliquie, collocate nella cattedrale di Sydney sono state venerate da un ininterrotto pellegrinaggio di giovani: ogni ragazza o ragazzo è stato invitato a condividere, come loro, l'esperienza personale di Gesù che cambia la vita dei suoi amici».

E veniamo ora al 2010, anno in cui a Torino, tra aprile e maggio, ebbe luogo l'ostensione della Sindone. Proprio in quell'occasione papa Benedetto XVI ebbe a dire ai giovani: «Non posso non parlarvi di un giovane della vostra città: il beato Pier Giorgio Frassati, la cui esistenza fu avvolta interamente dalla grazia e dall'amore di Dio e fu consumata con serenità e gioia nel servizio appassionato ai fratelli. Giovane come voi, visse con grande impegno la sua formazione cristiana e diede la sua testimonianza di fede, semplice ed efficace. Fu un ragazzo affascinato dal Vangelo delle Beatitudini, che sperimentò tutta la gioia di essere amico di Cristo, di sentirsi in modo vivo parte della Chiesa. Cari giovani, abbiate il coraggio di scegliere ciò che è essenziale nella vita! Come lui, scoprite che vale la pena di impegnarsi per Dio e con Dio, di rispondere alla sua chiamata nelle scelte fondamentali e in quelle quotidiane, anche quando costa! Il percorso spirituale del beato Pier Giorgio ricorda che il cammino dei discepoli di Cristo richiede il coraggio di uscire da se stessi, per seguire la strada del Vangelo. Questo esigente cammino dello spirito voi lo vivete nelle parrocchie e nelle altre realtà ecclesiali. Siate testimoni di Cristo in questo nostro tempo!».

Attento ad ogni evento di carattere mondiale, papa Benedetto XVI parlò ancora di Pier Giorgio al termine delle Olimpiadi di Londra nel 2012, rivolgendosi in particolare al Comitato Olimpico Nazionale Italiano: «Cari amici», disse il 17 dicembre, «in questo Anno della Fede, vorrei sottolineare che l'attività sportiva può educare la persona anche all'"agonismo" spirituale, cioè a vivere ogni giorno cercando di far vincere il bene sul male, la verità sulla menzogna, l'amore sull'odio e questo prima di tutto in se stessi... Vorrei concludere ricordando la luminosa figura del beato Pier Giorgio Frassati: un giovane che univa in sé la passione per lo sport – amava specialmente le ascensioni in montagna – e la passione per Dio. Vi invito, cari atleti, a leggere la sua biografia: egli ci mostra che essere cristiani significa amare la vita, amare la natura, ma soprattutto amare il prossimo, in particolare le persone in difficoltà».

Si può affermare che, con queste ultime parole pronunciate su di lui, papa Ratzinger abbia davvero saputo ritrarre in estrema sintesi le cifre che più hanno caratterizzato la giovinezza di Pier Giorgio.

Ora la parola è passata a papa Francesco al quale non mancheranno occasioni per ritrarne la figura, una figura il cui nome, nella sua terra di nascita, l'Argentina, risuona fin dal 1936 – come si è già ricordato in un precedente capitolo – in quello di una vetta di circa tremila metri nella Cordigliera delle Ande.

Dunque, vero compagno di strada ormai da più di cento anni, Pier Giorgio Frassati, con la sua ferma determinazione a «vivere, non vivacchiare» è oggi, per tanti, giovani e meno giovani, uomini e donne del terzo millennio, una presenza viva: l'interprete di un'esemplare vita moderna di santo, capace di camminare concretamente con i piedi per terra, ma con il cuore e la mente costantemente rivolti «verso l'alto», «l'alto» di quelle montagne che egli tanto amava e nel contempo l'«alto» di quelle vette spirituali a cui anelò nel suo breve, ma intenso arco di vita.

BIBLIOGRAFIA

Libri scritti su Pier Giorgio

AA.VV., *Pier Giorgio Frassati Terziario Domenicano*, ricordi, testimonianze e studi di Arrighini, Brandoni, Cordovani, Dejaifve, di Rovasenda, Giuliani, Ibertis, Pera, Robotti; presentazione di Raimondo Spiazzi O.P., Edizioni Studio Domenicano, Bologna 1985.

AA.VV., *Pier Giorgio Frassati. Echi di memorie*, a cura di Luciana Frassati, Marietti, Genova 1989.

ANTONIOLI FRANCESCO - FALCIOLA ROBERTO - LABANCA ANTONIO, *Pier Giorgio Frassati*, presentazione di Giuseppe Lazzati, Editrice AVE, Roma 1985.

ANTONIOLI FRANCESCO, *Pier Giorgio Frassati. Il borghese delle otto beatitudini*, presentazione di Alberto Monticone, Edizioni Paoline, Milano 1989.

ANTONIOLI FRANCESCO, *Pier Giorgio Frassati. Il giovane delle otto beatitudini*, Paoline Editoriale Libri, Milano 1994.

CASALEGNO CARLA, *Pier Giorgio Frassati. Una vita di preghiera*, presentazione del cardinal Anastasio Ballestrero, Edizioni Piemme, Casale Monferrato 1988.

CASALEGNO CARLA, *Pier Giorgio Frassati. Una vita di carità*, presentazione del cardinal Giovanni Saldarini, Edizioni Piemme, Casale Monferrato 1990.

CASALEGNO CARLA, *Pier Giorgio Frassati*, Edizioni Piemme, Casale Monferrato 1993, 2ª edizione 1994, 3ª edizione 1997.

CASTELLANI LEANDRO, *Se non avessi l'amore*, sceneggiatura ispirata alla vita di Pier Giorgio Frassati, presentazione di Gabriele De Rosa, ERI, Torino 1991.

CLAUDE ROBERT, *Frassati parmi nous*, Edition Casterman, Tournai 1957; *Attualità di Pier Giorgio Frassati*, traduzione di Marco Beltramo Ceppi, SEI, Torino 1960.

CODI MARINO, *Pier Giorgio Frassati. Una valanga di vita*, Portalupi Editore, Casale Monferrato 2001.

Cojazzi Antonio, *Pier Giorgio Frassati. Testimonianze*, SEI, Torino 1928; nuova edizione riveduta, presentazione di Piero Bargellini, SEI, Torino 1977; ultima edizione, prefazione di Francesco Traniello, SEI, Torino 1990.

De Felcourt Margherita, *I santi fanciulli*, Edizioni Mursia, Milano 1968.

De Carolis Gianfranco, *L'impegno nel sociale di Pier Giorgio Frassati.* Tesi di laurea, Facoltà di Magistero, Scienze religiose, Loreto 1994.

De Carolis Gianfranco, *Pier Giorgio Frassati. Modello di giovane per i giovani*, Edizioni Crescere insieme, Sant'Agata di Puglia 1999.

De Carolis Gianfranco (a cura di), *Caro Pier Giorgio. Testimonianze degli alunni delle scuole elementari di Orta Nova, Ordona, Ascoli Satriano*, Edizioni Crescere insieme, Sant'Agata di Puglia 1999.

Di Girolamo Pasquale, S. J., *Pier Giorgio Frassati. Dalla preghiera all'apostolato*, ADP, Roma 1990, XV[a] edizione 2005.

Di Lorenzo Maria, *Pier Giorgio Frassati. L'amore non dice mai «basta»*, Paoline Editoriale Libri, Milano 2002.

Falciola Roberto - Labanca Antonio, *Conosci Pier Giorgio Frassati?*, raccolta a schede realizzata dall'Opera Diocesana «Pier Giorgio Frassati» di Torino, Torino 1988; nuova edizione, *Conosci Pier Giorgio Frassati*, Fondazione Apostolicam Actuositatem, Roma 1998.

Falciola Roberto - Lavezzoli Laura - Oberti Armando - Pulici Pietro - Sabbadini Massimiliano, *Ripensando a Pier Giorgio Frassati*, In dialogo, Milano 2000.

Falciola Roberto, *Pier Giorgio Frassati. Non vivacchiare ma vivere*, Effatà Editrice – Libreria Editrice Vaticana, Cantalupa (To) 2010.

Frassati Luciana, *Mio fratello Pier Giorgio. La carità*, prefazione di Luigi Gedda, Edizioni Paoline, Roma 1951; 2[a] edizione ampliata, SEI, Torino 1957.

Frassati Luciana, *Mio fratello Pier Giorgio. La morte*, prefazione di Giovanni Papini, Edizioni Paoline, Roma 1952; nuova edizione, *Mio fratello Pier Giorgio. Gli ultimi giorni (29 giugno – 4 luglio 1925)*, Città Armoniosa, Reggio Emilia 1982; ultima edizione, *Mio fratello Pier Giorgio. Una vita mai spenta*, Editrice La Stampa, Torino 2010.

Frassati Luciana, *Mio fratello Pier Giorgio. L'impegno sociale*, prefazione di Giorgio La Pira, Edizioni Paoline, Roma 1953; nuova edizione *L'impegno sociale e politico di Pier Giorgio*, introduzione di Carlo Trabucco, Editrice AVE, Roma 1978.

Frassati Luciana, *Mio fratello Pier Giorgio. La fede*, prefazione del cardinal Giacomo Lercaro, Edizioni Paoline, Roma 1954; nuova edizione *Mio fratello Pier Giorgio. La fede*, Edizioni Paoline, Milano 2004.

Frassati Luciana, *Mio fratello Pier Giorgio. Vita e immagini*, con scritti di Francesco Olgiati, Luigi Ambrosiani, Filippo Turati, Ennio de Concini, Mario Soldati, Guido Piovene, Silvio Negro, Edizioni Siglaeffe, Genova 1959.

Frassati Luciana, *Pier Giorgio Frassati. I giorni della sua vita*, introduzione di Karl Rahner, Edizioni Studium, Roma 1975; 3ª edizione 1990.

Frassati Luciana, *Calendario di una vita: 1901-1925. Pier Giorgio Frassati*, Istituto La Salle, Torino 1981.

Frassati Luciana, *Sole in Miniera*, presentazione di Carlo Bo, Marietti, Genova 1988.

Frassati Luciana, *Il cammino di Pier Giorgio*, Rizzoli, Milano 1990.

Frassati Luciana, *Antologia di una vita*, prefazione di Carlo Bo, Guanda, Parma 1992.

Frassati Luciana, *La piccozza di Pier Giorgio*, SEI, Torino 1995.

Frassati Pier Giorgio, *Lettere*, a cura di Luciana Frassati, prefazione di Luigi Sturzo, Edizioni Paoline, Roma 1950; 2ª edizione Queriniana, Brescia 1976.

Frassati Pier Giorgio, *Lettere 1906-1925*, a cura di Luciana Frassati, Vita e Pensiero, Milano 1995.

Frassati Pier Giorgio, *Pensieri e parole di Pier Giorgio Frassati*, a cura di Olimpia Cavallo, Paoline Editoriale Libri, Milano 2002.

Gianetto Ubaldo, *Pier Giorgio Frassati. Fede, gioia, sacrificio*, Editrice Elle Di Ci, Torino 1983.

Gilodi Cecilia, *Pier Giorgio Frassati e Giovanni Paolo II. La santità è possibile per tutti,* Edizioni Cantagalli, Siena 2008.

Lazzati e Frassati, AVE, Roma 2001.

Labalestra Michele, *Pier Giorgio Frassati: testimone di carità*. Tesi di laurea, Pontificia Facoltà Teologica dell'Italia Meridionale, Facoltà di Magistero, Scienze religiose, Matera 2005.

Massetti Franz, *Pier Giorgio Frassati nel ricordo di un amico*, Edizioni O.R., Milano 1976; nuova edizione Tip. Tipocolor, Bologna 1982.

Morgese Rocchina, *Al Beato Pier Giorgio Frassati. Poesie*, Centrografico Francescano, Foggia 2003.

Occelli Pier Luigi, *Il torinese «che sentiva Dio nel prossimo»*, Roma 1984.

Pierazzi Maria Rina, *Così ho visto Pier Giorgio: ricordi e testimonianze*, Queriniana, Brescia 1955; 2ª edizione a cura di Sofia Scavia, 1976.

Pierazzi Maria Rina, *Pier Giorgio Frassati: storia vera di un bambino vero*, La Scuola, Brescia 1957.

Risso Paolo, *Pier Giorgio Frassati. Il giovane ricco che disse «sì»*, Editrice Elle Di Ci, Torino 1989.

Ruiz de Cardenas Luigi, *Giovani anime sante. Profili*, Edizioni Colle San Giovanni Bosco, Torino 1942.

Scaltriti Giacinto Arturo, *Pier Giorgio Frassati e il suo Savonarola*, Edizioni Paoline, Roma 1979.

Siccardi Cristina, *Pier Giorgio Frassati. Modello per i cristiani del Duemila*, San Paolo, Cinisello Balsamo 2002.

Soldi Primo, *Verso l'assoluto. Pier Giorgio Frassati*, presentazione di Giovanni Testori, Gribaudi, Torino 1982; 2ª edizione 1988; Jaca Book, Milano 1991, ultima edizione Jaca Book, Milano 1996.

Staglieno Marcello, *Un santo borghese. Pier Giorgio Frassati*, Bompiani, Milano 1988.

Altri testi consultati

Belski Lagazzi Ines, *Antoine Frédéric Ozanam*, Edizioni Paoline, Milano 1973.

Bosco Teresio, *Don Bosco. Storia di un prete*, Editrice Elle Di Ci, Leumann (Torino) 1988.

Carena Domenico, *Il Cottolengo e gli altri*, SEI, Torino 1983.

Castano Luigi, *A braccia spalancate. La beata Anna Michelotti*, Gribaudi, Torino 1975.

Castronovo Valerio, *Economia, società in Piemonte dall'Unità al 1914*, Banca Commerciale Italiana, Milano 1969.

Castronovo Valerio, *Il Piemonte (Storia delle Regioni italiane dall'Unità ad oggi)*, Einaudi, Torino 1977.

Castronovo Valerio, *Torino (Storia delle città italiane)*, Laterza, Bari 1987.

Cottino Jose, *Monsignor Giovanni Battista Pinardi*, Torino 1964.

Cottino Jose, *Francesco Faà di Bruno*, Istituto Suore Minime di N.S. del Suffragio, Torino 1976.

Cottino Paolo, *Cenni storici sulla parrocchia di Santa Maria di Piazza*, Pianezza 1920.

De Rosa Gabriele, *Storia contemporanea*, Minerva Italica, Milano 1984.

Documenti. Il Concilio Vaticano II, Edizioni Dehoniane, Bologna 1966.

Enciclopedia cattolica, Città del Vaticano 1948.

Il sentiero Frassati della Campania, a cura di Antonello Sica, Laruffa, Reggio Calabria 1996.

Il volto di Torino: 1880-1915. Foto dell'archivio di Luciana Frassati Gawronska, Editrice La Stampa, Torino 1987.

Frassati Luciana, *Un uomo, un giornale*, Edizioni di Storia e Letteratura, Roma 1978-1982.

Marengo Aldo, *Spiritualità di Leonardo Murialdo*, Tipografia Giuseppini, Pinerolo 1979.

Martini card. Carlo Maria, *La Donna della riconciliazione*, Centro Ambrosiano – Edizioni Piemme, Casale Monferrato 1985.

Ozanam Antoine Frédéric, *Lettere scelte*, Morcelliana, Brescia 1933.

Papasogli Giorgio, *Vita di Don Orione*, Gribaudi, Torino 1974.

Ponzoni Luigi, *Il Santo dell'Eucaristia. San Pier Giuliano Eymard*, Arti Grafiche Alzani, Pinerolo 1986.

Pugno Giuseppe Maria, *Storia del Politecnico di Torino*, Stamperia artistica nazionale, Torino 1959.

Repaci Antonino, *Giolitti e Frassati di fronte al fascismo*, Bottega d'Erasmo, Torino 1961.

Salotti Carlo, *La perla del clero italiano. San Giuseppe Cafasso*, Marietti, Torino 1925.

Scuole, professori e studenti a Torino. Momenti di storia dell'istruzione, Quaderni del Centro Studi Carlo Trabucco diretto da Francesco Traniello, numero 5, Torino 1984.

Società San Vincenzo de' Paoli:

– *I poveri li avete sempre con voi*, a cura della Società San Vincenzo de'Paoli, Torino 1966.

– *Manuale della Società di San Vincenzo de'Paoli*, Casamara, Genova 1854.

– *Manuale della Società di San Vincenzo de'Paoli*, Milano 1946, (edizione che riproduce fedelmente quella francese del 1835).

– *Manuale della Società di San Vincenzo de'Paoli*, vol. I: *Regolamento*, vol. II: *Le Circolari*, Edizioni del segretariato nazionale, Torino 1960.

– *Regolamento della Società di San Vincenzo de'Paoli*, G. Speirani e figli, Torino 1894.

– *Società San Vincenzo de'Paoli*, Libreria editrice internazionale della S.A.I.D., Torino 1915.

– *Vademecum del confratello della Società di San Vincenzo de'Paoli*, Tipografia editrice La salute, Torino 1934 (5ª edizione, la prima risale al 1880).

Spriano Paolo, *Socialismo e classe operaia a Torino dal 1892 al 1913*, Einaudi, Torino 1958.

Spriano Paolo, *Torino operaia nella grande guerra (1914-1918)*, Einaudi, Torino 1960.

Tesniere Albert, *San Pier Giuliano Eymard*, Edizioni Centro Eucaristico, Ponteranica 1988.

Trabucco Carlo, *Francesco Faà di Bruno, pioniere dell'assistenza sociale*, Edizione Cinque Lune, Roma 1957.

Villepelet, *Il pensiero di Ozanam*, versione italiana di Augusto Baroni, Marietti, Torino 1925.

Si sono inoltre consultati i seguenti documenti

Congregatio pro Causis Sanctorum. Canonizationis Servi Dei Petri Georgii Frassati. Positio super virtutibus, Tipografia Guerra s.r.l., Roma 1987.

Congregatio pro Causis Sanctorum. Decretum Canonizationis Servi Dei Petri Georgii Frassati, Roma 23 ottobre 1987.

Canonizationis Servi Dei Petri Georgii Frassati. Summarium. Depositiones testium e Processu Apostolico (1980-1981).

Congregatio pro Causis Sanctorum. Canonizationis Servi Dei Petri Georgii Frassati. Relatio et vota. Congressus Peculiaris super virtutibus, Tipografia Guerra s.r.l., Roma 1987.

Atti del Processo Apostolico di Beatificazione e Canonizzazione del Servo di Dio Pier Giorgio Frassati (1980-1981), vol. I,II, III.

Dossiers privati dell'archivio di casa Frassati (vol. I-IX).

Congregatio pro Causis Sanctorum. Canonizationis Servi Dei Petri Georgii Frassati. Positio super miraculo, Tipografia Guerra s.r.l., Roma 1989.

PIER GIORGIO SUL WEB

La presenza di Pier Giorgio Frassati in Internet interessa ormai migliaia di siti, che si rivelano in continua crescita.

I motori di ricerca che più facilmente aiutano ad esplorare la Rete al fine di meglio conoscerlo e interagire con le iniziative legate al suo nome sono i seguenti: *Altavista*, *Siti Cattolici*, *Profeta*, *Effata*.

Non rimane quindi che cliccare sul web e – con un sincero augurio di buon viaggio – inoltrarsi in una vertiginosa serie di link!

INDICE DEI NOMI*

* Questo Indice non comprende i nomi di Pier Giorgio e Luciana Frassati (in quanto sono citati frequentemente nel libro) e i nomi che compaiono nelle Note e nella Bibliografia.

INDICE

Printed in Dunstable, United Kingdom

67494826R00228